Financial Accounting For Decision Making

面向决策的财务会计学

张莉萍 王婧 编著

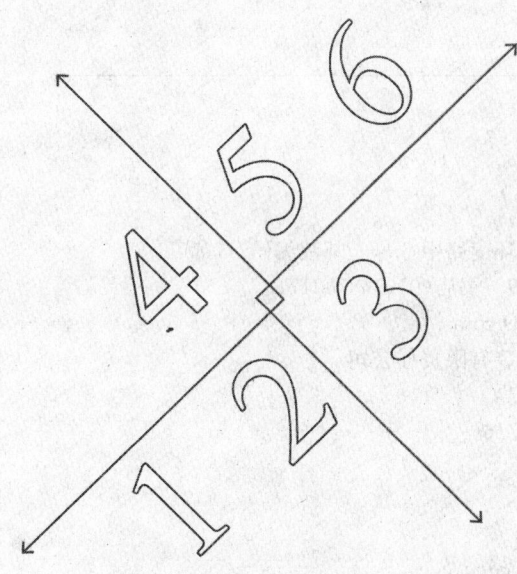

中国统计出版社
China Statistics Press

图书在版编目(CIP)数据

面向决策的财务会计学/张莉萍,王婧编著. —— 北京:中国统计出版社,2017.2
ISBN 978—7—5037—8108—7

Ⅰ.①面… Ⅱ.①张… ②王… Ⅲ.①财务会计—高等学校—教材 Ⅳ.①F234.4

中国版本图书馆 CIP 数据核字(2017)第 027840 号

面向决策的财务会计学

作　　者/张莉萍　王　婧
责任编辑/陈悟朝　姜　洋
封面设计/李　静
出版发行/中国统计出版社
通信地址/北京市丰台区西三环南路甲6号　邮政编码/100073
电　　话/邮购(010)63376909　书店(010)68783171
网　　址/http://www.zgtjcbs.com
印　　刷/河北鑫宏源印刷包装有限责任公司
经　　销/新华书店
开　　本/787×1092 mm　1/16
字　　数/540千字
印　　张/24
版　　别/2017年2月第1版
版　　次/2017年2月第1次印刷
定　　价/50.00元

版权所有。未经许可,本书的任何部分不得以任何方式在世界任何地区以任何文字翻印、拷贝、仿制或转载。
如有印装差错,由本社发行部调换。

前　言

当前,财务会计教学面临重大现实问题:由于财务会计软件的广泛使用,企业对财务会计岗位的需求越来越少。有人说:"SAP系统的降价速度,决定了财务会计岗位的消失速度"。这句话并非危言耸听。记得几年前一位参加了实习的本科生对我说:"老师,您讲的那些会计分录,在我实习的单位已经至少有95%由计算机完成了。"以编制会计分录为主要教学内容的传统意义上的财务会计学,在大学课堂里已经进行不下去了。

但是这并非意味着财务会计学的教学没有意义。企业不断变化的内外部环境,决定了基于财务数据的决策在企业管理中发挥着越来越重要的作用。目前财政部正在推行管理会计的思想、方法和工具,而管理会计所使用的信息中财务数据占相当大的比例。而银行以及各类投资机构的投资决策,也都在相当程度上依赖于目标企业的财务数据。培养本科学生初步读懂财务报表、而非编制财务报表的能力,应该成为当前财务会计学的教学宗旨。

"读懂"财务报表,就是要解读财务报表数字所体现出来的企业经济活动的运转特点。这包含两方面含义:一方面,要清楚报表项目所反映的经济活动是什么,体现了企业与利益相关者之间怎样的关系;另一方面,经济活动反映在财务报表的过程中,必须遵循哪些会计准则?

本教材试图从以下四个方面,来帮助学生培养"读报表"的能力。

第一,建立利益相关者视角。

本教材以股东、债权人和管理层之间的关系为基础,解读了与财务报表有关的多项重要内容。比如企业会计准则制定的意义、会计等式所体现的经济关系、财务报告中四张主表的作用、报表中各项目的分类、各项目的含义、各项目确认的条件以及各项目所采用的计量属性,等等。从股东、债权人和管理层之间的关系解读上述重要内容,可以使读者脱离开财务报表编制的操作过程,直接站在股东和债权人角度,体会财务报告究竟传递了哪些重要商业信息,从而帮助读者逐步学会通过财务报告透视企业的商业运作。

本教材在第一、二、十三章用了大量篇幅来阐述企业与利益相关者之间的关系,帮助读者始终站在利益相关者角度,找到报表中需要的信息。

第二,培养学生"写报表"的能力。

学生只有熟练掌握经济活动按照企业会计准则的要求,描述在财务报表上这一"写"的技能,才能真正理解财务报表每个项目的含义。

首先,要让学生理解财务报表上的某个项目,对应的是什么经济活动,企业为什么会发生这种经济活动,所以教材里每介绍一个报表项目,都要先介绍相关的经济活动。

其次,要让学生认识到在报表上呈现这种经济活动时,必须满足企业会计准则规定的哪些确认条件，必须采用哪种计量属性。所以教材对每个报表项目都详细阐述了准则规定的确认条件和采用的计量属性。

最后，要让学生清楚经济活动在报表的哪几个项目里呈现出来。

为了解决经济活动在财务报表上直接呈现这一问题，本教材采用了"会计等式教学模板"。第二章的第三节详细介绍了这一模板的使用。会计等式教学模板以会计等式为工具，以四张报表之间的钩稽关系为理论基础，建立起"要素"、"项目"、"科目"和"明细科目"四个层次。这一模板不仅能帮助学生建立经济活动与财务报表项目之间的直接对应关系，同时能帮助学生建立财务报表项目和会计科目之间的直接对应关系，方便会计、财务专业的学生掌握会计分录。但是本教材的主旨并不在编制会计分录本身——这项工作已经主要由计算机完成了——而在于帮助学生培养在企业内部制定决策时从会计科目获取信息的能力。从第三章开始到第十二章，每一章的第三节"会计处理"都在使用该教学模板描述经济活动。为了巩固课堂学习效果，每章后面配备了会计等式模板使用的练习题。

第三，对不同会计政策和会计估计产生的财务后果进行比较。

会计政策和会计估计的选择，是会计工作决策的重要组成部分。本书采用会计等式教学模板，直观地展示了不同会计政策和会计估计在报表中的结果。

第四，注重对读者的启发。

每章的章首给出一个小案例，引出本章的关键知识点。在教学内容中注重呈现不同公司财务报表的差异，帮助读者从这些差异中体会公司与公司的差别，从而使读者发现财务报表确实像一面镜子似的反映出了公司特色。在课后练习中，配备了"财务报表练习题"，要求读者根据某个公司的财务报表，逐项目细致解读报表上呈现的信息，帮助读者通过财务报表形成对一家公司的直观感受。

本教材试图通过上述努力，为学生学习《财务报表分析》《管理会计》《财务管理》等后续课程打好基础。

教材故名《面向决策的财务会计学》。

2014年2月份财政部修订了五个准则，颁布了3个准则。教材涉及到的相关内容，都以这次修订和颁布的准则为依据。

教材所介绍的会计等式教学模板，是编著者在教学实践中的创新。读者在使用这一教学模板的过程中有什么意见建议，请及时与我们联系，邮件请发至 zlp@ncepu.edu.cn。先致以我们最诚挚的谢意！

感谢中国统计出版社的编辑，他们以严谨的工作态度和专业能力保证了本书的出版质量。

编著者
2016年11月于北京

目 录

第一章 绪论 ... 1
第一节 企业、企业的利益相关者与财务报告 ... 1
一、企业与企业的利益相关者 ... 1
二、向利益相关者披露信息是企业的重要任务 ... 3
三、财务报告是信息披露最重要的途径 ... 4
第二节 企业会计准则 ... 5
一、企业会计准则的变迁体现了不同时代利益相关者的关系 ... 5
二、现行企业会计准则体系 ... 6
第三节 会计信息的质量标准 ... 7
一、可靠性 ... 7
二、相关性 ... 8
三、可理解性 ... 9
四、可比性 ... 9
五、实质重于形式 ... 10
六、重要性 ... 10
七、谨慎性 ... 11
八、及时性 ... 11
第四节 财务报表的基础假设 ... 11
一、会计主体假设 ... 12
二、持续经营假设 ... 12
三、会计分期假设 ... 13
四、币值稳定假设 ... 13
第五节 财务报表的逻辑架构 ... 14
一、资产负债表 ... 14
二、所有者权益变动表 ... 21
三、利润表 ... 22
四、现金流量表 ... 25
五、四张主要报表之间的钩稽关系 ... 27
六、财务报表附注 ... 28
本章小结 ... 28

第二章 财务报表编制过程 ... 30
第一节 编制财务报表的逻辑顺序 ... 30

一、财务报表要素的确认 ·· 31
　　二、财务报表要素的计量 ·· 33
　　三、财务报表要素的记录 ·· 35
　　四、财务报表要素的报告 ·· 38
　第二节　编制财务报表的操作过程 ·· 38
　　一、审核原始凭证并且据以填制记账凭证 ······························ 39
　　二、根据记账凭证登记分类账 ·· 39
　　三、结账 ··· 42
　　四、编制财务报表并对外报送 ·· 42
　第三节　会计等式教学模板 ·· 43
　　一、会计等式教学模板的理论基础 ······································ 43
　　二、会计等式教学模板的层次 ·· 44
　　三、会计等式教学模板的作用 ·· 44
　本章小结 ·· 47

第三章　货币资金与短期经营性债权　49

　第一节　货币资金 ·· 50
　　一、货币资金的性质 ·· 50
　　二、货币资金的构成 ·· 50
　　三、货币资金的确认与计量 ·· 52
　　四、货币资金的会计处理 ·· 52
　　五、备用金制度及备用金的会计处理 ··································· 55
　　六、货币资金的报告 ·· 56
　第二节　应收账款 ·· 56
　　一、应收账款概述 ··· 56
　　二、应收账款的确认与计量 ·· 57
　　三、应收账款的会计处理 ·· 58
　　四、坏账与坏账准备 ·· 60
　　五、应收账款的报告 ·· 64
　第三节　应收票据 ·· 64
　　一、商业汇票概述 ··· 64
　　二、应收票据的确认与计量 ·· 66
　　三、应收票据的会计处理 ·· 66
　　四、应收票据的报告 ·· 70
　第四节　其他短期经营性债权 ·· 70
　　一、预付账款 ··· 71
　　二、其他应收款 ·· 71
　附录：增值税的基础知识 ·· 72
　　一、增值税的计税原理 ·· 72

二、增值税的征收		74
三、增值税专用发票的使用		75
四、存货购进和存货销售环节增值税的会计处理		75
五、增值税的发展历程		77
本章小结		79

第四章 存货 …… 82

第一节 存货概述 …… 83
- 一、存货的性质 …… 83
- 二、存货的分类 …… 83
- 三、存货的流转过程 …… 84

第二节 存货的确认与计量 …… 85
- 一、存货的初始确认 …… 85
- 二、存货的初始计量 …… 86
- 三、发出存货的计量 …… 87
- 四、期末存货的计量 …… 93

第三节 存货的会计处理 …… 96
- 一、报表项目与科目设置 …… 96
- 二、取得存货的处理 …… 97
- 三、发出存货的处理 …… 100
- 四、存货期末再次计量 …… 101
- 五、计划成本法 …… 106

第四节 存货的报告 …… 109
- 一、存货的列报 …… 109
- 二、存货的披露 …… 110

本章小结 …… 110

第五章 固定资产 …… 114

第一节 固定资产概述 …… 115

第二节 固定资产的确认与初始计量 …… 116
- 一、固定资产的确认 …… 116
- 二、固定资产的初始计量 …… 117

第三节 固定资产的后续计量与终止确认 …… 119
- 一、固定资产计提折旧 …… 119
- 二、固定资产的后续支出 …… 124
- 三、固定资产的减值 …… 125
- 四、固定资产的终止确认 …… 126

第四节 固定资产的会计处理 …… 127
- 一、财务报表项目与会计科目设置 …… 127

二、取得固定资产的会计处理 …………………………………………………… 129
　　三、固定资产后续计量的会计处理 ……………………………………………… 132
　　四、固定资产终止确认的会计处理 ……………………………………………… 136
　第五节　固定资产的报告 …………………………………………………………… 138
　　一、固定资产的列报 ……………………………………………………………… 138
　　二、固定资产的披露 ……………………………………………………………… 138
　本章小结 ……………………………………………………………………………… 139

第六章　无形资产 …………………………………………………………………… 144

　第一节　无形资产的初始确认与计量 ……………………………………………… 145
　　一、无形资产的定义与内容 ……………………………………………………… 145
　　二、无形资产的特征 ……………………………………………………………… 146
　　三、无形资产的初始确认与计量 ………………………………………………… 147
　第二节　无形资产的后续计量与处置 ……………………………………………… 149
　　一、无形资产的后续计量 ………………………………………………………… 149
　　二、无形资产的处置 ……………………………………………………………… 151
　第三节　无形资产的会计处理 ……………………………………………………… 152
　　一、财务报表项目与会计科目设置 ……………………………………………… 152
　　二、取得无形资产的会计处理 …………………………………………………… 152
　　三、无形资产使用期间的会计处理 ……………………………………………… 155
　　四、处置无形资产的会计处理 …………………………………………………… 156
　第四节　无形资产的报告 …………………………………………………………… 157
　　一、无形资产的列报 ……………………………………………………………… 157
　　二、无形资产的披露 ……………………………………………………………… 157
　本章小结 ……………………………………………………………………………… 158

第七章　投资性房地产 ……………………………………………………………… 162

　第一节　投资性房地产的初始确认与计量 ………………………………………… 163
　　一、投资性房地产的性质 ………………………………………………………… 163
　　二、投资性房地产的初始确认 …………………………………………………… 163
　　三、投资性房地产的初始计量 …………………………………………………… 163
　第二节　投资性房地产的后续计量 ………………………………………………… 164
　　一、后续对资产价值的持续报告 ………………………………………………… 164
　　二、投资性房地产的后续支出 …………………………………………………… 165
　　三、后续投资性房地产发生减值 ………………………………………………… 166
　第三节　投资性房地产的转换与处置 ……………………………………………… 167
　　一、投资性房地产与自用房地产的转换 ………………………………………… 167
　　二、投资性房地产的处置 ………………………………………………………… 168
　第四节　投资性房地产的会计处理 ………………………………………………… 169

一、成本模式 ·· 170
　　二、公允价值模式 ·· 174
　第五节　投资性房地产的报告 ··· 181
　　一、投资性房地产的列报 ··· 181
　　二、投资性房地产的披露 ··· 182
　本章小结 ··· 182

第八章　对外投资（一） ·· 188

　第一节　对外投资概述 ·· 188
　　一、什么是对外投资 ··· 188
　　二、对外投资的种类 ··· 189
　第二节　交易性金融资产 ·· 193
　　一、交易性金融资产的性质 ·· 193
　　二、交易性金融资产的初始计量 ··· 194
　　三、交易性金融资产的后续计量 ··· 196
　　四、交易性金融资产的处置 ·· 198
　　五、交易性金融资产的报告 ·· 199
　第三节　持有至到期投资 ·· 199
　　一、一级市场债券价格确定机理 ··· 199
　　二、二级市场交易价格的确定 ·· 200
　　三、持有至到期投资的初始计量 ··· 201
　　四、持有至到期投资的后续计量 ··· 202
　　五、持有至到期投资的会计处理 ··· 204
　　六、持有至投资的报告 ··· 206
　第四节　可供出售金融资产 ··· 206
　　一、可供出售权益类金融资产 ·· 206
　　二、可供出售债权类金融资产 ·· 210
　　三、可供出售金融资产的报告 ·· 211
　本章小结 ··· 211

第九章　对外投资（二） ·· 216

　第一节　长期股权投资概述 ··· 216
　　一、长期股权投资的定义 ··· 216
　　二、长期股权投资的种类 ··· 217
　第二节　直接投资形成长期股权投资 ·· 219
　　一、长期股权投资的初始计量 ·· 219
　　二、长期股权投资的后续计量 ·· 221
　第三节　受让股权形成长期股权投资 ·· 225
　　一、受让股权形成对联营企业、合营企业的长期股权投资 ······················ 225

二、受让股权形成对子公司的长期股权投资 ……………………………………… 230
　第四节　长期股权投资的处置 ……………………………………………………… 234
　　一、长期股权投资的处置 …………………………………………………………… 234
　　二、处置股权所引起的长期股权投资后续计量方法的转换 ……………………… 235
　第五节　长期股权投资的报告 ……………………………………………………… 235
　　一、长期股权投资的列报 …………………………………………………………… 235
　　二、长期股权投资的披露 …………………………………………………………… 236
　本章小结 ……………………………………………………………………………… 236

第十章　负债 …………………………………………………………………………… 241
　第一节　负债概述 …………………………………………………………………… 241
　　一、负债的性质与成因 ……………………………………………………………… 241
　　二、负债的分类 ……………………………………………………………………… 242
　　三、负债的确认条件 ………………………………………………………………… 244
　　四、负债的计量 ……………………………………………………………………… 244
　第二节　面向供应商的负债 ………………………………………………………… 245
　　一、应付票据 ………………………………………………………………………… 245
　　二、应付账款 ………………………………………………………………………… 246
　第三节　面向员工的负债 …………………………………………………………… 248
　　一、企业面向员工承担的义务和责任 ……………………………………………… 248
　　二、应付职工薪酬的构成 …………………………………………………………… 250
　　三、应付职工薪酬的确认与计量 …………………………………………………… 251
　　四、应付职工薪酬的会计处理 ……………………………………………………… 253
　　五、应付职工薪酬的报告 …………………………………………………………… 255
　第四节　面向税务部门的负债 ……………………………………………………… 255
　　一、应交税费 ………………………………………………………………………… 255
　　二、递延所得税负债 ………………………………………………………………… 259
　第五节　面向债务资本提供方的负债 ……………………………………………… 260
　　一、短期借款 ………………………………………………………………………… 260
　　二、长期借款 ………………………………………………………………………… 264
　　三、应付债券 ………………………………………………………………………… 266
　　四、面向债务资本提供方的负债的列报 …………………………………………… 270
　第六节　面向客户的负债 …………………………………………………………… 270
　第七节　其他负债 …………………………………………………………………… 272
　　一、应付股利 ………………………………………………………………………… 272
　　二、其他应付款 ……………………………………………………………………… 273
　　三、预计负债 ………………………………………………………………………… 273
　本章小结 ……………………………………………………………………………… 274

第十一章 所有者权益 ... 278

第一节 所有者权益概述 ... 278
一、所有者权益的性质 ... 278
二、不同组织形式的企业所有者权益 ... 279
三、两类公司制企业:有限责任公司与股份有限公司 ... 281
四、所有者权益的分类 ... 282

第二节 投入资本 ... 282
一、实收资本(或股本) ... 282
二、资本公积 ... 285

第三节 其他综合收益 ... 288
一、其他综合收益的性质 ... 288
二、形成其他综合收益的交易和事项 ... 288
三、其他综合收益的分类 ... 289
四、其他综合收益的报告 ... 289

第四节 利润分配与留存收益 ... 289
一、利润分配——《公司法》要求下的企业财务行为 ... 289
二、留存收益的性质与用途 ... 290
三、利润分配与留存收益的会计处理 ... 290
四、利润分配与留存收益的报告 ... 293

第五节 所有者权益的其他问题 ... 293
一、库存股 ... 293
二、派发股票股利 ... 295
三、弥补亏损 ... 296
四、专项储备 ... 298

本章小结 ... 298

第十二章 收入费用和利润 ... 303

第一节 收入 ... 304
一、收入的性质 ... 304
二、收入的分类 ... 305
三、销售商品收入 ... 306
四、劳务收入 ... 316
五、让渡资产使用权收入 ... 323
六、建造合同收入 ... 323

第二节 费用 ... 336
一、费用的性质 ... 336
二、费用的分类 ... 337
三、费用的确认 ... 338

四、费用的报告 ··· 339
　第三节　利润 ··· 339
　　一、三个特别项目 ··· 339
　　二、利润的报告 ·· 340
　本章小结 ··· 340

第十三章　财务报告 ··· 346
　第一节　资产负债表 ·· 347
　　一、资产的确认、计量与报告 ·· 347
　　二、负债的确认、计量与报告 ·· 348
　　三、所有者权益的确认、计量与报告 ·· 349
　第二节　所有者权益变动表 ·· 349
　　一、所有者权益变动表的结构 ·· 350
　　二、所有者权益变动表的编制 ·· 351
　第三节　利润表 ·· 351
　　一、利润的确认 ·· 352
　　二、利润的计量 ·· 352
　　三、利润的报告 ·· 353
　　四、其他综合收益与综合收益总额的报告 ··································· 353
　第四节　现金流量表 ·· 354
　　一、现金流量表的意义 ·· 354
　　二、现金流量表与资产负债表之间的钩稽关系 ····························· 354
　　三、现金流量的分类 ·· 354
　　四、经营活动现金净流量的报告方式 ·· 358
　　五、现金流量表主表各项目的含义 ··· 360
　　六、现金流量表主表的编制方法 ·· 363
　第五节　财务报表附注 ··· 365
　　一、财务报表附注对财务报表编制基础进行了特别声明 ·················· 366
　　二、财务报表附注披露了企业采用的会计处理方法 ······················· 366
　　三、财务报表附注披露了重要项目的具体说明 ···························· 366
　　四、财务报表附注披露了其他重要情况 ····································· 367
　结束语 ·· 367
　本章小结 ··· 368

参考文献 ··· 372

第一章

绪 论

> 【学习目标】
> 通过学习本章,你应该:
> 1. 认识企业与其利益相关者之间的经济关系;
> 2. 了解制定会计准则的意义;
> 3. 理解会计信息的质量特征;
> 4. 理解会计基本假设;
> 5. 掌握四张主要财务报表的含义以及它们之间的钩稽关系。

引子

王先生和大学同学李先生合作开发了一项专利,以此为基础投资成立了一家提供技术服务的 A 公司,并聘请王先生的高中同学——毕业于北京大学光华管理学院的薛先生担任公司的总裁。公司除了薛先生以外还有 4 位高级管理人员和 150 名员工。公司最重要的客户是大型国有企业 X 公司。在提供服务的同时,A 公司还为客户更换一种零部件,这些零部件由 Y 公司提供。公司成立以后发展势头良好,成为当地的纳税大户。王先生也被评选为当地的政协委员。近期因拓展业务 A 公司需要更多的资金,向银行申请贷款,获准。

一家公司要和方方面面的机构与个人打交道,这些机构与个人就是这家公司的利益相关者。

第一节 企业、企业的利益相关者与财务报告

一、企业与企业的利益相关者

企业是拥有法人资格①、以盈利为目的的组织。企业拥有法人资格,是指在法律上它与自然人享有同样的地位,独立享有民事权利,独立承担民事责任。企业还是一个以盈利为目

---

① 本书所指的"企业",如果不特别说明,是指具有法人资格的公司制企业。

的组织,它将人力、财物等多种生产要素结合起来,通过向社会销售商品、提供劳务或者提供其它服务而获利。

企业的运营过程,是拥有财务资本和人力资本等生产要素的所有者,为谋求自身所拥有的生产要素的保值和增值,而共同订立的一组生产要素使用权交易合约的履行过程[1]。而生产要素的所有者之所以订立这个合约,是因为多种生产要素互相合作,能充分发挥不同要素的比较优势并形成互补,从而取得比不合作时更大的效益,实现各自要素的最大增值。企业在多种生产要素的合作下,创造出更多的社会财富。按照合约,这些财富在不同要素的所有者之间进行分配,从而使各要素在保值的基础上实现增值。不同要素的所有者所拥有的财富不断增加,社会也就不断走向繁荣。

这些生产要素的所有者,称作企业的"利益相关者"。他们向企业投入的生产要素不同,与企业订立的合约不同,取得回报的方式也不同。最基本的利益相关者有四种,包括:所有者、银行、员工和政府。

1. 所有者

所有者是企业财务资本的最基本提供者。公司制企业的所有者也称作"股东"。股东不仅在企业成立之初,为企业提供财务资本,使企业有了经营的物质基础,而且在企业存续的若干年中,股东都不能撤走资本。股东提供的财务资本,企业可以永久使用,除非企业清算。

2. 银行

银行也向企业提供财务资本。这部分财务资本是股东提供的资本之外的重要补充。银行提供的财务资本与股东不同,一是有明确的到期日,二是债权人通过获取利息从企业得到回报,而利率是固定的。银行提供的财务资本的到期日、利率水平、利息的支付方式等,都在双方事先签订的借款协议中作了约定。

3. 员工

员工向企业提供劳动力。如果不最终与劳动力结合,任何财务资本都不会增值。当然,如果没有财务资本,劳动力也只能在很小的范围内创造数量极为有限的财富。在现代经济生活中,只有将劳动力与财务资本有机地结合起来,才能使两种生产要素提供者的财富共同增长。

员工中有一个特殊的群体,他们在企业的日常生产经营中起着决策、指挥和协调的作用,这个群体就是管理层。由于管理层处于特殊地位,他们相对其它利益相关者享有信息优势。

管理层和普通员工在遵照《劳动法》和其它与劳动保护有关的法律法规的前提下,与企业签订劳动报酬合约。在提供劳动力一定的情况下,他们从企业拿走的劳动报酬也是一定的。如果经营年景好,企业也会向管理层和普通员工发放奖金,作为他们创造良好效益的奖励。

4. 政府

政府虽然既不提供财务资本,也不提供人力资本,但是政府作为国家机器的掌控者,它为企业生存发展提供了基本社会环境,比如抵御外来侵略,维护社会稳定等,所以政府应该从企业拿走一部分财富。政府从企业分享财富的过程就是企业的纳税过程。税法可以看作是政府与企业签订的合约①。

企业的经营环境是复杂的、不确定的,外部受到政治、法律、经济周期、竞争对手等因素的影响,内部受到管理水平、人员素质等因素的影响,所以财务资本、人力资本等各种生产要素结合在一起所创造的财富在规模上也是不确定的。这些财富,按照合约在各生产要素的提供者之间分配。银行、员工、政府拿走的财富,金额是固定或者相对确定的,剩余的部分留给了股东。从这个意义上说,银行、员工、政府的性质相同,他们都是企业的债权人,不承担企业的经营风险。企业的经营风险由股东承担,股东和企业的生存发展最为休戚与共。

即便如此,股东也不可以把企业的财产物资视同个人享有的财富而随意支配。"股东"和"企业"是各自独立的法律主体。股东投入的财产物资,企业享有"法定财产权",具体包括对这些财务物资的占有权、使用权、处置权以及受益权。而股东只能依据《公司法》的规定,因投入资本而享有"股权"。股权包括三种权利。第一种,企业正常经营时的分配红利权。第二种,企业清算时的分配剩余财产权。第三种,因为拥有以上两种具有"剩余"性质的权利而拥有的经营决策表决权②。

各种利益相关者在合作过程中付出的代价、获取的回报以及与企业签订的合约类型如表1-1所示。

表1-1

利益相关者类型	利益相关者付出的代价	利益相关者获取的回报	利益相关者与企业的合约
股东	投入永久性财务资本	分红,分配剩余财产,经营权	《公司法》,公司章程
银行	投入有限期财务资本	收到利息,收回本金	《合同法》,借款协议
员工	投入时间和精力	得到薪酬以及社会保险等劳动保障	与劳动保护有关的法律法规以及劳动合同
政府(税务部门)	提供稳定的外部环境	获得税收收入	《税法》以及相关行政法规

二、向利益相关者披露信息是企业的重要任务

企业的现状与发展牵动着利益相关者,所有的利益相关者都想从企业的发展状态中预计未来,从而做出决策。

1.股东关注企业的获利能力

企业在一定期间内创造的财富中,扣除被银行、员工和政府拿去的部分,剩余的部分叫做"利润",归股东所有。股东希望企业获利越多越好。股东投入的资本是永久性的,是企业永久的利益相关者。所以股东不仅关注企业当前的获利能力,而且还关注企业未来长期的获利能力。

2.银行关注企业的偿债能力

银行关注企业的资金周转是否通畅,到期是否有足够的现金支付本金与利息。

---

① 谢德仁,企业剩余索取权:分享安排与剩余计量,第106页,上海三联书店2001年出版。
② 关于股权的三种权利,在第八章有详细阐述。

3.员工关注企业提供的机会和待遇

员工关注企业是否能为自己提供挖掘个人潜能的空间以及提高个人待遇的机会。在发达国家，代表全体员工根本利益的组织是工会。工会的力量很强大，它关注企业的发展状况，并与股东利益的代表者谈判，以提高全体员工在企业创造的财富中分享的比例，改善员工的工作环境。

4.政府作为征税人关注企业的经营状况与交税情况

按照税法规定，企业应该缴纳多少税负，取决于经营规模和获利情况。政府关注企业的经营状况，关注企业缴纳的税负情况。

5.供应商和客户关注自身利益能否得到保障

在上述基本利益相关者之外，供应商和客户如果与企业发生交易后不能立即钱货两清，那么也成为企业的利益相关者。供应商向企业供货后，关注货款是否能够及时收回。客户如果提前向企业付款，就会关注是否能够得到相关的货物或劳务。他们自然也会关注企业的财务状况。

利益相关者对企业的状况如此关注，就要求企业必须采用适当途径向他们披露信息。这些利益相关者对企业信息的需求，有一定差异。股东和银行这些外部人需要了解有助于判断企业价值和企业经营风险的信息，政府则需要了解企业的经营模式、发生哪些应税行为以及应交多少税金，供应商关心企业的现金流，客户关心相关资产或服务的保障程度。这些信息，有些是不可量化的信息，比如企业的经营模式、应税行为；有些是可以用货币度量的信息，比如利润额、税额；而有些是用货币之外其它度量工具度量的信息，比如产品销售量。提供这些信息，企业需要花费大量成本。

三、财务报告是信息披露最重要的途径

财务报告是向利益相关者提供经营信息最基本的途径。

财务报告包括财务报表以及附注，所提供的信息以会计信息为主。所谓会计信息，是以货币作为计量工具，将企业的经营行为予以量化的信息。以货币作为计量工具，其显著优势在于，它在最大程度上将企业的经营行为予以量化，使得各种财产与权利、义务与责任都得以度量，从而实现了财产与权利、义务与责任在各自领域内的可加性。打个比方，我们无法直接比较一台发电机组与一条汽车生产线，但是如果我们用货币来分别度量这两种设备，比如购置它们的成本，或者它们一年生产的产品的货币价值，就可以将它们进行比较。用货币进行度量，我们就能计算一家企业各种经济资源的总和，比如将发电机组和汽车生产线加总，并能与另一家企业相比较。

企业最重要的利益相关者是提供了长期财务资本的股东和银行，特别是最终承担经营风险的股东。企业无论采用什么商业模式，无论从事产品制造、商品交易还是提供服务，都离不开财务资本。为此，企业提供的信息主要满足股东和银行的需要。而他们作为企业的外部人，在进行投资决策时，需要对不同行业、同一行业的不同企业、同一企业的不同时期进行比较。比如，他们从"一汽大众"得到的信息要能够与从"大唐发电"得到的信息相对比。

为此，财务报告成为企业对外提供信息最重要的途径。

税务部门所需要的更为详细的税务信息，不是体现在财务报告中，而是反映在企业的纳

税申报单上。这些信息是在财务报告基础上,根据税法规定进行必要调整后生成的。

管理层不仅以员工身份关注企业的会计信息,而且还要从自身岗位职责出发,制定企业发展的长远规划和短期计划,于是就需要获得与企业经营状况有关的更为详尽的信息。既包括营业收入、利润总额、现金流量这些财务信息,也包括销售量、采购量、员工数量这些非财务信息。

由此可见,财务报告是企业提供信息最基本的途径,使用面很广。

需要提及的是,目前在实务中,无论是财务信息、税务信息还是企业内部管理需要的非财务信息,主要通过 SAP、ORACLE 等品牌的信息系统或企业自行研发的信息系统生成。这类系统在各个业务端口获取信息之后进行加工,生成财务报告,纳税申报单和企业内部各层级管理人员需要的各类信息。

第二节 企业会计准则

企业是利益相关者们互利合作的场所,于是大家必须事先共同制定规则,并在合作过程中严格遵守这些规则,否则就会出现一方伤害其他方利益的情况。比如管理层把股东投入的资本作为企业实现的利润,提升自己的经营业绩,或者管理层和股东串通起来,把银行投入的资本尽快当作利润瓜分掉,然后宣告破产,使债权人血本无归,等等。企业会计准则就是这套规则的重要组成部分。除此以外,还有《会计法》《公司法》《证券法》等法律规定了利益相关者的权利与义务。

企业会计准则是一套行业技术标准。它所具备的社会功能,简单地说,就是定性、定量地确定了生产要素所有者的投入,即资本的存量;定性、定量地确定了企业将各生产要素协调起来以后新创造的财富,即资本的增量;确定了与资本存量、资本增量相关的信息如何向股东和债权人报告。一言以蔽之,企业会计准则解决了如何将企业经营活动的结果以货币量化,如何向股东和债权人报告其投入资本的保值、增值。

一、企业会计准则的变迁体现了不同时代利益相关者的关系

我们按照企业会计准则所反映的企业利益相关者之间的关系,将新中国成立后企业会计准则的发展过程分为两个时期。

第一个时期:对外报告以会计等式"资金来源=资金占用"为基本框架

这一时期从 1956 年完成公有制改造开始,到 1993 年 6 月 30 日结束。我们把这一时期再以 1979 年中国共产党第十一届三中全会作为分水岭,分为改革开放前和改革开放后两个时期。

改革开放前,虽然中国政治、经济又经历了若干不同时期,但是从现代企业制度角度看,有着共同特点:基本经济成份主要是国有;政府通过财政拨款向企业注资,并直接管理企业;生产什么、生产多少,都由政府管理部门说了算;产品也由政府统购包销;企业生产消耗的补偿要上交给政府;企业维持生产所需要的资金要政府再次下拨。企业仅相当于政府下属的一个生产车间,没有法人财产权,也没有经营自主权。当时流行的一个说法"打酱油的钱不能买醋",就形象地描述了企业经营决策权的缺失。

在这种体制下,政府是会计信息唯一使用者。于是企业向政府进行财务报告时,以"资金来源=资金占用"作为基本平衡关系,编制资金平衡表。其中"资金来源"反映政府的资本投入,"资金占用"反映投入资本所形成的具体资产状态。为了反映企业发生消耗的补偿情况,还要根据政府的财务规定,分别提取折旧基金、大修理基金、福利基金等补偿基金,并定期上交。

改革开放后,允许私有经济存在,除了政府,自然人也可以投资办企业。即使政府投资的国有企业,也改变了过去由政府拨款的单一投资模式,可以向银行贷款。同时政府逐步简政放权,企业自主经营权慢慢扩大,并逐步过渡到自负盈亏、自我积累、自我发展,国有企业的所有权和经营权有所分离。特别是1992年,八家股份有限公司在深圳上市,标志着具有现代企业制度的企业正式成立。在这种大背景下,会计信息的使用者就变得丰富起来。除了提供永久性资本的政府、民间人士,还包括提供债权性资本的银行以及进行企业内部决策的管理者。"资金来源=资金占用"的会计等式已经无法满足需要,提取三项补偿基金并上交政府也无必要。原先的会计规范已经不再适用,到了必须废止的时候了。

第二个时期:对外报告以会计等式"资产=负债+所有者权益"为基本框架

这一时期从1993年7月1日开始至今。

1993年7月1日,财政部此前制定并颁布的《企业基本会计准则》正式开始实施。新的财务会计规范以会计等式"资产=负债+所有者权益"为基本平衡关系,编制资产负债表。该会计等式的左边反映作为法人单位的企业所拥有的经济资源:这些经济资源是什么,有多少;会计等式的右边反映对这些经济资源有要求权的利益相关者——股东以及银行、员工、政府等各类债权人享有的经济利益。新的会计等式相比原先的会计等式,所反映的资源提供者要丰富得多,既包括权益资本的提供者,债权资本的提供者,还包括与企业存在经济利益关系的员工、政府、供应商和客户等。

为了反映企业作为独立法人在一定期间内通过经营管理活动所创造的财富,设置了利润表。

二、现行企业会计准则体系

现行企业会计准则,是为了适应经济全球化发展,由财政部于2006年2月15日颁布的《中国企业会计准则(Chinese Accounting Standards)》,简称"CAS2006"。这是一套会计规范体系,其内容在不断丰富,截止到2016年6月,包括一个基本会计准则、41个具体会计准则以及8个专家工作组解释意见。

基本会计准则给出了财务报告体系的概念框架,它确定了财务报告的目标、财务报告所提供信息的质量标准、编制基础、财务报表的组成、财务报表要素确认、计量的基本原则。本章第三、四两节阐述的就是基本会计准则的内容。

具体会计准则见表1—2。

表 1—2　具体会计准则编号与名称

第 1 号——存货	第 22 号——金融工具确认和计量
第 2 号——长期股权投资	第 23 号——金融资产转移
第 3 号——投资性房地产	第 24 号——套期保值
第 4 号——固定资产	第 25 号——原保险合同
第 5 号——生物资产	第 26 号——再保险合同
第 6 号——无形资产	第 27 号——石油天然气开采
第 7 号——非货币性资产交换	第 28 号——会计政策、会计估计变更与差错更正
第 8 号——资产减值	第 29 号——资产负债表日后事项
第 9 号——职工薪酬	第 30 号——财务报表列报
第 10 号——企业年金基金	第 31 号——现金流量表
第 11 号——股份支付	第 32 号——中期财务报告
第 12 号——债务重组	第 33 号——合并财务报表
第 13 号——或有事项	第 34 号——每股收益
第 14 号——收入	第 35 号——分部报告
第 15 号——建造合同	第 36 号——关联方披露
第 16 号——政府补助	第 37 号——金融工具列报
第 17 号——借款费用	第 38 号——首次执行企业会计准则
第 18 号——所得税	第 39 号——公允价值计量
第 19 号——外币折算	第 40 号——合营安排
第 20 号——企业合并	第 41 号——在其他主体中权益的披露
第 21 号——租赁	

41 项具体会计准则分为三大类，即通用会计交易和事项的确认和计量准则（第 1—4 号、6—9 号、11—24 号、28—29 号、38—40 号），通用财务报告和披露准则（第 30—37 号和 41 号），以及特殊行业准则（第 5、10、25—27 号）。

专家工作组解释意见是对企业会计准则使用过程中出现的具体问题给出的操作规范。随着经济生活的复杂化、多样化，专家工作组不断根据新出现的问题推出相应的解释意见。

本书从第三章开始所阐述的交易和事项，都遵循相应的具体会计准则。

第三节　会计信息的质量标准

财务报告所反映的会计信息向企业外部的利益相关者提供，就如同企业对外部提供产品一样，应该达到一定的质量标准。《企业会计准则——基本准则》（以下简称"基本会计准则"）详细规定了会计信息应达到的质量标准。这些质量标准共包括八项：可靠性、相关性、可理解性、可比性、实质重于形式、重要性、谨慎性和及时性。

一、可靠性

基本会计准则这样定义可靠性："企业应当以实际发生的交易或者事项为依据进行会计确认、计量和报告，如实反映符合确认和计量要求的各项财务报表要素及其他相关信息，保证会计信息真实可靠、内容完整。"

可靠性隐含着三层含义。

第一，以实际发生的交易或者事项为依据进行确认和计量，如实反映经济活动引起的资产、负债、所有者权益、收入、费用和利润的变化，不得虚构业务，不得提前确认未来发生的业务的财务结果。

第二，在重要性和成本效益原则前提下，完整反映企业交易和事项，不得遗漏。

第三，当不得不对交易或事项产生的影响进行估计和判断时，要本着中立原则，不偏向利益相关者任何一方。具体地说，当交易或事项的结果不是直接通过具有可验证性的单据体现，而是需要会计人员估计和判断时，会计人员的处理要合法合规；如果相关法规并没有对该交易或事项的处理做出规定，会计人员要以中立为原则，不使财务报告的结果有利于利益相关者的某一方而损害其他方。

可靠性是会计信息的灵魂。会计信息如果不可靠，从表层看，会误导利益相关者，造成股东和债权人的决策失误，造成政府税收流失；从深层看，会严重影响资本市场的发展，最终影响整个社会的经济发展。一家上市公司提供了虚假会计信息，只是导致这家公司成千上万股东的利益受到侵害。而如果会计信息失真是上市公司的普遍现象，那么就会使投资人对整个资本市场失去信心，资本市场筹集资本、实现资源有效配置的功能就会丧失。

21世纪初，美国资本市场相继出现安然、世通等多起会计信息造假案，导致投资人对资本市场投资信心大挫。于是美国国会迅速在2002年通过了《萨班斯－奥克斯利法案》。这是美国自1934年通过《证券法》后最重大的公司改革。该法案要求每家上市公司必须建立完善的内部控制制度，公司的首席执行官和财务总监必须保证财务报表的准确性，管理层担保的财务报表如果后来被发现有问题，他们将面临最高100万美元的罚款或者最长10年的牢狱之苦。这一法案迅速通过并马上付诸实施，才逐步恢复了美国投资者对资本市场的信心。

在英国和美国，资本市场发达，一家上司公司的股东人数众多，每位股东持有的股份数量占公司总股份数量的比例极小。即使作为最大股东的养老保险机构，持有一家公司的股份数一般也不会超过5%。股东持有某个公司股份的目的是保持合理的投资组合，并无意监督管理层的行为。所以在这些国家，上市公司实质上被作为内部人的管理层控制。而管理层为了满足自己在职消费的欲望，或者为了满足自己掌控更多资源的欲望，可能会有意将任期内的利润做得好看一些。所以在这些国家，上市公司利益相关者之间的冲突主要是外部股东和内部管理层的冲突，这一现象被称作"内部人控制"。在英美国家，管理层欺骗外部人是会计信息失真的基本原因。

在中国资本市场上，上市公司大多由原国有企业投入一部分已经运作的资产作为资本，再向社会公众筹集一部分资本组建而成。原先的国有企业成为最大的股东，而上市公司的管理层主要由大股东任命。在如此利益相关者架构下，大股东就有串通管理层操纵会计信息的动机，使会计处理结果更有利于大股东。所以在中国，大股东糊弄小股东是会计信息失真的基本原因。

二、相关性

基本会计准则这样定义相关性："企业提供的会计信息应当与财务报告使用者的经济决

策需要相关,有助于财务报告使用者对企业过去、现在或者未来的情况做出评价或者预测。"

相关性也可以通俗地理解为"有用性"。企业外部的股东和银行,作为企业的投资者,要了解企业的财务状况、经营情况以及现金流量情况。股东想要知道,企业在过去一个时期里获利能力如何,是否有足够的现金返还红利;股东还想知道,这样的获利能力,可持续性如何。银行想要知道,企业有哪些债务;将来自己的债权到期时,企业是否手头有足够的现金加以偿还。会计信息要努力回答这些问题。

企业对外报送的财务报告,在报告的内容、格式、报告金额计量属性的选择等方面,都要有信息含量,以增加会计信息的相关性。

三、可理解性

可理解性是指企业提供的会计信息应当清晰明了,便于财务报告使用者理解和使用。也就是说,会计信息对于具有一定专业知识的人来说能够理解,并能从中获取有价值的信息。

财务报告是具有一定技术含量的专业报告,其报告的形式是标准化的。隔行如隔山,尽管不同行业、不同企业的报表的样式是一致的,其反映的内容却因为企业经营状况的不同而存在显著差别。如果财务报告以专业性强为借口,披着标准化报告的外衣,故意含糊其辞,对应该介绍清楚的情况故意不介绍,能够讲明的事实有意不讲明,即使具备了会计专业知识的人,如果不深入企业内部进行调查分析也无法知道事实的真相,那么这样的财务报告就违背了会计信息可理解性的要求。

四、可比性

基本会计准则规定,"企业提供的会计信息应当具有可比性。同一企业不同时期发生的相同或者相似的交易或者事项,应当采用一致的会计政策,不得随意变更。确需变更的,应当在附注中说明。不同企业发生的相同或者相似的交易或者事项,应当采用规定的会计政策,确保会计信息口径一致、相互可比。"

可比性包括两个方面。一方面是指外部信息使用者取得不同企业的财务报告加以比较时,这些信息应该具备横向可比性;另一方面是指外部信息使用者取得同一企业的不同期间的财务报告,以便根据历史资料对企业的未来价值进行预测时,这些信息应当具有纵向可比性。

会计信息之所以有时候不可比,是因为对相同的经济活动采用了不同的会计政策。会计政策,简单地说就是会计处理方法。不同的会计处理方法,就是看待问题的不同视角。相同的交易或事项,采用不同的会计处理方法,会得到不一样的结果。

下面举例说明。

某企业从 2016 年 9 月 10 日开始,连续三天分别以每股 10 元、10.2 元和 10.4 元购买了一家上市公司股票 10 万股、20 万股和 20 万股,几天以后,又以每股 11 元出售该公司股票 20 万股。若不考虑手续费、印花税,该企业此次出售股票赚了多少?

该企业出售股票的所得是一定的,计 220 万元。但是究竟赚了多少,则取决于如何计算出售成本。理论上,至少有三种方法来计算出售成本。第一种方法称为"先进先出法",它假设最先买进的股票先卖出了;第二种方法称为"后进后出法",它假设最后买进的股票先卖出了;第三种方法称为"加权平均法",它把手头持有股票的单位平均购进成本作为单位平均出售成本。于是就有三种结果,见表1—3。

表1—3

	先进先出法	后进先出法	加权平均法
出售所得	11元/股×20万股=220万元	11元/股×20万股=220万元	11元/股×20万股=220万元
出售成本	10元/股×10万股+10.2元/股×10万股=202万元	10.4元/股×20万股=208万元	10.24元/股*×20万股=204.8万元
赚取的利润	18万	12万	15.2万
股票的结存金额	310万	304万	307.2万

*:10.24元/股=(10元/股×10万股+10.2元/股×20万股+10.4元/股×20万股)/50万股

从上面的例子看出,如果某家企业对同样的交易或事项,这一个期间和上一个期间采用不同的会计处理方法,利润额、结存资产额都会不同。所以企业会计准则要求企业在不同期间采用相同的会计处理方法,如果确实因客观原因变更会计处理方法的,必须在财务报表附注中加以说明。企业会计准则还要求,金额影响重大的会计处理方法发生变更,企业应以新的会计处理方法调整报表中的前期数据,以保证财务报表中所呈现的数据在前后期具有一致性。

如果处于不同行业的企业对同样的交易或事项,采用不同的会计处理方法,也会出现利润与结存资产的结果企业与企业之间不相同的现象。但是不同行业的经营模式不同,应该允许企业在一定的范围内,根据自身情况选用更为适当的会计处理方法。在会计处理方法的选择上,企业的空间究竟有多大,由企业会计准则规定。

五、实质重于形式

基本会计准则规定:"企业应当按照交易或者事项的经济实质进行会计确认、计量和报告,不应仅以交易或者事项的法律形式为依据。"

有些交易或事项如果分别从法律和经济两个角度看,结果不一样。基本会计准则要求企业在反映经济活动时,更注重经济活动的实质,而不是其法律形式。

比如,有的航空公司从租赁公司租赁飞机使用,租赁期很长,长到几乎就是飞机的使用年限。从法律角度看,航空公司与租赁公司签订的是租赁合同,转移的是飞机的使用权。从经济角度看,航空公司以支付租金的形式,取得了飞机所能带来的几乎全部好处,这与分期付款购买飞机几乎没有差别。航空公司在反映这项经济活动时,应关注其经济实质,视同从租赁方买下了飞机。

六、重要性

基本准则规定:"企业提供的会计信息应当反映与企业财务状况、经营成果和现金流量等有关的所有重要交易或者事项。"

判断交易或事项是否重要的定性标准是,对这些交易或事项进行会计处理所形成的会计信息,是否对外部投资者的决策产生重要影响。但判断具体一笔交易或事项重要与否,准则并没有给出统一的量化标准,在很大程度上取决于会计人员的职业判断。

对重要的交易或事项加以反映,并不意味着不重要的交易和事项可以不报告。这是因为,第一,管理层受外部人委托经营资本,需要将受托经营的结果完整地报告,包括那些不重要的交易和事项所带来的影响;第二,一笔交易和事项究竟是否重要,有时很难判断。会计实务中的做法是,能够清楚地判断这是一笔重要的交易或事项时,就采用严格的会计处理程序,否则就采用简略程序。

七、谨慎性

谨慎性是指企业对结果不确定的经济活动进行处理时,保持应有的谨慎,不高估资产或者收益,也不低估负债或者费用。

谨慎性的意思是企业面临坏消息时,马上把这个坏消息的结果反映在报表中,即使这个坏消息背后的经济活动将来才会发生;而当企业面临好消息时,不进行任何处理,只有当好消息背后的经济活动将来真正发生时才会在报表中反映。谨慎性使得会计人员在面临性质不同的不确定事件时,采取了两种不同的态度:当有坏消息时,视同不利的经济后果已经发生;当面临好消息时,只有当有利的经济后果真正发生时才予以会计处理。

提供"谨慎"的会计信息的合理性在于,债务到期时,只要企业的资产价值不少于到期的债务值,债权人就不会遭受损失,资产价值高于债务金额的部分对债权人来说没有任何意义。

八、及时性

基本会计准则规定:"企业对于已经发生的交易或者事项,应当及时进行会计确认、计量和报告,不得提前或者延后。"

外部信息使用者所处的决策环境,风险与机遇并存。要抓住机遇,或者规避风险,必须及时得到有关信息。如果企业的会计信息报送不及时,就会给投资者造成损失。

根据及时性原则,企业会计人员应该及时搜集已经发生的交易或事项的信息,并且及时进行会计处理,编制财务报告,及时对外报送。

中国证券监督管理委员会对上市公司公布财务报告的时间要求是,年度报告最晚在次年的四月三十号之前公布,半年度报告最晚在当年的八月三十一日之前公布。

上述会计信息质量要求,有些是相互冲突的。可靠性是会计信息的灵魂,但是相关性、谨慎性和及时性都会在一定程度上损害可靠性。在特定情况下,不得不放弃可靠性来保证相关性、谨慎性和及时性。读者在后续章节中会逐渐接触到这些特定情形,并发现在这些情形下,放弃可靠性来保证其他信息要求是必要的。

第四节 财务报表的基础假设[①]

企业已经发生的交易或事项的结果,以货币度量后通过财务报表以及附注向外部投资

---

① 大部分会计教材将其称为"会计的基本假设"。

者提供。企业编制财务报表,以会计主体、持续经营、会计分期和币值稳定作为基础性假设。

一、会计主体假设

会计主体是指编制财务报表的特定单位或组织。这一假设确定了财务报表所反映的交易或事项的空间范围,确定了什么是"我"的,什么是"非我"的。会计主体假设冠以"假设"一词其实并不十分贴切。"假设"是一种假定,意指特定的假想条件成立,同时也承认这一条件实际上可能并不满足。"会计主体假设"并非一种假定,而是一种意识,它强调财务报表反映的是特定空间范围内的事情,尤其强调了这个空间范围与利益相关者之间的界限,特别是与股东的界限。有些国家称之为"会计主体概念"可能更为贴切。

会计主体在多数情况下能清楚地界定其范围,划分清楚与利益相关者的界限。但是在有些情况下就变得困难,比如家庭经营的洗染店,如果店主一家就住在经营场所里,那么一个月里发生的水电费,就很难区分多少是洗染店这个店主关心的会计主体发生的,多少是店主一家生活消费的。

会计主体可以是具有法人资格的企业,也可以是企业下属的部门或机构,还可以是由一个管理团队所管理的多个企业的联合体——企业集团。无论会计主体所反映的空间范围有多大,当这个主体外部的利益相关者关心自身在这个主体的利益时,就要求这个主体提供财务报表。

本书阐述的是企业财务报表。

二、持续经营假设

持续经营假设的基本含义是,在可以预见的未来,企业会按照既定的目标持续经营下去,不会停业,也不会大规模削减业务。

持续经营假设的意义在于,它一方面提供了在外部投资人投入资本这一个时点上,资本量化的依据,另一方面又提供了一个时期以后企业新创造的财富量化的依据。

既然企业不会破产,外部投资人投入资本的具体表现形式——资产,就会按照既定的用途使用,企业欠债权人的债务也会按照原先的约定偿还,那么企业就可以采用历史成本对股东和债权人投入的资本以及这些资本的具体表现形式——资产进行量化,比如股东投入了一批存货,当时存货的价值50万元,同时企业所创造的财富,也以扣掉所消耗的资产的历史成本来计算,比如把股东投入的存货卖掉,售价60万元,那么这一活动创造的价值就以60万元扣减当初存货的价值50万元来计算。

持续经营只是个假设,任何一个企业都不可能永生。企业如果经营不善,不能再持续下去,或者公司章程所规定的营业期限已经届满而所有股东又不愿意继续经营,或者由于违规经营被依法责令关闭,就要进行清算。这时就要按照现有市场价格对企业的资产和债务进行计量。计量结果与历史成本相比,可能会存在很大差异。比如服装生产企业正处在流水线上没有加工完毕的服装,如果假定企业是持续经营的,这些未完工的服装预期会经过进一步加工后做成成品卖出去,那么未完工的服装就以外购原材料成本加上加工成本计量。可是如果企业面临破产,那么这些未完工的服装就要按照市场价格计量,这种做到一半什么也不是的东西就很不值钱。

持续经营假设是否满足,显著地影响财务报告的计量,所以企业会计准则对企业是否满足持续经营假设格外关注。《企业会计准则第30号——财务报表列报》第四条规定:"企业应当以持续经营为基础,根据实际发生的交易和事项,按照《企业会计准则——基本准则》和其他各项会计准则的规定进行确认和计量,在此基础上编制财务报表。"

三、会计分期假设

会计分期假设以持续经营假设为前提。企业的经营活动是持续的,外部人不能等到企业清算,而是在企业经营过程中就需要不断了解资本存量和资本增量信息,于是有必要将企业持续不断的经营过程人为划分为前后连贯、长短相同的期间。企业既要提供在会计期末这一时点上资本存量的信息,也要提供在会计期间内资本增量的信息。

会计期间分为年度和中期。中期是指短于一个完整会计年度的期间。在我国,《会计法》规定所有企业的会计年度与公历年度一致。在西方国家,大部分企业的会计年度与公历年度一致,也有一些企业不一致。比如迪斯尼主题公园以9月30日作为一个会计年度的结束,而一些百货公司则定为1月31日。这些时点都是每年营业的淡季。在营业淡季结束一个会计年度,会方便会计人员年终结算账目和准备财务报告。

会计分期虽然保证了会计信息的及时性,但是它也带来新的问题。因为经营活动不可能恰好到会计期末结束,所以会计人员不得不对正在进行的经营活动在会计期末的结果做出估计和判断。而不同会计人员做出的会计估计与判断并非完全相同,有时很难说清谁对谁错,这就给人为操纵会计结果留下了空间,从而影响了会计信息的可靠性。比如当期生产100件产品,共消耗料、工、费5000元,会计期末只有60件产品完工,这就需要将5000元生产费用在完工的60件和未完工的40件之间进行分配。不同的分配方法会产生不同的结果。又比如企业正在使用的一台成本100万元能工作若干年的机器,对这台机器使用寿命估计10年或者15年,所计算的每年折旧费用就会不同。这种期末要进行的会计估计和判断还有很多。读完本书,有些读者可能会情不自禁地发出感叹:会计分期真是"麻烦的制造者"!

四、币值稳定假设[①]

币值稳定假设是指作为度量工具的货币的价值是稳定的,即货币的购买力是稳定的。

会计信息因为以货币作为计量工具度量经济活动的规模,使得看起来不可比的各种财产物资,具备了可比性、可加性。基于持续经营假设,为了保证会计信息的可靠性而采用历史成本进行计量,这样长期为企业服务的资产以及外部投资人所提供的长期资本,多年来一直以当初形成时的金额反映。以后期间形成的资产和资本与以前期间形成的资产和资本金额要具有可加性,理论上必然假定币值稳定。

然而币值不稳定是更常见的经济现象。如表1—4列示了从2004年始到2013年止,工业品购进价格年环比指数。表中各年的数据都是假设前一年价格指数为100,该年的价格相比前一年的百分比。从表中看出,有的年份环比指数比100低些,比如2009年、2012年、

---

① 很多教材将相关的假设称为"货币计量"假设。

2013年,说明这三年的工业品购进价格相比前一年下降,有的年份环比指数比100高一些,比如表中的其他年份,说明这些年的工业品购进价格相比前一年上升。表中没有哪一年的价格指数是100。这些数据说明币值不稳定是常态。

表1—4

年份	2004年	2005年	2006年	2007年	2008年	2009年	2010年	2011年	2012年	2013年
工业品购进价格指数	111.4	108.3	106.0	104.4	110.5	92.1	109.6	109.1	98.2	98.0

资料来源:《中国统计年鉴》工业生产者购进价格指数

为了解决币值不稳定所带来的计量扭曲,理论上有必要将不同时点的计量结果调整为同一时点的币值,比如按照当期相比基期的物价上涨指数,将当期的货币计量结果调整为基期币值下的数值。但是由于币值波动是常态,上述调整程序,不仅工作量非常大,而且处理结果的可靠性不足。目前国际通行的做法是,除非持续发生严重通货膨胀[①],否则不做调整。于是,人们实际看到的财务报表数据,其实是前后不严格一致的度量工具度量的混合体。

持续经营、会计分期以及币值稳定三个假设,是企业财务报表编制的基础性假设。如果没有这三个假设,就没有连续地、分期地向外部投资人提供会计信息的逻辑基础。

第五节 财务报表的逻辑架构

财务报表包括资产负债表、利润表、现金流量表和所有者权益变动表。

在四张财务报表中,资产负债表反映了全部利益相关者在会计期末这个时点上所享有的经济利益,其反映的信息与所有利益相关者相关;所有者权益变动表是特别地为承担了最大经营风险的股东设置的,反映了股东在一个会计期间内享有的经济利益的变化;利润表反映了在一个会计期间内,由管理层组织管理各生产要素而创造的财富中属于股东的那一部分,用以评价管理层的经营业绩;现金流量表反映了企业的经济资源中,一种最能迅速转化为其他经济资源以及最能迅速满足各利益相关者当下要求的资源——现金,在一个会计期间内的增减变动情况,它体现了企业资源的流动性。

这四张报表,从报表的作用看,按照资产负债表、利润表、现金流量表和所有者权益变动表的顺序排列,但是从逻辑关系上,它们之间的顺序应该是资产负债表、所有者权益变动表、利润表和现金流量表。以下按照逻辑顺序展开阐述。

一、资产负债表

资产负债表是反映企业在会计期末这一时点上财务状况的报表。"会计期末"又称为"资产负债表日",在我国,是指每年、每半年、每季度或每月的最后一天。而"财务状况",是指企业在资产负债表日的资产、负债和所有者权益状况。表1—5是某股份有限公司2015年12月31日的资产负债表。

---

① 一般通货膨胀率超过两位数,被认为是"严重通货膨胀"。简单地说,就是表1—4中的年环比指数超过110。

表中有三个基本要素:资产、负债和所有者权益。

(一)资产

1.资产的性质

基本会计准则规定:"资产是企业过去的交易或者事项形成的、由企业拥有或者控制的、预期会给企业带来经济利益的资源。"资产包括现金、应收账款、存货、固定资产、无形资产、投资性房地产以及各种对外投资等。

"预期会给企业带来经济利益"是资产的本质特征,意思是:在资产负债表日展望未来,资产能够直接或者间接导致现金流入。

"由企业拥有或者控制",强调了企业拥有着资产的所有权或者控制权,从而能受益于资产所产生的经济利益。企业一般情况下拥有资产的所有权,特殊情况下虽然不拥有所有权,但是拥有控制权,比如航空公司租入的飞机租期很长,几乎相当于飞机的使用年限。尽管航空公司与租赁公司签订的是租赁合同而非采购合同,只拥有这些飞机的使用权而非所有权,但是因为航空公司在租赁期内享有了这些飞机所带来的全部或大部分经济利益,从而拥有了它的控制权。这样的飞机也属于企业的资产。

"企业过去的交易或者事项形成的",是指企业通过已经发生的购买、生产、建造行为或者其他交易或事项,拥有或者控制了资产。已经发生的交易或事项,为资产的计量提供了客观依据,保证了信息的可靠性。预期未来发生的交易或事项,尽管可能在未来给企业带来经济利益,但是因为交易或事项并未实际发生,而未来产生的经济利益也只能估计,从而没有值得信赖的计量依据,所提供的会计信息不可靠,所以就不能认定为企业的资产。

表 1-5 资产负债表

2015 年 12 月 31 日

编制单位:＊＊＊股份有限公司　　　　　　　　　　　　　　　单位:千元　币种:人民币

项　目	期末余额	期初余额	项　目	期末余额	期初余额
流动资产:			流动负债:		
货币资金	1,393,358	2,179,471	短期借款	800,000	500,000
交易性金融资产			应付票据		
应收票据	10,000	43,589	应付账款	1,482,616	1,793,168
应收账款	1,227,836	1,454,162	预收款项	1,355	547
预付账款	3,200	5,177	应付职工薪酬	25,248	25,458
应收股利	1,338,509	932,820	应交税费	118,491	287,164
其他应收款	819,206	670,090	应付利息	382,474	715,420
存货	161,847	268,306	应付股利		
一年内到期的非流动资产	4,900,000	4,335,706	其他应付款	597,137	520,389
其他流动资产	4,736,378	5,521,505	一年内到期的非流动负债	657,000	5,177,369
流动资产合计	14,590,334	15,410,826	其他流动负债	14,215,474	11,000,000
非流动资产:			流动负债合计	18,279,795	20,019,515
可供出售金融资产	4,102,472	3,922,427	非流动负债:		
持有至到期投资			长期借款	8,250,000	14,912,600
长期应收款			应付债券	15,410,017	15,394,158

续表

项　目	期末余额	期初余额	项　目	期末余额	期初余额
长期股权投资	48,473,407	48,033,102	长期应付款	14,000	21,000
投资性房地产	216,899	225,125	递延收益	533,497	483,835
固定资产	10,922,271	10,847,220	非流动负债合计	24,207,514	30,811,593
在建工程	4,751,914	4,321,513	负债合计	42,487,309	50,831,108
工程物资	237,381	238,187	股东权益：		
无形资产	745,741	756,085	股本	13,310,038	13,310,038
开发支出			资本公积	9,926,181	9,937,191
商誉	33,561	33,561	其他综合收益	37,267	17,507
长期待摊费用			专项储备	343,382	283,854
递延所得税资产	151,377	146,344	盈余公积	18,321,534	17,006,037
其他非流动资产	5,239,340	11,019,718	未分配利润	5,038,986	3,568,373
非流动资产合计	74,874,363	79,543,282	所有者权益合计	46,977,388	44,123,000
资产合计	89,464,697	94,954,108	负债和所有者权益合计	89,464,697	94,954,108

2.资产的分类

既然资产的本质是直接或间接导致现金流入，即变现，那么对不同性质的资产加以区分的标准就是变现时间的长短以及变现的方式。

资产变现时间的长短，称作"资产的流动性"。以此为标准，资产可以划分为流动资产和非流动资产两大类。我国《企业会计准则第30号——财务报表列报》规定，资产满足下列条件之一的，应当归类为流动资产：

◇预计在一个正常营业周期中变现、出售或耗用。所谓"正常营业周期"，是指企业从付出现金用以购买资产起到因出售资产而收回现金止的期间，也就是从现金向供应商流出至现金从客户那里收回的期间。

◇主要为交易目的而持有。

◇预计在资产负债表日起一年内变现。

◇自资产负债表日起一年内，交换其他资产或清偿负债的能力不受限制的现金或现金等价物。

凡是不满足上述条件的，划归为非流动资产。

从表1—5看到，该公司2015年12月31日的流动资产为14 590 334千元，非流动资产为74 874 363千元，资产总额为两个金额的合计数。

资产的进一步分类取决于其变现方式。资产变现的方式有很多种，货币资金本身就是现金，应收账款通过从客户那里收回款项而变现，存货通过出售或者耗用而变现，固定资产通过长期提供生产经营的场所和其他生产经营条件而间接变现。

资产的变现方式除了与资产本身的物理化学性能有关以外，更重要的是管理层持有资产的意图。同样是房屋建筑物，如果持有的目的是将其出售，从购买方得到现金，那么就划归为存货；如果持有的目的是自用，为企业生产经营提供场所，那么就划归为固定资产；如果持有的目的是出租，那么就划归为投资性房地产。在后续章节我们还会看到，只是由于管理者持有意图不同，持有的股权带来经济利益的方式就会不同，从而成为交易性金融资产、可供出售金融资产、长期股权投资等等不同类别的资产。

资产负债表中的资产具有显著的时点特征。随着生产经营活动的不断进行,资产的规模、分布都在发生变化。资产负债表捕捉到了在会计期末这一时点上,资产的规模和分布状态。

(二)负债

1.负债的性质

负债又称作"债权人权益",基本会计准则规定:"负债是指企业过去的交易或者事项形成的、预期会导致经济利益流出企业的现时义务。"负债包括短期借款、长期借款、应付债券、应付账款、应付职工薪酬、应交税费、应付利息等。

"预期会导致经济利益流出企业"是负债的本质特征。负债意味着,站在资产负债表日展望未来,企业必须在未来某一个与债权人约定的时间,将现金支付给对方。而要偿还债务,届时必须有足够的现金。这既要求当下有足够多的资产,同时又要求这些资产到时能顺利地变现。

而负债定义中"由企业过去的交易或者事项形成的现实义务"这一限定条件,则是为了确保负债的计量足够可靠。因为只有已经发生的交易或事项,才能提供可靠的计量凭据。未来的交易或事项尽管也可能会导致未来流出经济利益,但是因为交易或事项没有实际发生,其结果无法可靠计量,所以未来的交易或事项形成的义务不确认为负债。

2.负债的分类

负债既然代表企业未来经济利益的流出,那么负债的划分标准就是未来经济利益流出的时间以及债权人的种类。

经济利益流出的时间长短称作"负债的流动性"。以负债流动性为标准,负债可以划分为流动负债和非流动负债两大类。我国《企业会计准则第 30 号——财务报表列报》规定,负债满足下列条件之一的,应当归类为流动负债:

◇预计在一个正常营业周期中清偿;

◇主要为交易目的而持有;

◇自资产负债表日起一年内到期应予以清偿;

◇企业无权自主地将清偿推迟至资产负债表日后一年以上。

凡是不满足上述条件的负债归类为非流动负债。

从表 1—5 看到,该公司 2015 年 12 月 31 日的流动负债为 18 279 795 千元,非流动负债为 24 207 514 千元,负债总额为两个金额的合计数。

资产和负债分别按照流动性分类,可以帮助流动负债的债权人判断企业短期负债的偿债能力,因为流动负债主要靠流动资产来偿还。从表 1—5 看到,该公司的流动资产小于流动负债,未来一年内变现的资产不足以偿还要到期的债务。

负债根据债权人的不同种类继续细分。

债权人是股东之外的利益相关者,包括向企业提供有限期财务资本的银行,提供劳务的员工、提供稳定经营环境的政府,还包括没有与企业完成购销业务结算的供应商和客户。这些债权人的共同特点是,从企业得到的利益是固定的或确定的,除非企业破产,否则不承受经营失败的风险。

债权人与资产负债表中负债项目的对应关系如表1-6所示。

表 1-6

债权人	负债项目
银行	"短期借款"、"长期借款"、"应付利息"
社会公众*	"应付债券"、"应付利息"
企业员工	"应付职工薪酬"
政府税务部门	"应交税费"、"递延所得税负债"
供应商	"应付账款"、"应付票据"、"长期应付款"
客户	"预收款项"

＊：如果企业通过向社会公众发行债券来举债，那么社会公众就和银行一样，为企业提供有偿债务资本，成为债权人。

资产负债表的负债项目反映了在资产负债表日，企业与股东之外几乎全部利益相关者的关系。如果有哪一类利益相关者没有在报表的负债部分体现出来，那是因为企业与它的利益关系在会计期末之前就已经解除了。

与资产一样，资产负债表中的负债也具有显著的时点特征。随着生产经营活动的不断进行，企业与债权人之间的金额也在不断发生变化。资产负债表捕捉到了在会计期末这一时点上负债的规模和分布状态。

（三）所有者权益

1. 所有者权益的性质

基本会计准则规定："所有者权益是指企业资产扣除负债后由所有者享有的剩余权益。"公司制企业的所有者权益又称为"股东权益"。

无论是银行、企业员工、政府税务部门、供应商还是客户，他们在企业享有的权益，分别根据相应的契约认定和计算。这些契约包括企业与银行之间的借贷合同、与员工之间的用工合同或政府人力资源管理办法的相关规定，与供应商和客户之间的购销合同，与政府税务部门之间的税法及相关实施细则等等。在资产负债表日，他们享有权益的金额是确定的，而来自企业外部环境和内部经营管理所带来的不确定性由股东承担了。所以，所有者权益是全部资产带来的经济利益扣除债权人享有的权益之后的剩余权益。

2. 所有者权益的分类

所有者权益根据形成原因，至少分为两类。一类是股东投入到企业的部分，称作"投入资本"，另一类是企业管理层协调管理各生产要素所新创造的财富中属于股东而且仍然留存在企业的部分，称作"留存收益"。

特殊原因会形成第三类所有者权益——其他综合收益。如果企业所持有的资产价值发生变化，但是根据与各类债权人的约定，这种价值变化无关于他们的利益，那么资产价值变化带来的结果就必然由股东承担了；同时由于该价值变化与股东投入无关，而且也不反映管理层决策正确与否，所以就将这类价值变化单独计为一类，成为第三类所有者权益。从"其他综合收益"名称上也可以看出它与股东投入以及管理层无关。

公司制企业所有者权益的细分与《公司法》有关，投入资本再分类为"实收资本"和"资本公积",留存收益再分类为"盈余公积"和"未分配利润"。具体分类方式将在第十一章《所有者权益》中讲述。

(四) 会计等式

资产负债表中的资产,是外部人投入资本后,通过企业的进行生产经营管理活动,在资产负债表日所呈现的资源的分布状态以及规模。而资产负债表中的负债,体现了企业与债权人发生经济关系后,在资产负债表日,债权人所享有的权益。资产负债表中的所有者权益,体现了股东投入资本以后,在资产负债表日股东所享有的权益。所以在资产负债表日,企业的资产要么由股东享有,要么由债权人享有,所以,资产总额等于负债总额与所有者权益总额的合计数,即

资产总额＝负债总额＋所有者权益总额

这就是会计等式。

会计等式反映了一种看待问题的方式——"一分钱两面看":对企业经济资源的存量,既反映资源存在的状态,又反映股东和债权人对这些资源所享有的权利。会计等式巧妙地把同一事物两个不同方面分别反映在会计等式的两边。这种精妙的安排向股东和债权人提供了丰富的信息,使他们不仅能了解自己在资产负债表日所享有的权益,而且能通过企业资源的分布状态及不同资源的规模,预测企业未来的经营状况,从而更好地预测自己所享有权益的保障程度。这种安排还有一个更大的好处,那就是等式左边的资产信息和等式右边的权益信息彼此牵制,一旦信息处理错误,会计等式不平衡本身就发出了信号。会计人员记账所采用的专业记账方法——借贷记账法,就是充分利用这种"两面看"的思维方式,以会计等式为逻辑基础,让财务报表的数据处理成为一套结构精巧且能实现自动平衡的系统,从而在技术上保证了会计信息的可靠性[①]。

可以说,在技术层面,会计等式是整个财务报表体系的核心。

这种既看资产又看权益的方式,既适用于静态,也适用于动态。

1. 静态会计等式

上述会计等式描述的是资产负债表日,资产与负债和所有者权益之间的静态平衡关系,是静态会计等式。

静态地看,会计等式的左边报告了在某一个时点,企业拥有什么类型的资产以及每类资产的存量多少,会计等式的右边报告了在同一时点上哪类利益相关者对这些资产拥有权利,以及拥有多少。资产负债表就是一个静态的、并且是细化的会计等式。它详细地报告了各类资产、负债和所有者权益在资产负债表日的金额,反映出了资产总额与负债总额及所有者权益总额之间的等量关系。

需要注意的是,静态的会计等式并不意味着特定的负债或特定的所有者权益就要指向特定的资产。我们无法指出企业的资产中,究竟哪些资产属于债权人,又有哪些资产属于股东。无论是股东还是债权人,无论当初他们投入企业的资本呈现什么资产形态,是货币资

---

① 最早提出会计等式概念的是意大利文艺复兴时期著名的数学家帕乔利。在他的著作《数学大全》的第三章《簿记论》中,他提出了"一人所有财物＝其人所有权之总值",并且以此为基础规定了借贷记账法的记账规则,为现代会计学账务处理系统的发展做出了奠基性贡献。

金、存货、固定资产还是其他什么资产,一旦进入企业,企业便拥有了这些资产的法人财产权,即使用权、受益权、支配权和处置权。这些资产根据企业经营管理的方式进入资金循环链条中,其形态随着生产经营活动的不断进行而不断发生转化,比如货币资金转成原材料,原材料经过加工形成产成品,出售产成品形成应收账款等。在某一时点上,资源的状态既取决于当初投资人投入的状态,在更大程度上还取决于管理层为满足运营需要对经济资源进行的分布。假如是产品制造企业,管理层会动用大量现金购置机器设备,还要花一部分现金购入原材料等,则固定资产占企业资产总额的比重较大;假如是商品流通企业,管理层会把大量现金购入待售商品,再花一部分现金租用卖场等,则存货占资产总额的比重较大。资产负债表上的资产,体现了在资产负债表日这一时点,企业的资产总额以及各类资产的分布状态。债权人只能按照合同约定,在将来确定的时间拿走确定金额的资产,通常是现金。股东则根据公司章程行使自己的权利,获得属于自己的那一部分。所以,静态的会计等式体现的是,在某一时点,在那么大的资产规模中,究竟有多少金额属于债权人,又有多少金额属于股东;它不体现等式右边具体的权益项目和等式左边具体资产项目的对应关系。

2.动态会计等式

采用"一分钱两面看"的方式看待企业发生的每一笔交易或事项,就会发现任何交易或事项发生以后,都会对企业资产、负债、所有者权益中的一项或多项造成影响。根据资产、负债、所有者权益受到的影响,将这些交易或事项分为九类,见表1—7。

表1—7

	资产	=	负债+	所有者权益
第一类	增加			增加
第二类	增加		增加	
第三类	减少			减少
第四类	减少		减少	
第五类	增加、减少			
第六类			增加	减少
第七类			减少	增加
第八类			增加、减少	
第九类				增加、减少

上述九类交易或事项所造成的影响,尽管各有特点,但都具有一个共同特征,那就是对资产影响的金额始终等于对负债和所有者权益影响的金额总和。即,

$$\Delta 资产 = \Delta 负债 + \Delta 所有者权益$$

这就是动态的会计等式。

正是因为动态会计等式的存在,才使得企业不仅在成立之初会计等式存在,而且在企业存续的任何一个时点,即使不是资产负债表日,静态会计等式仍然存在。资产负债表只是描述了在资产负债表日这个特定时点,资产与负债和所有者权益之间的平衡关系而已。所以静态会计等式是一个"恒等式"。

在后续章节中,我们将用静态会计等式即资产负债表描述企业的财务状况,用以动态会

计等式构建的会计等式教学模板描述企业财务状况的变动情况。

考虑到股东和银行这些外部人对企业财务情况的关注点,我们把动态会计等式中所有者权益的变动加以详细描述,就形成了所有者权益变动表;把动态会计等式中现金的变动加以详细描述,就形成了现金流量表。当然我们还可以把诸如固定资产、无形资产、长(短)期借款等,资产负债表中任何一个项目的变动情况加以描述,形成相应报表,只要这种报表反映的信息对股东和银行是重要的。

二、所有者权益变动表

所有者权益变动表是反映一个会计期间内,所有者权益增减变动情况的报表。它揭示了两个资产负债表日之间引起资产负债表中所有者权益变化的原因。表1—8就是某股份有限公司2015年度的所有者权益变动表。

表1—8 所有者权益变动表
2015年度

编制单位:＊＊＊股份有限公司　　　　　　　　　　　　　　　　　单位:千元 币种:人民币

项　目	股本	资本公积	其他综合收益	专项储备	盈余公积	未分配利润	所有者权益合计
一、本年年初余额	13,310,038	9,937,191	17,507	283,854	17,006,037	3,568,373	44,123,000
二、本年度增减变动额	0	−11,010	19,760	59,528	1,315,497	1,470,613	2,854,388
（一）综合收益总额			19,760			4,571,456	4,591,216
（二）所有者投入资本或减少资本		−11,010				−55,041	−66,051
1. 股东投入资本							
2. 其他		−11,010				−55,041	−66,051
（三）利润分配					1,315,497	−3,045,802	−1,730,305
1.提取盈余公积					1,315,497	−,315,497	0
2.对股东的分配						−1,730,305	−,730,305
（四）所有者权益内部结转							
1. 资本公积转增股本							
2. 盈余公积转增股本							
3. 分配股票股利							
4. 盈余公积补亏							
（五）专项储备				59,528			59,528
1.本期提取				59,528			59,528
2.本期使用							
（六）其他							
三、本年年末余额	13,310,038	9,926,181	37,267	343,382	18,321,534	5,038,986	46,977,388

项目	股本	资本公积	其他综合收益	专项储备	盈余公积	未分配利润	所有者权益合计
				上期数			
一、本年年初余额	13,310,038	9,937,769	−16,497	432,344	15,066,555	3,611,558	42,341,767
二、本年度增减变动额	0	−578	34,004	−148,490	1,939,482	−43,185	1,781,233
(一)综合收益总额			34,004			3,493,502	3,527,506
(二)所有者投入资本或减少资本		−578					−578
1. 股东投入资本							
2. 其他		−578					−578
(三)利润分配					1,939,482	−3,536,687	−1,597,205
1.提取盈余公积					1,939,482	−1,939,482	0
2.对股东的分配						−1,597,205	−1,597,205
(四)所有者权益内部结转							
1. 资本公积转增股本							
2. 盈余公积转增股本							
3. 分配股票股利							
4. 盈余公积补亏							
(五)专项储备				−148,490			−148,490
1.本期提取							
2.本期使用				−148,490			−148,490
(六)其他							
三、本年年末余额	13,310,038	9,937,191	17,507	283,854	17,006,037	3,568,373	44,123,000

企业经营管理活动中,引起所有者权益变化的交易或事项主要有五类。

第一类,股东追加投资或撤资,这会影响第一类所有者权益——投入资本;

第二类:管理层的业绩,这会影响第二类所有者权益——留存收益;

第三类:向股东派发红利,这也会影响留存收益;

第四类:企业持有的特殊投资品的价格波动或其他交易和事项,这会影响第三类所有者权益——其他综合收益。

第五类:资本公积转增股本、盈余公积转增股本等引起所有者权益内部结构变化的事项。

所有者权益变动表按照报表使用者对信息关注程度的顺序,由强到弱报告了引起所有者权益变化的五个原因。

三、利润表

利润表是反映一个会计期间内企业经营成果的报表。它报告了一个会计期间内,企业所有者权益中的留存收益在管理层的努力下如何增长。所以,利润表是对所有者权益变动表中第二类交易或事项的细化。为了提高会计信息的相关性,利润表详细报告了股东财富增加的具体原因,究竟存在哪些有利因素,又有哪些不利因素。所以利润表既是股东评价管理层经营业绩的重要依据,也是股东预测企业未来获利情况的重要依据,同时还为管理层发现经营问题提供了重要途径。

表1-9就是某股份有限公司2015年度的利润表。

表1-9　利润表

2015年度

编制单位:＊＊＊股份有限公司　　　　　　　　　　　　　　　　　单位:千元币种:人民币

项　目	本期发生额	上期发生额
一、营业收入	10,505,448	9,798,500
二、营业总成本	12,225,927	11,704,527
营业成本	8,008,035	7,309,652
营业税金及附加	153,168	111,014
销售费用		
管理费用	707,116	604,368
财务费用	1,956,716	1,922,031
资产减值损失	1,400,892	1,757,462
加:投资收益(损失以"-"填列)	5,988,865	5,492,407
其中:对联营企业和合营企业的投资收益	936,140	777,457
公允价值变动损益		
三、营业利润	4,268,386	3,586,380
加:营业外收入	749,539	308,908
其中:非流动资产处置利得		
减:营业外支出	11,916	78,861
其中:非流动资产处置损失		206
四、利润总额	5,006,009	3,816,427
减:所得税费用	434,553	322,925
五、净利润	4,571,456	3,493,502
六、其他综合收益的税后净额	19,760	34,004
(一)以后不能重分类进损益的其他综合收益		
(二)以后将重分类进损益的其他综合收益	19,760	34,004
1.可供出售金融资产公允价值的变动损益		
2.权益法下在被投资单位以后重分类进损益	19,760	34,004
3.外币财务报表折算差额		
4.其他		
七、综合收益总额	4,591,216	3,527,506

利润表包括三个要素:收入、费用和利润。

(一)收入

基本会计准则规定:"收入是指企业在日常活动中形成的、会导致所有者权益增加的、与所有者投入资本无关的经济利益的总流入。"

收入具有三个重要特征。

第一个特征:收入带来的经济利益增加了所有者权益。带来收入的交易,会同时产生资产、负债以及所有者权益的变化。比如销售商品,会带来货币资金或者应收账款这些资产,同时对所有者权益产生了影响,增加的所有者权益就是"收入"。如果企业从客户预收货款,收到货币资金的同时,产生了面向客户的负债,当向该客户销售商品时,这项负债解除,同时所有者权益增加了,增加的这部分所有者权益就是"收入"。所以,产生收入就意味着增加了所有者权益,同时会带来资产的增加或者负债的减少,或者两者兼而有之。

第二个特征:收入的产生与股东投入资本无关。收入虽然增加了所有者权益,但是与收入相关的交易是与客户而非股东进行的,收入并不增加投入资本,只会增加所有者权益的其他部分。

第三个特征:收入是企业在日常活动中形成的。收入带来的经济利益与企业经营管理活动有关,它是影响管理层业绩的一个正面因素,它增加了"留存收益"。

实质上,收入是企业对客户销售商品、提供劳务,从客户那里取得的经济利益。取得收入是企业生存发展的必要条件。

需要注意的是,与企业经营管理活动有关的、但是偶然发生的交易或事项,虽然也增加了所有者权益,而且也与股东投入的资本无关,但其结果并不是收入,而是"计入当期损益的利得"。比如企业处置固定资产,如果处置所得超过处置成本,就会形成这种利得。这种利得虽然会影响经营成果利润,但是评价管理层业绩的时候,这一因素并不重要,因为它所反映的交易或事项并不是企业的核心业务。在利润表中,无论是收入还是"计入当期损益的利得",都要报告,这样才能全面反映交易和事项的结果。为了便于财务报表使用者通过利润表预测企业未来盈余,"计入当期损益的利得"要与收入分开报告。在我国会计实务中,收入以"营业收入"项目报告,而利得则以"营业外收入"项目报告。

(二) 费用

费用是指企业在日常活动中发生的、会导致所有者权益减少的、与股东分配利润无关的经济利益的总流出。

费用是与收入相对应的概念,也具有三个特征。

第一个特征:费用所流出的经济利益减少了所有者权益。费用是影响所有者权益的一种因素。

第二个特征:费用的产生与向股东分配利润无关。费用虽然减少了所有者权益,但是与费用相关的交易或事项并不是与股东进行的,而是与其他利益相关者进行的。

第三个特征:费用是企业在日常活动中形成的。费用与企业经营管理活动有关,它是评价管理层业绩的一个负面因素。

实质上,费用既包括与销售收入有直接因果关系的所出售商品或所提供劳务的成本,也包括广告费、展览费、运输费、各种税金及附加等与销售收入有较高相关度的销售费用,还包括为了维持管理机构的运营以及为了筹集资本而发生的与销售收入关联度较低的管理费用、财务费用。

费用是影响管理层业绩的一个负面因素。管理层努力的方向是,在保持收入不变的情况降低费用,或者在保持费用不变的情况下提高收入,或更常见的,在收入与费用都增加的情况下,使收入的增长幅度大于费用的增长幅度。

与企业经营管理活动有关的、但是偶然发生的交易或事项,如果减少了所有者权益,同时与向股东分配利润无关,不属于费用,而属于"计入当期损益的损失"。比如企业处置固定资产,如果处置所得低于处置成本,就会形成这种损失。"计入当期损益的损失"影响经营成果,但是因为不具有预测性,需要与费用分开报告,在利润表中报告在"营业外支出"项目下。

(三)利润

利润是收入扣减各项费用、再加上"直接计入损益的利得"减去"直接计入损益的损失"之后的净额。它是一个会计期间内,在管理层的努力下所有者权益中留存收益的净增长额。

为了向财务报表使用者提供更多用于评价业绩和盈余预测的信息,三个不同层次的利润项目列报在利润表中,分别是"营业利润"、"利润总额"和"净利润",如表1—9。"营业利润"反映了企业核心业务带来的经营成果,"利润总额"是核心业务与偶然发生的交易或事项共同产生的经营成果,而"净利润"是在利润总额的基础上扣除政府征去的所得税之后的净成果。

(四)其他综合收益与综合收益总额

在目前我国会计实务中,为了全面反映股东以外影响所有者权益的因素,利润表中除了通过"净利润"项目报告企业经营管理活动对所有者权益的影响,还通过"其他综合收益"项目报告当期发生的其他综合收益,二者合称"综合收益总额"。

包含了"其他综合收益"的利润表,称作"综合收益表",可能更贴切。

四、现金流量表

现金是企业流动性最强、最容易转换成其他资产,最能在当下满足利益相关者要求的资产,所以也是最能体现企业是否陷入生存困境的资产。现金流量表是反映一个会计期间内现金增减变动情况的报表。现金流量表中的"现金",除了货币资金还包括现金等价物。现金等价物是指企业持有的期限短、流动性强、易于转换为已知金额现金、价值变动风险很小的投资。通常三个月内到期的国债投资被认为是现金等价物。很少企业有现金等价物。如果不考虑现金等价物,现金流量表也可称作"货币资金变动表"。

现金的存量在资产负债表中报告,而现金的变动量则在现金流量表中报告。两张报表存在钩稽关系。

表1—10就是某股份有限公司2015年度的现金流量表。

表1—10 现金流量表

2015年度

编制单位:＊＊＊股份有限公司　　　　　　　　　　　　　　　　单位:千元 币种:人民币

项　目	本期发生额	上期发生额
一、经营活动产生的现金流量		
销售商品、提供劳务收到的现金	13,162,328	10,945,237
收到的税费返还		
收到的其他与经营活动有关的现金	845,736	898,914
现金流入合计	14,008,064	11,844,151
购买商品、接受劳务支付的现金	7,151,589	5,858,245
支付给职工以及为职工支付的现金	1,200,098	1,163,719
支付的各项税费	1,635,006	954,926
支付的其他与经营活动有关的现金	965,516	1,112,259

续表

项　目	本期发生额	上期发生额
现金流出小计	10,952,209	9,089,149
经营活动产生现金流量净额	3,055,855	2,755,002
收到的其他与投资活动有关的现金	63,477	1,357
二、投资活动产生的现金流量		
收回投资所收到的现金	16,825,290	8,068,076
取得投资收益所收到的现金	5,615,184	4,605,943
处置固定资产、无形资产和其他长期资产所收回的现金净额	205	49
处置其他营业单位收到的现金净额		
现金流入小计	22,504,156	12,675,425
购建固定资产、无形资产和其它长期资产所支付的现金	1,292,428	1,593,502
投资所支付的现金	12,844,329	17,143,576
取得其他营业单位支付的现金净额		
支付的其它与投资活动有关的现金	258,922	232,135
现金流出小计	14,395,679	18,969,213
投资活动产生的现金流量净额	8,108,477	(6,293,788)
三、筹资活动产生的现金流量		
吸收投资所收到的现金		
取得借款所收到的现金	33,006,216	29,680,000
发行债券收到的现金		
收到的其它与筹资活动有关的现金		
现金流入小计	33,006,216	29,680,000
偿还债务所支付的现金	40,893,816	24,958,800
分配股利、利润或偿付利息支付的现金	4,022,059	3,807,266
支付的其它与筹资活动有关的现金	40,786	52,353
现金流出小计	44,956,661	28,818,419
筹资活动产生的现金流量净额	(11,950,445)	861,581
四、汇率变动对现金的影响		－992
五、现金及现金等价物净增加额	(786,113)	(2,678,197)
期初现金及现金等价物余额	2,179,471	4,857,668
期末现金及现金等价物余额	1,393,358	2,179,471

　　报告现金流量信息,不仅为了说明在过去的一个会计期间内,现金从哪里来,到哪里去,还要有助于外部人预测未来的现金流量。现金流量表按照现金流转的规律,将现金流量分为三类予以报告,分别是"经营活动产生的现金流量"、"投资活动产生的现金流量"、和"筹资活动产生的现金流量"。其中,"筹资活动产生的现金流量"所体现的现金流转规律与企业所处的资本市场、货币市场有关,"投资活动产生的现金流量"所体现的现金流转规律与企业所处的行业以及企业发展的成熟度有关,"经营活动产生的现金流量"则体现了企业与客户、供应商、企业员工、政府以及其他利益相关者之间的日常现金交易,现金流转规律不同于前述两种活动。

五、四张主要报表之间的钩稽关系

资产负债表、所有者权益变动表与现金流量表之间存在的钩稽关系,如图1-1所示意。

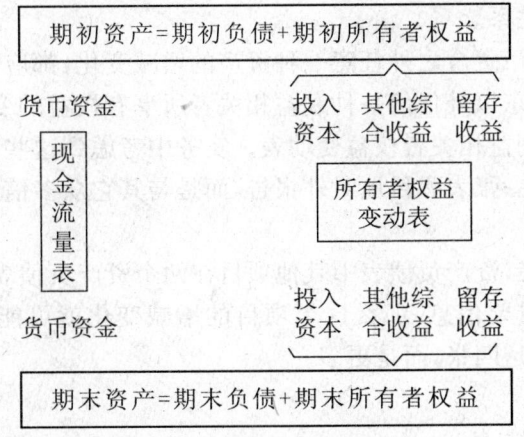

图1-1

从逻辑上分析,在上述三张财务报表中,资产负债表是基础,其他报表是为了满足股东和银行决策的需要而对资产负债表中重要项目,包括货币资金和所有者权益在一个期间内的变化情况做出的更为具体的报告。

现金流量表反映了期初期末两个资产负债表日之间,资产中最活跃的因素——货币资金是如何增减变化的。现金流量表报告的期初期末现金的金额,应该分别与期初期末两个资产负债表日资产负债表中"货币资金"项目报告的金额一致,除非存在现金等价物。

所有者权益变动表反映了承担最大经营风险的股东,其享有的权益的变化情况。所有者权益变动表中所报告的期初期末所有者权益各项目的金额,应该与期初期末两个资产负债表日资产负债表中报告的所有者权益各项目的金额一致。

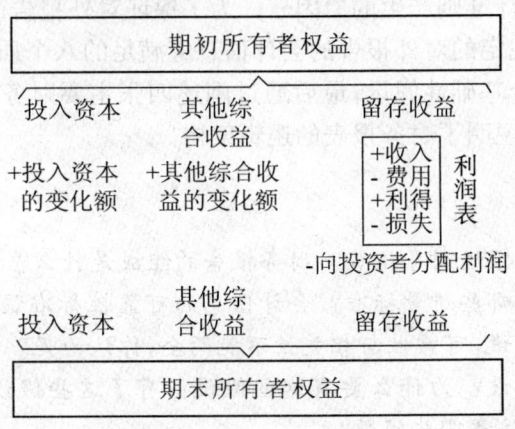

图1-2

所有者权益变动表中,最活跃的变动项目是留存收益,它是在股东之外引起所有者权益变动的原因。利润表就是对这一活跃的变化因素的细致反映。图1-2中,收入、费用、利得和损失的变化额,就是利润表反映的内容。虽然从逻辑上看,利润表仅反映了资产负债表众多项目中一个项目的变化情况,但是由于这些变化反映了企业的经营能力,体现了管理层的经营业绩,同时也能用以预测未来的获利能力,所以成为特别受到关注的财务报表。

表1—5、1—8、1—9、1—10分别是同一家公司2015年度财务报告中的四张主表。这些报表之间存在上述钩稽关系。

从逻辑上看,针对货币资金之外任意一种资产的增减变化,都应该编制像现金流量表一样的资产流量表;针对股东以外任何一种利益相关者所享有权益的变化,也都应该编制像所有者权益变动表一样的利益相关者权益变动表。实务中考虑到这些报表的实用价值不那么大,没有把它们单独作为一张表醒目地对外报告,而是与其它众多信息一起放在财务报表附注了。

如果随着社会的发展,资产负债表中其他项目在两个资产负债表日之间的增减变化,成为影响外部投资决策的重要信息,那么这个项目的增减变化就可能编制成主表对外报告。那时的财务报表,可能不是四张,而是更多。

六、财务报表附注

财务财务报表附注是对在资产负债表、利润表、现金流量表和所有者权益变动表等报表中列报项目的文字描述或明细资料,以及对未能在这些报表中列报项目的说明。具体包括对遵循持续经营假设的声明、财务报表中各重要项目所使用的会计政策或会计估计、报表中重要项目期初期末增减变动情况以及报表无法反映的重要交易或事项的概述。财务报表附注对外部投资者详细解读财务报表、预测企业未来具有重要意义。

本章小结

本章介绍了企业对外进行财务报告的经济原因——为了向外部股东和债权人提供决策所需要的信息;介绍了会计准则产生的原因——为了保证对外报告的会计信息的质量;介绍了我国基本会计准则所规定的对外报告的会计信息应满足的八个质量标准以及会计信息的载体——财务报表的四个基础性假设;最后通过阐述四张主要财务报表各自报告的内容以及它们之间的钩稽关系,说明了财务报表的逻辑架构。

一、复习思考题

1.企业为什么要对外报送财务报告?财务报告的组成是什么?

2.会计信息应该满足哪些质量标准?会计信息的可靠性标准该如何理解?会计信息的相关性该如何理解?有人说,可靠性与相关性不能两全,你认为呢?

3.会计有哪些基本假设?为什么要有这些假设?有了这些假设,我们利用财务报告分析企业的经济活动时,要注意哪些问题?

4.资产负债表的基本要素是什么?资产、负债、所有者权益分别该如何理解?会计等式的两边具有一一对应关系吗?

5.引起所有者权益变动的原因有哪些?你认为在这些影响因素中,哪种最值得外部人关注?所有者权益变动表与资产负债表的关系怎样?

6.利润表的基本要素是什么？收入与所有者权益的关系怎样？费用与所有者权益的关系怎样？利润表与所有者权益变动表的关系怎样？收入与利得的差别在哪里？费用与损失的差别在哪里？

7.现金流量表的基本要素是什么？现金流量表与资产负债表的关系怎样？

8.利用四张报表的逻辑关系，找出表1—5、1—8、1—9、1—10之间的钩稽关系。

9.一个学生问："企业成立之初，会计等式是成立的，这我能理解，企业的资产要么来自于股东，要么来自于银行，资产总额一定等于负债总额加所有者权益总额。可是，一个会计期间结束后，为什么资产总额仍然等于负债总额加所有者权益总额呢？还有，在会计期间内，资产总额怎么也会等于负债总额加所有者权益总额呢？"你怎么向这位同学解释？

二、财务报表题

1.你所关注的上市公司，前十大股东有哪些？有银行提供贷款吗？

2.期末资产总额金额与负债和所有者权益总额有什么数量关系？

3.与期初相比，期末资产总额、负债总额以及所有者权益总额分别增加还是减少？

4.利润表中报告的当期净利润，与上期相比增加还是减少？

第二章

财务报表编制过程

> 【学习目标】
> 通过学习本章,你应该:
> 1. 理解会计确认、计量、记录、报告的含义;
> 2. 掌握资产、负债、所有者权益、收入、费用和利润的确认条件;
> 3. 理解五种计量属性;
> 4. 熟悉证、账、表的会计循环;
> 5. 对会计等式教学模板有所认识。

引子

张君是公司的老总,五年前他创办了自己的公司。

现在公司的业务已经基本走上了正轨,他感觉到自己应该把注意力从业务拓展转移到公司重大事务的管理上。特别是,他最近发现,现在已经五月份了,但公司去年收到的一笔业务款还没有入账呢,那个项目虽然还没有完成,但是对方早已经把钱划到公司账上了;公司交税的金额与报表上利润的数字也不匹配;还有,前不久主管销售的副总经理说去年的业务量增长了两倍多,但是利润只增加了不到一倍,不知道原因是什么?还有……

张君决定找会计主管谈一谈,问问为什么已经从客户那里收到了钱却没有收入?为什么交的所得税与公司利润不匹配?为什么销售额增长这么高,而利润却没有同步增长?其实,张君心里还有个想法,他想了解:报表上的数字是真的吗?老是听别人说会计造假的事情,如果老总们想知道报表上的数字是否是真实的,怎么在企业的账本上查?早就听人说,做企业要懂会计,现在看来我确实需要好好补一补这门课了。[①]

第一节 编制财务报表的逻辑顺序

财务报表编制的逻辑顺序依次是财务报表要素的确认、财务报表要素的计量、财务报表

---

① 陆正飞,黄慧馨,李琦.会计学.北京大学出版社

要素的记录以及财务报表要素的报告。

一、财务报表要素的确认

企业对已经发生的交易或事项进行识别、分析与判断,以明确它们是否会导致资产、负债、所有者权益发生变化,或者是否会导致收入、费用产生,从而确定这些交易或事项的结果是否纳入财务报表,这一过程称为"确认"。

"确认",要以企业会计准则为依据。基本会计准则规定了资产、负债、收入、费用的一般确认条件,而各具体会计准则规定了具体资产、负债项目的确认条件以及不同类型的收入、各种费用的确认条件。

交易或事项发生以后,只有符合企业会计准则规定的确认条件,才能在财务报表中将交易或事项的财务结果反映出来,所以"确认"决定了财务报表要素受影响的时间。什么时候确认,什么时候纳入财务报表。

与"确认"相反的会计程序是"终止确认"。终止确认仅针对资产负债表项目而言。终止确认是指原先纳入资产负债表报告的资产、负债和所有者权益项目,由于后续交易或事项的发生而不再满足确认条件,从而不再在资产负债表中报告。

(一)资产的确认条件

资产的本质是,未来能够导致经济利益流入企业的经济资源。但是并非所有的经济资源都能够确认为资产,它必须满足资产的确认条件。企业基本会计准则规定:"符合资产定义的资源,在同时满足以下条件时,确认为资产:第一,与该资源有关的经济利益很可能流入企业;第二,该资源的成本或者价值能够可靠地计量。"其中第一个确认条件是指,会计人员判断经济资源所导致的未来经济利益流入企业的可能性很高,属于"很可能"级别。如果没有达到这一级别就确认资产,会虚增资产,从而违背了会计信息"谨慎性"要求。第二个条件是指,能够找到适当的计量属性:或者是资产的取得成本,或者是资产未来带来的金额可靠的经济利益。如果第二个条件不满足,就违背了会计信息"可靠性"要求。

有些时候,对企业非常重要的经济资源由于不能满足上述第二个条件,而不能确认为资产,不能纳入财务报表体系对外报告。比如营销网络。营销网络一旦形成,对客户的渗透力就大大增强,带来的利益大于每个营销点单独经营而形成的利益总和。"营销网络"这一资源是由营销网点量变所引起的质变,尽管单个营销点的资产都可以计量,但是形成"营销网络"的成本却很难计量。又比如企业文化。在建设企业文化的过程中进行培训、宣传活动、联谊活动时发生各种支出,因为很难认定发生这些支出时未来"很可能"流入经济利益,所以不能确认资产。当企业日积月累形成了一定的企业文化时,这种经济资源的成本很难计量。

(二)负债的确认条件

负债的实质是导致未来经济利益流出企业的现实义务。但并非所有的现实义务都是负债。企业基本会计准则规定:"符合负债定义的义务,在同时满足以下条件时,确认为负债:第一,与该义务有关的经济利益很可能流出企业;第二,未来流出的经济利益的金额能够可靠地计量。"

有些时候对企业未来产生很大负面影响的因素,因为不能满足负债的确认条件而无法在资产负债表中反映。比如,严重污染环境的企业将来可能会被巨额罚款或被要求巨额赔偿。这些企业的利益相关者,至少包括所有者,将来可能会面临巨大损失。此时,如果没有相关法律机构或者行政机构对其做出处罚判决或决定,就不能形成企业的现实义务,因不满足负债确认的第一个条件而不能确认为资产负债表中的负债。又比如,企业如果侵害了其他企业利益而被对方起诉,那么在法院做出最终判决之前,由于企业将要承担的赔偿义务或者将要面临的处罚金额不能可靠计量,不满足负债确认的第二个条件而不能确认为负债(在法院裁定之前,如果律师能对赔偿金额做出可靠估计,可以确认预计负债)。

(三)所有者权益的确认条件

基本会计准则和具体会计准则都没有规定所有者权益的确认条件,这是因为所有者权益作为剩余权益,其确认依赖于资产和负债的确认。根据会计等式,交易或事项发生以后,如果资产增加了(或者减少了)而负债不受影响,那么所有者权益肯定增加了(或者减少了);如果负债增加了(或者减少了)而资产不受影响,那么所有者权益肯定减少了(或者增加了)。

但是收入和费用除外。收入和费用这两个因素分别引起了所有者权益的正向和负向变化。因为这两个因素与企业经营者业绩有关,为了可靠、科学地反映经营业绩,企业基本会计准则以及具体会计准则明确规定了其确认条件。

(四)收入与费用的确认条件

在所有者权益的确认中,企业会计准则只对企业经营管理活动对所有者权益的影响因素进行了确认。将正面影响因素确认为收入,负面影响因素确认为费用。会计准则之所以这样做,是因为如果收入、费用不单独定义,企业管理层的业绩就和所有者的投入、撤资、分红混为一体了,所有者对管理层进行业绩评价就无从谈起,所有者也无法通过过去的经营成果预测管理层未来的业绩,从而无法评价自己所持有权益的价值。在企业会计准则出现之前,美国历史上就发生过将股东投入的资本作为收入的事件。

关于收入的确认,企业基本会计准则规定:"收入只有在经济利益很可能流入从而导致企业资产增加或者负债减少、且经济利益的流入额能够可靠计量时才能予以确认。"按照该项规定,确认收入要满足以下两个条件,一个是经济利益很可能流入,另一个是经济利益流入的金额能够可靠计量。从字面上,收入的确认条件看与资产的确认条件几乎完全相同,但是收入所描述的享有经济利益的主体与资产所描述的不同。资产的确认条件解决了"企业"这一法人单位同时也是各种利益相关者的集合体的经济资源是否流入的问题,而收入的确认条件解决了"企业的股东"这一企业特定的利益相关者在该企业所享有的经济利益是否增加的问题。与收入相关的经济利益流入企业,可能导致资产的增加,也可能导致负债的减少,但是一定导致所有者权益增加。比如,从银行取得借款与向客户销售取得现金,这两笔交易都会确认现金资产,但是只有后者才会确认收入。

关于费用的确认,企业基本会计准则规定:"费用只有在经济利益很可能流出从而导致企业资产减少或者负债增加、且经济利益的流出额能够可靠计量时才能予以确认。"按照该项规定,费用的确认也要满足两个条件:一是经济利益很可能流出;二是流出经济利益的金额能够可靠计量。从字面上看,费用的确认条件与负债的确认条件相同。但是"负债"所导致的经济利益流出,是站在"企业"角度;而"费用"所导致的经济利益流出,是站在"企业的股东"角度。

(五)利润

利润的确认主要取决于收入和费用的确认,也取决于利得和损失的确认。

(六)权责发生制

权责发生制,又称应计制,是指企业在确认当期收入和费用时,以应收应付为标准,即:凡是本期应该获得的收入,无论相应款项是否已经收到,都作为本期的收入确认,凡是本期应该承担的费用,无论款项是否已经支付,都作为本期的费用确认;凡是不应当归属于本期的收入或费用,即使本期已经收到或者支付款项,都不确认为本期的收入或费用。也就是说,权责发生制在确认收入或费用时,不以相应款项流入或者流出的时间作为确认收入和费用的时间,而是以"本期应该获得"或者"本期应该承担"作为收入和费用的确认依据。

所谓"本期应该获得",是指本期付出了取得收入应该付出的努力。比如某企业与一位客户经过长期艰苦的谈判后终于签署了销售协议,并向对方发出了商品。对方资信状况良好,预计按照协议约定在下一年初支付款项没有问题。那么应该在本期发出商品以后确认收入,尽管此时现金并未流入。

"本期应该承担",是指本期由于此项费用而受益。比如某企业当年购入商品1000件,购入成本100元/件,支付现金100 000元,出售给客户600件,售价每件120元/件。那么企业为了当期受益付出了多大代价,就有多少确认为费用。该企业当期为了取得72 000元收入付出了60 000元代价,这60 000元就是费用。

费用与收入存在因果关系。费用是"因",收入是"果"。费用与收入的这种关系又称作"配比"。在哪个期间确认了收入,必然在哪个期间将那些为了取得收入而付出的代价确认为费用。

与权责发生制相对应的是收付实现制,也叫现金制,它以现金流入流出的时间作为确认收入和费用的时间。相比权责发生制,收付实现制在确认收入和费用时,判断标准简单、明确。

以权责发生制为基础确认收入和费用,相比于收付实现制,评价和激励企业管理层更为科学。一笔销售,协议的达成与相应商品和劳务的提供才是大费周折的,而现金的流入仅仅是水到渠成的事。所以权责发生制规定,哪一期间管理层付出了努力,就在哪一期间确认收入,而无论现金是否流入。而在确认费用时,也以当期受益从而"当期应该承担"为原则。这样确认费用,管理层就有了控制费用的动力。

用权责发生制作为判断收入和费用时间归属的基本原则,在评价管理层业绩方面较收付实现制更为科学,但是权责发生制也会产生其他问题。一是由于当期利润额并不相应产生现金净流入额,企业可能会因为利润额较高但现金流入不足,而面临无钱缴纳企业所得税和支付现金股利的窘境。二是由于利润表不能体现企业经营努力所创造的现金情况,还要另外编制现金流量表。三是确认收入和费用时,要进行职业判断。不同的人判断的结果可能会有差异,于是收入和费用的确认就有了一定的弹性,这就为别有用心的人操纵利润留下了空间。尽管权责发生制有这样或那样的问题,但是由于它在科学评价管理层业绩方面占据着绝对优势,而且在其他方面所产生的问题可以通过一定途径在一定程度上加以解决,企业会计准则还是规定,企业应以权责发生制为基础确认收入和费用。

二、财务报表要素的计量

交易或事项发生以后,以货币度量相应资产、负债、所有者权益受到的影响,称作计量。

计量有多种属性。比如，某汽车经销商以 5 万元单价从汽车制造商购入 10 台小汽车准备出售，这种小汽车的市场销售价格为 6 万元。那么这 10 台小汽车至少有两种计量属性，一种以购入成本 5 万元/台计量，另一种以售价 6 万元/台计量。

基本会计准则规定了五种计量属性，分别是历史成本、重置成本、可变现净值、现值和公允价值。具体会计准则规定了具体资产、负债允许采用的计量属性。

（一）历史成本

历史成本，又称为实际成本，就是取得或制造某项财产物资时所实际支付的现金或者其他等价物。在历史成本计量下，资产按照其购置时支付的现金或者现金等价物的金额，或者按照购置资产时所付出的对价的公允价值计量。负债按照其因承担现时义务而实际收到的款项或者资产的金额，或者承担现时义务的合同金额，或者按照日常活动中为偿还负债预期需要支付的现金或者现金等价物的金额计量。

在上述例子中，小汽车以购入成本 5 万元/台计量，采用的都是历史成本计量属性。历史成本计量属性最大的优点是——可靠。因为相关的交易或事项已经发生，资产的取得成本以及因承担义务而实际收到的款项的金额有书面材料加以佐证。

（二）重置成本

重置成本又称现行成本，是指按照当前市场条件，重新取得同样一项资产所需支付的现金或现金等价物金额。在重置成本计量下，资产按照现在购买相同或者相似资产所需支付的现金或者现金等价物的金额计量。负债按照现在偿付该项债务所需支付的现金或者现金等价物的金额计量。

（三）可变现净值

可变现净值，就是处置资产所产生的净现金流入。在可变现净值计量下，资产按照其正常对外销售所能收到现金或者现金等价物的金额扣减该资产至完工时估计将要发生的成本、估计的销售费用以及相关税费后的金额计量。

上述例子中，如果小汽车售价 6 万元/辆，而每卖出一辆，经销商平均还要承担 1000 元的销售费用，那么 5.9 万/台就是小汽车的可变现净值。因为没有实际发生销售活动，采用可变现价值计量不如采用历史成本可靠。

（四）现值

现值是指对未来现金流量以恰当的折现率进行折现后的价值，是考虑货币时间价值因素的一种计量属性。在现值计量下，资产按照预计从其持续使用和最终处置中所产生的未来净现金流入量的折现金额计量，负债按照预计期限内需要偿还的未来净现金流出量的折现金额计量。

假如出租汽车公司以 5 万元/辆购入了小汽车，用于出租，通常这样的汽车能使用六年。假设每年带来的现金流都是 4 万元，同期利率是 7%，那么这辆小汽车的现值就是六年里每年 4 万元现金的现值之和，即 19.066 万元。

采用现值计量，对资产而言，不仅要对未来产生现金流入的时间、金额进行估计，而且折现率的选择也有很大弹性；对负债而言，虽然未来产生现金流出的时间、金额是确定的，但是所选择的折现率不同，计量结果也不同。所以，采用现值这一计量属性，计量结果具有较大不确定性。

(五)公允价值

《企业会计准则第 39 号——公允价值计量》对"公允价值"的定义是:"公允价值,是指市场参与者在计量日发生的有序交易中,出售一项资产所能收到或者转移一项负债所需支付的价格。"

定义中的"市场参与者",是指相互独立、熟悉情况并且有能力自愿进行相关资产和负债交换的买方和卖方;"有序交易"是指在计量日之前一段时期内相关资产和负债具有惯常市场活动的交易,而不是清算交易。

从资产角度看,上述五种计量属性可以划分为两大类,第一大类包括历史成本和重置成本两种计量属性,它反映资产的取得成本,第二大类包括可变现净值、现值和公允价值三种计量属性,它反映资产未来带来的经济利益。

三、财务报表要素的记录

交易或事项发生以后,采用会计特有的方式将其结果记录下来,这一过程称为"记录"。与确认和计量不同,确认和计量是在会计人员头脑中进行职业判断的过程,而"记录"是一个连续的会计信息处理过程,操作性很强。为了使"记录"的结果在程序上可靠,要采用科学的记录方法——借贷记账法。为了使"记录"的结果最终服务于财务报告的编制,同时也为企业管理层提供更加具体的会计信息,要根据财务报表中各报表要素的具体类别以及企业内部管理的需要,设置会计科目。

(一)采用借贷记账法记账

借贷记账法是目前唯一在世界范围内通行的记账方法,15 世纪从意大利兴起之后逐渐传遍全世界,并且经久不衰。它的记账规则制定得非常巧妙,从而使记录财务报表要素增减变动的账簿体系成为一套自动平衡体系,而这套体系一旦失衡,就提示记账有错误。因为这种记账方法有很强的纠偏能力,能满足人们对账簿记录准确性的要求,所以相比其他记账方法,比如增减记账法、收付记账法等具备更顽强的生命力。

借贷记账法是以"借"、"贷"二字作为记账符号的复式记账方法。其中"借"、"贷"二字已经完全脱离其字面含义,仅仅是两个表达相互对立意义的符号,就像"黑"与"白"、"十"与"一"。借贷记账法的记账规则是:

资产增加记为"借",减少记为"贷";

负债和所有者权益增加记为"贷",减少记为"借";

产生收入记为"贷",产生费用记为"借"。

这套记账法则看上去似乎很乱,其实非常有规律。以"资产增加记为'借'"这一规则为核心,那么资产减少必然记为"贷";负债和所有者权益处于会计等式的另一边,增加必然记为"贷",而减少当然要记"借"。产生收入意味着所有者权益增加了,而产生费用则意味着所有者权益减少了,所以产生收入记为"贷",产生费用记为"借"。

这套记账规则的巧妙之处在于,无论发生什么交易或事项,都遵循"有借必有贷,借贷必相等"的规律。下面做个解释。

按照交易或事项对资产负债和所有者权益造成的影响,可以分为以下九类。见表 2—1。

表 2-1

	资产	=	负债	+所有者权益
情形1	增加			增加
情形2	增加		增加	
情形3	减少			减少
情形4	减少		减少	
情形5	增加、减少			
情形6			增加	减少
情形7			减少	增加
情形8			增加、减少	
情形9				增加、减少

按照借贷记账法的记账规则记录这些交易或事项,结果见表 2-2。

表 2-2

	资产	=	负债+	所有者权益
情形1	增加(借)			增加(贷)
情形2	增加(借)		增加(贷)	
情形3	减少(贷)			减少(借)
情形4	减少(贷)		减少(借)	
情形5	增加(借)、减少(贷)			
情形6			增加(贷)	减少(借)
情形7			减少(借)	增加(贷)
情形8			增加(贷)、减少(借)	
情形9				增加(贷)、减少(借)

表2-2说明当每一类交易或事项发生以后,按照借贷记账法的规则记录资产、负债和所有者权益的增减变化时,都遵循"有借必有贷,借贷必相等"的规律。如果一笔交易或事项发生以后,会计人员记账时发现借方、贷方发生额不相等,或者会计期末,将资产类要素的期末余额(在借方)与负债和所有者权益类要素的期末余额(在贷方)加总后不相等,就说明记账有错误。

(二)设置会计科目

对财务报表要素进行细分,每一类别称为一个会计科目。

企业设置会计科目,既要考虑财务报表中报表要素的具体分类,也要考虑内部管理的需要。理论上讲,会计科目的设置完全是企业内部的事情,科目名称、使用方法由企业自行决定,只要对外报告时按照统一的财务报表格式组织各会计科目中记录的信息就可以了(企业会计准则只规定每个财务报表要素的确认、计量与报告而不规定如何记录,就是这个原因)。可是长期以来,我国企业会计人员习惯了按照政府统一规定的会计科目体系记账,于是在CAS2006颁布以后,财政部又编写了《企业会计准则——应用指南》,提供了会计科目设置指引。表2-3就是《企业会计准则——应用指南》提供的一般工商企业会计科目表。企业对日常事务按照该指引设置会计科目,完成记录工作,同时也可以在不违反会计准则确认、计量和报告规定的前提下，根据本单位的实际情况自行增设、分拆、合并会计科目。

表2-3中的会计科目分为五大类：资产类科目（编号第一位是"1"），负债类科目（编号第一位是"2"），所有者权益类科目（编号第一位是"4"），成本类科目（编号第一位是"5"）和损益类即利润表类科目（编号第一位是"6"）。其中，成本类科目是一类特殊的资产科目，用于记录需要生产、建造才能达到预计使用状态的资产的生产、建造成本。利润表科目是一类特殊的所有者权益类科目，它们反映留存收益由于业绩而受到的影响。之所以在所有者权益科目之外特别设置利润表科目，是因为利润表报告的内容丰富，只有单独为每个项目设置会计科目，才能方便归集利润表项目数据。

表2-3 主要会计科目表

编号	会计科目名称	编号	会计科目名称	编号	会计科目名称
1001	库存现金	1601	固定资产	2901	递延所得税负债
1002	银行存款	1602	累计折旧	4001	实收资本
1012	其他货币资金	1603	固定资产减值准备	4002	资本公积
1101	交易性金融资产	1604	在建工程	4101	盈余公积
1121	应收票据	1605	工程物资	4103	本年利润
1122	应收账款	1606	固定资产清理	4104	利润分配
1123	预付账款	1702	累计摊销	4201	库存股
1131	应收股利	1703	无形资产减值准备	5001	生产成本
1132	应收利息	1711	商誉	5101	制造费用
1221	其他应收款	1801	长期待摊费用	5201	劳务成本
1231	坏账准备	1811	递延所得税资产	5301	研发支出
1401	材料采购	1901	待处理财产损溢	5401	工程施工
1402	在途物资	2001	短期借款	5402	工程结算
1403	原材料	2101	交易性金融负债	6001	主营业务收入
1404	材料成本差异	2201	应付票据	6051	其他业务收入
1405	库存商品	2202	应付账款	6061	汇兑损益
1406	发出商品	2203	预收账款	6101	公允价值变动损益
1407	商品进销差价	2211	应付职工薪酬	6111	投资收益
1408	委托加工物资	2221	应交税费	6301	营业外收入
1411	周转材料	2231	应付利息	6401	主营业务成本
1471	存货跌价准备	2232	应付股利	6402	其他业务成本
1501	持有至到期投资	2241	其他应付款	6403	营业税金及附加
1502	持有至到期投资减值准备	2401	递延收益	6601	销售费用
1503	可供出售金融资产	2501	长期借款	6602	管理费用
1511	长期股权投资	2502	应付债券	6603	财务费用
1512	长期股权投资减值准备	2701	长期应付款	6701	资产减值损失
1521	投资性房地产	2702	未确认融资费用	6711	营业外支出
1531	长期应收款	2711	专项应付款	6801	所得税费用
1532	未实现融资收益	2801	预计负债	6901	以前年度损益调整

上述五类会计科目仅涵盖了资产负债表、利润表项目。从理论上说，应该比照利润表科目，针对现金流量表和所有者权益变动表这两张动态报表单独设置会计科目，以方便报表编制。但是我国会计规范体系并没有给出这两张报表的会计科目。这可能是基于以下原因：一，所有者权益变动表中，除了留存收益受到损益事件的影响变动活跃以外，其他项目比如实收资本、资本公积、其他综合收益，受影响的事件少，从"实收资本"、"资本公积"和"其他综合收益"科目的当期发生额就能直接得到表中的数据。二，企业平时登记现金台账，根据现金台账编制现金流量表。现金台账的各个项目就相当于各个会计科目。

企业还可以根据内部管理需要，在会计科目下逐级设置明细科目，以便更加细致地反映财务报表要素的变化。比如在"应收账款"下根据客户设置明细科目，在"原材料"下根据材料类别设置明细科目，在"主营业务收入"下根据产品类别设置明细科目，等等。有明细科目的会计科目称为"一级"科目。比如"应收账款"、"原材料"、"主营业务收入"都是一级科目。企业还可以根据内部管理需要，设置"未实现融资收益"（编号：1532）、"未确认融资费用"（编号：2702）、"工程施工"（5401）和"工程结算"（5402）等科目。

四、财务报表要素的报告

在资产负债表日，将记录的结果按照一定要求整理成财务报表，并对报表中重要项目或特别项目进行详细文字说明，附在财务报表后形成附注，一并对企业外部人员报送的过程，称为"报告"。

报表直接面向外部信息使用者进行，所以报表的内容、格式、途径都要满足外部信息使用者的需要。

（一）对各会计科目记录的结果进行进一步加工，形成财务报表相关项目数据

会计科目的设置在满足对外报告要求的同时，还要满足企业内部管理要求，所以会计科目与财务报表项目不是一一对应的。对外报告时，需要把会计科目中记录的金额按照财务报表项目重新整理。比如与资产负债表"货币资金"项目相关的会计科目有"库存现金"、"银行存款"和"其他货币资金"，对外报告时需要把这三个会计科目的期末余额加总列报在"货币资金"项目中。本教材每一章都单列一节，说明会计科目与财务报表项目之间的关系。

（二）撰写财务报表附注

撰写财务报表附注，阐明财务报表的基础性假设，披露报表各项目所采用的会计政策，对重要或特别项目进行文字说明。

（三）对外报告

按照规定途径报送财务报表。上市公司要按照证券监督管理委员的要求，将财务报告作为定期报告的一部分报送证券监督管理委员会，并且在媒体上公开。非上市公司要按照股东的要求或上级主管部门的要求进行报送。

第二节 编制财务报表的操作过程

编制财务报表的操作过程是会计人员对会计信息进行处理的过程。这一操作过程每一个会计期间完成一次，所以又称为"会计循环"。一个会计循环主要包括以下四个环节：审核

原始凭证并且据以填制记账凭证→根据记账凭证登记分类账→结账→编制财务报表并对外报送。

一、审核原始凭证并且据以填制记账凭证

（一）审核原始凭证

原始凭证是交易或事项发生的书面证明，包括发票和各类单据等。发票在发生交易时由销货方填制，内容至少应包括发生日期、交易双方名称、交易内容、交易金额等。会计人员要对从外面取得的发票的真伪进行识别，对发票所记载交易内容的合法性、合规性进行审核，并对发票书写的规范性、大小写金额是否一致、相关责任人签字是否齐全等进行审核。单据在企业内部发生事项时填制，包括材料验收入库单、材料领用单、产成品发运单、销售成本计算表等。单据上注明了事项发生日期、事项的内容、实务数量、金额等。会计人员审核单据时，要审核相关责任人签字是否齐全并复核单据金额。

（二）填制记账凭证

会计人员以审核无误的原始凭证为依据，判断财务报表要素是否发生了变化，并且按照会计准则的规定选择一定的计量属性对财务报表要素的变化金额进行计量，并将确认、计量的结果用借贷记账法记录在记账凭证上。所以"填制记账凭证"这一操作过程包含了本章第一节所阐述的逻辑顺序的前三步：财务报表要素的确认、计量和记录。

在记账凭证上记录交易或事项时，会计人员先找到与所确认的财务报表要素对应的会计科目，然后再使用借贷记账法，将会计科目增减变动的金额记录下来。记录的结果称作"会计分录"。会计分录由借贷符号、会计科目名称以及金额三部分组成。

比如，企业外购原材料10 000元，货款未付。会计人员根据购货发票和材料入库单，确认"原材料"这项资产增加了，金额为10 000元，同时确认"应付账款"这项负债增加了，金额也为10 000元。会计人员将确认、计量的结果用借贷记账法记录在记账凭证上，会计分录如下：

借：原材料　　　10 000
　贷：应付账款　　10 000

在记账凭证中除了会计分录以外，还要载明其他重要信息。

(1)记账时间。记账时间要与原始凭证注明的时间在同一会计期间，以确保当期发生的交易或事项被及时记录下来。

(2)记账凭证编号。每一张记账凭证都有一个编号，就像身份证，以方便日后查找。

(3)所附原始凭证张数。记账凭证后面要附着赖以编制会计分录的原始凭证，并且在记账凭证正面注明"所附原始凭证张数"，确保所有的原始凭证都附着在记账凭证上。这样做是为了把记账凭证上的金额与相关原始凭证牢牢捆绑在一起。

(4)相关会计人员签字。相关会计人员包括填制记账凭证的"制单"人，审核记账凭证的"审核"人，将记账凭证的内容登记在分类账上的"会计"，还有"会计主管"。而"会计"人员一旦签字，则表明记账凭证上的信息已经进入了下一个处理环节——登记分类账。

二、根据记账凭证登记分类账

会计分录是用会计语言对交易和事项给财务报表要素造成的影响进行记录。但是这样的信息是零散的,时间上也不连贯,不方便编制财务报表。所以,还要对记账凭证上所记载的会计信息进行进一步加工——登记分类账。

(一)分类账的含义与基本结构

分类账是根据会计科目设置的分类、连续登记财务报表要素增减变化的账簿。每有一个会计科目就有一个分类账。比如有"原材料"分类账,"应付账款"分类账、"应收账款"分类账、"主营业务收入"分类账等等。每一个分类账又称作一个账户。

账户有一定的结构,不同类别的账户基本结构不同。如下图所示。

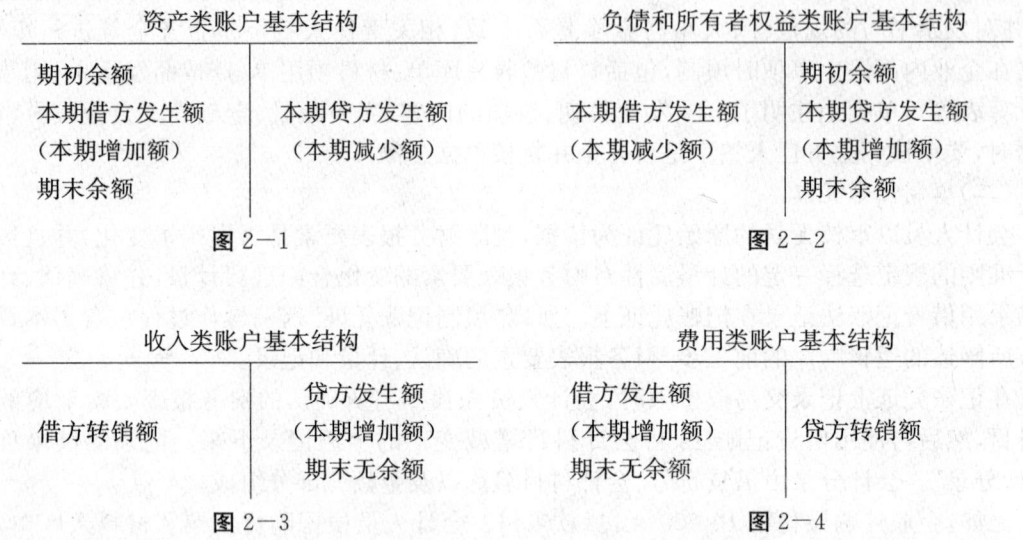

资产类账户记录资产在当期的增减变动情况和期末余额情况,基本账户结构见图2—1。

资产类账户期末余额=期初余额+本期借方发生额-本期贷方发生额

负债、所有者权益类账户记录负债和所有者权益在当期的增减变动情况和期末余额情况,账户基本结构见图2—2。

负债和所有者权益类账户期末余额=期初余额+本期贷方发生额-本期借方发生额

收入类账户记录当期企业经营管理活动对所有者权益的正面影响,所以通常仅记录当期贷方发生额。为了避免本期的金额影响到下期,期末结账时要将当期收入类账户结平,转销金额记录在借方。收入类账户的基本结构见图2—3。

费用类账户记录当期企业经营管理活动对所有者权益的负面影响,所以通常仅记录当期借方发生额。为了避免本期的金额影响到下期,期末结账时要将当期费用类账户结平,转销金额记录在贷方。费用类账户的基本结构见图2—4,与收入类账户结构正好相反。

资产、负债和所有者权益类账户,在任何时点都有余额(即使余额为"零"),所以也被称为"永久性账户"。收入费用类账户只登记当期数,期末无余额,所以被称为"暂时性账户"。

有了分类账,记账凭证上的会计信息,就以会计科目为类别,按照时间顺序记录下来,于是就能随时得到各分类账的发生额和余额。资产负债表各项目的金额,就来源于对应资产、负债、所有者权益各分类账户的期末余额,利润表各项目的金额,就来源于损益类各账户的本期发生额。

(二)分类账的格式

常用的分类账有三栏式、多栏式、数量金额式三种。多栏式、数量金额式分类账主要为满足企业内部管理需要而设置。从对外报告角度看,所有的账户都可以采用三栏式分类账。三栏式分类账如图2—5。

会计科目:库存现金

2014年		凭证号	摘要	借方	贷方	借或贷	余额
月	日						
7	1	＊＊＊＊	投资者投资	8000		借	8000
7	2	＊＊＊＊	购买割草机		2500	借	5500
7	8	＊＊＊＊	购买摩托车,支付部分款项		2000	借	3500
7	12	＊＊＊＊	购买工具		300	借	3200
7	28	＊＊＊＊	支付摩托车部分余款		500	借	2700
7	31	＊＊＊＊	取得营业收入	2750		借	5450
7	31	＊＊＊＊	支付水电费、工资		1300	借	4150
7	31	＊＊＊＊	张三提现		1000	借	3150
7	31		结出本月发生额、余额	10 750	7600	借	3150

图 2—5

分类账记录的要素包括以下内容。

日期:登记分类账的日期,也就是记账凭证上记载的日期。

凭证号:记账凭证的编号。"凭证号"一栏将分类账登记的金额与相关记账凭证建立起了联系。若对某笔金额有疑义,可以顺此线索找到记账凭证和原始凭证。

摘要:交易或事项的简要说明。

借方:记录增加额或减少额,视账户性质而定。

贷方:记录增加额或减少额,视账户性质而定。在同一个账户里,如果借方登记增加额,那么贷方一定登记减少额。

余额:记录余额。

(三)分类账的登记

在会计期间内,会计人员根据记账凭证登记分类账。这一过程又称作"过账"。

如前例,购入原材料,货款未付,金额为10 000元。会计人员在记账凭证上编制了如下会计分录:

借:原材料　　10 000
　　贷:应付账款　　10 000

会计人员根据以上会计分录,分别在"原材料"账户的借方记录金额10 000元,并结出余额,在"应付账款"账户的贷方记录金额10 000元,并结出余额。

如果会计人员过账的时候不小心将记录在账户里的金额写错了,比如"应付账款"的金额写成了 1 000 元,那么期末所有资产类账户的期末余额,与所有负债和所有者权益类账户余额的合计数就会不相等。应该相等的不相等,这就是警报,提示会计人员出错了! 而在计算机操作系统中,会自动进行借贷方金额的验证。需要注意的是,无论是手工操作还是计算机操作,通过借贷平衡原理只能发现金额差错,不能发现误用账户的错误。

由于分类账(即账户)的名称与会计科目一致,本书以后章节在阐述哪一个分类账(账户)时,按照实务中习惯的说法,将其称作"会计科目"或"科目"。

三、结账

结账在期末进行,包括结清损益类科目和结清资产负债表科目两个步骤。

(一)结清损益类科目

这是指期末将收入类科目的贷方发生额合计数,登记在科目的借方,同时将这一金额登记在"本年利润"科目的贷方;将费用类科目的借方发生额合计数,登记在科目的贷方,同时将这一金额登记在"本年利润"科目的借方。直观地看,好似收入类和费用类科目的合计数分别"跑"到了"本年利润"科目的贷方和借方一样。做完这一步以后,"本年利润"科目的余额如果在贷方,表示盈利;如果在借方,表示亏损。然后再把"本年利润"科目的余额转入所有者权益类的"利润分配——未分配利润"科目。结转的方法是,"本年利润"科目如果有贷方余额,那么借记该科目,贷记"利润分配——未分配利润"科目,直观地看,好似"本年利润"科目的贷方余额跑到"利润分配——未分配利润"科目的贷方一样。如果"本年利润"科目有借方余额,那么贷记该科目,借记"利润分配——未分配利润"科目,直观地看,好似"本年利润"科目的借方余额"跑到""利润分配——未分配利润"科目的借方一样。

经过上述两次结转,原先记录在多个损益类科目的多笔金额,就以一笔金额记录在了"利润分配——未分配利润"科目。这笔金额代表了当年实现的净利润额或发生的亏损额。从理论上讲,既然记录在损益类科目的金额,其最终归宿是"利润分配——未分配利润"科目,那么就可以不设置损益类科目,当发生影响损益的交易和事项时,直接将影响损益的金额记录在"利润分配——未分配利润"科目里。而实务中之所以不这样处理,是因为这样做的话,"利润分配——未分配利润"科目里登记的金额性质过于复杂,不容易按照利润表的项目归类,不方便编制利润表。先分类后汇总,总比先汇总后分类要简单得多。

(二)结清资产、负债所有者权益类科目

损益类科目结清以后,相当于所有的交易或事项都记录在了资产、负债、所有者权益类科目中。这时就可以结清资产、负债、所有者权益类科目了。这三类科目都是永久性科目,会计期末都有余额。结账时,计算出各科目的当期借贷方发生额和期末余额,并书写在账簿里;同时将期末余额结转至下一会计期间,形成下一会计期间的期初余额。

结账后,各损益类科目的发生额就是利润表数据的来源,而各资产、负债、所有者权益科目的期末余额就是资产负债表数据的来源。

四、编制财务报表并对外报送

财务报表的格式、项目名称、每个项目所反映的内容都是统一规定的。编制财务报表时,会计人员要找到与财务报表各项目对应的科目,并将科目数据或者直接登记在报表有关

项目中,或者几个科目数据汇总或相抵减后登记在报表有关项目中。少数情况下,还需要明细科目信息。

编制完成财务报表以后,还要撰写财务报表附注,并将财务报表和附注一并报送给股东。

图2-6分别描述了财务报表编制的逻辑顺序、操作过程以及二者之间的联系。

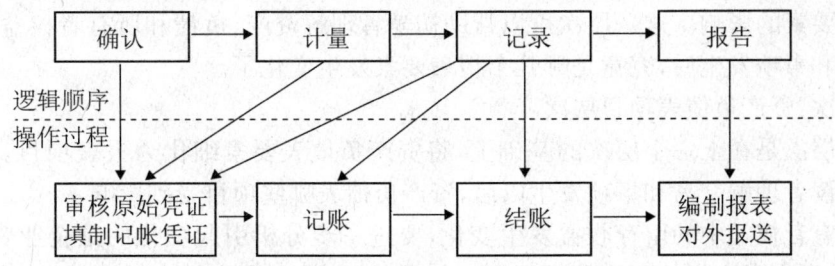

图2-6　财务会计报告编制的逻辑顺序、操作过程以及二者之间的联系

在财务报表编制的逻辑顺序中,"记录"环节是对"确认"和"计量"的书面表达,同时也是"报告"的数据来源,所以要确保"记录"环节没有遗漏、没有错误,就要在操作层面,制定严格的操作程序和控制措施。具体措施有:(1)制单人填写记账凭证后,要由复核人复核,并由会计主管签字。这样,一张记账凭证至少有三人对其准确性负责。(2)会计人员将记账凭证过账以后要在记账凭证上签字,确保交易和事项不多记、不漏记。(3)原始凭证一定要附着在记账凭证后面,且记账凭证的编号一定要登记在科目里,这样报表使用者一旦对报表数据有疑义,就可以逆着这个路径找到相关原始凭证,直接看到证明交易和事项的书面材料。

第三节　会计等式教学模板

本书以细化的、动态的会计等式作为教学模板,来描述交易和事项发生以后,如何在财务报表中呈现交易和事项的结果。

一、会计等式教学模板的理论基础

图1-1和图1-2显示了四张主要财务报表之间的钩稽关系:期初期末两个时点的资产负债表是基本框架,现金流量表描述了资产负债表中货币资金在当期的增减变化(假如没有现金等价物),所有者权益变动表描述了资产负债表中各项所有者权益在当期的增减变化,利润表描述了所有者权益变动表中引起所有者权益变化最活跃的因素——利润是如何产生的。

所以,当我们去记录资产负债表中各个资产、负债、所有者权益项目的增减变化时,同时也就记录了现金流量表、所有者权益变动表和利润表的各个项目的金额。资产负债表本身就是一个细化的会计等式,所以要表述资产负债表各个项目的增减变化,最直观的方式就是动态的会计等式,即

$$\Delta 资产 = \Delta 负债 + \Delta 所有者权益$$

二、会计等式教学模板的层次

根据不同的教学需要,可以建立起不同层次的会计等式教学模板。

第一层次:资产负债表要素层次

在这一个层次,交易和事项发生以后,仅体现对资产负债表中资产、负债和所有者权益这三个报表要素的影响。这一层次可以帮助初学者理解资产、负债和所有者权益的含义,认识一笔交易和事项发生后,究竟是哪几个报表要素发生变化了。

第二层次:资产负债表项目层次

这一个层次是在上一个层次的基础上,将资产负债表要素细化为报表项目。这一个层次可以帮助读者理解交易和事项发生以后,资产负债表哪些项目受到影响了。

如果所有者权益中的留存收益发生变化,要进一步分析引起变化的是企业管理方面的因素,还是与所有者之间的利润分配因素。如果是前者,利润表就会受到影响,那么还要进一步分析利润表的哪些项目发生变化了。

如果货币资金发生了变化,那么要进一步分析现金流量表的哪个项目发生了变化。在用会计等式模板描述现金流量表项目受到的影响时,由于报表项目的文字较多,放进模板里会过于臃肿,所以本书从第三章到第十二章使用教学模板讲解业务时,就把现金流量表项目的影响暂且忽略了。在第十三章的第四节《现金流量表》中讲解表中每个项目的含义时,会对照以前各章节涉及货币资金项目即现金流量的业务,再次进行分析。

第三层次:资产负债表科目层次

这一层次将第二个层次中的资产负债表项目进一步细化为会计科目。

由于利润表项目几乎就是利润表科目,所以在本层次并不对利润表项目或科目进行严格细分。

使用第三个层次的教学模板,能够帮助读者快速确定会计科目的名称以及借贷方向,快速编制会计分录。

采用这个层次的教学模板,还能够帮助读者认识每个资产负债表项目对应于哪个或哪些资产负债表科目。

第四层次:资产负债表明细科目层次

这一层次是在第三个层次的基础上将会计科目进一步细化为明细科目而得到的。如果在编制会计分录的时候需要明细科目资料,通过这个层次的教学模板加以展示能便于读者理解。

本书采用的教学模板以第三层次——资产负债表科目层次为主。

三、会计等式教学模板的作用

在教学过程中,会计等式模板能起到以下作用:

第一,直观地呈现一笔交易和事项当期对四张财务报表主表产生的影响。这个教学模板不必通过会计科目以及会计分录,就能将某一交易和事项的结果在财务报表上呈现出来。这样我们就能通过系统性训练,建立起各类交易和事项与财务报表之间的联系,熟练以后,还能通过财务报表透视企业发生的交易和事项。这种技能,正是决策所需要的。

第二,能直观地呈现一笔持续产生后果的交易和事项连续多年对四张财务报表主表的影响。

第三,便于比较不同会计处理方法对四张财务报表的影响。

第四,由于资产、负债和所有者权益的增减变化已经在模板上清晰地展示出来,所以能方便地确定借贷记账法下的记账方向,快速编制会计分录。

下面举一例说明。

张三投资成立一家网店。投入资本10 000元,存入银行。当期购进库存商品6000元,已经支付4000元,还有2000元货款未付。当期出售存货,出售成本5000元,取得收入5500元,款项尚未收到。以上交易和事项通过会计等式模板展示出来,如表2—4。

表2—4

单位:元

资产负债表要素	资产=			负债	+所有者权益	
资产负债表项目	货币资金	应收账款	存货	应付账款	实收资本	未分配利润
资产负债表科目	银行存款	应收账款	库存商品	应付账款	实收资本	利润分配
接受资本	+10000				+10000	
购买存货	−4000		+6000	+2000		
销售确认收入,结转成本		+5500				+5500(营业收入)
			−5000			−5000(营业成本)
期末余额	6000	5500	1000	2000	10000	500

通过表2—4,我们直观地看到这些业务发生以后四张主表受到的影响。

◇表中显示,期末资产负债表中,"货币资金"项目64 000元,"应收账款"项目5500元,"存货"项目1000元,资产总额12 500元;"应付账款"项目2000元,"实收资本"项目10 000元,"未分配利润"项目500元,负债和所有者权益总额12500元;资产总额等于负债和所有者权益总额。

◇表中显示,当期所有者权益变动表中,所有者投入导致"实收资本"项目增加10 000元,净利润导致"未分配利润"项目增加500元,期末"实收资本"项目10 000元,"未分配利润"项目500元。

◇表中显示,当期利润表中,"营业收入"项目5500元,"营业成本"项目5000元,利润500元。

◇表中显示,当期现金流量表中,现金流入10 000元,现金流出4000元,期末货币资金额余额6000元。

根据表2—4编制会计分录如下:

接受资本时,

借:银行存款   10 000
  贷:实收资本   10 000

购买存货时,

借:库存商品   6 000

贷：银行存款　　　4 000
　　　应付账款　　　2 000

销售商品确认收入并结转成本，"营业收入"项目通过"主营业务收入"科目记录，"营业成本"项目通过"主营业务成本"科目记录：

   借：应收账款　　　5 500
   　　贷：主营业务收入　5 500
   借：主营业务成本　5 000
   　　贷：库存商品　　5 000

假设第二个会计期间，该家网店收回上期应收款5500元，支付上期欠款2000元。

表2-5显示，第二个会计期末的资产负债表上期初余额与表2-4表示的上期期末余额一致。第二个会计期末，资产负债表的"货币资金"项目9500元，"存货"项目1000元，资产总额10 500元，"实收资本"项目10 000元，"未分配利润"项目500元，负债和所有者权益总额10 500元，与资产总额一致。

表2－5

单位：元

资产负债表要素	资产＝			负债	＋所有者权益	
资产负债表项目	货币资金	应收账款	存货	应付账款	实收资本	未分配利润
资产负债表科目	银行存款	应收账款	库存商品	应付账款	实收资本	利润分配
期末余额	6000	5500	1000	2000	10000	500
收回应收账款	＋5500	－5500				
	－2000			－2000		
期末余额	9500	0	1000	0	10000	500

以上所给例子前后期业务关联度不大，仅起到示意作用。在后续章节读者会看到，在考察复杂业务对前后各期造成的连续影响时，这个模板的教学效果非常显著。

后续章节里在比较不同会计处理方法时，比如存货发出的计价方法、固定资产折旧方法等，会计等式模板能直观地体现出差异。

本教材后续各章节，将分别按照资产负债表、利润表各项目，以财务报表编制的逻辑顺序，讲述一笔交易或事项发生以后，如何进行财务报表要素的确认、计量、记录与报告。本书每一章对有关报表项目展开讲解时，都是先对报表项目要描述的经济活动做一般分析，然后介绍会计准则所规定的"确认"条件和所采用的"计量"属性，然后通过会计等式教学模板在"会计处理"部分来讲解"记录"与"报告"——会计分录的编制与财务报表项目的列报。只是在讲解过程中，财务报表项目的讲解在先，会计分录编制的讲解在后。每章都单列一节"财务报表报告"或一节里单列"＊＊＊的报告"，来总结会计科目与财务报表项目的对应关系。

至于会计分录的过账、各会计科目的结账等信息加工环节，就不再赘述了。这不仅因为不同的交易和事项，过账、结账的方法和程序完全相同，只是涉及的科目名称不同，更重要的是，目前各企业会计信息化发展十分迅速，大量的交易或事项的会计处理程序由计算机自动完成。

本章小结

本章介绍了财务报表生成的逻辑顺序和操作程序。

财务报表生成的逻辑顺序包括财务报表要素的确认、计量、记录与报告。

财务报表生成的操作程序包括取得、审核和登记记账凭证、根据记账凭证登记分类账、结出分类账本期发生额和期末余额，根据分类账的发生额和余额编制财务报表。

本章建立了会计等式教学模板。

一、复习思考题

1. 什么是确认？资产、负债、收入、费用的确认条件各是什么？为什么所有要素在确认时，必须要求"金额能够可靠计量"？
2. 什么是权责发生制？相比收付实现制，它有什么优势？
3. 什么是计量？计量属性有哪几种？
4. 什么是借贷记账法？为什么这种记账方法几百年来在全世界范围内拥有强大生命力？
5. 什么是会计科目？会计科目分为哪几类？为什么说"成本类"会计科目是一种特殊的资产科目？
6. 一个会计循环包括哪些基本程序？

二、练习题

（一）单项选择题

1. 下列项目中，符合资产定义的是（　　）。
   A. 购入的某项专利权　　　　B. 经营租入的设备
   C. 待处理的财产损失　　　　D. 计划购买的某项设备

2. 下列项目中，使负债增加的是（　　）。
   A. 发行公司债券　　　　　　B. 用银行存款购买公司债券
   C. 发行股票　　　　　　　　D. 支付现金股利

3. 资产按照购置时所付出的对价的公允价值计量，其会计计量属性是（　　）。
   A. 重置成本　　　　　　　　B. 可变现净值
   C. 历史成本　　　　　　　　D. 公允价值

4. 资产按照其正常对外销售所能收到的现金或者现金等价物的金额扣减该资产至完工时估计将要发生的成本、估计的销售费用以及相关税费后的金额计量。其会计计量属性是（　　）。
   A. 重置成本　　　　　　　　B. 可变现净值
   C. 历史成本　　　　　　　　D. 公允价值

5. 资产按照预计从其持续使用和最终处置中所产生的未来净现金流入量的折现金额计量。其会计计量属性是（　　）。
   A. 重置成本　　　　　　　　B. 可变现净值

C.历史成本 D.公允价值
E.现值

6.关于收入,下列说法中错误的是( )。
   A.收入是指企业在日常活动中形成的、会导致所有者权益增加的、与所有者投入资本无关的经济利益的总流入。
   B.收入只有在经济利益很可能流入从而导致企业资产增加或者负债减少,且经济利益的流入额能够可靠计量时才能予以确认。
   C.符合收入定义和收入确认的条件,应当列入利润表。
   D.收入是指企业在日常活动中形成的、会导致所有者权益或负债增加的、与所有者投入资本无关的经济利益的总流入。

7.关于费用,下列说法中错误的是( )。
   A.费用是指企业在日常活动中发生的、会导致所有者权益减少的、与向所有者分配利润无关的经济利益的总流出。
   B.费用只有在经济利益很可能流出从而导致企业资产减少或者负债增加,且经济利益的流出额能够可靠计量时才能予以确认。
   C.企业发生的交易或者事项导致其承担了一项负债而又不确认为一项资产的,应当在发生时确认为费用,计入当期损益。
   D.符合费用定义和费用确认的条件,应当列入利润表。

8.关于损失,下列说法中正确的是( )。
   A.损失是指企业日常活动所发生的、会导致所有者权益减少的、与向所有者分配利润无关的经济利益的流出。
   B.损失是指企业非日常活动所发生的、会导致所有者权益减少的、与向所有者分配利润无关的经济利益的流出。
   C.只能计入所有者权益项目,不能计入当期利润。
   D.损失只能导致资产减少,对负债无影响。

(二)教学模板训练题

张三开了一家名为"不操心"的家政公司。投入资本50 000元,存入银行。购入一台割草机,成本35 000元,支付给供应商20 000元,余款未付。割草机是公司的固定资产。购入打扫用工具,作为存货,购入成本1000元。后偿还500元给割草机的供应商。当期提供家政服务收入18 000元,收到款项17 000元,还有1000元未收。支付水费电、员工的薪酬等各项费用共12 000元,已用现金支付。割草机折旧350元。向张三返还利润2000元,用现金支付。

用会计等式教学模板描述这些业务。

这个期间结束后,资产负债表各项目的金额是多少?所有者权益变动表呢?利润表和现金流量表情况又怎样?

第三章

货币资金与短期经营性债权

> 【学习目标】
>
> 通过学习本章,你应该:
>
> 1.掌握与货币资金有关的记录与报告;
>
> 2.了解形成应收账款的原因,掌握财务报表中"应收账款"项目的确认、计量、记录与报告;
>
> 3.掌握计提坏账准备的个别计提法与账龄分析法,掌握坏账准备的记录与报告;
>
> 4.了解形成应收票据的原因,掌握一般应收票据业务的计量、记录与报告,掌握与应收票据贴现有关的记录与报告;
>
> 5.了解形成预付账款的原因,掌握与预付账款有关的确认、计量、记录与报告;
>
> 6.了解形成其他应收款的原因,掌握与其他应收款有关的确认、计量、记录与报告。

引子

　　四川长虹电器股份有限公司是一家于1994年在上海证券交易所上市的公司,主要生产视频产品、视听产品、空调产品、电池系列产品等。从2001年到2004年,该公司给美国APEX公司的产品共计11.13亿美元,折合人民币92.26亿元。

　　2004年12月28日,四川长虹电器股份有限公司发布2004年度预亏提示性公告。公告称:"美国进口商APEX公司由于涉及专利费、美国对中国彩电反倾销等因素出现了较大亏损,全额支付公司欠款存在着较大困难。公司对美国突如其来的彩电反倾销、其它外国公司征收高额专利费的影响以及对APEX的应收账款可能会因前述影响产生的风险难以估计,据此,公司董事会决定按更为谨慎的个别认定法对该项应收账款计提坏账准备,按会计估计变更进行相应的会计处理。截止2004年12月25日,公司应收APEX账款余额46750万美元,根据对APEX公司现有资产的估算,公司对APEX公司应收账款可能收回的资金在1.5亿美元以上,预计最大计提金额有3.1亿美元左右。目前正在进行对账和核实工作,有新的情况公司将及时公告,具体计提金额将在2004年度报告中披露。同时,为了最大限度的减少损失,公司正积极努力通过各种合法途径对该笔应收账款进行清收。"

2004年度该公司年报中对应收账款列报了25亿多元的坏账准备。而从2000年到2003年公司累计实现净利润只有5.8亿元。

第一节 货币资金

一、货币资金的性质

货币资金是指企业在生产经营过程中以货币形态存在的资产。

货币资金是流动性最强的资产,常被人们形象地比喻为企业的血液。企业无论规模大小,手头都或多或少地持有货币资金。无论是产品制造企业、商品流通企业还是对外提供服务的企业,都要用货币资金支付工资、缴纳税款、偿还借款、支付利息、支付股利。除此之外,商品流通企业还要用货币资金购买商品,产品制造企业还要用货币资金购买原材料、购置机器设备、建造厂房等。

货币资金最原始的来源是企业成立之初股东的投入,向银行借款则是重要补充。而企业能否正常运转,关键看其创造货币资金的能力,即能否向客户提供有用的产品或者劳务,并且及时从客户那里收回款项。企业在一定会计期间内货币资金的流动方向、流动金额等信息,反映了企业资金运转的情况,能在一定程度上体现企业的发展是否健康,因此是重要的会计信息,必须对外报告。企业会计准则规定,货币资金在会计期末的结余情况要在资产负债表中报告,而在一定期间内的增减变动情况则在现金流量表中报告。

二、货币资金的构成

企业出于内部管理的需要,将货币资金按照存放地点和用途主要分为三类:库存现金,银行存款和其他货币资金。

(一)库存现金

库存现金是指存放于企业财会部门,由出纳保管的货币资金。库存现金容易被盗、被挪用,因此安全性差。企业以库存现金形式存放的货币资金,只用于零星开支,占企业货币资金总量的比例很低。

(二)银行存款

银行存款,是指企业存放在银行或其他金融机构的货币资金。企业要在银行或其他金融机构开户,就必须预留财务主管人员和出纳的印鉴。企业日常经营活动所发生的各种支出,比如支付购货款、工资、税款、偿还银行债务,以及从客户那里收回款项等等,都要通过银行转账方式进行。通过银行转账方式进行结算,相比用库存现金进行结算的优势在于,一方面,通过银行转账方式进行结算,没有现钞在物理位置上的转移,更加安全;另一方面,每收到或支付一笔资金,都会产生相关单据,银行和企业各保留一份,更加方便管理。银行存款占企业货币资金总额很大部分。

常用的转账结算方式有:支票、汇兑、委托收款、托收承付、银行本票、银行汇票、信用卡、信用证、商业汇票等。

在银行开设账户的单位可以从银行取得支票簿。付款时开户企业不直接向收款单位支付现金,而是签发和移交支票。支票是通知付款单位的开户行从付款单位的账户中支付款项给持票人的凭证。收款单位取得支票后,填制进账单,连同支票送存银行。收款单位的银行根据支票,通知付款单位的银行划拨款项,并将该款项存入收款单位的科目。这样,款项就以支票作为媒介,从付款人的账户转移到了收款人的账户。所以,企业向收款方签发支票意味着自己银行存款减少了,企业从付款方取得支票就意味着自己银行存款增加了。出纳根据从银行取得的相关单据编制收款凭证和付款凭证,会计人员根据收款凭证和付款凭证编制记账凭证,并进一步进行分类账处理。

汇兑是付款人委托银行将自己账户中的款项汇给收款人的结算方式。

委托收款是收款人委托银行向付款人收取款项的结算方式。

托收承付是指"收款人委托收款,付款人承诺付款"。在这种结算方式下,收款人在向身处异地的付款人发货后,根据与付款人签订的购销合同,委托银行向付款人收取款项,付款人在收到货物核对无误后向银行承诺付款。

采用银行本票、银行汇票、信用卡、信用证等转账结算方式,会产生另外一种货币资金——其他货币资金,这部分内容将在下文介绍;而采用商业汇票则会产生应收票据,将会在本章第二节介绍。

无论哪种转账结算方式,都具备共同的特点:通过银行完成款项在付款人和收款人之间的转移。不同的结算方式,只是适用的场合或提供的附加功能有所不同罢了。

(三) 其他货币资金

其他货币资金,是指存放地点和用途与库存现金和银行存款不同的货币资金,主要包括外埠存款,银行汇票存款,银行本票存款,信用卡存款,信用证存款,存出投资款等。

外埠存款是企业到外地进行临时或零星采购,汇往采购地银行开立采购专户的款项。企业汇出款项时,须填写汇款委托书,加盖"采购资金"字样;汇入银行对于汇入的采购款项,按照汇款单位开立采购专户。采购专户一旦开设,只付款不收款,付完后清户。采购专户开设以后至存款支付完毕之前,就形成了一笔外埠存款。

银行本票存款是企业取得银行本票以后形成的货币资金。银行本票是由银行签发的承诺自己在见票时无条件支付确定金额给收款人或者持票人的票据。企业申请办理银行本票时,先将与本票面额相等的款项送存银行,然后由银行签发银行本票。企业取得银行本票,就取得了一笔可以用以支付的资金。所以,企业申请办理银行本票,就是把自己银行存款中的一笔金额转化成等额的其他货币资金。

银行汇票存款是企业取得银行汇票以后形成的货币资金。银行汇票是企业将款项交存出票银行,由出票银行签发的、由其在见票时按照企业与销售方实际结算金额无条件支付款项给收款人或持票人的票据。银行汇票可以用于异地结算,比银行本票使用更灵活。

信用卡存款是企业存放在信用卡里的资金。信用卡是由银行或信用卡公司依照用户的资信程度发给持卡人的一种卡片。持卡人可以持信用卡支付,并且可以透支。透支是指实际支付额超过信用卡中的存款额,相当于向银行短期借款。在银行规定的时间、额度内透支的,不支付利息。

信用证存款是付款人为了申请取得信用证而存放在申请开证银行的款项。信用证是用于国际贸易结算的一种凭证,是国际贸易的最终付款人(进口商))向银行提出申请,由银行对收款人(出口商)发出的、承诺收款人在交来符合信用证条款规定的汇票和单据时,以银行作为第一付款人付款的保证文件。

存出投资款是企业为了进行证券投资而存放在证券经纪公司的款项。企业在证券市场上买卖证券而产生的资金支付与收入,都通过在证券经纪公司开设的账户进行。随着近年互联网的发展,银行与证券经纪公司之间开通了"银证通"业务,企业的资金在银行账户与证券经纪公司账户之间的划拨可以瞬时完成,所以企业可以不长期保留存出投资款。

其他货币资金如果支付之后仍有剩余,可以方便地化转成银行存款。

三、货币资金的确认与计量

在所有的资产中,货币资金的确认与计量是最容易的。库存现金自不必说,银行存款和其他货币资金,只要取得了相关单据就可以确认,并且根据单据上的金额进行计量。比如,企业销售货物,从购货方取得支票以后送存银行,银行出具的回单就表明企业取得了一笔银行存款;又比如企业到银行办理银行汇票手续,取得了银行汇票,就表明增加了一笔其他货币资金。

四、货币资金的会计处理

货币资金是企业流动性最强的资产,同时也是最容易被挪用和贪污的资产,所以货币资金的会计处理除了满足对外报告的要求之外,还旨在保证货币资金的安全。

对货币资金进行会计处理的岗位有两个:会计和出纳。会计和出纳进行会计处理的分工不同,工作目标也不相同。会计的工作目标体现在两个方面,一是对外报告,定期报告货币资金的流向、金额以及结余情况;二是对出纳的记录进行控制,一旦出纳出现记账差错或舞弊行为,能及时发现。出纳的工作目标,是按照时间顺序逐笔记录货币资金的流入和流出,保证每笔资金都有账可查,为企业内部资金管理提供基础资料。

资产负债表中的"货币资金"项目,在会计处理系统中是通过资产类的"库存现金"、"银行存款"以及"其他货币资金"三个会计科目予以记录的。由会计人员负责登记相关总分类账,对所有涉及货币资金变化的交易,进行总分类核算。为了方便期末编制现金流量表,会计人员还要在平时根据现金流量表中"经营活动产生的现金流量"、"投资活动产生的现金流量"以及"筹资活动产生的现金流量"等大类项目及其下属各小类项目的报告要求,对当期货币资金的流入和流出进行分类记录,期末再对各类别的发生额进行汇总,这样就能得到现金流量表中各项目的报告数。现金流量表编制的具体具体内容将在第十三章《财务报告》的第四节《现金流量表》讲述。

出纳是货币资金的直接管理人,负责保管库存现金和支票簿、到银行提取现金等,企业设置"库存现金"、"银行存款"以及"其他货币资金"三个日记账,由出纳逐笔序时登记。

1.库存现金的会计处理

当发生库存现金的收入和支出业务时,会计人员按照相关的原始凭证,编制现金收款凭证或者现金付款凭证,并且登记"库存现金"科目以及所对应的其他科目。

当发生库存现金的收入和支出业务时,出纳根据现金收款或现金付款凭证,按照时间顺序登记在"库存现金"日记账中。每日终了,出纳计算当日的库存现金收入合计金额、支出合计金额以及结余额,并将结余额与实际库存额核对,做到账款相符。一旦账款不符,马上查明原因,进行处理。

2.银行存款的会计处理

银行存款的会计处理原理与库存现金相同,会计和出纳的岗位职责与库存现金也类似。所不同的,一是会计科目的名称不同,二是银行存款是委托银行保管的资产,银行定期向企业提供对账单,由会计将银行对账单和出纳登记的银行存款日记账逐笔核对。如果排除了企业和银行因为入账时间不同而造成的记账差异外,仍然有差异,说明有一方记账出错了。

【例 3—1】 甲企业签发支票一张,金额为 1000 元,支付办公用品支出。

我们通过会计等式模板,将例 3—1 的经济活动在相关报表中的列报表示出来,如表 3—1。

表 3—1

单位:元

资产负债表要素	资产 =	负债	＋所有者权益
资产负债表项目	货币资金		未分配利润
资产负债表科目	银行存款		利润分配
支付管理费	－1000		－1000(管理费用)

由表 3—1 我们看出,上述业务对财务报表的影响是:资产负债表的"货币资金"项目和"未分配利润"项目同时减少了 1000 元;当期所有者权益变动表中,"未分配利润"项目减少了 1000 元;当期利润表中"管理费用"项目增加了 1000 元,"净利润"项目减少了 1000 元;当期现金流量表中有现金流出 1000 元。

本书后续例题都将进行类似分析,旨在帮助读者逐步将经济活动与财务报表项目联系起来,从而进一步掌握通过财务报表透视经济活动的能力。

借助于表 2—2 的原理,根据会计等式教学模板,可以快速确定会计分录如下:

借:管理费用　　1 000
　　贷:银行存款　　1 000

【例 3—2】 甲企业收到银行的收款通知,之前赊销货物给乙公司的款项 10 万元收到。

用会计等式描述上述业务见表 3—2。

表 3—2

单位:万元

资产负债表要素	资产 =		负债	＋所有者权益
资产负债表项目	货币资金	应收账款		
资产负债表科目	银行存款	应收账款		
收回应收款	＋10	－10		

我们由表 3—2 看出,资产负债表的"货币资金"项目增加了 10 万元,"应收账款"项目减少了 10 万元;当期所有者权益变动表和利润表不受影响;当期现金流量表中有现金流入 10

万元。

会计分录如下：

借：银行存款　　　　　　　　　100 000
　　贷：应收账款——乙公司　　　　　　100 000

3. 其他货币资金的会计处理

其他货币资金的会计处理原理与银行存款、库存现金相同。所不同的是，企业应根据货币资金存放的地点设置明细科目，比如"外埠存款"、"银行本票存款"、"银行汇票存款"等进行明细核算。

【例3—3】 甲公司申请办理银行汇票，将银行存款12 000元转为银行汇票存款。

用会计等式描述上述业务见表3—3。

表3—3

单位：元

资产负债表要素	资产 =		负债 +	所有者权益
资产负债表项目	货币资金			
资产负债表科目	银行存款	其他货币资金		
办理银行汇票	-12000	+12000		

我们由表3—3看出，"货币资金"项目金额不变，报表其他项目均不受影响。从报表层面看，上述业务没有对外报告的意义。

但是货币资金的结构发生变化了，会计科目层面把这种变化反映了出来。"银行存款"科目金额减少了，"其他货币资金"科目金额增加了，要贷记"银行存款"科目，借记"其他货币资金"科目。这种记录能满足企业内部的管理要求。读者可以从这个例子看到，会计科目的记录不仅为了满足对外报告的需要，而且能满足企业内部管理的要求。

会计分录如下：

借：其他货币资金——银行汇票存款　　12 000
　　贷：银行存款　　　　　　　　　　　　12 000

【例3—4】 甲公司用上述银行汇票支付了设备款12 000元。

用会计等式描述见表3—4。

表3—4

单位：元

资产负债表要素	资产 =		负债	+所有者权益
资产负债表项目	货币资金	固定资产		
资产负债表科目	其他货币资金	固定资产		
购置固定资产	-12000	+12000		

由表3—4看出，资产负债表"固定资产"项目增加12000元，"货币资金"项目等量减少，资产总额不变，同时负债和所有者权益总额不变；当期所有者权益变动表和利润表不受影响；当期现金流量表中现金流量减少。

会计分录如下：
借：固定资产　　　　　　　　　　　　12 000
　　贷：其他货币资金——银行汇票存款　　12 000

五、备用金制度及备用金的会计处理

备用金是指财会部门为满足企业内部各业务部门和职工日常零星开支需要，而暂付给有关部门和人员使用的备用现金。

按照企业内部货币资金管理的要求，各业务部门使用货币资金时，通常应先填写借款申请，领用支票或现金，等付款以后再提交相关发票向财会部门报销。企业如果经常发生小额零星开支，按照这种先借款后报销的工作程序，效率会很低。如果建立备用金制度，业务部门和人员根据业务量的大小，领用了一笔备用金，平时发生支出时，直接从备用金开支，定期或者等备用金将要用完时再到财会部门补足，就会大大减少工作量。

备用金通常实行定额管理制度。其工作程序是：财会部门根据业务部门和人员的实际工作需要，核定备用金定额并据此拨付备用金；一个时期以后，业务部门和人员用掉多少现金，财会部门拨补多少，以保持业务部门和人员手头持有的现金等于备用金定额；只有在取消备用金制度或调换备用金的使用人员时，财会部门才从业务部门和人员那里收回备用金。

备用金既然是企业财会部门存放在各业务部门和人员那里的现金，尽管各业务部门和人员领取备用金时办理了借款手续，但是由于各业务部门和人员在行政关系上隶属于企业，且他们领取的备用金都将用于企业的日常支出，而非个人用途，那么这个借款手续并没有改变备用金是企业自有现金的实质，如果必要，财会部门可以随时取消备用金，抽回现金。所以备用金也是企业可用以支付的货币资金，性质上与库存现金没有差别。

【例3-5】 某企业采用备用金定额管理制度。2015年10月初，财会部门分别拨给人事部门、营销部门备用金2万元和15万元，规定每个月月底补充备用金。2015年10月份，人事部门支出1.5万，营销部门支出12万。月底补足各部门备用金。

上述两笔业务用会计等式表示的结果见表3-5。

表3-5

单位：元

资产负债表要素	资产=		负债	＋所有者权益
资产负债表项目	货币资金			未分配利润
资产负债表科目	库存现金	备用金		利润分配
资产负债表明细科目		人事	营销	
发放备用金	−170 000	＋20 000	＋150 000	
各业务部门产生支出	−135 000		−15 000（管理费用）	−120 000（销售费用）

2015年10月，给各部门分配备用金时，由表3-5看出，在资产负债表项目层面"货币资金"项目以及其他报表项目均不受影响。

但是货币资金的结构发生变化了，从财务部门的库存现金变成各部门的备用金。会计科目要记录这些变化,以满足内部管理的需要。所以尽管只是现金发生了物理位置的转移,从财务部门移交给了各部门,但是要另外设置"备用金"科目记录放在各部门的现金。"备用金"科目是资产类科目,在借方登记各部门备用金的领取金额,在贷方登记各部门备用金的核销金额,期末余额在借方,表示各部门手头持有的备用金。根据各部门分别设置明细账。

会计分录如下:

借:备用金——人事部门　　20 000
　　　　　——营销部门　　150 000
　贷:库存现金　　　　　　　　170 000

2015年10月底,各部门凭借发生支出时取得的发票到财会部门报销,财会部门给各部门补足备用金。需要提醒读者的是,我们是站在企业层面而非各部门层面看待这笔业务的。对企业而言,根据各部门提供的发票,确认发生了支出135 000元,分别属于管理费用15 000元和销售费用120 000元,记入利润表的"管理费用"项目和"销售费用"项目。见表3—5。

"管理费用"项目通过"管理费用"科目予以记录,"销售费用"项目通过"销售费用"科目予以记录,会计分录如下:

借:管理费用　　15 000
　　销售费用　　120 000
　贷:库存现金　　　135 000

六、货币资金的报告

与货币资金有关的会计信息应在资产负债表和现金流量表中列报。

会计期末,企业应将货币资金的余额在资产负债表资产部分的"货币资金"项目下报告。该项目的金额是"库存现金"、"银行存款"、"其他货币资金"三个总分类科目期末借方余额的合计数。如果有备用金,那么"备用金"总分类科目的期末借方余额也应包括在"货币资金"项目内。

会计期末,企业应将货币资金的当期发生额,按照现金流量表的类别报告在现金流量表内。

会计期末,企业还应将货币资金的构成情况在财务报表附注中披露。

第二节　应收账款

企业在日常经营活动中因为向客户赊销而形成的债权,往往在一年或超过一年的一个营业周期以内就能收回货款,使债权得以求偿,所以称作"短期经营性债权"。此外,企业因预先支付货款给供应商而形成的债权,以及非贸易原因形成的短期债权,如应收的罚款、应收回的押金等,也属于短期经营性债权。本节和第三节分别阐述日常经营活动形成的短期经营性债权——应收账款和应收票据,第四节阐述其他短期经营性债权,包括预付账款和其他应收款。

一、应收账款概述

应收账款是企业销售商品、提供劳务,预计在一年或超过一年的一个营业周期内从客户那里收回的款项。

赊销是应收账款形成的必要条件。处于买方市场的企业,为了争夺或留住客户,往往通过先销售(或提供劳务)、后收款的赊销方式扩大销售量,以扩大或者保持市场份额。这样的企业应收账款频繁产生,应收账款余额占流动资产的比例也比较大。超市、百货公司等零售商,通常采用一手交钱、一手交货的现销方式销售商品,而少数处于卖方市场的企业,则先收款、后销售。后两种企业不会产生应收账款,除非同时伴有赊销方式。

二、应收账款的确认与计量

应收账款不同于货币资金,货币资金有相应的单据证明它的存在以及金额,而应收账款是企业享有的从客户那里收取款项的权利。这种权利何时产生、金额多少,回答这些问题要比回答货币资金的相应问题复杂得多。

(一)应收账款的确认

应收账款是在赊销经营模式下,遵循权责发生制原则确认收入的产物。应收账款的确认,取决于收入的确认。

因为财务报表看待经济活动的方式是"一分钱两面看",既要反映交易和事项对经济资源的影响(体现在会计等式的左边),也要反映交易和事项对利益相关者的影响(体现在会计等式的右边)。赊销活动带来的经济利益,一方面表现为资产的增加(从客户那里得到利益),另一方面表现为所有者权益的增加。由于赊销活动属于日常经营活动,所以所有者权益的增加表现为取得了收入。而收入是企业利润的源泉,与管理层的业绩有着举足轻重的关系,管理层有操纵收入的天然动机。为了加强会计监管,企业会计准则对收入的确认进行了详尽规定[①]。

我们已经在第二章阐述过基本会计准则所规定的收入确认的两个基本条件。其中第一条是与收入相关的经济利益能够流入。而"能够流入"的判断标准不是"现金已经流入",而是"客户能够支付货款"。"客户能够支付货款"又取决于两个条件,条件一是企业已经履行了合同上的主要义务,从而推断客户愿意付款;条件二是估计客户有能力付款。正因为收入确认以"客户能够支付货款"为标准,而不以"现金流入"为标准,所以当判断客户能够付款时,一方面确认收入,另一方面确认应收账款。如果对客户能够付款没有充足信心,直到实际收到款项的时候才确认收入,那么就不会形成应收账款。

因为收入的确认以"客户能够支付货款"为先决条件,所以企业发出商品、开具发票以后,尽管从法律意义上讲,具备了债权人资格,有权利向对方收款,可是如果企业仍然没有履行完合同上最关键的义务(比如没有安装和调试,而安装和调试成功是客户接受商品的先决条件,从而是付款的先决条件),那么因为不能确认收入,从而也就不能确认应收账款。即应收账款的确认不以所有权转移这一法律形式为标准,而以客户能够支付货款这一经济实质为标准。应收账款的确认是"经济实质重于法律形式"这一会计信息质量特征的具体体现。

既然应收账款的确认与收入的确认是在赊销方式下一个问题的两个方面,那么应收账

[①]《企业会计准则第15号——收入》中详细规定了销售商品收入和劳务收入的确认条件,本书第12章将详细阐述收入的确认、计量与报告问题。

款未来收回现金的能力就决定了收入的质量。如果实际收回的款项大大低于应收回的款项,说明当初确认收入时过于乐观。因而分析评价应收账款是分析评价收入的质量,并进而分析评价利润质量的重要途径。

（二）应收账款的计量

应收账款的金额是企业销售商品、提供劳务应向客户收取的金额。通常情况下,双方签署的购销合同明确记载了这一金额。但是由于现金折扣的存在,应收账款的计量面临着一定的选择。

现金折扣是指企业为了鼓励客户尽快支付货款,对于在较短时期内还款的客户给予的优惠。现金折扣一般以"折扣/付款期限"表示,例如,"2/10,1/20,n/30",表示客户享受的信用期最长为30天,如在10天之内还款,则享受2%的折扣；如在10天以后20天以内还款,则享受1%的折扣；如在20天以后信用期之内还款,则不享受折扣。企业提供现金折扣的意图是加速货款回笼。根据折扣率计算的年化利率通常大大高于同期银行利率,所以购货方如果有闲置资金,就愿意在折扣期内付款,以获取高于银行存款利息的资金收益。

在企业给客户提供现金折扣的情况下,应收账款的计量至少面临着两种选择。

一种是按照不扣除现金折扣的金额计量,称作"总额法"。应收账款按照总额法计量,其隐含的意思是,客户不在折扣期内付款是合理的；如果客户在折扣期内付款享受了折扣,那么企业从客户那里融通了资金,企业少得到的部分正是融资所承担的成本。如上例中,按照总额法计量,隐含的意思是,企业认为客户从交易结束后的第21天至30天付款是合理的,如果客户第10天就付了款,企业少得到交易金额的2%,是提前取得资金所支付的成本。

另一种是按照扣除最大现金折扣的金额计量,称作"净额法"。应收账款按照净额法计量,其隐含的意思是,客户享受最大现金折扣是合理的；如果客户因为没有及时付款而错过了折扣,企业多得的部分,是企业借款给客户而收取的利息收益。如上例中,客户在10天之内付款是合理的,企业理应仅得到原定交易金额的98%；如果客户在第21天付款,企业多收回交易金额的2%,是借钱给客户11天所得到的利息收益。

企业提供现金折扣的本意是加速货币回笼,折扣率也高于银行利率,客户也愿意提前付款,享受折扣,所以用净额法更能反映企业的意图以及经济活动的结果。不过我国企业会计规范要求企业采用总额法,这是因为销售收入和应收账款的入账金额与发票金额一致,会计信息的可验证性相比净额法更强。

顺便提及的是,商业折扣虽然也是一种销售方提供给购货方的折扣,但是这种折扣不影响应收账款的计量。商业折扣是企业根据市场情况或购货方的购货数量,以低于商品标价的金额出售商品所扣减的部分。比如,购货方购进数量超过一定数量时,按照售价的八折成交,所扣除售价的20%就是商业折扣。企业利用商业折扣,在商品标价不变的情况下,能根据具体情况灵活确定与客户的实际成交价格。应收账款的金额由实际成交价格决定,与商品的标价以及商业折扣无关。

三、应收账款的会计处理

为了反映资产负债表中"应收账款"项目的变化,要设置"应收账款"一级科目。"应收账款"科目属于资产类科目。当销售商品或提供劳务而应该向客户收取款项时,记在本科目的借方；

从客户收回款项时,记在本科目的贷方;本科目的期末余额在借方,表示应向客户收回的款项。为了向企业的信用部门提供客户欠款、还款的详细信息,还应根据客户设置明细科目。

当企业向客户销售商品时,收取的款项一般包括三个部分:销货款,增值税销项税额以及代客户垫付的运杂费。有关增值税的内容在本章附录中有详细说明。

【例3—6】 甲公司、乙公司均是增值税一般纳税人,甲公司向乙公司销售 A 商品。该商品的应税税率为17%。甲公司向乙公司报价 A 商品 3200 元/件,经双方协商降为 3180 元/件。乙公司购买 100 件。甲公司开具的发票注明商品交易总额为 318 000 元,金额为 271 794.87 元,税额为 46 205.13 元。双方在购销合同中约定,现金折扣条件为"1/20,n/40",折扣率以发票总额为基础计算。甲公司现金折扣采用总额法处理。

甲公司销售货物后,如果满足了销售收入的确认条件,用会计等式表示的结果见表3—6。

表 3—6

单位:元

资产负债表要素	资产 =	负债	+ 所有者权益
资产负债表项目	应收账款	应交税费	未分配利润
资产负债表科目	应收账款	应交税费	利润分配
确认销售收入	+318 000	+46205.13	+271 794.87(营业收入)

对外销售时,资产负债表"应收账款"项目增加了 318 000 元,"应交税费"项目增加了 46 205.13 元,"未分配利润"项目增加了 271 794.87 元。当期所有者权益变动表中,"未分配利润"项目增加 271 794.87 元。当期利润表中"营业收入"项目有 271 794.87 元,"净利润"增加 271 794.87 元。当期现金流量表不受影响。

"营业收入"项目下设置"主营业务收入"科目和"其他业务收入"科目,其中"主营业务收入"科目记录存货的销售收入。

会计分录如下:

借:应收账款——乙公司　　　　　　　　　　318 000
　　贷:主营业务收入　　　　　　　　　　　　　　271 794.87
　　　　应交税费——应交增值税(销项税额)　　　46 205.13

【例3—7】 承例3—6,19天以后,乙公司支付款项,因享受 3180 元的现金折扣,实际支付款项 314 820 元。

乙公司少支付的 3180 元,是甲公司提前收到款项所付出的代价,记入利润表的"财务费用"项目。"财务费用"项目通过损益类的"财务费用"科目记录。

上述业务用会计等式表示的结果见表3—7。

表 3—7

单位:元

资产负债表要素	资产 =		负债	+ 所有者权益
资产负债表项目	货币资金	应收账款		未分配利润
资产负债表科目		应收账款		利润分配
在折扣期内收回货款	+314 820	−318 000		−3180(财务费用)

资产负债表的"货币资金"项目增加314 820元,"应收账款"项目减少318 000元,"未分配利润"项目减少3180元。所有者权益变动表中,"未分配利润"项目减少了3180元;当期利润表中"财务费用"项目有3180元,"净利润"减少了3180元。当期现金流量表中产生现金流入314 820元。

甲公司收到款项后的会计分录如下:
借:银行存款　　　　　　314 820
　　财务费用　　　　　　　3 180
　　贷:应收账款——乙公司　　318 000

如果两笔业务是在一个会计期间内完成的,把例3-6和例3-7放在一起用会计等式描述,见表3-8。我们就能看到一笔销售业务从销售到收款整个过程对财务报表的影响:期末资产负债表中"货币资金"项目增加314 820元,"应交税费"项目增加46 205.13元,"未分配利润"项目增加268 614.87元。所有者权益变动表中,"未分配利润"项目增加268 614.87元;利润表中"营业收入"项目有271 794.87元,"财务费用"项目有3180元,"净利润"项目增加了268 614.87元;当期现金流量表中有现金流入314 820元。

在上述分析基础上进一步延伸,如果改变现金折扣条件,比如给予更优惠的折扣,则会产生更多的财务费用和更少的现金流入。

表3-8

单位:元

资产负债表要素	资产		=负债	+所有者权益	
资产负债表项目	货币资金	应收账款	应交税费	未分配利润	
资产负债表科目	银行存款	应收账款	应交税费	利润分配	
				营业收入	财务费用
确认销售收入		+318 000	+46 205.13	+271 794.87	
在折扣期内收回货款	+314 820	-318 000			-3180
最终变化结果	+314 820	0	+46 205.13	+271 794.87	-3180

在会计科目层次,当企业面向某个客户偶尔发生预收业务时,预收业务也可以通过"应收账款"科目核算。核算程序是:当预先收到客户的款项时,贷记"应收账款"一级科目及针对该客户设置的明细科目,同时借记"银行存款"等科目;当向该客户销售商品或者提供劳务,并且满足了收入的确认条件时,借记"应收账款"一级科目及针对该客户设置的明细科目,同时贷记"主营业务收入"科目;期末,该客户的明细科目余额在贷方,表示已经向该客户收款但尚未向其销售,属于预收账款,是负债。而"应收账款"一级科目因为登记了众多应收业务,余额方向一般在借方。此时,"应收账款"一级科目余额反映的金额,实质上是众多应收账款与少数预收账款相抵后的差额,没有实际意义。真正的应收账款金额是那些期末余额在借方的明细科目的合计数。明细科目期末余额在贷方的,要报告在"预收款项"。

四、坏账与坏账准备

收不回来的应收账款称作"坏账"。如果发生坏账,企业的应收账款会减少。通常,当债务人死亡、破产,或者应收账款超过三年,就认为应收账款收不回来了,发生了坏账。

坏账发生的原因,从企业管理的角度看,是信用扩张,对资信情况不好的客户进行了赊销;从会计处理的角度看,是确认收入过于乐观,与收入相关的经济利益收回的可能性不大、确认条件没有完全满足就确认了收入。但是即使进行了较为严格的信用管理,同时收入确认时也较为谨慎,也不能完全避免坏账,因为客户的资信状况可能会在交易后因种种原由发生恶化。

坏账减少了应收账款,这一损失要由股东承担。由于发生坏账与企业经营管理水平有关,所以坏账损失要记入利润表的"资产减值损失"项目。

1.直接转销法

在认定应收账款收不回来从而确认坏账的同时,确认坏账损失,是一种朴素、直观的处理方法。这种方法因为直接冲销了收不回来的应收账款,所以被称作"直接转销法"。

【例3—8】 甲企业前期向乙企业销售,应收回账款1 000 000元,乙企业因财务状况不好,拖欠多年不还。最终乙企业破产清算,甲企业仅收回了200 000元,其余部分无法收回。

甲企业应收回100万元的款项只收回了20万元,收不回来的80万元成了坏账,带来了坏账损失。坏账损失反映在利润表的"资产减值损失"项目上,用会计等式描述如表3—9。

表3—9

单位:万元

资产负债表要素	资产＝		负债	＋所有者权益
资产负债表项目	货币资金	应收账款	应交税费	未分配利润
资产负债表科目	银行存款	应收账款	应交税费	利润分配
之前重要项目的余额	***	100	***	***
收回应收款	＋20	－100		－80(资产减值损失)

"资产减值损失"项目通过"资产减值损失"科目予以记录。

甲企业收回200 000元应收账款的会计分录如下:

借:银行存款　　　　　　　　200 000
　　贷:应收账款——乙企业　　　　200 000
借:资产减值损失　　　　　　800 000
　　贷:应收账款——乙企业　　　　800 000

直接转销法的优点是符合一般逻辑,容易理解。但是这种做法违反了会计信息的谨慎性。作为对外报告会计信息的最为重要、最为系统的文件,财务报告应该揭示企业的经营风险,不仅要进行事后报告,更要做到事先预警。具体到财务报表各要素的确认方面,如果发生了结果尚不确定的交易和事项,要做到高估负债和费用,低估资产和收入。在直接转销法下,坏账损失直到实际发生坏账时才予以确认,而产生坏账损失的风险却早在应收账款形成时就已经蕴含了。这样做,无论是资产中的应收账款,还是所有者权益中的留存收益,都存在水分。

2.备抵法

与直接转销法相比,更为科学的方法是备抵法。该方法在每个会计期末,对所持有的应收账款余额进行分析,估计未来可能发生坏账的金额。如果估计未来会发生坏账,就冲减应收账款。但是由于我们并不主动放弃哪位客户的应收账款，而仅仅是为了对外报告时不虚计资产，所以我们并不直接冲减"应收账款"科目的金额，而是设置用于备抵的"坏账准备"科目来登记未来发生坏账的金额。"备抵法"的名称也由此而来。

备抵法下所设置的"坏账准备"科目，性质上属于资产类科目。由于它是对应收账款的减少部分进行记录，所以当估计应收账款中会产生坏账即资产减少时，贷记"坏账准备"科目，当真正发生坏账即使用备抵时，借记"坏账准备"科目，该科目期末余额在贷方，表示期末应收账款余额中估计的坏账金额。

如例3—8中，如果当初甲企业销售给乙企业之后就估计到了未来80万元损失，那么这件事的发展过程用会计等式描述如表3—10。

表3—10

单位：万元

资产负债表要素	资 产＝			负债	＋所有者权益
资产负债表项目	货币资金	应收账款		应交税费	未分配利润
资产负债表科目	银行存款	应收账款	坏账准备	应交税费	利润分配
之前重要项目的余额	＊＊＊	100	＊＊＊	＊＊＊	＊＊＊
期末估计坏账时			－80		－80（资产减值损失）
收回应收款	＋20	－100	＋80		

期末估计坏账时，"应收账款"项目减少了80万元，对外报告的金额为20万元，"未分配利润"项目减少了80万元，所有者权益变动表中"未分配利润"减少了80万元，利润表中有80万元"资产减值损失"，现金流量表不受影响。

期末估计坏账的会计分录如下：

借：资产减值损失　　800 000
　　贷：坏账准备　　　　800 000

收回应收账款时，由于此前应收账款这项资产的价值已经降低到20万元，收回20万元银行存款没有产生任何损失。

收回应收账款的会计分录如下：

借：银行存款　　　　200 000
　　坏账准备　　　　800 000
　　贷：应收账款　　　　1 000 000

比较表3—10和表3—9，会发现在备抵法下一方面应收账款中的水分挤掉了，另一方面提前确认了损失。备抵法揭示了应收账款存在的风险。

3.备抵法下坏账的估计

备抵法能保持会计信息的谨慎性，所以是我国企业会计准则以及国际会计准则规定必须采用的方法。但是备抵法下，坏账的金额是估计的，这不可避免地导致会计信息存在人为估计的因素，并由此而带来其他一系列问题。所以坏账的估计方法一定要具备科学性，并且在会计准则中加以规范。

我国企业会计准则关于坏账的估计方法，可以概括为以下两点：

一是对单项金额重大的应收账款,单独分析判断发生坏账的可能性,这种方法称作"个别计提法";

二是对单项金额不重大以及单项金额虽然重大但是经单独分析判断没有发生坏账的应收账款,按照应收账款的账龄分类,分别估计发生坏账的可能性,这种方法称作"账龄分析法"。

"账龄"是指超过信用期还没有收回来的应收账款在超过信用期之后的挂账时间。通常账龄越长,发生坏账的可能性越大。企业可以参照过去的经验,对不同账龄的应收账款设定不同的估计比例。

【例3—9】 A公司于2009年初成立。2009年末,"应收账款"科目余额为1000万元,其中单项金额重大的应收账款有一笔,金额为100万元,估计未来只能收回90万元。其余为单项金额不重大的应收账款,其中账龄为1—6个月的应收账款400万元,按照同行业其他企业的经验,估计发生坏账的比例为0.5%;账龄为7—12个月的应收账款500万元,按照同行业其他企业的经验,估计发生坏账的比例为0.8%。2010年,实际发生坏账12万元。2010年末,由于当年度赊销形成应收账款以及款项回笼收回应收款,导致应收账款发生变化,期末"应收账款"余额为1200万元,都是单项金额不重大的应收账款。其中账龄为1—6个月的应收账款800万元,账龄为7—12个月的应收账款400万元,按照账龄估计坏账的比例没有发生变化。

2009年末,在1000万元"应收账款"科目余额中,估计有坏账16万元(10万+400万×0.5%+500万×0.8%),"应收账款"项目对外报告金额应为984万元。

2010年,实际发生坏账12万元时,使用已经计提的坏账准备,使用后坏账准备还有4万元。

2010年末,"应收账款"科目余额1200万元(由于2010年度继续赊销,继续收款,所以相比2009年末余额会有变化)中估计有坏账7.2万元(800万×0.5%+400万×0.8%),"应收账款"项目对外报告金额应为1 192.8万元,而此前"坏账准备"仍有余额4万元尚未使用,所以继续计提3.2万元。

上述三笔业务用会计等式描述如表3—11。

表3—11

单位:万元

资产负债表要素	资产=		负债+	所有者权益
资产负债表项目	应收账款		未分配利润	
资产负债表科目	应收账款	坏账准备		利润分配
2009年末计提坏账之前重要的余额	1000	0	***	***
2009年末计提坏账准备		−16		−16(资产减值损失)
2010年度发生坏账	−12	+12	***	***
2010年末计提坏账准备之前重要的余额	1200	−4		
2010年末计提坏账准备		−3.2		−3.2(资产减值损失)

从表3—11看出,2009年末计提坏账准备,2009年资产负债表中"应收账款"项目减少16万元,对外报告的金额为984万元,"未分配利润"项目减少16万元;所有者权益变动表中,"未分配利润"项目减少16万元;利润表中产生"资产减值损失"16万元,"净利润"相应减少16万元;现金流量表不受影响。

会计分录如下:

2009年末,估计应收账款余额中坏账金额为16万元,计提坏账准备16万元。

借:资产减值损失　　160 000
　　贷:坏账准备　　　　　　160 000

2010年,实际发生坏账12万元,"应收账款"以及报表的其他项目均不受影响。

借:坏账准备　　　　120 000
　　贷:应收账款　　　　　　120 000

2010年末,由于此时"应收账款"项目有余额1196万元(通过"应收账款"科目借方余额1200万元和"坏账准备"科目贷方余额体现出来),而对外报告的金额应为1192.8万元,所以继续冲减资产3.2万元,资产负债表和所有者权益变动表的"未分配利润"项目均减少3.2万元,同时在利润表中确认"资产减值损失"3.2万元,现金流量表不受影响。

编制会计分录如下:

借:资产减值损失　　32 000
　　贷:坏账准备　　　　　　32 000

五、应收账款的报告

应收账款在资产负债表中的"应收账款"项目列报,金额为"应收账款"科目期末余额在借方的明细科目余额合计数减去"坏账准备"科目的贷方余额的差额。如例3—9中,2009年应收账款的列报金额为984万(1000万-16万),2010年列报金额为1192.8万元(1200万-7.2万),即应收账款余额中扣除掉所估计水分之后的净值。

企业主要客户的欠款情况、单项金额重大的应收账款情况以及应收账款账龄分布情况,在财务报表附注中披露。

第三节　应收票据

企业向客户销售商品、提供劳务,如果客户以商业汇票的形式向企业承诺未来一定时间内支付款项,企业就形成了一笔经营性短期债权,这种债权就是应收票据。

一、商业汇票概述

1.商业汇票的性质

商业汇票是指收款人或付款人签发,由承兑人承兑,并于到期日向收款人或被背书人支付款项的票据。商业汇票的签发基础是票据上的收款人和票据上的付款人之间的购销合同。票据上的收款人是销售方,票据上的付款人是购进方。

商业汇票与支票、银行本票以及银行汇票一样,都属于票据,可用以支付,都受到我国

《票据法》的保护。后三种票据,票据上的付款人都是银行,所以都具备很高的支付能力。企业持有这三类票据到银行办理进账手续,票据上的款项能很快进入企业的账户中,所以会计人员都会在办理完进账手续之后确认银行存款。

而商业汇票不同。商业汇票具有以下特点。

(1) 商业汇票从签发之日起至到期日止时间较长,我国《票据法》规定最长可达六个月。票据到期之前,票据上的收款人无法得到票据上的款项,所以持有商品汇票,拥有的是一笔短期债权,这种债权称作"应收票据"。应收票据的流动性低于货币资金。

(2) 商业汇票签发之后,必须经过银行或票据上的付款人在票据上允诺支付,即"承兑",才能生效。根据承兑人的不同,商业汇票可以分为银行承兑汇票和商业承兑汇票两类。经过银行承兑的商业汇票称为"银行承兑汇票",经过票据上的付款人承兑的商业汇票称为"商业承兑汇票"。银行承兑汇票的第一付款人是银行,支付能力大大高于商业承兑汇票。实务中,购货方究竟采用哪种商业汇票向销货方支付,由双方协商确定。

(3) 有的商业汇票带有利息。

如果商业汇票注明了利率,那就说明这张商业汇票是带息汇票。利息通过下面的公式计算:

商业汇票的利息金额=票据的面值×票面利率×票据的期限

其中,票据的面值是指票据上注明的金额,通常等于销售方和购进方之间的交易额;票面利率是指票据上注明的利率,通常按年计算;票据的期限是指从出票日到票据到期日之间的期间。比如一张面值为 50 000 元的商业汇票,票面利率为 3%,票据签发日为 2016 年 3 月 5 日,到期日为 2016 年 9 月 5 日,那么票据到期时,票据上的利息金额就是 50 000×3%×6/12=750 元,付款人支付给票据上的收款人的总额等于 50 750 元。

(4) 商业汇票能贴现和背书转让。

商业汇票由于期限长,票据上的收款人在持票期间如果急需资金,可以将票据贴现给银行。所谓"贴现",是指票据收款人将未到期的票据移交给银行,由银行将票据的到期值扣除贴现日至票据到期日的贴现息后,将余额支付给票据收款人。

商业汇票还可以背书转让给票据收款人和票据付款人之外的第三方。"背书"是由票据收款人在汇票背面写上将票据权利转让给第三方的文句,盖上自己的法人章、财务章等,并将汇票交付给第三方的行为。票据转让方称作"背书人",第三方称作"被背书人"。票据背书后,被背书人成为票据上新的收款人。商业汇票背书转让的价格由背书人和被背书人协商确定。商业汇票可以多次背书转让。

因为票据具有这种流通性,所以应收票据的流动性大于应收账款。

(5) 商业汇票具有追索权。

贴现银行从票据收款人那里取得票据后,在票据到期时(通常在票据到期日十天前)向票据上的付款人(即承兑人)求偿票据款。如果票据付款人到期不能还款,那么贴现银行拥有向贴现票据的企业求偿票据到期金额的权利,这种权利称为"追索权"。同样,票据转让之后,被背书人也具有向背书人追索的权利。所以"贴现"或"转让",并不能帮助票据上的最初收款人将票据上付款人无力付款的风险转移给贴现银行或被背书人,其实质是一种票据收款人将商业汇票做质押的借款行为。

票据到期后,原销售企业与购进方之间由票据约定的债权债务关系取消。如果购进方没有能力支付票据款,双方因购销业务而形成的债权债务关系就仍然存续。于是,销售企业的"应收票据"债权就变成了"应收账款"债权。

二、应收票据的确认与计量

从逻辑上看,应收票据的确认与应收账款的确认原则一致,都取决于销售收入的确认。由于销售方取得经过银行或者付款方承兑的商业汇票后,一方面说明销售方已经履行了合同上的主要义务,另一方面说明付款方有能力支付货款,已经满足了收入确认条件中"客户能够支付货款"这一条件,所以能够确认资产——应收票据。

无论商业汇票是否计息,应收票据均按照票据面值计量。

三、应收票据的会计处理

为了反映资产负债表中"应收票据"项目,企业设置"应收票据"一级科目,并且下设"银行承兑汇票"和"商业承兑汇票"两个二级科目,根据债务人设置明细科目。当企业取得商业汇票时,登记在"应收票据"科目的借方,当商业汇票到期时,登记在"应收票据"科目的贷方,期末余额在借方。为了加强对商业汇票的管理,企业还应设置"应收票据备查簿",逐笔登记商业汇票的种类、编号、票据签发日、票据到期日、票面金额、承兑人情况;若票据已经拿到银行贴现,还应登记贴现日、贴现银行、贴现率等情况。

需要注意的是,只有在商业汇票到期时,应收票据才终止确认。在商业汇票到期前,如果将其背书转让或者贴现,尽管汇票已经移交出去,但是由于商业汇票的新持有人具有追索权,款项收不回来的风险仍然没有转移出去,背书或贴现本质上是质押借款行为,所以对"应收票据"科目不作任何处理。

【例 3—10】 甲公司和乙公司均为增值税一般纳税人,甲公司向乙公司销售 A 货物,其适用税率为 17%,增值税专用发票注明发票总额为 117 万元,其中金额 100 万元,税额 17 万元。乙公司签发一张面值为 117 万元、六个月后到期的由自己承兑的商业汇票给甲公司。

上述业务用会计等式表示的结果见表 3—12。

表 3—12

单位:万元

资产负债表要素	资产=	负债	+所有者权益
资产负债表项目	应收票据	应交税费	未分配利润
资产负债表科目	应收票据	应交税费	利润分配
确认销售收入	+117	+17	+100(营业收入)

由表 3—12 看出,资产负债表的"应收票据"项目增加 117 万元,"应交税费"项目增加 17 万元,"未分配利润"项目增加 100 万元。当期所有者权益变动表中,"未分配利润"项目增加 100 万元。利润表中"营业收入"项目有 100 万元,"净利润"增加 100 万元。现金流量表不受影响。

甲公司收到该商业汇票时所做会计分录如下：

借：应收票据　　　　　　　　　　　　　1 170 000
　　贷：主营业务收入　　　　　　　　　　　　　　1 000 000
　　　　应交税费——应交增值税（销项税额）　　　　170 000

【例 3—11】 承例 3—10，甲公司六个月后所持有的商业汇票到期，甲公司到银行办理入账手续，乙公司如约付款。

上述业务用会计等式表示的结果见表 3—13。

表 3—13

单位：万元

资产负债表要素	资　产＝		负债	＋所有者权益
资产负债表项目	货币资金	应收票据		
资产负债表科目	银行存款	应收票据		
票据到期收回货款	＋117	－117		

期末资产负债表中，"货币资金"增加 117 万元，"应收票据"减少 117 万元，资产总额不变，负债和所有者权益也不发生变化。当期所有者权益变动表和利润表不受影响，当期现金流入 117 万元。

甲公司编制会计分录如下：

借：银行存款　　1 170 000
　　贷：应收票据　　1 170 000

【例 3—12】 承例 3—10，甲公司在商业汇票到期前 180 天将该汇票贴现，贴现率为 5％。

企业贴现票据，就是向银行借款，应支付利息。因贴现而支付的利息称为"贴现息"。贴现息按照下述公式计算：

$$贴现息＝票据到期值×贴现率×贴现期$$

其中，票据到期值是指票据到期后持有票据的人从票据上获得的金额，不带息票据的到期值是票据的面值，带息票据的到期值是票据的面值加上票面利息。

贴现率是利率的一种变形，它以一个期间终了的金额为基础计算利息，而非普通利率那样，以一个期间开始的金额为基础计算利息。

贴现期是指从贴现日开始至票据到期日结束的期间，它是贴现企业占用银行资金的时间。

$$企业从银行得到的款项＝票据的到期值－贴现息$$

票据的到期值扣除贴现息后的金额，是企业以商业汇票作质押从银行借款取得的现金金额，也就是借款的本金额。

此例中，贴现息＝1 170 000×5％×180/360＝29 250（元）

贴现后企业取得银行存款 1 170 000－29 250＝1 140 750 元。

上述业务用会计等式表示的结果见表3－14。

表3－14

单位：元

资产负债表要素	资产＝	负债	＋所有者权益
资产负债表项目	货币资金	短期借款	
资产负债表科目	银行存款	短期借款	
贴现票据时	＋1 140 750	＋1 140 750	

当期资产负债表中"货币资金"和"短期借款"等额增加1 140 750元，所有者权益不变，当期所有者权益变动表不受影响，利润表不受影响，当期产生现金流入1 140 750元。

相关的会计分录如下：

借：银行存款　　　1 140 750
　贷：短期借款　　　1 140 750

票据到期后，可能有两种情形，一种是贴现银行从票据的付款人乙企业那里如数取得票据款，企业与银行之间的借贷关系也因此解除；另一种是乙企业未按时付款，贴现银行转而向甲企业追索，甲企业偿还票据的到期值给银行。

【例3－13】承例3－12，票据到期后，贴现银行从票据的付款人乙企业那里如数取得票据款1 170 000元。

票据到期，贴现银行从票据的付款人那里取得票据款，对甲企业而言，欠银行的债务就此得以偿还；同时由于票据到期，甲企业与乙企业票据上的债权债务关系也得以解除，甲企业应终止确认应收票据；应收票据的到期值与贴现时从银行取得的借款之间的差额，是甲企业在贴现期应承担的借款成本，记入利润表的"财务费用"项目。

上述业务用会计等式表示的结果见表3－15。

表3－15

单位：元

资产负债表要素	资产＝	负债	＋所有者权益
资产负债表项目	应收票据	短期借款	未分配利润
资产负债表科目	应收票据	短期借款	利润分配
贴现票据到期，付款方正常付款	－1 170 000	－1 140 750	－29 250（财务费用）

甲企业的会计分录为：

借：短期借款　　　1 140 750
　　财务费用　　　　29 250
　贷：应收票据　　　1 170 000

用会计等式把例10、例12、例13这三笔业务放在一起描述，可以完整看到销售取得商业汇票、商业汇票贴现、票据付款方正常付款后，销售方财务报表受到的影响。见表3－16。

表 3—16

单位：元

资产负债表要素	资产＝		负债		＋所有者权益	
资产负债表项目	货币资金	应收票据	应交税费	短期借款	未分配利润	
资产负债表科目	银行存款	应收票据	应交税费	短期借款	利润分配	
					主营业务收入	财务费用
销售时		＋1 170 000	＋170 000		＋1 000 000	
贴现票据时	＋1 140 750			＋1 140 750		
贴现票据到期，付款方正常付款		－1 170 000		－1 140 750		－29 250
最终变化结果	＋1 140 750	0	＋170 000	0	＋1 000 000（主营业务收入）	－29 250（财务费用）

从表 3—16 可以看出，资产负债表中，"货币资金"项目增加了 1 140 750 元，"应交税费"项目增加了 170 000 元，"未分配利润"项目增加了 970 750 元。当期所有者权益变动表中，"未分配利润"项目增加 970 750 元，当期利润表中，"营业收入"项目有 1 000 000 元，"财务费用"项目有 29 250 元。当期现金流量表中有现金流入 1 140 750 元。

销售方的现金流入之所以要比票据金额 1 170 000 元少，是因为贴现产生了利息支出。利息支出带来的好处是，在票据到期前就取得了现金。

这一系列交易中，另外两方的情形是，票据付款方按期付款，丝毫不受销售方贴现票据的影响。而银行融通资金给销售方，并据此获得 29 250 元的好处。

【例 3—14】 承例 3—12，票据到期后，乙企业未按时付款，贴现银行转而向甲企业追索 1 170 000 元。

票据到期，由于乙企业没有偿还票据上款项，贴现银行转而向甲企业追索，甲企业按票据到期值付款给贴现银行；同时甲企业与乙企业之间由票据产生的债权债务关系虽然解除，但是因购销合同而产生的债权债务关系仍然存续。

上述业务用会计等式描述的结果见表 3—17。

表 3—17

单位：元

资产负债表要素	资产＝			负债	＋所有者权益
资产负债表项目	货币资金	应收票据	应收账款	短期借款	未分配利润
资产负债表科目	银行存款	应收票据	应收账款	短期借款	利润分配
甲企业支付票据款给贴现银行	－1 170 000	＋1 170 000	－1 170 000	－1 140 750	－29 250（财务费用）

根据表 3—17 可以看出，期末资产负债表中，"货币资金"减少 1 170 000 元，"短期借款"减少 1 140 750 元，"未分配利润"减少 29 250 元。当期所有者权益变动表中，"未分配利润"减少 29 250 元；利润表中"财务费用"有 29 250 元，"净利润"减少 29 250 元。当期现金流量

表中有现金流出1 170 000元。

甲企业的会计分录为：

借：短期借款　　　1 140 750
　　财务费用　　　　 29 250
　　贷：银行存款　　　　1 170 000
借：应收账款　　　1 170 000
　　贷：应收票据　　　　1 170 000

转为应收账款的应收票据，要根据应收账款的方式计提坏账准备。

如果把例10、例12和例14这三笔业务放在一起描述，可以完整看到销售取得商业汇票、商业汇票贴现以及因票据付款方无法正常付款而由销售方（贴现方）向银行支付票据款后，销售方财务报表受到的影响。

结果见表3—18。

表3—18

单位：元

资产负债表要素	资产＝			负债		＋所有者权益
资产负债表项目	货币资金	应收票据	应收账款	应交税费	短期借款	未分配利润
资产负债表科目	银行存款	应收票据	应收账款	应交税费	短期借款	利润分配
销售时		+1 170 000		+170 000		+1 000 000（营业收入）
贴现票据时	+1 140 750				+1 140 750	
向银行支付贴现票据款	-1 170 000	-1 170 000	+1 170 000		-1 140 750	-29 250（财务费用）
最终变化结果	-29 250	0	+1 170 000	+170 000	0	+1 000 000（营业收入） -29 250（财务费用）

将表3—18和3—17相比可以看出，两种情形下，销售方营业收入、财务费用、应交税费的结果是相同的。在票据付款方不能够按期付款时，销售方的应收账款仍然处于待收状态，影响了现金流。

四、应收票据的报告

应收票据在资产负债表中的"应收票据"项目下列报，金额为"应收票据"一级科目的期末借方余额。因为应收票据以票据作为债权债务关系的凭据，可以背书和贴现，流动性大于应收账款，所以"应收票据"项目列报在"应收账款"项目之前。

当期应收票据的增减变化情况以及期末应收票据中，银行承兑汇票和商业承兑汇票的金额，在财务报表附注中披露。

第四节　其他短期经营性债权

其他短期经营性债权包括预付账款和其他应收款。

一、预付账款

预付账款是企业按照购销合同或劳务合同的规定,预先支付给供货方或者劳务提供方的款项。预付账款使企业的资金暂时被供货方或者劳务提供方所占用,是企业向供应商提供的一种商业信用。在工业企业的原材料供应紧张或者商品流通企业的货源供应紧张的情况下,通常采用预付账款方式以较好地保证供应。

资产负债表中的"预付账款"项目,在企业的会计处理系统中,通过"预付账款"科目记录。该科目属于资产类科目,当企业向供货方或者劳务的提供方预先支付款项时,所支付款项的金额记入该科目的借方;当企业从供货方或者劳务的提供方取得货物或者接受劳务时,应支付的金额记入该科目的贷方。该科目期末若有余额在借方,表示企业预付的款项。该科目按照债务人设置明细科目。

【例3—15】 甲企业向乙企业预付20 000元购进A材料。款项支付半个月后,甲企业收到乙企业发来的货物,发票注明总额11 700,其中金额10 000元,税额1 700元。

用会计等式描述的结果见表3—19。

表3—19

单位:元

资产负债表要素	资产=			负债	+所有者权益
资产负债表项目	货币资金	预付账款	存货	应交税费	
资产负债表科目	银行存款	预付账款	原材料	应交税费	
预付款项	-20 000	+20 000			
用预付款采购		-11 700	+10 000	-1 700	
最终变化结果	-20000	+8 300	+10 000	-1 700	

期末资产负债表中,"货币资金"减少了20 000元,"存货"增加了10 000元,"预付账款"增加了8300元,"应交税费"减少了1700元。

甲企业预先支付款项的会计分录如下:

借:预付账款——乙企业　　20 000
　　贷:银行存款　　　　　　　　20 000

甲企业收到原材料的会计分录如下:

借:原材料——A材料　　　　　　　　10 000
　　应交税费——应交增值税(进项税额)　1 700
　　贷:预付账款——乙企业　　　　　　　　11 700

如果购入存货时,应该支付给供应商的金额大于原先预付的金额,多出的部分就是"应付",就要在负债类的"应付账款"项目反映了。在会计科目层次,仍然可以记录在"预付账款"科目里,只是这时候余额在贷方。比如例3—15中,如果预付金额为10 000元,购货金额为11 700元,此时在"预付账款"科目就会出现贷方余额1 700元,它的含义是企业应该向供应商支付1 700元欠款,属于"应付账款"。

二、其他应收款

其他应收款指企业因非主要经营活动而形成的应收款项,包括应向职工收取的出差暂借的差旅费,应收的各种赔款、罚款,应向职工收取的各种代垫款等等。其他应收款反映的是企业非主要的经营活动,所以该项目金额通常不大。

企业在资产负债表的"其他应收款"项目反映相关业务,在会计处理系统中,通过"其他应收款"科目进行记录。该科目属于资产类科目,当企业形成相应债权时,在该科目的借方登记;当收回款项时,在该科目的贷方登记,期末余额在借方,表示各种非主要经营活动所形成的债权。

【例3-16】 甲企业职工张三出差暂借差旅费3 000元。张三出差返回后,持金额为2 900元的有效凭证报销,并将余款100元返还。

企业财会部门将3 000元借给张三时,形成了一笔面向张三的短期债权,记入"其他应收款"项目;当张三出差回来,交还100元现金和2 900元有效凭证时,该债权解除。

用会计等式描述如表3-20。

表3-20

单位:元

资产负债表要素	资产=		负 债	+所有者权益
资产负债表项目	货币资金	其他应收款		未分配利润
资产负债表科目	库存现金	其他应收款		
出借差旅费	-3 000	+3 000		
报销差旅费	+100	-3 000		-2 900(管理费用)
最终变化结果	-2 900	0		-2 900(管理费用)

甲企业的会计分录如下:
向张三支付款项时:
借:其他应收款——张三　　3 000
　　贷:库存现金　　　　　　　　3 000
当张三持有效凭证报销并返还剩余现金时:
借:库存现金　　　　　　　　100
　　管理费用等　　　　　　　2 900
　　贷:其他应收款——张三　　3 000

附录:增值税的基础知识

增值税通常是一国税收体系中为政府带来最多税收收入的税,属于流转税的一种。

一个企业,要么向客户销售商品,要么向客户提供劳务,无论做什么,一旦开业,与客户之间有了交易,就有了营业额(也叫"流转额"),就要缴纳流转税,所以流转税又被通俗地称作"销售税"。流转税除了增值税以外,还包括消费税和关税,增值税是其中最重要的税种。

一、增值税的计税原理

我国税法规定,增值税是对在中华人民共和国境内销售货物或者提供加工、修理修配劳务以及进口货物的单位和个人,就其增值额征收的一种税。

一种产品,从产业链的起点到终点,价值在不断增长。增值税就是对产业链中每个环节的增值额征收的一种税。以下给出一个从农民耕种小麦开始到将面包出售给最终消费者的产业链模型,用以解释增值税是对"增值额"征收的税。

为了便于说明问题,我们把农民耕种小麦作为产业链的绝对起点,除了农民的人工成本,不考虑农民进行农业生产发生的物耗成本,比如麦种、肥料、耕作工具等。假设农民面朝黄土背朝天,辛苦劳作了一季,收获了小麦,然后以100元的价格卖给了粮食加工厂。那么在农民耕种这个环节,增值额就为100元。

粮食加工厂以100元价格从农民那里买下了小麦。将小麦加工成面粉以后,又以200元的价格出售给了食品加工厂。假设不考虑粮食加工厂厂房建造成本、设备购置成本和水电支出成本等等,仅考虑原料购进成本,在粮食加工这个环节增值额也为100元。

食品加工厂以200元购进价格买下了面粉。将面粉加工成面包以后,食品加工厂如果以300元的价格卖给了超市,假设不考虑食品加工厂厂房建造支出、设备购置支出、水电支出等等,仅考虑原料购进成本,在食品加工这个环节增值额也为100元。

超市以300元购进价格买下了面包,假设以400元价格卖给了消费者。如果不考虑经营场所、搁物架、冰柜、收银系统等等所发生的支出,仅考虑原料购进成本,在商品零售环节增值额也为100元。

附录表1列出了各环节销售价格、购进价格以及增值额情况。

附录表 1

单位:元

	销售价格	购进价格	增值额
农民	100	0	100
粮食加工厂	200	100	100
食品加工厂	300	200	100
超市	400	300	100
总计	—	—	400

现在政府要对上述产业链中每个环节的增值额征收增值税,假设税率为17%。

农民为了确保自己获得100元的利益,必然会将这17元的增值税通过提高售价转移给下家。食品加工厂以及产业链条上的其他生产经营者,也同样会将自己这个环节承担的增值税,通过提高销售价格的方式往下游转移。于是农民会以117元的价格将小麦卖给粮食加工厂,这样缴纳了17元的增值税之后,仍然会有100元剩余。粮食加工厂会将购买小麦时多支付给农民的17元以及缴纳给政府的17元增值税一并转移给下家,将销售价格提高到234元。依次地,食品加工厂会以351元的价格、超市会以468元的价格出售自己的商品,扣除掉购进价格和缴纳给政府的增值税以后,给自己剩余100元。这里,我们把含税的销售价格——117元、234元等金额称为"流转额",它是商品买卖或者劳务交易的交易总额。流转额中包含着流转税额。

征收增值税后,各环节的销售价格、购进价格、纳税金额以及增值额见附录表2。

附录表 2

单位:元

	含税的销售价格	含税的购进价格	增值额	缴纳的税额 =增值额×适用税率17%
农民	117(100+17)	0	100	17
粮食加工厂	234(200+34)	117(100+17)	100	17
食品加工厂	351(300+51)	234(200+34)	100	17
超市	468(400+68)	351(300+51)	100	17
总计	—	—	400	68

我们看到,农民、粮食加工厂、食品加工厂还有超市,虽然都缴纳了17元的增值税,但是他们都同过提高售价,将税负层层转移,最终都转嫁到消费者身上,使得消费者在政府征收了17%的增值税后,要花费468元购买原先400元就能买到的面包。从这里我们清晰地看到增值税的一个重要特点:转嫁。

二、增值税的征收

上面我们搞清楚了增值税的计税原理,现在我们来弄明白怎么交增值税。

从税理上讲,增值税是对生产销售环节的增值额征收的税,但是在实际征税时,确定每个纳税人的增值额却不是一件容易的事。企业的经营活动像流水一样持续不断。不断地购进货物,然后不断地卖出去。如果是生产型企业,其间还要进行加工。这样,从购进到销售,时间短则几天,长则几月。要精确地计算每一件销售商品在该经营环节的增值额,很难做到。不过,我们换一个思路就可以解决这个问题。我们不去追踪计算纳税人销售单件商品的增值额,而是计算纳税人一个期间内所购进商品的不含税价格和所销售商品不含税价格之间的差额。尽管这个期间所销售的商品,可能是以前期间购进的,而现在购进的商品很可能以后期间才能卖出去,从而这个差额并不等同于这个期间内所销售商品的真正增值额,但是就企业整个生命周期而言,按照单件商品计算的增值额与按照期间计算的增值额是相等的。实际工作中征收增值税,就是以一个期间内销售商品的售价与同一期间内购进商品的进价的差额作为增值额的。

  某企业某期间应缴纳增值税额
  =(该期间不含税销售额-该期间不含税购进额)×适用税率
  =该期间不含税销售额×适用税率-该期间不含税购进额×适用税率

如果我们把一个期间"不含税销售额×适用税率"称作"当期销项税额",一个期间"不含税购进额×适用税率"称作"当期进项税额",那么,

  某个企业某一期间应缴纳的增值税额=当期销项税额-当期进项税额

现在,我们发现增值税在征收过程中的两个特点。一个特点是,增值税是一种价外税,作为增值税计税基础的购进价格和销售价格均不含税。另一个特点是,增值税实行税款抵扣制,当期应纳增值税税额是当期销项税额抵扣当期进项税额之后的差额。

增值税的这些特点，决定了在实际征税时，必须采用特别的手段，清楚地确定一个企业在一定期间内，销售商品时的不含税售价额、购进商品时的不含税进价额以及相应产生的销项税额与进项税额。这个特别的手段就是增值税专用发票。

三、增值税专用发票的使用

发票，是指在购销商品，提供或者接受服务以及从事其他经营活动中，开具、收取的双方交易的凭证。发票要到税务部门领取，它是税务部门征收流转税的重要依据。现行税制发票分为普通发票和增值税专用发票两大类。

普通发票由销售方或者劳务的提供方等收取款项的一方开具，填写的内容包括：开票日期、付款单位、所交易的商品或者劳务的名称、商品或者劳务的数量和计量单位、商品或劳务的单价以及价款总额，另外还盖有销售单位的财务章。

普通发票包含个三联次，需要一次套写完成。

第一联是存根联，是确定销售方应缴纳税额的凭证；

第二联是发票联，是购进方购进的凭证；

第三联是记账联，是销售方确认销售收入的凭证。

销售方销售货物或者提供劳务，如果要缴纳增值税以外的流转税，或者虽然要缴纳增值税，但是销售方不具备开具增值税专用发票的资质或者购进方不具备进行税款抵扣的资质，那么就开具普通发票。

增值税专用发票也是由销售方或者劳务的提供方等收取款项的一方开具的，填写的内容除了上述普通发票包含的内容之外，还包括纳税人（销售方）税务登记号、不含增值税的销售金额、适用税率、增值税税额等内容。

增值税专用发票有四个联次（也有三联次和六联次的）。

第一联是存根联，是确定销货方销项税额的凭证；

第二联是发票联，是购货方用于记录购进的凭证；

第三联是税款抵扣联，是购货方确定进项税额的凭证；

第四联是记账联，是销货方记录销售的凭证。

与普通发票相比，增值税专用发票增加了购进方用以确认进项税额、进行税款抵扣的税款抵扣联。每一个纳税人当期的应纳税额，都等于当期销售时所产生的销项税额（销售发票的存根联上有记录）扣减当期购进时所支付的进项税额（购进发票的税款抵扣联上有记录）之后的差额。实务中，随着网络的应用，发票的联次会发生变化，每一联的具体职能也会变化，但是发票应具备的上述四个功能不变。

税款抵扣的征税方式，要求纳税人必须有完备的会计核算资料，所以只有具备一定资质的企业才能开具增值税专用发票。这些资质包括，销售额达到规定的金额之上，企业内部会计人员配备齐全，会计资料完备等。具备这些资质的企业称为"一般纳税人"。不具备这些资质的企业称为"小规模纳税人"。小规模纳税人只能开具普通发票，不能开具增值税专用发票。本书如不特别说明，均指一般纳税人。

四、存货购进和存货销售环节增值税的会计处理

销售方如果是增值税一般纳税人，向同样是增值税一般纳税人的购进方销售商品或者

提供增值税应税劳务，向对方开具了增值税专用发票后，根据增值税专用发票的存根联确认增值税销项税额；当销售收入的确认条件满足后，根据记账联确认销售收入。而购进方则根据增值税专用发票的税款抵扣联确认增值税进项税额；当购进满足了存货的确认条件后，根据发票联确认存货购进。

为了对增值税进行会计处理，要设置"应交税费——应交增值税"明细科目。为了区分当期的销项税额、进项税额，应在该明细科目下设置"销项税额"、"进项税额"两个专栏。

例 假设甲企业、乙企业、丙企业都是增值税一般纳税人，所销售的产品的适用税率均为17%。甲企业将A产品销售给乙企业，乙企业购进A产品作为原材料，生产出B产品后出售给丙企业。某月，甲企业销售1000件A产品给乙企业，每件价格为117元，向乙企业开具增值税专用发票，发票中注明货物总额117 000元，其中金额为100 000元，税额为17 000元。乙企业销售1000件B产品给丙企业，每件175.5元。乙企业向丙企业销售B商品时，开具的增值税专用发票上总额为175 500元，其中金额为150 000元，税额为25 500元。丙企业取得B产品作为库存商品。

甲企业向乙企业开具的增值税专用发票的经济意义是：甲企业与乙企业之间含税的交易额为117 000元，其中17 000元是税额，100 000元是不含税的交易额。

(1)甲企业以存根联为凭证，进行会计处理如下：

借：应收账款（或："银行存款"、"预收账款"）   17 000
　　贷：应交税费——应交增值税（销项税额）   17 000

甲企业如果符合销售商品收入的确认条件，那么以记账联为凭证，进行会计处理如下：

借：应收账款（或："银行存款"、"预收账款"）   100 000
　　贷：主营业务收入   100 000

(2)乙企业作为购进方取得增值税专用发票的发票联和税款抵扣联，根据税款抵扣联，确认进项税额：

借：应交税费——应交增值税（进项税额）   17 000
　　贷：应付账款（或："银行存款"、"预付账款"）   17 000

如果购进满足了存货的确认条件，那么确认存货，金额为100 000元，作如下会计处理：

借：原材料——A   1000 000
　　贷：应付账款（或："银行存款"、"预付账款"） 1 000 000

乙企业向丙企业销售，以增值税专用发票的存根联为凭证，进行会计处理如下：

借：应收账款（或："银行存款"、"预收账款"）   25 500
　　贷：应交税费——应交增值税（销项税额）   25 500

乙企业如果符合销售商品收入的确认条件，那么以记账联为凭证，进行会计处理如下：

借：应收账款（或："银行存款"、"预收账款"）   150 000
　　贷：主营业务收入   150 000

假设乙企业本月仅有上述一笔购进业务和一笔销售业务，那么

当期应纳增值税额＝当期销项税额－当期进项税额＝25 500－17 000＝8 500（元）。

当乙企业交纳增值税时，

借：应交税费——应交增值税（已交税金）   8 500

　　　　贷：银行存款　　　　　　　　　　　　　　　　　　　8 500
　(3)丙企业作为购进方取得增值税专用发票的发票联和税款抵扣联，根据税款抵扣联，确认进项税额：
　　借：应交税费——应交增值税(进项税额)　　　　　　25 500
　　　　贷：应付账款(或："银行存款"、"预付账款")　　　　25 500
　如果购进满足了存货的确认条件，那么确认存货，金额为100 000元，作如下会计处理：
　　借：库存商品—— B　　　　　　　　　　　　　　　150 000
　　　　贷：应付账款(或："银行存款"、"预付账款")　　　　150 000
　除了上述购进存货确认进项税额和销售存货确认销项税额以外，与增值税有关的事项还包括税款的缴纳、出口退税、进项税额转出等等，会计处理比较复杂，涉及的会计明细科目和项目也比较多，建议感兴趣的读者详细阅读税务会计类教材。

五、增值税的发展历程

了解增值税的发展历史，可以使我们更清楚地认识增值税。

迄今为止，增值税的发展经历了四个阶段。

第一个阶段：产品税阶段。

增值税的前身是产品税。产品税是价内税，以包含产品税在内的流转税额作为计税基础。假设产品税税率为6%。当对上述从农民耕种小麦到消费者购买面包的产业链上的各个经营者征收产品税时，我们看看征税情况有何不同。

农民将小麦出售给粮食加工厂，向政府交了税，还要自己赚够100元，那么他卖给粮食加工厂的价格就应该这样计算：

$$出售价格 - 出售价格 \times 6\% - 购进价格 = 增值额$$

于是，出售价格 = (增值额 + 购进价格)/(1 - 6%)

于是，农民出售小麦的价格为106.4元，缴纳的产品税额为106.4×6% = 6.4元。

粮食加工厂、食品加工厂和超市的销售价格也是按照上述公式计算的。每个环节的成本、销售价格、缴纳的税款额以及增值额，见下表。

附录表3

单位：元

	销售价格(含税)	缴纳税额 =销售价格×6%	购进价格(含税)	增值额
农民	106.4	6.4	0	100
粮食加工厂	219.6	13.2	106.4	100
食品加工厂	340.0	20.4	219.6	100
超市	468.1	28.1	340.0	100
总计	—	68.1	—	400

整个产业链为社会创造了400元的财富。如果政府按照6%的税率征收产品税，征去

68.1元的税,那么所创造的财富出售给消费者,销售价格就为468.1元。如果我们把产业链再拉长一些,会发现无论缴纳17%的增值税,还是缴纳6%的产品税,政府的税收收入总额不变,消费者承担的税负总额不变。

可是在缴纳产品税的情况下,与缴纳增值税相比,产业链上居于不同位置的经营者所受的影响就大不相同了。上述每个经营者都创造了100元的财富,可是如果缴纳产品税的话,居于产业链上游的经营者缴纳的税款较少,居于产业链下游的经营者缴纳的税款较多。造成这种不公平现象的原因是,产业链下游的经营者的计税基础中包含了上游的经营者缴纳的税。

某环节产品税的计税基础＝(本环节的购进价格＋本环节的增值额)/(1－6%)

上述公式中,"本环节的购进价格"一项包含了产业链上累积到上家所缴纳的产品税。每个纳税环节会因为居于产业链之前的纳税人缴过税而增加本环节计税基础的金额。越是处于产业链的下游,计税基础越高,缴税越多,如附录表3"缴纳税额"一栏所示。

由于产品税的计税原理不科学,我国政府从1994年开始,将产品税改征为增值税。

第二个阶段:生产型增值税阶段

增值税从1994年开始征收。当时税法规定,以销售收入扣减用于生产经营的外购原材料、外购燃料、外购动力等物质资料的购进成本作为法定的增值额,但对购入的固定资产不允许扣除。这个增值额相当于国民生产总值,所以这个时期的增值税称为"生产型增值税"。

生产型增值税的法定增值额 ＝ 应税产品的销售价格 － 用于生产经营的外购原材料、外购燃料动力等的购进价格

以上所有价格都不含税。

本文一开始所描述的从农民耕种小麦到消费者购买面包的模型中,每个阶段的增值额都是用售价减去外购原材料的购进价格计算的,就属于生产型增值税。17%的生产型增值税与6%的产品税,对整个国民经济来说,征税的税负是一样的。1994年我国政府将6%的产品税改征为生产型增值税,并按17%税率征收,是为了避免税负总量变化,实现平稳过渡。

第三个阶段:准消费型增值税

2003年我国开始进行增值税改革,在计算增值额时,允许在原先扣除的基础上,再扣除当期不动产之外的其他固定资产购进的成本。这样,从全社会的角度来看,增值税已经比较接近于只对消费品征税了。所以人们又把2003年的这次增值税改革,称作"生产型增值税"转"消费型增值税"。但是,因为仅扣除了当期购进的所有动产的成本,没有扣除当期所购进的不动产的成本,也没有扣除企业从外部接受劳务的成本,所以还不是完全意义上的"消费型增值税"。

准消费型增值税的增值额 ＝ 销售价格 － 用于生产经营的外购原材料、燃料动力等购进价格 － 机器设备等固定资产的购进价格

以上所有价格都不含税。

在税率不变的情况下,准消费型增值税因为计税基础较生产型增值税低,所以2003年进行的增值税改革,税负水平较改革前降低了。

第四个阶段:消费型增值税

从2012年开始,国家税务总局允许原先缴纳营业税的下列企业,包括交通运输业、建筑业、邮电通信业、现代服务业、文化体育业、销售不动产和转让无形资产的企业,不再缴纳营业税,改为缴纳增值税,这次改革简称为"营改增"。这次改革,将购进不动产的成本以及从外部接受劳务的成本也都纳入扣除之列。从全社会来看,增值税的计税基础总值就与全部消费品总值一致了,因而是完全意义上的消费型增值税。按照马克思的劳动价值论,这种增值额就是企业的劳动者在生产经营过程中创造的价值额。

消费型增值税的法定增值额＝销售价格－用于生产经营的外购原材料、燃料动力等购进价格－机器设备等固定资产的购进价格－不动产的购进价格－外购劳务的购进价格

以上所有价格都不含增值税。

本章小结

本章介绍了与货币资金有关的经济活动,并重点介绍了经营活动过程中形成的各种短期债权,其中最重要的是应收账款和应收票据,这两类债权的债务人是企业的客户。本章第二节介绍了应收账款的确认(其确认标准与收入的确认密切相关),接着介绍了在商业折扣和现金折扣下应收账款的计量,然后介绍了坏账以及坏账准备的计提,最后介绍了应收账款的会计处理和列报。第三节介绍了应收票据的确认(亦与收入的确认密切相关)、计量、转让和贴现以及相应的会计处理和列报,第四节介绍了其他应收款和预付账款形成的原因以及相应的会计处理与列报。

一、复习思考题

1. 作为企业重要的经济资源,货币资金有什么特点?
2. 从企业内部管理角度看,货币资金如何构成?
3. 为什么会计岗位登记货币资金总分类账户的同时,出纳岗位还要登记日记账?与货币资金有关的总分类账户(科目)有哪些?
4. 货币资金如何报告?
5. 哪些交易和事项形成应收账款?为什么说应收账款的确认取决于收入的确认?
6. 什么是商业折扣?什么是现金折扣?现金折扣下的总价法和净价法分别该如何进行会计处理?
7. 什么是坏账?直接转销法和备抵法各有什么特点?
8. 什么是个别计提法和账龄分析法?
9. 备抵法下如何进行会计处理?
10. 应收账款如何报告?
11. 什么是商业汇票?商业汇票如何分类?
12. 哪些交易和事项产生应收票据?应收票据业务如何进行会计处理?
13. 为什么说应收票据贴现是融资行为?

14.应收票据贴现时,贴现息如何计算?
15.应收票据贴现如何进行会计处理?
16.贴现后的票据到期,如何进行会计处理?
17.哪些交易和事项产生其他应收款?如何进行会计处理和报告?
18.哪些交易和事项产生预付账款?如何进行会计处理和报告?

二、练习题

(一)单项选择题

1.企业在进行现金清查时,查出现金溢余,并将溢余数记入"待处理财产损溢"科目。后经进一步核查,无法查明原因,经批准后,对该现金溢余正确的会计处理方法是( )。
A.将其从"待处理财产损溢"科目转入"管理费用"科目
B.将其从"待处理财产损溢"科目转入"营业外收入"科目
C.将其从"待处理财产损溢"科目转入"其他应付款"科目
D.将其从"待处理财产损溢"科目转入"其他应收款"科目

2.企业现金清查中,经检查仍无法查明原因的现金短款,经批准后应计入( )。
A.财务费用   B.管理费用
C.销售费用   D.营业外支出

3.下列各项中,不通过"其他货币资金"科目核算的是( )。
A.信用证存款   B.银行汇票存款
C.存出保证金   D.银行本票存款

(二)计算与会计处理

1.A 公司销售甲产品一批,价目表价格为 100 万元(含税),该商品应税税率为增值税率 17%。A 公司向客户 B 提供的商业折扣为 10%,现金折扣条件为:2/10,1/20,N/30。现金折扣以交易总额为基础。客户 B 于第 15 天付款。

要求:按总价法编制 A 公司销售和收款时的会计分录并用会计等式加以描述。

2.某公司无单笔金额重大的应收账款。2013 年初"坏账准备"有贷方余额 10 万元,2013 年度没有发生与坏账有关的业务。2013 年末应收账款余额为 200 万元,根据账龄分析法估计其中有 12 万元将来无法收回。2014 年初确认有 5 万元应收账款因债务人破产而收不回来,核销相应的应收账款账户。2014 年末应收账额余额 300 万元,估计其中有 15 万元将来收不回来。

要求:编制 2013 年末计提坏账准备、2014 年发生与核销坏账和 2014 年末计提坏账准备的会计分录并用会计等式加以描述。

3.某公司 2014 年 10 月 10 日采用商业汇票结算方式销售产品一批,交易总额 46.8 万元,该商品的应税增值税率为 17%。产品已发出,当日收到商业汇票一张,期限为 60 天。票据到期时,

第一种情形:对方支付票据款;
第二种情形:对方无力支付票据款。

要求:编制该公司销售产品和票据到期两种情形下的会计分录并用会计等式加以描述。

4.某公司2014年11月1日销售产品一批，交易总额23.4万元，该产品增值税应税税率为17%。发出产品后，收到商业承兑汇票一张，期限6个月。该汇票不带利息。该公司提前3个月贴现，贴现率4%。票据到期日，

第一种情形：付款单位支付资金；

第二种情形：付款单位无资金支付。银行向该公司追索票据款，该公司支付票据款。

要求：编制该公司销售产品、票据贴现和票据到期日在上述两种情形下的会计处理并用会计等式加以描述。

三、财务报表题

1."你的"公司应收账款、应收票据在公司期末资产余额中占比情况怎样？期初期末余额变化情况怎样？

2."你的"公司应收票据期末余额中，有多少商业承兑汇票，有多少银行承兑汇票？

3."你的"公司其他应收款与同行业其他企业相比，是大体相当还是特别高？如果特别高，留意该项资产的组成。

4."你的"公司预付账款期末余额在公司期末资产余额中占比情况怎样？期初期末余额变化情况怎样？

5."你的"公司当期计提了坏账准备还是结转或转回了坏账准备？为什么会发生这些情况？对当期利润影响怎样？

第四章

存 货

> 【学习目标】
> 通过学习本章,你应该:
> 1.掌握存货的含义,了解不同行业存货的特点;
> 2.掌握不同方式下取得存货的初始计量方法;
> 3.熟悉发出存货的计价方法,掌握各种计价方法对资产负债表和利润表的影响;
> 4.理解可变现净值的含义,掌握期末计提存货跌价准备的记录与报告;
> 5.掌握实际成本法和计划成本法两种方法下存货的记录与报告。

引子

X女士新装修了一套房子,她准备为新居添置一些漂亮时尚的日常生活用品。一天她带着儿子小敏去了附近一家大型商场并看中了一个非常独特漂亮的杯子,标价为80元一个。X女士很想买一对回去,可是营业员告诉她现在商场里只有这一个了,以后会不会再进货很难说。X女士虽然有些失望但还是很高兴地将最后一个杯子带回了家。过了几个月,X女士再去这家商场,发现货架上有一个一模一样的杯子,标价90元一个。于是X女士又买了一个带回家。有一天X女士在清理房间的时候不小心打破了一个杯子。她很心疼地说:"真倒霉,今天损失了90元"。旁边的小敏听到了,说:"不对,是80元。"X女士说:"是90元,前几天刚买的。""可是你又怎么知道你摔的是前几天买的那个,而不是我们上次买的80元那个?"小敏坚持说。是啊,两个杯子一模一样,谁有能分得清楚摔坏的到底是哪个?

事实上,在企业里也存在同样的问题。产品制造企业成批次地生产一模一样的产品,不同批次的产品成本会有差别。在销售的时候,根本分不清卖出的究竟是哪个批次的产品,那又该如何确定卖出商品的成本呢?[①]

---

① 摘自:《会计学》,北京大学出版社,陆正飞、黄慧馨、李琦编著

第一节 存货概述

一、存货的性质

《企业会计准则第1号——存货》规定:"存货是指企业在日常活动中持有以备出售的产成品或商品、处在生产过程中的在产品、在生产过程或提供劳务过程中耗用的材料和物料等。"

存货为企业带来经济利益的方式与前一章所讲的应收项目显著不同。它在未来不太长的时间内,通过出售给顾客或者在为顾客提供服务时被消耗掉,企业从顾客那里得到货币资金或者形成了经营性债权而带来经济利益。可以说,在赊销模式下,正是因为向顾客提供了存货或者提供消耗了存货的服务,才有了前一章所讲的应收账款或应收票据。

表4—1例举了存货在不同行业占总资产的比例,读者可以从中体会存货对不同行业商业运营的贡献。

表4—1 存货在不同行业所占资产的比重

公司名称	所属行业	存货金额（单位:百万元）	资产总额（单位:百万元）	存货占总资产比例
苏宁云商	商品流通企业	11,116	89,192	12.46%
贵州茅台	制造业	17,477	55,125	31.70%
中国石化	制造企业	46,029	979,286	4.70%
中国移动	移动通讯服务企业	9,994	1,427,895	0.70%

资料来源:2015年度上市公司年度报告

二、存货的分类

(一)产品制造企业存货的分类

1.按照在生产加工流程中所处的位置,存货分为原材料、在产品、半成品、产成品和周转材料。

原材料是指企业在生产过程中经加工改变其形态或性质、并构成产品主要实体的各种原料及主要材料、辅助材料、外购半成品(外购件)、修理用备件等。

在产品是指企业正在制造尚未完工的生产物,包括正在各个生产工序加工的产品和已经加工完毕但尚未检验或已经检验但尚未办理入库手续的产品。

半成品是指经过一定生产过程并已经检验合格交付半成品仓库保管,但尚未制造完成为产成品,仍需进一步加工的中间产品。

产成品是指工业企业已经完成全部生产过程并验收入库,可以作为商品对外销售或者可以按照合同规定的条件送交客户的产品。

周转材料是指企业能够多次使用、逐渐转移其价值,但是在使用中仍保持原有形态、不确认为固定资产的资产,包括包装物和低值易耗品。

2.按照存放的地理位置,存货分为库存存货、在产品存货、在途存货和委托加工存货。

库存存货是指已经验收入库的各种原材料、半成品、产成品和周转材料。

在产品存货是指正处于各生产工序进行加工或者已经加工完毕但是尚未检验或者已经检验但是尚未办理入库手续的存货。在产品加工完毕经检验合格办理入库手续以后就成为库存存货。

在途存货是指按照与供货单位的约定,该存货已经属于企业,但是尚在运输途中或者虽然已经运抵企业但是尚未办理验收入库手续的存货。在途存货运抵企业办理验收入库手续以后就成为库存存货。

委托加工物资是指委托外单位加工的材料和半成品。委托加工物资加工完成收回,办理验收入库手续后就成为库存存货。

(二)商品流通企业存货的分类

商品流通企业不经过生产过程,直接将购入的存货对外出售,存货分类较为简单,主要包括库存商品和周转材料两类。其中库存商品是指外购的以及委托加工的、已经完成验收入库的可以用于销售的商品。

(三)其他行业存货的分类

其他行业的存货主要包括对外提供服务时所消耗的物料用品以及办公用品、家具用具等具有周转材料性质的存货。而提供咨询服务以及提供其他形式劳务的企业,则存在没有实物形态的存货。这些企业在对外提供服务或者劳务过程中,如果消耗了经济资源,比如材料、人工,而且预计未来会因此从客户那里取得经济利益,那么当消耗经济资源时,因为未来能带来与存货相同的经济利益,且历史成本能够可靠计量,于是就形成了存货。这类存货的特点是没有实物形态,不可点数。本章后续讨论的都是有实物形态的存货。

以上这些资产,除周转材料外,要么持有以供出售,比如产品制造企业的产成品、半成品和商品流通企业的商品;要么经过加工后出售,比如产品制造企业的原材料、在产品等;要么对外提供服务时被消耗掉;它们都体现了存货的特征。而周转材料从给企业带来经济利益的方式看,更接近于固定资产,只是因为价值太低,才归入存货类,以简化实物管理和会计处理。

三、存货的流转过程

存货进入企业后不停地进行流转。

产品制造企业购进的原材料入库一段时间后进入生产加工流程,形成在产品;在产品经过进一步加工形成产成品,有的企业形成半成品;产成品或半成品经验收合格后进入产成品库或半成品库,准备对外出售。需要进一步加工成产成品的半成品再次进入生产加工流程,直至完工,经过验收后形成产成品入库,准备对外出售。在此过程中,并非一批原材料直到加工完毕成为产成品、实现一次完整的加工过程后,企业才会再次购进原材料,而是随着第一批材料进入生产过程,不断地有第二批、第三批材料购进并且陆续进入生产过程。原材料、在产品、半成品和产成品,从加工过程看它们前后连续,但是就某一时点看,它们是同时存在的,即资产负债表日,企业会同时拥有这些存货。

商品流通企业购进的商品,在仓库以及货架上停留或长或短的一段时间后被销售出去,然后再有新的商品购进。存货流转环节相比产品制造企业简单,流转速度也比产品制造企业更快。

因为存货是不断流转的,所以两个资产负债表日,同一类存货的结存数量、结存单价往往不同。

按照报表要素的确认、计量、记录与报告这一逻辑顺序,本章第二节讲述存货的确认与计量,其中包括存货的初始确认、初始计量、存货发出的计量和存货的期末计量;第三节讲述存货的会计处理,包括相关科目的设置以及各类与存货有关的交易或事项的记录,第四节讲述存货的报告,包括存货在财务报表中的列报以及在财务报表附注中的披露。

第二节 存货的确认与计量

一、存货的初始确认

任何类型的资产都必须同时具备"相关的经济利益能够流入"和"成本能够可靠计量"这两个条件才能确认。存货的确认除了满足资产确认的上述两个一般条件之外,相关经济利益的流入形式还应满足存货的特点,即在未来不太长的时间内通过出售给顾客或者在为顾客提供服务时被消耗掉,使得企业能够从顾客那里得到货币资金或者形成对顾客的经营性债权。

所以,确认存货要同时满足以下三个条件。其中前两个条件是资产确认的一般条件,第三个条件是存货确认的特有条件。

条件一:与该资源有关的经济利益能够流入企业。

预期未来能够带来经济利益是资产的本质特征。确认资产的关键,首先是确认有关经济资源未来是否能够带来经济利益。通常,拥有资源的所有权即表明有关的经济利益能够流入企业,而无论它所处的地理位置。所以,在途物资、委托加工物资虽然没有存放在企业里,但也是企业的资产。发票是经济资源所有权的法律凭证。谁取得了发票,从法律上讲,谁就拥有了经济资源的所有权。

但是会计信息要求"经济实质重于法律形式"。经济资源的意义在于未来能够带来经济利益(当然,与经济利益相伴随的还有风险,比如资产变质、毁损等)。有些情况下,由于合同的特别约定,经济资源法定所有权的转移和经济资源报酬和风险的转移并不完全一致。此时,要以经济资源报酬和风险的转移而非发票的移交作为判断经济利益是否能够流入的标准。例如在对外贸易中,如果双方约定目的地交货,那么直到货物运到买方指定的地点并交给买方,货物上的报酬和风险才转移给买方,在此之前,即使买方取得了货物的发票,也不能确定该货物未来能带来经济利益。类似地,如果双方约定起运地交货,那么只要卖方将货物移交给运输方,货物上的风险和报酬就转移给买方,而无论此时买方是否取得发票。

条件二:该经济资源的成本能够可靠计量。

成本能够可靠计量是资产确认的另一项基本条件。一项资产要在资产负债表中报告,首先必须能够计量,否则就无法对其进行财务量化;其次,必须能够可靠计量,否则就无法保证会计信息的可靠性;最后,在初始确认时就必须保证成本能够可靠计量,因为资产的初始计量都采用历史成本计量属性。确定资产的成本能够可靠计量必须有确凿证据,比如发票等。如果成本不能可靠计量,即使断定其未来能够流入经济利益,也不能确认为资产。

条件三:该经济资源流入经济利益的方式符合存货的特征。

一项资产要将其确认为存货,而非其它类型的资产,取决于这项资产带来经济利益的方式是否符合存货的特征。存货是企业持有以被出售的或者持有以备耗用的资产,所以与存货有关的经济利益一般是通过签订销售合同并从购货方处最终获得现金这一方式带来的。如果企业持有某项财产物资的意图是将其对外销售,那么就将其确认为存货。例如,房地产开发商将新开发的楼盘全部用于对外销售,那么这些楼盘就应被确认为存货;如果部分楼盘用于办公或者对外出租,那么这些楼盘就不能被确认为存货,而应该被确认为其他资产了。

二、存货的初始计量

初始计量,是指取得资产时对资产的计量。与初始计量相对应,还有后续计量。无论是初始计量还是后续计量,都要采用一定的计量属性,以满足会计信息的质量要求。

存货以及其他所有资产的初始计量,都采用历史成本。历史成本就是取得或制造某项财产物资时所实际支付的现金或者现金等价物。因为取得或制造财产物资时能取得可靠证据以表明财产物资的取得成本和制造成本,所以与历史成本之外的其它四种计量属性相比,历史成本最具有可验证性,因而也是最可靠的。

存货与应收项目不同的是通常具有实物形态,能够点数。所以对存货进行计量包括两个方面,一是要采用实物计量单位确定存货的数量,二是要确定单位存货的货币金额,即单价。数量和单价同时确定以后才能完成存货的计量。

存货通常的取得方式包括:外购、自行生产以及其它方式等。不同方式取得的存货,成本构成不一样。

(一) 以外购方式取得存货成本的确定

以外购方式取得的存货主要包括产品制造企业外购的原材料、辅助材料、商品流通企业外购的商品以及产品制造企业和商品流通企业外购的周转材料等等。外购存货的成本又称作采购成本,是所购入的存货从采购到入库前所发生的全部支出,包括购买价款、运输费、装卸费、保险费以及其他可直接归属于存货采购的支出。

商品流通企业存货的购进活动比较频繁,在实务中为了减少会计处理的工作量,通常将一个会计期间内发生的运输费、装卸费、保险费以及其他可直接归属于存货采购的支出,不区分存货的类别先进行归集,期末再将本期的这些支出分摊到本期已经销售的商品和期末结存的商品上。已经销售的商品所分摊的采购支出,与商品的成本一起计入主营业务成本;结存的存货所分摊的采购支出,归入结存存货的成本。

在第三章我们已经讲过,在商品交易中,销售方为了鼓励购货方尽快付款,会给购货方提供现金折扣,销售方以不扣除现金折扣的总价作为销售收入额和应收账款额。对购货方而言,如果销售方也就是供应商提供了现金折扣,也要按照不扣除现金折扣的金额确定购进成本。如果购进后因为在折扣期内支付了货款从而享受了折扣,所享受的折扣视作融通资金得当而产生的利益,增加企业的财务收益。如果供应商提供了商业折扣,那么交易双方按照扣除商业折扣后的金额作为交易额,企业并不反映商业折扣的金额。

(二)以加工方式取得存货成本的确定

产品制造企业多数存货是自己加工形成的,包括在产品、半成品和产成品,有时甚至包括周转材料。这些存货的成本由采购成本和加工成本两部分组成。采购成本指这些存货所耗用的原材料的采购成本,加工成本指在原材料的基础上进行加工形成现有存货的成本。

加工成本由直接人工成本和所分配的制造费用组成。其中直接人工成本是直接从事产品生产的工人的职工薪酬。制造费用是企业为产品制造所发生的不能直接归属于某一类具体产品的支出,包括固定资产折旧费、机物料消耗费、劳动保护费、企业生产部门(如生产车间)发生的办公费、水电费、管理人员的薪酬、季节性和修理期间的停工损失等。存货加工成本的确定,在《成本会计学》教材中有详细讲述。

(三)以其他方式取得存货成本的确定

除了外购和自己生产之外,企业还可以通过其他途径取得存货。不过相关的交易和事项发生的频率比较低,以这些方式取得存货并非主流。

1.接受所有者投入存货

所有者以投入存货的形式向企业投资时,存货价值的高低决定了所有者投入资本的多少。存货的价值是通过一定的价值评估程序,最终由企业的投资各方协商确定的。所以,企业以这种方式取得存货时,以投资合同或协议所确定的金额作为存货的初始金额。如果在特殊情况下,投资协议确定的价格不公允,那么所有者投入的存货应以该存货的公允价值作为初始成本。

2.采用非货币性资产交换取得存货

当企业用自己的非货币性资产与其他企业的非货币性资产进行交换时,所取得的存货,其成本确定比较复杂,具体处理方式由《企业会计准则第7号——非货币性资产交换》进行规范,本教材不展开。

3.通过债务重组取得存货

债务重组取得存货是指企业在特殊情况下与债务人协商,允许债务人以非现金形式偿还债务时所取得的存货。以这种方式取得的存货,具体处理方式由《企业会计准则第12号——债务重组》进行规范,本教材不展开。

4.企业合并取得存货

企业合并是企业通过取得其他企业足够的所有权份额,而将其他企业纳入本企业的控制之下。企业合并取得的存货就是在这种情形下,企业从被合并企业那里取得的存货。这种存货的处理方式由《企业会计准则第20号——企业合并》进行规范,本教材不展开。

5.盘盈存货

盘盈存货是指企业在盘点财产的过程中所发现的分类账上没有记录的存货。这类存货因为没有当初取得时的原始资料,其历史成本无从获得,所以就用一种替代历史成本的计量属性——重置成本作为初始金额。

三、发出存货的计量

发出存货包括将库存商品销售出去、将库存原材料和半成品从仓库提出进行加工以及将库存周转材料投入使用。

每一种存货的发出,计量均包括两个方面:一是确定发出存货的数量,而是确定发出存货的单价。

(一)发出存货数量的确定

当期期末与期初存货数量之间的关系是:

当期期初结存存货的数量＋当期取得存货的数量＝当期发出存货的数量＋当期期末结存存货的数量

其中,当期期初结存存货的数量就是上期期末结存存货的数量,而当期取得的存货数量在每次取得存货时都登记在分类账上,两者相加就是本期可供发出存货的数量。在确定本期发出存货和结存存货的数量时,有两种方式:实地盘存制和账面盘存制。

1. 实地盘存制

采用实地盘存制,平时仅登记存货的取得,不登记存货的发出,通过定期盘点得出结存存货的数量,然后倒挤算出发出存货的数量。这种方式又被称为"定期盘存制"。

实地盘存制由于平时不登记发出存货的数量,所以工作量比较小,但是如果发生了失盗等非正常减少存货的现象,就无法通过账面记录发现。这种方法适用于单位价值低、发出存货数量频繁的存货。

2. 账面盘存制

采用账面盘存制,平时既要登记存货的取得,又要登记存货的发出,结存存货的数量从账面上直接计算得到。这种方式也被称为"永续盘存制"。

采用账面盘存制,虽然从账面上能得到结存存货的数量,但这只是存货的应结存数量,存货实际结存数量还是要通过实地盘点取得。如果账面的应结存数量与实地盘点得到的结存数量不相符,要将账面上的数量调整为实际结存数量,以保证财务报告的真实性。但是对两者不相符的原因要深入调查,杜绝管理漏洞。这种方式相比实地盘存制,能发现非正常出库现象,管理比较到位,适用于单位价值较高的存货或者不频繁发出的存货。

实地盘存制和账面盘存制,不仅是用来确定发出存货数量,并进而确定发出存货成本和结存存货成本的两种不同的方式,更是两种不同的管理方式。

(二)发出存货单价的确定

发出存货单价的确定比较复杂,这是因为同一种存货批次不同,单位购进或者生产成本很可能不同。目前企业会计准则允许采用四种方法:先进先出法、移动加权平均法、综合加权平均法和个别计价法。

1. 先进先出法

先进先出法是以"先取得的存货先发出"的实物流转假设为前提,确定发出存货单价的一种计价方式。采用这种方法,发出存货时以目前账面上先取得的存货的单位成本作为发出单价。如果目前账面上最先入库的一批存货的数量低于发出存货的数量,就继续采用第二批入库存货的单位成本,依次类推。先进先出法只是一种确定发出存货单价的方法,这并不意味着在进行存货实物流转时也一定做到先进先出。

先进先出法既适用于实地盘存制,也适用于永续盘存制。

【例4—1】某公司采用永续盘存制。2013年1月初A种材料的结存数量为100件,单位成本100元。6日购进A种材料300件,单位成本102元;15日发出A种材料150件,20

日购进A种材料200件,单位成本103元,30日发出A种材料400件。该公司采用先进先出法确定发出存货和结存存货的成本。该公司收发和结存A种材料的明细情况见表4—2。

表4—2　A材料收发明细表

单位:元

日期	摘要	收入			发出			结存		
		数量	单价	金额	数量	单价	金额	数量	单价	金额
2013年1月1日	期出结存							100	100	10 000
2013年1月6日	购入	300	102	30 600				100 300	100 102	10 000 30 600
2013年1月15日	发出				100 50	100 102	10 000 5 100	250	102	25 500
2013年1月20日	购入	200	103	20 600				250 200	102 103	255 00 20 600
2013年1月30日	发出				250 150	102 103	25 500 15 450	50	103	5 150
2013年1月31日	合计	500		51 200	550		56 050	50	103	5 150

与先进先出法相对应,还有一种计价方法,称作"后进先出法"。后进先出法是以"后取得的存货先发出"的实物流转假设为前提,对发出存货进行计价。采用这种方法,发出存货时,以账面上目前最后取得的存货的单位成本作为发出存货的单价,如果最后一批存货的数量不足,就以次后一批存货的单位成本作为发出存货的单价,以此类推。采用后进先出法,并不一定要求企业的实物流转也做到后进先出。

【例4—2】续例4—1。假设该公司采用后进先出法确定发出存货和结存存货的成本。该公司收发和结存A种材料的明细情况见表4—3。

表4—3　A材料收发明细表

单位:元

日期	摘要	收入			发出			结存		
		数量	单价	金额	数量	单价	金额	数量	单价	金额
2013年1月1日	期出结存							100	100	10 000
2013年1月6日	购入	300	102	30 600				100 300	100 102	10 000 30 600
2013年1月15日	发出				150	102	15 300	100 150	100 102	10 000 15 300
2013年1月20日	购入	200	103	20 600				100 150 200	100 102 103	10 000 15 300 20 600
2013年1月30日	发出				200 150 50	103 102 100	20 600 15 300 5 000	50	100	5 000
2013年1月31日	合计	500		51 200	550		56 200	50	100	5 000

我国企业会计准则和国际会计准则目前都不允许企业采用后进先出法。但是这种方法却有显著的教学意义。

2.综合加权平均法

综合加权平均法是指以当期期初存货数量与当期全部进货数量之和作为权数来计算本期可供发出存货的平均单价的一种计价方法,通常的计算期限为一个月。

综合加权平均法既适用于实地盘存制,也适用于永续盘存制。

【例4—3】 续例4—1。假设该公司采用综合加权平均法确定发出存货和结存存货的成本。该公司收发和结存A种材料的明细情况见表4—4。

表4—4 A材料收发明细表

单位:元

日期	摘要	收入			发出			结存		
		数量	单价	金额	数量	单价	金额	数量	单价	金额
2013年1月1日	期出结存							100	100	10000
2013年1月6日	购入	300	102	30600				400		
2013年1月15日	发出				150			250		
2013年1月20日	购入	200	103	20600				450		
2013年1月30日	发出				400			50		
2013年1月31日	合计	500		51200	550	102	56100	50	102	5100

3.移动加权平均法

移动加权平均法是指在每次进货后都计算当前所持有存货的加权平均单价,据此确定以后发出存货单价的一种计价方法。这种方法在每次进货后都要重新计算加权平均单价,在下次进货之前所发出的存货,均按照这一单价确定发出存货的单价。因为每次取得存货后都要重新计算加权平均单价,所以称作"移动加权平均法"。

【例4—4】 续例4—1。假设该公司采用移动加权平均法确定发出存货和结存存货的成本。该公司收发和结存A种材料的明细情况见表4—5。

表4—5 A材料收发明细表

单位:元

日期	摘要	收入			发出			结存		
		数量	单价	金额	数量	单价	金额	数量	单价	金额
2013年1月1日	期出结存							100	100	10000
2013年1月6日	购入	300	102	30600				400	101.50	40600
2013年1月15日	发出				150	101.50	15225	250	101.50	25375
2013年1月20日	购入	200	103	20600				450	102.17	45975
2013年1月30日	发出				400	102.17	40868	50	102.17	5107
2013年1月31日	合计	500		51200	550		56093	50	102.17	5107

以上这三种方法适用于批次不同、单位取得成本不同、但是无论从功能还是外观都没有任何差异的存货。企业一旦决定采用某种计价方法,就要在财务报表附注中加以说明,并且

一旦确定,就不能随意变更。

4.个别认定法

个别认定法是指能够在分别辨认存货的批次的情况下,按每一批存货的实际进价确定发出存货的成本和期末结存存货成本。采用这种方法要求企业对每一批存货的品种规格、入账时间、单位成本和存放地点都要作详细记录,以便为确定发出存货的成本提供依据。

随着社会需求的差异化,生产变得小批量,多批次,发出的存货存在着明显差异,采用个别认定法的情形会越来越多。

个别认定法将发出存货的成本与存货的实物流转联系起来,形式上看似乎更加符合企业经营活动的实际情况。但是对于"一模一样"的存货,这一批次和那一批次除了单位取得成本以外,其他方面并无区别,如果采用个别认定法,当同种商品多次购入的单价不同时,管理层就可以随意选择发出单位成本较高或较低的存货,以达到当期的利润目标。所以这种方法只适用于不能替代使用的存货、为特定项目专门购入或制造的存货。

(三)通货膨胀下各种计价方法对报表的影响

这里之所以考虑通货膨胀,是因为通货膨胀是经济生活中最常见的情形,尽管有时也会出现通货紧缩。通货膨胀是我们此处分析问题的背景,并不由此推翻币值稳定假设。

下面通过一个简单模型说明不同计价方法对财务报表的影响。

假设企业分三次购进存货各一件,购进成本分别为10元,12元,14元(以下均不考虑增值税),之后在第一个会计期间出售一件存货,售价20元。第二个会计期间又出售剩余的两件存货,每件售价20元。这些业务用会计等式描述在表4—6、4—7和4—8中。

表4—6 先进先出法对报表的影响

单位:元

资产负债表要素	资产		=负债	+所有者权益
资产负债表项目	货币资金	存货		未分配利润
第一次购进	−10	+10		
第二次购进	−12	+12		
第三次购进	−14	+14		
第一个期间出售	+20			+20(营业收入)
		−10		−10(营业成本)
第一个期末结存	−16	26		10
第二个期间出售	+40			+40(营业收入)
		−26		−26(营业成本)
最终结果	+24	0		+24

表4—7 后进先出法对报表的影响

单位:元

资产负债表要素	资产		=负债	+所有者权益
资产负债表项目	货币资金	存货		未分配利润
第一次购进	−10	+10		
第二次购进	−12	+12		
第三次购进	−14	+14		

续表

资产负债表要素	资产	=负债	+所有者权益
第一个期间出售	+20		+20（营业收入）
	−14		−14（营业成本）
第一个期末结存	−16　26		6
第二个期间出售	+40		+40（营业收入）
	−22		−22（营业成本）
最终结果	+24	0	+24

表4—8　综合加权平均法对报表的影响

单位：元

资产负债表要素	资产		=负债	+所有者权益
资产负债表项目	货币资金	存货		未分配利润
第一次购进	−10	+10		
第二次购进	−12	+12		
第三次购进	−14	+14		
第一个期间出售	+20			+20（营业收入）
		−12		−12（营业成本）
第一个期末结存	−16	24		8
第二个期间出售	+40			+40（主营业务收入）
		−24		−24（主营业务成本）
最终结果	+24	0		+24

在第一个会计期间销售时，无论采用哪种方法，销售收入和所得现金都是20元。销售成本在先进先出法、后进先出法和加权平均法下，分别为10元、14元和12元，利润分别为10元、6元和8元，结存存货分别为26元、22元和24元。

在第二个期间出售剩余存货时，无论采用哪种方法，销售收入和所得现金都是40元。销售成本在先进先出法、后进先出法和加权平均法下，分别为26元、22元和24元，利润分别为14元、18元和16元。

最终，在三种方法下，第二期期末资产负债表"货币资金"均为24元，存货均为零，"未分配利润"均为24元。

从购进到销售完所有存货这一跨越两个会计期间的完整业务过程看，三种方法对企业最终财务结果的影响是相同的："货币资金"增加24元，"未分配利润"增加24元，"营业收入"合计60元，"营业成本"合计36元。现金流量表中有现金流入60元，现金流出36元。

以下具体分析不同方法对财务报表产生的影响。

先进先出法下，由于总是以先购进的存货的单位成本作为发出存货的单价，资产负债表中结存存货的成本总额就是以比较接近资产负债表日的单价计算的，所以有关结存存货的信息质量比较高；而利润表中与收入相配比的营业成本是以较早期的单位成本计算的，毛利额不仅受企业获利能力的影响，也受通货膨胀的影响，有关毛利的信息质量不高。

后进先出法下,由于总是把后购进的存货的单位成本作为发出存货的单价,资产负债表中结存存货的成本总额就是以离资产负债表日最远的单价计算的,所以有关结存存货的信息质量比较差。相比先进先出法,结存存货的金额比较低。而利润表中与收入相配比的营业成本是以最接近资产负债表日的单位成本计算的,毛利反映了企业的获利能力,几乎不受通货膨胀的影响,有关毛利的信息质量比较高。相比先进先出法,毛利额也比较低。

从企业整个生命周期看,企业最终是要把结存的存货全部出售的,所以到企业的后期,采用后进先出法计算的毛利会比采用先进先出法计算的高。而整个生命周期内企业获取的毛利总额,并不受计价方法的影响,如前例,三种计价方法下,利润表均显示两个期间毛利的合计数为24元。这一结论还可以从现金流角度来阐释:无论采用哪种计价方法,在企业的生命周期内,取得存货所支付的现金总额是确定的,如前例36元,出售存货所收回的现金总额也是确定的,如前例60元,从而所获取的毛利总额是确定的。不同计价方法,只是影响了这一毛利总额在各个期间的分配而已。如前例,在先进先出法、后进先出法和综合加权平均法下,毛利在两个期间的分配分别为10元和14元,6元和18元,8元和16元。

从这一点上,读者可以进一步体会"会计分期"假设对财务报表带来的深刻影响。

如果采用后进先出法计算企业纳税所得额,由于前期计算的应纳税所得额较高,后期计算的应纳税所得额较低,就能获得延迟纳税的好处。这是我国企业所得税法不允许采用后进先出法计算应纳税所得额的原因。

采用综合加权平均法和移动加权平均法,资产负债表和利润表所受到的影响,居于先进先出法和后进先出法之间。

(四)后进先出法被现行准则取消的原因

无论是我国现行企业会计准则,还是国际会计准则,都取消了后进先出法。其中的原因主要有两个。

一是在资产负债表质量和利润表质量不能同时满足时,现行准则更强调资产负债表质量。而后进先出法下资产负债表提供的信息质量不高,尽管它提供了较高质量的利润表。现行准则之所以更强调资产负债表质量,是因为资产负债表反映了企业的未来,其提供的信息具有更强的预测性,从而具有更强的相关性;而利润表主要是对过去已经发生的交易或事项的结果予以反映,预测性较弱。

二是在后进先出法下,当某期发出存货的数量显著高于取得存货的数量时,会动用或许很早以前就积累的单位成本,这就显著降低了本期发出存货的平均成本,从而使当期利润出现"井喷"现象,制造当期获利能力显著提高的假象。

无论采用哪种计价方法,发出存货的成本都遵循了"历史成本"原则。

四、期末存货的计量

在会计期间内,企业的存货不断流转,到了期末,总有一部分结存下来,留待下一个会计期间继续加工或者出售。在本节第三部分"发出存货的计量",读者已经看到结存存货的成本与发出存货的成本同时确定下来了。现在我们继续分析"期末存货的计量"问题,是因为之前所确定的结存存货的成本属于历史成本。在特殊情况下,期末以历史成本对外报告,没有满足会计信息的质量要求——谨慎性。

（一）期末存货计量的方法

在持续经营假设下，为了保证会计信息的可靠性，资产的期末计量通常采用历史成本计量属性，即以结存存货当初的取得成本作为期末对外报告的金额。但是，当企业的外部环境发生重大不利变化，使得存货未来带来的经济利益低于存货的取得成本时，再采用历史成本进行计量就会使存货虚计，从而高估资产。这时为了保证会计信息的谨慎性，就必须改变计量属性，以存货未来能够带来的经济利益对存货进行再次计量。本书第二章阐述了目前会计准则所规定的五种计量属性：历史成本、重置成本、可变现净值、现值和公允价值。在这些计量属性中，计量资产未来产生经济利益的属性有三种：可变现净值、现值和公允价值。对这三种计量属性简而言之，可变现净值是当下出售资产所带来的经济利益；现值是资产持续使用，未来所产生经济利益的折现值；公允价值是资产目前在活跃市场上的价格。因为存货是用于出售的，所以"可变现净值"这一计量属性描述了存货未来带来的经济利益。

概括起来，存货期末所采用的计量方法是"成本与可变现净值孰低"：当结存存货的历史成本低于可变现净值时，以历史成本计量；反之，以其可变现净值计量。

期末，如果前期造成存货减值的不利因素已经消失，期末存货的可变现净值相比以前就会提高；如果造成存货减值的不利因素继续恶化，那么期末存货的可变现净值相比以前就会下降。无论存货可变现净值如何变化，期末计量结存的存货时，都遵循"成本与可变现净值孰低"原则。

（二）期末存货可变现净值的确定

现行会计准则对"可变现净值"的定义是，存货的可变现净值就是指日常活动中，存货的估计售价减去至完工时估计将要发生的成本、估计的销售费用以及相关税费后的金额。这里"日常活动"是指企业处于持续经营中，而不是面临清算。

企业持有存货的目的不同，存货的可变现净值也不同。以下分别"待售存货"和"需要加工的存货"，确定存货的可变现净值。

1.期末待售存货可变现净值的确定

待售存货直接用于出售，包括商品流通企业的商品和产品制造企业的产成品以及用于出售的原材料和半成品。在正常生产经营中，待售存货的可变现净值，是该存货的估计售价减去估计销售时发生的销售费用和相关税费后的差额。

（1）估计售价的确定

期末为执行合同而持有的存货，估计售价以合同价格计算。如果期末持有存货的数量多于合同订购数量，那么超出部分的估计售价以一般销售价格计算。

比如，企业期末持有 A 类存货 1000 件，生产成本 100 元/件。其中 600 件已经签订了销售合同，合同约定售价 120 元/件，市场售价 122 元/件。期末 1000 件 A 类存货的估计售价为 $120 \times 600 + 122 \times 400 = 120\,800$ 元。

（2）估计销售费用和估计相关税费的确定

估计销售费用是估计未来销售存货时发生的运输费、装卸费、保险费等费用。估计相关税费是估计未来销售时发生的流转税及附加于流转税的城市维护建设税和教育费附加。如果"估计售价"是含增值税的售价，那么所要扣除的"相关税费"还要包括增值税。如果增值税一般纳税人在确定售价时以不含增值税的金额计算，那么要扣除的"相关税费"中就不包含增值税了。

2.期末需要加工的存货的可变现净值的确定

需要加工的存货是指需要加工后才能出售的存货,包括原材料、在产品,半成品等等。这些存货由于需要继续加工至完成后才能出售,所以它产生的经济利益是加工完成后出售给客户所产生的现金净流入,扣除自目前状态始至加工完成到可销售状态止所发生的成本之差。正如准则所规定,需要加工的存货的可变现净值是加工完成至可出售状态时的估计售价减去至完工时估计将要发生的成本、估计的销售费用以及相关税费后的金额。

【例4-5】 某企业期末持有A材料100吨,单位成本1.1万元/吨,用于生产B产品。每件B产品耗用A材料2吨。期末A材料的估计售价为1.1万/吨(不含增值税),估计销售费用0.1万/吨;B产品的估计售价为4万/件(不含税),估计销售费用0.2万/件,从将A材料加工成B产品还需继续发生支出1万元。

本例中期末确定A材料的可变现净值时,应以其未来带来经济利益的方式为依据。企业持有A材料是为了生产B产品,而不是为了销售,所以应当以B产品的估计售价、而不是A材料的估计售价为基础计算A材料的可变现净值。

单位A材料的可变现净值=(B产品的估计售价-B产品的估计销售费用-至完工时
　　　　　　　　　　　将要发生的成本)/单位B产品耗用的A材料数量
　　　　　　　　　　=(4万元-0.2万元-1万元)/2
　　　　　　　　　　=1.4万元/吨

单位A材料的可变现净值高于单位历史成本,所以A材料期末继续以历史成本计量。

在确定存货的可变现净值时,由于并没有实际发生交易,影响可变现净值金额的因素都是估计出来的。为了保证可变现净值的可靠性,确定存货的可变现净值时必须有确凿证据。这些证据包括:与产成品或商品相同或类似的市场销售价格或者销货方提供的销售资料,企业的生产成本资料等等。

(三)存货减值金额的确定

当存货的可变现净值低于存货的历史成本时,存货发生了减值。减值金额等于存货的历史成本与可变现净值之差。

计算存货的减值金额时,分别按照单个项目、类别以及全部存货计算,结果可能会有很大差别。

【例4-6】 表4-9列报了某商品流通企业2014年末分别按照单个商品项目、商品类别以及全部商品计算的存货减值金额。

根据表4-9,如果按照单个存货项目计算减值金额,A、B、C、E四种商品发生了减值,减值总额为2580元。如果按照存货类别计算减值金额,只有第一类存货发生了减值,金额为2250元。如果按照全部存货计算,那么减值金额只有540元。可见,计算减值金额的存货范围越大,内部相互抵消的作用也就越大,计算出来的减值金额也就越少。在三种计算方法中,按照单个项目计算减值金额能充分挤出资产中的水分。

表 4—9

单位:元

商品	数量	成本		2014年末可变现净值		成本与可变现净值的差额
		单价	总额	单价	总额	
第一类						
A商品	150	12	1800	9	1350	450
B商品	300	9	2700	6	1800	900
C商品	450	7	3150	5	2250	900
第一类小计						2250
第二类						
D商品	180	12	2160	15	2700	—540
E商品	165	10	1650	8	1320	330
第二类小计						—210
第三类						
F商品	1500	15	22500	16	24000	—1500
第三类小计						—1500
合计						540

存货准则规定,通常按照单个项目计算减值金额;对于数量繁多,单价较低的存货,可以按照存货类别计算减值金额;处于在同一地区生产和销售的产品系列中、具有相同或类似的最终用途或目的、彼此之间无法分开计量的存货,可以合并计算减值金额。

第三节 存货的会计处理

存货的会计处理解决的是存货取得、发出与期末计量,在财务报表和会计科目两个层次的呈现问题。本书不详细讲述产品制造企业在生产过程中发生的不同加工程度的存货的流转问题,这类问题在《成本会计学》中讲述。

存货的会计处理既是为了满足对外报告的需要,为编制财务报表提供数据来源,同时也由于存货管理是企业物资管理的重要方面,会计处理还要满足企业内部物资管理的需要。采用以历史成本为基础的"实际成本法"对存货进行核算,是对外报告的基本需要。而对于同时有多种存货频繁流转的产品制造业,在历史成本计量的基本要求下,在实际工作中,为了简化内部核算工作以及方便企业内部管理,产生了不同于"实际成本法"的存货核算方法——"计划成本法"。本节先介绍"实际成本法"下的会计处理,然后介绍"计划成本法"下的会计处理。

一、报表项目与科目设置

资产负债表上与存货相关的报表项目是"存货"。在实际成本法下,"存货"项目下设置以下会计科目。

1."在途物资"科目

该科目属于资产类科目,反映企业已经购入但是尚未验收入库的在途材料、在途商品的采购成本。企业购入材料、商品，按应计入材料、商品采购成本的金额，借记本科目；所购材料、商品到达企业并验收入库时，贷记本科目；期末该科目余额在借方，表示企业已经购入但是尚未验收入库的在途材料、在途商品的采购成本。该科目按照供应单位和物资品种设置明细科目。

2."原材料"科目

该科目属于资产类科目，反映企业库存的各种材料，包括原料及主要材料、辅助材料、外购半成品、修理用备件、包装材料、燃料等的实际成本。材料验收入库时，按其实际成本借记本科目；生产经营领用材料时，贷记本科目。期末该科目有借方余额，表示库存材料的实际成本。该科目按照材料的保管地点、材料的类别、品种和规格设置明细科目。

3."库存商品"科目

该科目属于资产类科目，反映企业库存的各种商品的实际成本，包括库存产成品、外购商品、存放在卖场准备出售的商品、发出展览的商品以及寄存在外的商品等。生产完工验收入库产成品、外购验收入库商品时，以产成品、商品的实际成本借记该科目；产成品或商品对外销售时，以其实际成本贷记该科目。该科目的期末余额在借方，反映企业库存商品的实际成本。该科目按照库存商品的种类、品种和规格设置明细科目。

4."发出商品"科目

该科目属于资产类科目，反映企业未满足销售收入确认条件但是已经发出商品的实际成本。当企业发出商品而又未满足销售收入的确认条件时，以商品的实际成本借记该科目；当发出的商品满足了销售收入的确认条件时，或者发出的商品被退回时，贷记该科目；该科目期末有借方余额，表示发出商品的实际成本。按照购货单位、商品类别和品种进行明细核算。

5."生产成本"科目

该科目从用途方面讲，属于成本类科目，用于计算产品的生产成本；从性质方面讲，属于资产类科目。当企业进行产品生产时，所消耗的直接材料、直接人工以及所分配的制造费用的金额，记入该科目的借方；当产品完工验收入库时，完工产品的成本记入该科目的贷方。期末该科目余额在借方，表示未完工的产品所消耗的直接材料、直接人工以及所分配的制造费用的金额，即未完工产品的成本。

6."委托加工物资"科目

该科目属于资产类科目，反映委托外单位加工的各种材料、商品等物资的实际成本。委托外单位加工物资时，或者对已经委托加工的物资支付加工费、运杂费时，按照实际成本借记本科目，收回加工物资时，按照实际成本贷记本科目。期末该科目有余额在借方，表示委托外单位加工尚未完成的物资的实际成本。

二、取得存货的处理

（一）外购存货

外购存货包括外购原材料、商品、周转材料等。外购存货的成本包括买价、运杂费等，但是对增值税一般纳税人而言，不包括应支付的增值税额。当企业收到供应商开具的发票，确认存货已经购进，但是货物尚未入库时，先记入"在途物资"科目。等货物收到，由仓库验收入库后,再从"在途物资"科目转入"原材料"、"库存商品"或"周转材料"科目。如果收到发票确认购进时,货物已经同时验收入库,就直接记入"原材料"、"库存商品"或"周转材料"科目。如果支付货款时享受了供应商提供的现金折扣,那么所享受的现金折扣属于财务收益,贷记"财务费用"科目。

【例 4—7】 甲、乙公司都是增值税一般纳税人,甲公司从乙公司购进 A 材料一批,计 100 公斤。A 材料的应税税率为 17%。乙公司对 A 材料的报价是 2340 元/公斤(含增值税),向甲公司提供九折优惠,同时提供的现金折扣条件是 1/20,0.5/40,n/60。双方商定,现金折扣条件以交易总额为计算依据。甲公司所取得的增值税专用发票上注明"金额"180 000 元,"税额"30 600 元,发票总额合计 210 600 元。材料已经验收入库。甲公司另外向运输部门支付 1000 元运杂费,其中 29.13 元允许计入进项税额。19 天以后,甲公司按照享受的现金折扣向乙公司支付款项总额 208 494 元。

上述业务用会计等式描述的结果见表 4—10

表 4—10

单位:元

资产负债表要素	资 产＝		负 债		＋所有者权益
资产负债表项目	货币资金	存货	应付账款	应交税费	未分配利润
资产负债表科目	银行存款	原材料	应付账款	应交税费	利润分配
购入材料并入库		＋180 000	＋210 600	－30 600	
向运输部门支付运杂费	－1000	＋970.87		－29.13	
在折扣期内付款	－208 494		－210 600		＋2106(财务费用)
最终变化结果	－209 494	＋180 970.87	0	－30 629.13	＋2106(财务费用)

(1) 甲公司购入的 A 材料验收入库时进行如下会计处理:

借:原材料——A 材料　　　　　　　　　180 000
　　应交税费——应交增值税(进项税额)　30 600
　　贷:应付账款——乙公司　　　　　　　　　210 600

(2) 甲公司向运输部门支付运杂费时:

借:原材料——A 材料　　　　　　　　　970.87
　　应交税费——应交增值税(进项税额)　29.13
　　贷:银行存款　　　　　　　　　　　　　　1 000

(3) 甲公司 19 天以后向乙公司支付款项时进行如下会计处理:

借:应付账款——乙公司　　　　　　　　210 600
　　贷:银行存款　　　　　　　　　　　　　　208 494
　　　　财务费用　　　　　　　　　　　　　　2 106

【例 4—8】 甲、丙公司都是增值税的一般纳税人。甲公司从丙公司购进 B 商品一批,共 1000 公斤,单位售价 1755 元/公斤(含增值税)。甲公司取得了增值税专用发票,发票上注明"金额"1 500 000 元,"税额"255 000 元,发票总额合计 1 755 000 元,但是货物还未到达。三天以后货物运抵并验收入库。两天后甲公司向丙公司支付款项。

上述业务用会计等式描述的结果见表4—11。

表4—11

单位:元

资产负债表要素	资产=		负债		+所有者权益
资产负债表项目	货币资金	存货	应付账款	应交税费	未分配利润
资产负债表科目	银行存款	在途物资	库存商品	应付账款	应交税费	利润分配
购进商品取得发票		+1 500 000		+1 755 000	−2 550 00	
商品入库		−1 500 000	+1 500 000			
支付款项	−1 755 000			−1 755 000		
最终变化结果	−1 755 000	0	+1 500 000	0	−255 000	

(1)甲公司取得发票时进行如下会计处理:
借:在途物资——B商品　　　　　　　　　　　1 500 000
　　应交税费——应交增值税(进项税额)　　　　255 000
　　贷:应付账款　　　　　　　　　　　　　　　　　1 755 000
(2)甲公司收到货物后进行如下会计处理:
借:库存商品——B商品　　1 500 000
　　贷:在途物资——B商品　　　1 500 000
(3)甲公司向丙公司支付款项后进行会计处理如下:
借:应付账款——乙公司　　1 755 000
　　贷:银行存款　　　　　　　1 755 000

(二)接受投资者投入存货

企业接受投资人投入存货以后,一方面存货增加了,另一方面所有者权益增加了。此时既要考虑存货的入账问题,还要考虑所有者权益的入账问题

接受投资的企业从投资人那里接受存货的同时,根据税法规定,还取得了对方所开具的增值税专用发票。经投资各方协商确定的存货价值就是发票总额。发票总额在增值税专用发票上被拆分为两部分,其中,"金额"就是接受投资的企业存货的成本,记入"原材料"、"库存商品"等科目;"税额"就是其进项税额,记入"应交税费——应交增值税(进项税额)"科目。

我们可以换个视角看这个问题:接受投资的企业接受了投资人投入的与发票总额等额的货币资金,然后又用这笔资金从投资人那里购入了存货。

接受投资的企业在确认存货和增值税进项税额的同时,所有者权益中的投入资本增加了。而投入资本又包括"实收资本"和"资本公积"两部分。增加的投入资本中,究竟有多少增加了实收资本,又有多少增加了资本公积,由投资者投入时各方协商确定的该投资者在"实收资本"中占有的份额而定。其中详细缘由,将在第十一章《所有者权益》中讲述。

【例4—9】甲公司是新成立的企业,接受投资者乙公司以若干台设备进行投资。甲公司取得该设备作为库存商品。双方都是增值税一般纳税人。乙公司向甲公司投资的设备的账面价值为1 200 000元。乙公司与甲公司的其他投资方协议认可的价值为1 300 000元。乙公司向甲公司开具增值税专用发票。发票上注明"金额"为1 111 111元,"税额"为188 889元。

乙公司向甲公司投资总额为 1 300 000 元。甲公司在获得的这一利益中,有 1 111 111 元存货,还有 188 889 元进项税额。

甲公司接受乙公司投资的设备以及同时取得的增值税专用发票后,用会计等式描述的结果见表 4—12。

表 4—12

单位:元

资产负债表要素	资产 =	负债	+所有者权益
资产负债表项目	存货	应交税费	实收资本
资产负债表科目	库存商品	应交税费	实收资本
接受投资者投资	+1 111 111	−188 889	+1 300 000

编制会计分录如下:

借:库存商品　　　　　　　　　　　　1 111 111
　　应交税费——应交增值税(进项税额)　188 889
　　贷:实收资本　　　　　　　　　　　　1 300 000

(三)加工生产的存货

本书不阐述加工生产的存货的成本,有兴趣的读者可以阅读《成本会计学》。

三、发出存货的处理

(一)存货正常发出的处理

存货的盘存制度以及发出存货的计价方法决定了发出存货会计处理的时点。

如果采用定期盘存制,因为只有在期末才能根据结存存货的数量倒挤得到发出存货的数量,发出存货的会计处理只有期末盘点了存货之后才能进行,而无论采用什么计价方法。如果采用永续盘存制,究竟是在发出存货时进行会计处理,还是等到期末再进行处理,与存货的计价方法有关:若采用综合加权平均法,发出存货的平均单价只有等到月末才能确定下来,会计处理也只能留待月末再做;若采用先进先出法、移动加权平均法或个别计价法,在发出存货时就能进行会计处理。

根据发出存货的用途,将其成本计入相应的利润表科目或资产类科目:如果存货用于销售,发出存货的成本计入利润表的"主营业务成本"或"其他业务成本"科目;如果用于产品生产,计入"生产成本"科目;如果用于管理部门,计入"管理费用"科目,等等。

【例 4—10】 甲企业是产品制造企业。发出存货的计价采用综合加权平均法,某月 A 材料的收发明细账如表 4—4,当月 A 材料的用途如表 4—13。

表 4—13　A 材料成本分配表

单位:元

用　途	数量	单价	金额
丙产品耗用	250	102	25500
丁产品耗用	150	102	15300

续表

用　　途	数量	单价	金额
基建部门耗用	100	102	10200
管理部门耗用	50	102	5100
合计	550	102	56100

用会计等式描述的结果见表4-14。

表4-14

单位：元

资产负债表要素	资　产＝			负债	＋所有者权益
资产负债表项目	存货		在建工程	＊＊＊	未分配利润
资产负债表科目	原材料	生产成本	在建工程		利润分配
资产负债表科目明细		丙　　　丁			
月末对消耗的材料进行会计处理	－56100	＋25500　＋15300	＋10200		－5100（管理费用）

甲企业编制会计分录理如下：

借：生产成本——丙产品　25 500
　　　　　　——丁产品　15 300
　　在建工程　　　　　　10 200
　　管理费用　　　　　　 5 100
　贷：原材料——A材料　　 56 100

（二）存货盘亏或毁损的处理

存货发生的盘亏或毁损，应作为待处理财产损溢进行核算。按照管理权限报经批准后，根据造成存货盘亏或毁损的原因，分别以下情况进行处理：

1. 属于计量差错和管理不善等原因造成的存货短缺，应先扣除残料价值、可以收回的保险赔偿和过失人赔偿，然后将净损失记入"管理费用"科目。

2. 属于自然灾害等非常原因造成的存货毁损，应先扣除处置收入（如残料价值）、可以收回的保险赔偿和过失人赔偿，然后将净损失记入"营业外支出"科目。

当存货盘亏或毁损时

借：待处理财产损溢
　贷：原材料等

报经批准处理盘亏或毁损后，根据处理结果，进行会计处理如下：

借：管理费用（或"营业外支出"、"其他应收款"等）
　贷：待处理财产损溢

四、存货期末再次计量

会计期末，企业基于谨慎原则，对所持有的存货进行再次计量时，如果发现存货的可变现净值等于或大于存货的成本,那么不做任何会计处理;如果发现前者小于后者,就要将存货的账面金额从成本调低到可变现净值,使得期末存货以可变现净值计量。

在资产负债表项目层次,将存货的成本调低到可变现净值后,存货的金额一定减少。但是在会计科目层次,理论上有两种调整方法。一种是直接在有关存货科目比如"库存商品"、"原材料"科目上做冲减记录,另一种是保持这些科目的账面金额(即历史成本)不动,另外设置备抵科目记录调减额。第二种方法称作"备抵法",这种方法使得"库存商品"、"原材料"科目始终保留历史成本金额,在以后期间比较成本与可变现净值时,有参照物。实务中采用这一方法。

备抵法下需设置"存货跌价准备"科目。期末,如果存货发生减值,将减值金额记入该科目的贷方。这一操作常被称作"计提存货跌价准备"。当期发出存货时,发出部分所计提的跌价准备同时从该科目转出,记入借方。这一操作被称作"存货跌价准备的结转"。期末,如果过去导致存货减值的不利因素已经消失,可变现净值得以提高,从而导致减值金额减小或者不存在减值,那么减值金额变小的部分记在该科目的借方。这一操作称作"存货跌价准备的转回"。期末该科目若有余额一定在贷方,表示存货的可变现净值低于其历史成本的金额。视企业存货跌价准备计提的范围,该科目按照单个存货项目或存货的类别设置明细科目。

"计提存货跌价准备"和"存货跌价准备的转回"都在期末完成,"存货跌价准备的结转"在发出存货时完成。

【例4—11】 承例4—6,某商品流通企业2014年末按照单个存货项目计提跌价准备。假设之前该企业"存货跌价准备"无余额。2015年度,出售所有A商品。2015年末,B商品的可变现净值继续下降至5元/件,可变现净值总额为1500元;C商品由于市场情况变好,可变现净值回升至5.6元/件,可变现净值总额为2520元。

(1)2014年末计提存货跌价准备后,用会计等式描述的结果见表4—15。

表4—15

单位:元

资产负债表要素	资产=				负债	+所有者权益
资产负债表项目	存货					未分配利润
资产负债表科目	存货跌价准备					利润分配
资产负债明细科目	A商品	B商品	C商品	E商品		
2014年末	−450	−900	−900	−330		−2580(资产减值损失)

为了便于进行后续业务分析,此业务在用会计等式描述时,细化到明细科目。

该企业2014年末编制会计分录如下:

借:资产减值损失　　　　　　　2 580
　　贷:存货跌价准备——A商品　　450
　　　　　　　　　　——B商品　　900
　　　　　　　　　　——C商品　　900
　　　　　　　　　　——E商品　　330

2014年末资产负债表中,"存货"项目减少2580元,同时"未分配利润"项目减少2580

元。当期所有者权益变动表中,"未分配利润"项目减少2580元,当期利润表中,"资产减值损失"项目为2580元,净利润因此减少了2580元。当期现金流量表不受影响。

(2)2015年度,该企业将所有的A商品出售,结转A商品成本,同时将A商品计提的跌价准备同库存商品一道结转,计入"营业成本"项目。

为了帮助读者理解整个过程,假设2015年度将A商品出售,售价为1300元(不含增值税)。用会计等式描述2014年度购进、2014年末计提减值准备和2015年度出售的业务,见表4-16。从表中看到,从购进到出售,最终结果亏损了500元:一方面"货币资金"项目减少了500元,另一方面"未分配利润"项目减少了500元。而过程是,2014年末有资产减值损失450元,2015年度有50元的资产处置损失。由此看出,通过在2014年末计提减值准备,把2015年度产生的损失提前确认了。

表4-16

单位:元

资产负债表要素	资 产=			负债	+所有者权益
资产负债表项目	货币资金	存货			未分配利润
资产负债表科目	银行存款	库存商品	存货跌价准备		利润分配
资产负债表明细科目		A商品	A商品		
2014年度购进A商品	−1800	+1800			
2014年末计提跌价准备			−450		−450(资产减值损失)
2015年度销售A商品		−1800	+450		−1350(营业成本)
	+1300				+1300(营业收入)
最终结果	−500	0	0		−500

结转A商品成本的会计分录如下:
借:主营业务成本　　　　　1 800
　　贷:库存商品——A商品　　1 800
将与A商品有关的存货跌价准备一并转出:
借:存货跌价准备——A商品　　450
　　贷:主营业务成本　　　　　450
上述两笔分录合成一笔是:
借:主营业务成本　　　　　1 350
　　存货跌价准备——A商品　　450
　　贷:库存商品——A商品　　1 800

(3)2015年末,B商品的可变现净值继续下降至5元/件,可变现净值总额为1500元,与历史成本相比跌价1200元。原先已经计提900元,现继续计提300元。

2015年末与B商品有关的处理结果用会计等式描述见表4-17中的"2015年末计提跌价准备"行。

表 4－17

单位:元

资产负债表要素	资产＝			负债	＋所有者权益
资产负债表项目	货币资金	存货			未分配利润
资产负债表科目	银行存款	库存商品	存货跌价准备		利润分配
资产负债表明细科目		B 商品	B 商品		
2014 年度购进 A 商品	－2700	＋2700			
2014 年计提跌价准备			－900		－900(资产减值损失)
2015 年计提跌价准备			－300		－300(资产减值损失)
2015 年末结果	－2700	＋2700	－1200		－1200

2015 年末继续计提 B 商品的跌价准备的会计分录如下：

借:资产减值损失　　　　　　　　300
　　贷:存货跌价准备——B 商品　　　300

从表 4－17 看出,从 2014 年度购入 B 商品以后,B 商品持续跌价,2014、2015 连续两年计提跌价准备,到 2015 年末,B 商品对外报告的金额为 1500 元,比原先成本低了 1200 元,造成的损失反映在连续两年的利润表中,分别为 900 元和 300 元,总计损失 1200 元。所以到了 2015 年末,未分配利润累计减少了 1200 元。

(4)2015 年末,C 商品由于市场情况变好,可变现净值回升至 5.6 元/件,可变现净值总额为 2520 元,而成本为 3150 元,此时应计提跌价准备 630 元。此前已经计提 900 元,于是转回多计提的 270 元。

2015 年末转回多计提的跌价准备,见表 4－18 的"2015 年末转回以前计提的跌价准备"行。

表 4－18

单位:元

资产负债表要素	资产＝			负债	＋所有者权益
资产负债表项目	货币资金	存货			未分配利润
资产负债表科目	银行存款	库存商品	存货跌价准备		利润分配
资产负债表明细科目		C 商品	C 商品		
2014 年度购进 A 商品	－3150	＋3150			
2014 年计提跌价准备			－900		－900(资产减值损失)
2015 年转回以前计提的跌价准备			＋270		＋270(资产减值损失)
2015 年末结果	－3150	＋3150	－630		－630

2015 年末转回 C 商品以前多计提的跌价准备的会计分录如下：

借:存货跌价准备——C 商品　　　270
　　贷:资产减值损失　　　　　　　　270

从表 4－18 看出，从 2014 年度支付 3150 元购入 C 商品以后，C 商品的可变现净值于 2014 年末先跌到 2250 元，于是计提了 900 元的跌价准备，确认了 900 元的资产减值损失。到 2015 年末又回升到 2520 元，但是仍然比成本低 630 元，于是有且需要跌价准备 630 元，原先多提 270 元，于是转回多提的部分。从 2015 年末的结果看，资产累计减少了 630 元，于是未分配利润累计减少了 630 元。

(5)2015 年末，E 商品的可变现净值回升至 11 元/件，可变现净值总额为 1815 元，高于历史成本。此时 E 商品应以历史成本计量，此前已经计提的 330 存货跌价准备全部转回。

2015 年末转回多计提的跌价准备，见表 4－19 中的"2015 年末转回以前计提的跌价准备"行。

表 4－19

单位：元

资产负债表要素	资　产＝			负债	＋所有者权益
资产负债表项目	货币资金	存货			未分配利润
资产负债表科目	银行存款	库存商品	存货跌价准备		利润分配
资产负债表明细科目		E 商品	E 商品		
2014 年度购进 A 商品	－1650	＋1650			
2014 年计提跌价准备			－330		－330(资产减值损失)
2015 年转回以前计提的跌价准备			＋330		＋330(资产减值损失)
2015 年末结果	－1650	1650	0		0

2015 年末转回以前计提的跌价准备，会计分录如下：
借：存货跌价准备—— E 商品　　330
　　贷：资产减值损失　　　　　　　　330

从表 4－19 看出，E 商品经历先跌后涨的变化。2015 年末，E 商品对外报告的金额仍然是历史成本，其他项目相比购入时没有任何变化。

从上例看出，在计提了存货跌价准备以后的下一个会计期末，当可变现净值与历史成本的差距相比原先扩大时，要继续计提存货跌价准备；缩小时，要转回存货跌价准备，但是转回的金额以已经计提的存货跌价准备为限。总而言之，在任何一个期末，每一类存货的账面价值，即对外报告金额，都要遵循"成本与可变现净值孰低"原则。

上例中，假设 B、C、E 三种商品在 2014 年购入后没有再购入，也没有销售，历史成本始终保持不变，以便读者看到可变现净值与历史成本之间的差距在缩短或扩大后该如何处理。实务中，商品的历史成本由于当期不断购入和销售，相比上一期间很可能会发生变化。但是无论历史成本、可变现净值怎样发生变化，期末每类存货总有历史成本，也总有可变现净值，对外报告时均以"成本与可变现净值孰低"为计量原则，相应实施"计提存货跌价准备"或者"存货跌价准备转回"的操作。

存货跌价准备的计提以及后续可能的转回，客观上提供了企业在不同期间转移利润的机会。例如,如果2015年业绩良好,故意多计提B商品的跌价准备,降低2015年的利润,如果2016年业绩不好,在2016年末再转回多提的部分,就会增加2016年的利润。这种操作有以丰补歉的效果。为了防止企业在丰年进行"秘密准备",我国企业会计准则强调,确定存货可变现净值时,要有客观依据;如果要转回以前期间多记的跌价准备,必须是以前影响存货价值的因素已经消失,而不是其他在当期造成存货可变现净值高于成本的影响因素。

五、计划成本法

计划成本法是指企业在会计科目里记录存货的收入、发出和结余时,均按预先制定的(单位)计划成本计价,同时将存货的实际成本与计划成本的差额进行记录,期末再将发出存货的计划成本调整为实际成本的一种存货核算方法。

这种方法有三个好处。

第一,简化了发出存货的计价问题,发出存货时按照单位计划成本计量。计划成本与实际成本的差异到期末时再予以调整,期末对外报告的存货金额仍然是实际成本。对外报告的金额与综合加权平均法一致。

第二,相比综合加权平均法,在月末之前就能为企业管理者提供与生产有关的信息,虽然这些信息仍然按照计划成本计量,但是已经比较接近于实际成本了。

第三,确定计划成本本身就确定了管理标准,有利于企业进行成本控制。

产品制造企业既可以在材料取得环节采用计划成本法,也可以同时在库存产成品入库环节采用计划成本法。以下仅介绍材料取得环节计划成本法的使用。

(一)报表项目与科目设置

在计划成本法下,仍然通过资产类的"存货"项目报告存货。但是下设的会计科目有差别。以下仅给出与材料有关的会计科目的设置。

1."原材料"科目

该科目借方登记得到的原材料的计划成本,贷方登记使用的原材料的计划成本,期末该科目的余额在借方,反映结存的原材料的计划成本。该科目按照原材料的品种设置明细科目。

2."材料采购"科目

该科目属于资产类科目,反映企业采用计划成本进行材料日常核算而购入材料的实际成本。企业购入材料时,将发票所载明的材料价款、运杂费等应计入材料采购成本的金额记在本科目的借方;当材料验收入库时,将验收入库的材料的实际成本记在本科目的贷方;期末该科目余额在借方,表示企业已经购入尚未验收入库的在途材料的采购成本。该科目按照供应单位和物资品种设置明细科目。

3."材料成本差异"科目

本科目属于资产类科目,反映企业采用计划成本法进行日常核算的材料计划成本与实际成本的差额。材料验收入库时,若其实际成本大于计划成本,称为"超支差异",差异额记入该科目的借方,若其实际成本小于计划成本,称为"节约差异",差异额记入该科目的贷方。期末该科目的余额若在借方,表明期末结存的材料存在超支差异,若在贷方,表明期末结存的材料存在节约差异,所以该科目是"原材料"科目的附加备抵科目。

(二)会计处理

计划成本法的基本会计处理程序是:

第一,购入的原材料无论是否入库,均要先通过"材料采购"科目核算其实际成本。

第二,材料入库后,以材料的计划成本转入"原材料"科目。如果实际成本大于计划成本,产生了超支差异,记入"材料成本差异"科目的借方;如果产生了节约差异,记入"材料成本差异"科目的贷方。

第三,平时发出材料时,根据计划单价和发出材料的数量,确定发出材料的计划成本,记入"原材料"科目的贷方和"生产成本"科目的借方。

第四,月末计算本期材料成本差异率,进而计算本月发出材料应分摊的材料成本差异额,从而将本月记入"生产成本"的材料的计划成本调整为实际成本。

会计处理程序如图4—1。

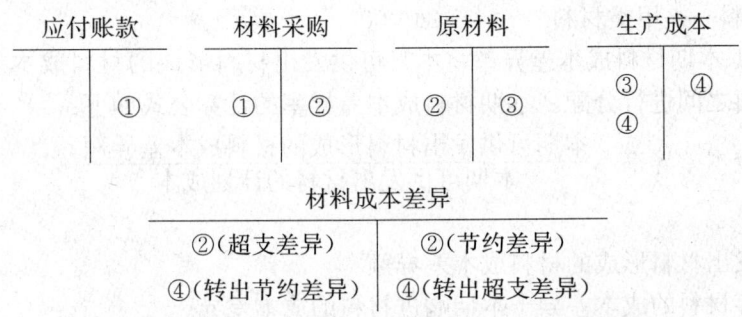

图4—1 计划成本法下会计科目之间关系示意图

【例4—12】 某企业材料存货采用计划成本法核算,甲类材料的计划成本为12元/公斤。2013年1月份甲类材料明细账的期初余额为56 000元,"材料成本差异"科目对应的明细科目期初余额为借方4 500元。

(1)1月10日购进甲类材料1 500公斤,材料款15 000元,增值税额2 550元,款项未付。另支付运输费500元,其中计入增值税进项税额14.57元,计入采购成本485.43元。

借:材料采购——甲类材料　　　　　　　　15 485.43
　　应交税费——应交增值税(进项税额)　　2 564.57
　　贷:应付账款　　　　　　　　　　　　　17 550
　　　　银行存款　　　　　　　　　　　　　500

(2)1月11日,10日购进的货物1 500公斤验收入库,实际成本15 485.43元,计划成本18 000元。

借:原材料——甲类材料　　　　18 000
　　贷:材料采购——甲类材料　　15 485.43
　　　　材料成本差异——甲类材料　2 514.57

(3)1月15日车间领用甲类材料2 000公斤,计划成本24 000元。

借:生产成本　　　　　　24 000
　　贷:原材料——甲类材料　24 000

(4)1月20日购进甲类材料2 000公斤,支付材料款26 000元,增值税额4 420元,另支付运输费1 000元,其中计入增值税进项税额29.12元,计入采购成本970.88元。

借:材料采购——甲类材料　　　　　　　　26 970.88

应交税费——应交增值税(进项税额)　　　　4 449.12
　　贷:银行存款　　　　　　　　　　　　　　31 420

(5)1月22日,20日购进的材料2000公斤验收入库,实际成本26 930元,计划成本24 000元。

借:原材料——甲类材料　　　24 000
　　材料成本差异——甲类材料　2 970.88
　　贷:材料采购——甲类材料　　26 970.88

(6)1月25日车间领用甲类材料2 000公斤,计划成本24 000元。

借:生产成本　　　　　　　24 000
　　贷:原材料——甲类材料　　24 000

1月末,根据本期材料成本差异率将本月可供发出材料形成的材料成本差异额,在发出材料和结存材料之间进行分配。本期材料成本差异率的计算公式如下:

$$本期材料成本差异率 = \frac{本期可供发出材料形成的材料成本差异额}{本期可供发出材料的计划成本}$$

其中,

本期可供发出材料形成的材料成本差异额
＝期初结存材料的成本差异＋本期购进材料的成本差异
本期可供发出材料的计划成本
＝期初结存材料的计划成本＋本期购进材料的计划成本。

于是,

本期已发出材料应分摊的材料成本差异额
＝本期已发出材料的计划成本×本期材料成本差异率
期末结存材料应分摊的材料成本差异额
＝本期可供发出材料形成的材料成本差异额－本期已经发出材料应分摊的材料成本差异额

本例中,

本月材料成本差异率＝
(4500－2514.57＋2970.88)/(56000＋18000＋24000)＝5.06%,

本月材料成本差异率为正数,表明本月可供发出材料产生了超支差异,即,可供发出材料的实际成本大于计划成本。

本月已发出材料应分摊的材料成本差异额＝48000×5.06%＝2428.80(元)

将本月已发材料的计划成本调增为实际成本的会计处理如下。

借:生产成本　　　2 428.80
　　贷:材料成本差异　2 428.80

上述经济活动用会计等式描述的结果见表4—20。

表 4—20

资产负债表要素	资产 =					负债		+所有者权益
资产负债表项目	货币资金	存货				应付账款	应交税费	* * *
资产负债表科目	银行存款	材料采购	原材料	材料成本差异	生产成本	应付账款	应交税费	* * *
期初重要项目的余额	* * *	* * *	56000	4500	* * *	* * *	* * *	* * *
购进材料时	−500	+15485.43				+17550	−2564.57	
材料入库时		−15485.43	+18000	−2514.57				
生产部门领用材料时			−24000		+24000			
购进材料时	−31420	+26970.88					−4449.12	
材料入库时		−26970.88	+24000	+2970.88				
生产部门领用材料时			−24000		+24000			
月底分摊材料成本差异				−2428.80	+2428.80			
期末重要项目的余额	* * *	* * *	50000	2527.51	* * *	* * *	* * *	* * *

我们深入分析甲类材料的账面情况。期初"原材料"科目余额为 56 000 元,"材料成本差异"科目期初为借方余额 4500 元,甲类材料的账面价值即实际成本,为两个科目的余额之和 60 500 元。期末"原材料"科目余额为 50 000 元,"材料成本差异"科目期末为借方余额 2 527.51 元,此时甲类材料的账面价值即实际成本为 52 527.51 元,如果甲类材料没有计提跌价准备,这一金额就是对外报告的金额。

如果本月材料成本差异率为负数,表明本月可供发出材料形成了节约差异,将发出材料的计划成本调减为实际成本时,所作分录与上述分录方向相反。进行会计处理后,"材料成本差异"科目余额仍在贷方,成为"原材料"科目的备抵科目。对外报告时,原材料的实际成本为"原材料"科目与"材料成本差异"科目余额之差。

企业完工入库的产成品,也可以采用计划成本法进行处理。在计划成本法下,按照完工入库产品的单位计划生产成本和完工入库数量计算完工入库产品的计划生产成本,并登记在"库存商品"科目。同时设置"产品成本差异"科目,反映完工入库产品的实际生产成本与计划生产成本的差额。平时销售库存商品时,按照库存商品的计划生产成本记录销售存货的成本,期末计算已销库存商品应分摊的产品成本差异额,并将本期已售库存商品的计划生产成本调整为实际生产成本。

需要强调的是,计划成本法是在会计科目层次进行的处理方法,在财务报表层次,计划成本法的结果与实际成本法下的综合加权平均法没有区别。

第四节 存货的报告

一、存货的列报

期末结存的存货在资产负债表中的"存货"项目下列报。如果以实际成本法核算,该项目以"在途物资"、"原材料"、"生产成本"、"库存商品"、"发出商品"、"委托加工物资"、"周转材料"等所有存货类科目的期末余额的合计数列报。如果采用计划成本法核算,则以"材料采购"、"材料成本差异"、"原材料"、"生产成本"、"库存商品"、"发出商品"、"委托加工物资"、"周转材料"等所有存货类科目的期末余额的合计数列报。无论采用哪种方法,如果计提了存货跌价准备,则要在上述合计数的基础上扣除"存货跌价准备"科目的余额。

本期已出售存货的成本在利润表的"营业成本"项目下列报。

二、存货的披露

在财务报表附注中还要披露存货的以下信息:
(1)各类存货的期初和期末账面价值;
(2)确定发出存货成本所采用的方法;
(3)存货可变现净值的确定依据,存货跌价准备的计提方法;
(4)当期计提的存货跌价准备的金额,当期转回的存货跌价准备的金额,以及计提和转回的有关情况;
等等。

本章小结

本章首先介绍了存货的定义和不同类型的企业持有存货的种类;介绍了存货的确认方式以及不同取得方式下存货的初始计量;介绍了发出存货的计价方法,并且对比分析了先进先出法和后进先出法对财务报表的影响,分析了后进先出法被取消的原因;介绍了可变现净值的概念以及存货跌价准备的计提;最后分别介绍了实际成本法和计划成本法下存货的会计处理。

一、复习思考题

1.什么是存货?存货带来经济利益的方式有什么特点?为什么在资产负债表上,存货位于应收票据、应收账款之后?
2.产品制造企业主要有哪些存货?商品流通企业呢?
3.存货的确认条件是什么?
4.存货初始计量(即取得存货时的计量)采用什么计量属性?
5.会计准则规定发出存货有哪些计价方法?为什么后进先出法被取消了?
6.既然已经采用一定计价方法确定了期末存货的成本,为什么期末还要进行存货的再次计量?期末存货再次计量时,采用的方法是什么?
7.待售存货和加工后出售的存货,可变现净值分别如何确定?
8.在实际成本法下,如何进行存货取得、存货发出、期末存货再次计量的会计处理?
9.在计划成本法下,如何进行存货取得、存货发出、期末存货再次计量的会计处理?
10.期末存货如何报告?

二、练习题

（一）单项选择题

1. 下列各项支出中，一般纳税企业不计入存货成本的是（ ）。
   A. 购入存货时发生的增值税进项税额
   B. 购买存货发生的装卸费
   C. 购买存货而发生的运输费用
   D. 购买存货而支付的进口关税

2. 企业发生的原材料盘亏或毁损损失中，不应作为管理费用列支的是（ ）。
   A. 自然灾害造成的毁损净损失
   B. 保管中发生的定额内自然损耗
   C. 收发计量造成的盘亏损失
   D. 管理不善造成的盘亏损失

3. 某企业原材料采用计划成本核算，2017年1月原材料科目期初余额为100 000元，材料成本差异科目期初借方余额为2 000元，1月10日购入材料一批，取得增值税专用发票注明货款200 000元，增值税34 000元，该批材料的计划成本为194 000元，材料已经到货，货款已经支付；1月20日又购入该材料一批，计划成本为150 000元，材料已经入库，但是发票等结算单据月末仍未到达，企业于期末将其按照计划成本估计入账。计算该材料当月材料成本差异率为（ ）
   A. 2.04%   B. 2%   C. 1.8%   D. 2.72%

4. 某企业是一般纳税人，2016年6月初原材料科目期初余额为8 000元，材料成本差异科目期初借方余额为160元，本月购入材料一批，计划成本为300 000元，实际成本为306 000元；本月发出材料计划成本为200 000元，则该企业2016年6月末结存存货的实际成本为（ ）元。
   A. 108 000   B. 110 160   C. 105 840   D. 142 560

5. 企业某种存货的期初实际成本为200万元，期初"存货跌价准备"账户贷方余额2.5万元，本期购入该种存货实际成本45万元，领用150万元，期末估计库存该种存货的可变现净值为91万元。则本期应计提存货跌价准备额为（ ）万元。
   A. 1.5   B. 2.5   C. 4   D. 9

6. 某企业2016年12月31日存货的账面余额为20000元，预计可变现净值为19000元。2017年12月31日存货的账面余额仍为20000元，预计可变现净值为21000元。则2017年末应冲减的存货跌价准备为（ ）元。
   A. 1000   B. 2000   C. 9000   D. 3000

7. 2016年12月31日，大海公司库存A材料的账面价值（成本）为400万元，市场购买价格总额为380万元，假设不发生其他购买费用，用A材料生产的甲产品的可变现净值为600万元，甲产品的成本为590万元。2016年12月31日A材料的价值为（ ）万元。
   A. 380   B. 600   C. 400   D. 590

（二）计算与会计处理题

1. 练习存货的计价方法

某企业月初 A 材料结存金额 500 元,结存数量 250 公斤;本月 5 日和 20 日分别购进甲材料 200 公斤,单价分别为 2.1 元和 2.3 元;本月 10 日和 25 日分别领用 300 公斤 A 材料。
要求:根据上述资料采用先进先出法和移动平均法计算 A 材料期末结存金额。

2.练习存货核算的实际成本法

某企业存货核算采用实际成本法,发出存货采用月末一次加权平均法。

月初"原材料"账户结存单价 199 元/件,结存数量 100 件,"在途物资"账户结存单价 200 元/件,结存数量 20 件。本月发生下列业务:

(1)上月在途材料入库。
(2)购买原材料单价 234 元/件(含增值税),购买数量 200 件,增值税率 17%,已入库,已付款。
(3)发出原材料 300 件。
(4)购买原材料单价 236.34 元/件(含增值税),购买数量 200 件,增值税 17%,已经付款,货已到。
(5)发出原材料 150 件用于产品生产。
(6)接受投资者 A 投入一批存货,数量 500 件,投资各方协商确定的价款为 117 000 元(含增值税),不考虑其他税费。

要求:用会计等式描述以上经济活动并编制有关会计分录。

3.北方公司期末存货采用成本与可变现净值孰低法计价。2014 年 9 月 26 日北方公司与南方公司签订销售合同:由北方公司于 2015 年 3 月 6 日向南方公司销售电子设备 10000 台,每台 1.5 万元。2014 年 12 月 31 日北方公司库存电子设备 13000 台,单位成本 1.4 万元。2014 年 12 月 31 日市场销售价格为每台 1.4 万元,预计销售税费均为每台 0.1 万元。北方公司于 2015 年 3 月 6 日向南方公司销售电子设备 10000 台,每台 1.5 万元。北方公司于 2015 年 4 月 6 日销售电子设备 100 台,市场销售价格为每台 1.2 万元。货款均已收到。北方公司系增值税一般纳税企业,适用的增值税税率为 17%。

要求:用会计等式描述以上经济活动并编制有关会计分录。

4.练习存货核算的计划成本法

某企业存货核算采用计划成本法。A 类原材料的计划单价为 200 元/件。

月初"原材料"A 明细账户的结存数量为 100 件,"材料成本差异"账户借方余额为 300 元,"材料采购"账户余额为 4000 元,数量为 20 件。本月发生下列业务:

(1)上月在途材料入库。
(2)购买原材料 200 件,单价 237.51 元/件(含增值税),增值税率 17%,已经入库,已付款。
(3)发出材料 250 件用于产品生产。
(4)购买原材料价款 200 件,单价 238.68 元/件(含增值税),增值税率 17%,已经付款,货已到。
(5)发出材料 250 件用于产品生产。
(6)月末计算材料成本差异率,结转发出材料应负担的成本差异。

要求:用会计等式描述以上经济活动并编制有关会计分录。

三、财务报表题

1. "你的"公司存货由哪些项目构成，金额怎样？期末存货余额占总资产余额的比例如何？期初期末余额如何变化？推测这些变化背后公司可能发生的经济活动。

2. "你的"公司发出存货采用什么计价方法？

3. "你的"公司在最近一年度计提存货跌价准备了吗？当期有跌价准备转回吗？

第五章

固定资产

【学习目标】

通过学习本章,你应该:
1. 掌握固定资产的含义,了解不同行业固定资产的特点;
2. 掌握不同方式下取得固定资产的初始计量方法;
3. 掌握影响每年折旧额的因素,熟悉折旧的计算方法;
4. 了解固定资产后续资本化支出和费用化支出的含义,掌握其会计处理方法;
5. 理解可收回金额的含义,掌握期末计提固定资产减值准备的记录与报告;
6. 掌握固定资产清理的会计处理方法。

引子

2011年8月23日,鞍钢股份有限责任公司(股票代码:000898)公布了2011年半年度报告。报告显示,2011年上半年度公司实现净利润2.2亿元,每股收益0.03元,而上一年度同期公司实现净利润27.5亿元,每股收益0.38元。2011年9月26日,公司召开董事会会议,审议批准了《关于调整公司固定资产折旧年限的议案》。董事会称:"本次调整,预计将使公司2011年度固定资产折旧额减少10.36亿元,所有者权益及净利润增加7.77亿元。此次调整未超过2010年度经审计的所有者权益及净利润的50%,无需提交公司股东大会审议。"该议案公布以后,引发了市场众多质疑。于是公司董事会又于2011年9月29日公布了更正公告。公告称,公司决定从2011年10月1日起调整固定资产折旧年限,预计将使公司2011年度固定资产折旧额减少5.18亿元,所有者权益及净利润分别增加3.88亿元。由于本次会计估计变更的影响额预计超过2011年度定期报告净利润的50%,需提交公司股东大会审议。

2011年12月19日,公司召开2011年第一次股东临时大会,大会审议了9月29日《关于调整公司固定资产折旧年限的议案》,并批准通过。2012年3月28日该公司公布的2011

年度报告显示,公司2011年度实现净利润-21.46亿元,每股收益-0.297元/股[①]。

第一节 固定资产概述

资产是能够带来未来经济利益的经济资源,这些经济资源持续为企业带来经济利益的时间有长有短。如果在未来一年或者超过一年的一个营业周期内带来经济利益,这样的资产就称作"流动资产",否则就称作"非流动资产"。此前,第三章所讲的货币资金与经营性短期债权以及第四章所讲的存货,都属于流动资产。从本章开始到第七章,讲述的都是长期资产,包括固定资产、无形资产和投资性房地产。本章讲述固定资产。

固定资产是耐久性资产,能够持续地在较长时期内发挥作用,并且在使用中始终保持其原有实物形态。例如,房屋建筑物能为生产经营提供安全、舒适的空间,各种设备能完成生产经营所需要的机器化、自动化作业,通讯设备能完成企业内部与内部之间的信息沟通,运输工具能完成货物和人员的空间转移。这些资产在短则几年、长则几十年的时间内持续为企业服务,而且在使用中实物形态不发生改变,它们都属于企业的固定资产。

我国《企业会计准则第4号——固定资产》(以下简称"固定资产准则")对固定资产的定义是:"固定资产,是指同时具有下列特征的有形资产:第一,为生产商品、提供劳务、出租或经营管理而持有的;第二,使用寿命超过一个会计年度。"

首先,固定资产是有实物形态的资产,看得见、摸得着,能够用某种实物计量单位加以计量,在为企业带来经济利益的过程中,外在形态基本保持不变。

其次,固定资产或者为企业对外销售商品、提供劳务带来物质条件,比如产品制造企业直接用于生产产品的厂房和机器设备,商品流通企业用作卖场的房屋建筑物,采掘企业用于开采矿产资源的挖掘机,仓储企业用于提供储存服务的库房和货架,运输企业用于提供运输服务的运输工具,等等;或者为企业经营管理提供必要条件,比如各类型企业的职能部门使用的房屋建筑物、运输工具以及通讯设备等;或者通过出租带来经济利益,比如出租公司用于出租的汽车,产品制造企业出租的闲置设备。总之,固定资产通过企业自身的经营管理带来经济利益,是为了"持续使用",而不是为了"一次出售"。这是固定资产与存货的本质区别。

第三,固定资产是耐久性资产,为企业服务的期限超过一个会计年度。

固定资产的服务期限较长,长于一年。

但是耐久性资产并非一定是固定资产。例如,房地产开发商开发的商品房,汽车制造企业生产的汽车,工程机械制造公司生产的工程用机械设备等,都是耐久性的。但是对生产这些产品的企业而言,这些资产都不是"自用"的,而是"出售"的,它们是存货,而非固定资产。作为耐久性资产的房屋建筑物,如果既不自用,也不出售,而是为了出租,那就是另一类资产——投资性房地产了。投资性房地产将在第七章讲述。

表5-1例举了固定资产在不同行业所占总资产的比重。

---

① 资料来源:根据鞍钢股份有限责任公司年度报告和不定期公告整理。

表 5—1　不同行业固定资产占比对照表

公司名称	所属行业	固定资产净额（单位：百万元）	资产总额（单位：百万元）	固定资产占总资产比例
中国工商银行	金融企业	195,401	22,209,780	0.88%
苏宁云商	商品流通企业	2,464	89,191	2.76%
贵州茅台	制造业	10,896	55,125	19.77%
中国移动	移动通讯服务企业	585,631	1,427,895	41.01%
中国石化	制造业	439,477	979,286	44.88%
广电网络	广播电视卫星传输企业	3,597	5,410	66.49%

资料来源：2015年度上市公司年度报告

由表 5—1 可知，固定资产在不同行业的企业中所占总资产比重大不相同。它是制造业等资本密集型行业的核心资产。（有兴趣的读者可以仔细研究金融企业、商品流通企业的资产负债表，看看它们的核心资产究竟是什么，并深入体会不同的资产结构所呈现出的商业模式的差异。）

固定资产按照为企业带来经济利益的方式，大体分为以下类别：

1. 房屋建筑物
2. 通用设备
3. 专用设备
4. 运输设备
5. 工具及器具等其它固定资产

固定资产的详细分类，与企业所从事的具体生产经营活动有关，不同行业、不同企业有一定区别。实务中，各企业根据固定资产准则所规定的固定资产定义，确定自己的固定资产确认标准，并编制固定资产目录。纳入固定资产名录的资产，一旦取得后，企业就要建立固定资产卡片，详细记载该项资产的供应商、取得时间等等，以便进行后续实物管理。

理论上，拥有所有权的土地也是一类固定资产。但是在我国土地归国家所有，企业通常只拥有土地的使用权。这类拥有使用权的土地属于无形资产，不属于固定资产。

第二节　固定资产的确认与初始计量

一、固定资产的确认

固定资产准则规定，固定资产的确认标准为：与该固定资产有关的经济利益很可能流入企业，该固定资产的成本能够可靠计量。

任何类型的资产都必须同时具备"相关的经济利益能够流入"和"成本能够可靠计量"这两个条件才能确认。固定资产的确认除了满足资产确认的上述两个一般条件之外，还必须符合固定资产资产的定义：首先，资产必须具有实物形态；其次在超过一个会计年度的期间内，为企业生产商品、提供劳务、出租或者经营管理创造物质基础。

会计准则并没有明确固定资产的价值判断标准，该标准由各企业自行确定。于是，同样的经济资源，不同的企业也可能会从各自管理成本角度出发，将其确认为不同的资产。例如，一台会议室使用的空调，规模较小的企业可能将其确认为固定资产；规模较大的企业，比如电网公司，考虑到这种金额水平的资产项目很多，按照低值易耗品进行管理更符合成本效益原则，会将其确认为低值易耗品。同样的经济资源在不同规模的企业里确认为不同的资产，表面上看使得会计信息的可比性受到了影响，但实质上使得企业会计政策的选择空间更大，从而使得会计信息的相关性可能会更高。若会计规范制定统一的价值标准，强制所有的企业将某类资产确认为固定资产，反而不能真实反映企业状况的差异。

二、固定资产的初始计量

固定资产的初始计量是指新取得固定资产时，对固定资产的计量。为了保证会计信息的可靠性，固定资产的初始计量与存货的初始计量一样，都采用历史成本计量属性。固定资产的取得方式不同，历史成本的确定方式也不相同。

1.外购固定资产的成本

外购固定资产的成本，包括固定资产的购买价款、相关税费以及其他一切使固定资产达到预计可使用状态所发生的合理的、必要的支出。至于相关税费，对于购入以后不需要安装马上就能投入使用的固定资产，包括运输费、装卸费、保险费等；对于购入以后需要安装的固定资产，在此基础上还要包括安装费和专业人员服务费等。另外，作为一般纳税人，为购买固定资产支付给供应商的增值税，以及支付给运输商的运输费中包含的增值税，都属于进项税额，不计入固定资产的购入成本。

【例5-1】 2016年1月1日，甲公司购入一台不需要安装的设备，取得的增值税专用发票上注明交易总额为234万元，其中金额为200万元，增值税额为34万元。另外向供应商支付运输费总额为2 000元，其中税额为58.25元，运输成本为1941.75元。甲公司是一般纳税人，假定不考虑其他相关税费。

该项固定资产的初始计量金额=2 000 000+1 941.75=2 001 941.75(元)

【例5-2】 2016年月1日，甲公司购入一台需要安装的机器设备，取得的增值税专用发票上注明交易总额为117万元，其中金额为100万元，增值税额为17万元，另外向运输商支付了运输费2 000元，其中58.25元计入增值税额，运输成本1941.75元。安装设备时，领用本公司原材料一批，成本1万元，另外向安装该设备的本公司安装工人支付工资5 000元。甲公司是一般纳税人。

该项固定资产的初始计量金额=1 000 000+1941.75+10 000+5000=1 016 941.75(元)

2.自行建造固定资产的成本

自行建造的固定资产是指，企业利用自己的人力、物力、财力建造的固定资产，或者委托其他方按照自己的要求建造的固定资产。上述两种方式分别称为"自营建造"和"出包"。

企业以自营方式建造固定资产，是指企业自行组织工程物资采购、自行组织施工人员进行施工。以自营方式建造的固定资产的成本，包括建造期间内发生的全部合理的必要的支出，如直接材料、直接人工以及与建造该项资产相关的共同性费用(类似于产品生产的制造费用)。如果建造固定资产向银行借款,那么所借款项在固定资产达到预定可使用状态之前发生的借款利息,也要计入该固定资产的成本中。

实务中,采用自营方式建造固定资产的情况比较少见,多数情况下采用出包方式。在出包方式下,企业通过招标方式将工程项目出包给承包商,由承包商组织工程项目施工。出包企业要与承包商签订建造合同。出包企业是建造合同的甲方,通常称为"建设单位",负责筹集资金和组织管理工程建设,而承包商是建造合同的乙方,负责建造安装等施工任务。

企业以出包方式建造固定资产,其成本由建造该项固定资产达到预定可使用状态前所发生的合理的必要支出构成,主要包括建筑工程支出和安装工程支出。这些支出由承包商核算,出包企业按照合同规定的结算方式和工程进度定期与承包商办理工程价款结算。结算的工程价款计入在建固定资产成本。如果出包企业同时建设多个项目,这些项目共同发生的管理费、可行性研究费、临时设施费、公证费、监理费、应负担的税金、利息费,不能单独计入某项在建固定资产的成本,而应由所建造的全部固定资产共同负担。所以对某个建造固定资产项目而言,其成本包括以工程价款形式支付给承包商的建筑工程支出、安装工程支出,还包括所分担的共同性费用。

需要注意的是,企业建造房屋建筑物作为固定资产时,为了取得土地使用权而付出的成本,属于无形资产的成本,不构成固定资产的成本。

3.接受投资者投入固定资产的成本

接受投资者投入的固定资产,与接受投资者投入的存货一样,都要通过一定的价值评估程序确定其价值,再由投资各方以评估确定的价值为基础,协商确定该项资产的价值。所以接受投资者投入的固定资产,以投资各方协商确定的价值作为初始计量金额。

投资企业如果是一般纳税人,按照税法规定以该资产对外投资要开具增值税专用发票,那么接受投资的企业取得固定资产的同时,就取得了增值税专用发票,它所接受投资的金额就被拆分为两部分,一部分是"金额",即所取得的固定资产的成本,另一部分是"税额",即增值税进项税额。

【例5—3】 甲乙公司都是增值税一般纳税人。甲公司接受投资方乙公司投入的设备一台。该设备由甲公司的投资各方协商确定的价值为100万元。乙公司开具的增值税专用发票上注明交易总额为100万元,其中金额为854 701元,税额为145 299万元。

甲公司接受投资得到的设备的初始计量金额=854 701(元)

4.附有弃置义务的固定资产的成本

有些行业的固定资产,如核电站的核发电设施,石油开采业的海上钻井平台等等,在使用寿命期满时,要按照政府的环境保护要求进行适当处理,如核设施要深埋;海上钻井拆掉平台以后,要恢复周围海域的生态。与其他固定资产不同的是,这些固定资产在弃置时,要发生大量的弃置支出。企业使用这类固定资产所承担的成本,除了资产的建造成本,还包括弃置成本。

弃置成本虽然是固定资产成本的一部分,但是取得固定资产时,该项支出尚未发生,其金额尚不确定。要对弃置成本进行计量,只能估计若干年后弃置固定资产时发生的支出额,并将该支出额按照一定的折现率折成现值,以该现值作为弃置成本。所以,附有弃置义务的固定资产,其取得成本是一般意义上的取得成本,再加上未来弃置固定资产所发生支出的估计额的折现值。

【例 5—4】 某石油开采公司一台海上钻井平台,造价 60 亿,预计 10 年以后该地区石油开采完毕时,为了恢复因设置钻井平台而影响的生态要发生支出 6000 万元,折现率为 5%。该公司海上钻井平台的初始计量金额
$= 6\ 000\ 000\ 000 + 60\ 000\ 000/(1+5\%)^{10} = 6\ 036\ 834\ 800(元)$

第三节　固定资产的后续计量与终止确认

固定资产的后续计量是指在固定资产服务期间内对固定资产进行的计量,包括计提折旧、确定资本化的后续支出以及确定固定资产减值三个方面。

一、固定资产计提折旧

(一)固定资产折旧的定义

折旧是指在固定资产的使用寿命内,按照确定的方法对应计折旧额进行的系统分摊。

计提折旧的逻辑基础是权责发生制。根据权责发生制,费用的确认时间和金额应该与相应的收入配比:收入在哪个期间确认,费用就在同一期间确认;哪个期间收入的金额多,同一期间费用的金额也应该多。既然固定资产是使用年限超过一年的有形资产,并且除了拥有所有权的土地以外,其余固定资产的使用寿命有限,那么因固定资产而产生的支出就应该分摊在至少两个会计年度内,形成折旧费用;而且哪个年度固定资产带来的经济利益多,哪个年度分配的费用额就多。总而言之,计提折旧的目的,就是将取得固定资产的成本以某种合理的方式分配到使用寿命内的各会计期间内,实现各会计期间收入和费用的恰当配比。对于产品制造企业,尤其是固定资产占资产总额比重达 2/3 甚至更高的企业,如何计提折旧,对当期利润影响很大。

折旧是从固定资产开始使用的第一个会计期末计提的,一直到固定资产使用期满或者报废毁损为止。它是在固定资产持续使用过程中于每个会计期末实施的程序,而并非在若干年后固定资产报废时对其过去已经服务的年限所应分配的折旧费用进行确认和计量。

(二)影响固定资产年折旧额的因素

影响固定资产年折旧额的因素主要有以下四个。

1.固定资产原价

固定资产原价,指固定资产初始计量金额。在其他影响因素不变的条件下,固定资产原价越高,年折旧额越高。

2.预计净残值

净残值,是指固定资产不能再继续使用时,企业处置该项资产所实际获得的残料变卖收入扣除处置费用后的净额。固定资产原价扣除净残值的差额是企业为了获得固定资产上的利益而最终付出的代价。因为折旧不是在固定资产终止使用时,而是在固定资产开始使用后就实施的一项程序,所以为了确定企业为获得固定资产上的利益所付出的代价,只能提前估计净残值,所估计的值就是"预计净残值"。

应计折旧额＝固定资产原价－预计净残值

（注：附有弃置义务的固定资产，预计净残值是负数，在确定固定资产原价时，已经包括了这部分金额，所以这类固定资产的应计折旧额就是固定资产的原价。）

如果预计固定资产要很多年以后才终止使用，而且预计处置后带来的净残值金额很大，那么就要将该净残值以一定的折现率折成现值的金额作为计算折旧额所使用的"预计净残值"。固定资产会计准则规定，"预计净残值，是假定固定资产预计使用寿命已满并处于使用寿命终了时的预期状态，企业目前从该项资产处置中获得的扣除预计处置费用后的金额。"

显然，在其他条件不变的情况下，预计净残值越高，应计折旧额就越少，年折旧额就越低。

预计净残值通常用百分比表示，称为"预计净残值率"。

预计净残值率＝预计净残值／固定资产原价

3．固定资产的预计使用寿命

一项固定资产的实际使用寿命要到固定资产报废时才能确定。为了计提折旧，需要提前估计固定资产的使用寿命，所估计的值就是"固定资产的预计使用寿命"。固定资产准则规定，"固定资产的预计使用寿命，是指企业使用固定资产的预计期间，或者该固定资产所预计能生产的产品或提供劳务的数量"。按照准则的规定，固定资产的使用寿命，既可以用年限来度量，也可以用固定资产提供的服务量来度量。房屋建筑物通常用年限表示其寿命，而设备、运输工具等通常用所能生产的产品、所能提供劳务的数量或者所能行驶的里程数表示其寿命。企业估计固定资产使用寿命时，除了考虑其设计寿命以外，还要考虑使用过程中所受到的物理、化学因素，以及因技术更新所产生的资产被淘汰等经济因素。

在其他因素不变的条件下，固定资产预计使用寿命越长，年折旧额越低。

4．固定资产的折旧方法

固定资产的折旧方法，是指将应计折旧额分摊到固定资产使用寿命的各会计期间内的分配方法。为了尽量将折旧费用与固定资产所带来的利益在金额上实现配比，确定固定资产的折旧方法时，要预计固定资产未来为企业带来经济利益的方式。房屋建筑物每个会计期间提供大致差不多的服务，所以每个期间的折旧额也应该差不多，采用平均分配方式比较合适；一般的机器设备，工作时间越长，提供的服务越多，所以当期计提的折旧额应该与机器的工作时间联系起来，但是如果机器设备工作时间在各期大致相当，也可以在各期平均分配；而技术更新快的通讯设备等，在使用寿命内的前期为企业提供的服务多，后期因为技术已经落后，提供的服务较少，所以前期折旧额应该多一些，后期折旧额应该少一些。

在固定资产原值、预计净残值和预计使用寿命这三个因素不变的条件下，固定资产的折旧方法决定了各年的折旧额。

固定资产准则规定了可选用的折旧方法，包括：年限平均法，工作量法和加速折旧法。而加速折旧法又包括双倍余额递减法和年数总和法两种方法。企业要根据固定资产预计带来经济利益的方式，选择能实现各期折旧费用与固定资产提供的服务恰当配比的方法。

(1)年限平均法

又称平均年限法。采用这种方法，固定资产的使用寿命以"年"计算，它将固定资产的应计折旧额均衡地分摊到固定资产预计使用寿命内的每一年。当固定资产各期服务程度大致相同，各期应分摊大致相同的折旧费时，采用年限平均法计算折旧是合理的。这种方法在实务中使用得也最为普遍。

采用这种方法计算每年的折旧额，计算公式如下：

年折旧额＝(固定资产原值－固定资产预计净残值)/固定资产预计使用年限

在年限平均法下，每年的折旧额是相同的，用坐标轴表示出来，年折旧额与时间的关系是一条平行于横坐标的直线，所以又被称为"直线法"。

年限平均法下，年折旧额也用"年折旧率"这一相对指标来表示。

年折旧率＝年折旧额/固定资产原值

＝(1－预计净残值率)/固定资产预计使用年限×100％

"年折旧率"这一指标能剔除固定资产原值的影响，反映固定资产折旧的计提情况。企业在财务报告附注中披露固定资产及其折旧计提情况时，采用的都是年折旧率、预计净残值率等相对指标。

实务中，企业按照月份计提折旧。

月折旧率＝年折旧率÷12

月折旧额＝固定资产原价×月折旧率

【例5－5】 甲公司某台设备原价为180万元，预计使用寿命为5年，预计净残值率为5％。采用平均年限法计提折旧。各年折旧额的计算见表5－2。

表5－2 年限平均法下该设备各年折旧额的计算

单位：元

年份	原值	年折旧率	当年折旧额	累计折旧额
第1年	1 800 000	19％	342 000	342 000
第2年	1 800 000	19％	342 000	684 000
第3年	1 800 000	19％	342 000	1 026 000
第4年	1 800 000	19％	342 000	1 368 000
第5年	1 800 000	19％	342 000	1 710 000

(2)工作量法

工作量法，是根据固定资产每期实际提供的服务量计算每期应提折旧额的一种方法。这种方法与年限平均法的思路相当，都是将应计折旧额在预计使用寿命内平均分配。与年限平均法不同的是：年限平均法以"固定资产使用年限"作为预计使用寿命的计算依据，而工作量法以"固定资产提供的服务量"作为预计使用寿命的计算依据。工作量法是另一种形式的"直线法"。

计算公式如下：

单位工作量折旧额＝固定资产原价×(1－预计净残值率)/预计总工作量

如果以月计提折旧，

月折旧额＝当月固定资产提供的服务量×单位工作量折旧额

【例5－6】 甲公司的一台机器设备原价为800 000元，预计生产产品产量为4 000 000个，预计净残值率为5％，本月生产产品40 000个。该企业采用工作量法计算这台设备的折旧额。

这台设备本月折旧额计算如下：

单位工作量折旧额＝800 000×(1－5%)/4 000 000＝0.19(元/个)

本月折旧额＝40 000×0.19＝7 600(元)

(3) 加速折旧法

技术更新速度快的固定资产，前期带来的经济利益多，后期带来的经济利益少，前期应多提折旧，后期应少提折旧，折旧额应呈现前多后少的递减分布状态。将应计折旧额按照这种递减分布状态进行分配的方法，称作加速折旧法。加速折旧法也称作递减费用法，它在固定资产使用前期多提折旧，而在后期少提折旧，从而相对加速计提折旧。人们曾经设计出若干种办法来实现折旧额的递减分布。目前我国企业会计准则规定的加速折旧法有两种，一种是双倍余额递减法，另一种是年数总和法。这两种方法也是国际通行的加速折旧法。

① 双倍余额递减法，是指在不考虑固定资产预计净残值的情况下，将每期期初固定资产原价减去累计折旧后的余额与双倍的预计使用年限的倒数相乘计算固定资产折旧的一种方法。

定义中"固定资产原价减去累计折旧后的余额"通常称作"固定资产净值"。随着折旧的计提，固定资产的净值在逐年减少，于是每年计提的折旧额也呈递减趋势。

但是递减的分布只在年与年之间进行。取得固定资产后每满一整年称为"一期"。定义中的"每期期初"是指取得固定资产后每满一整年的时点，而不是通常所说的自然年度的每个会计期间的期初。例如，某项固定资产是在 2016 年 11 月 21 日取得，那么"每期期初"是指每年的 11 月 21 日，而不是 1 月 1 日。

取得固定资产每满一整年当中的各月，还是要平均分配当年应计提的折旧额的，即双倍余额递减法下，

月折旧额＝年折旧额÷12

使用双倍余额递减法，由于在计算各期折旧额时没有考虑预计净残值，所以在固定资产达到预计使用寿命时，已经计提的折旧总额可能与应计折旧额不一致。为了解决这个问题，通常在预计使用年限的最后两年，改双倍余额递减法为年限平均法。

【例 5－7】 甲公司某项设备原价为 180 万元，预计使用寿命为 5 年，预计净残值率为 5%。采用双倍余额递减法计算每年折旧额的结果见表 5－3。

表 5－3 双倍余额递减法下该设备各年折旧额的计算

单位：元

年份	固定资产净值	使用年限倒数的 2 倍	当年折旧额	累计折旧额
第 1 年	1 800 000	2/5	720 000	720 000
第 2 年	1 080 000	2/5	432 000	1 152 000
第 3 年	648 000	2/5	259 200	1 411 200
第 4 年*	388 800		149 400	1 560 600
第 5 年	239 400		149 400	1 710 000

*：从第 4 年开始，改双倍余额递减法为平均年限法。第四年初还有应计折旧额 298 800(388 800－90 000)元，在剩余的两年内平均分配，每年 149 400 元。

②年数总和法

年数总和法将固定资产的预计使用寿命的年数总和作分母,将当年年初尚可使用年限做分子,以这样的比率乘以应计折旧额计算各年折旧额。这种方法巧妙地将应计折旧额在预计使用年限内进行了前多后少、逐年递减的分布,计算也比双倍余额递减法简单。

年数总和法的递减也是在年与年之间进行的,一年当中各月折旧额相同。

沿用【例5—7】,采用年数总和法计算的各年折旧额如表5—4所示:

表5—4 年数总和法下各年折旧额的计算

单位:元

年份	尚可使用年限	应计折旧额	年折旧率	各年折旧额	累计折旧额
第1年	5	1 710 000	5/15	570 000	570 000
第2年	4	1 710 000	4/15	456 000	1 026 000
第3年	3	1 710 000	3/15	342 000	1 368 000
第4年	2	1 710 000	2/15	228 000	1 596 000
第5年	1	1 710 000	1/15	114 000	1 710 000

影响年折旧额的四个因素中,除了固定资产原价是确定的,其余三个都是估计的。对这三个因素进行估计,称作"会计估计"。会计估计,是指企业对结果不确定的交易或者事项以最近可利用的信息为基础所作的判断。经济活动内在的不确定性以及会计信息的及时性,使得会计估计成为必然。除了上述三种会计估计以外,在第四章所讲述的"存货可变现净值"的确定也是一种会计估计。后续章节还要接触其他会计估计。像折旧额这样在会计估计的基础上计算出来的金额,是"精确计算的估计数"。

按照企业会计准则的要求,企业应确定每类或每项固定资产的使用寿命、预计净残值、折旧方法等,并编制成册,根据企业的管理权限,经股东大会或董事会,或经理(厂长)会议或类似机构批准,按照法律、行政法规等的规定报送有关各方备案,同时备置于企业所在地,以供投资者等有关各方查阅。在企业的年度报告中,企业还应将上述信息作为财务报表附注披露。

以下是某发电类上市公司在2011年报中披露的与固定资产有关的会计估计。

固定资产按成本并考虑预计弃置费用因素的影响进行初始计量。固定资产从达到预定可使用状态的次月起,采用年限平均法在使用寿命内计提折旧。各类固定资产的使用寿命、预计净残值和年折旧率如下:

表5—5

类别	折旧年限(年)	预计净残值率(%)	年折旧率(%)
房屋及建筑物	8—45	5.00	2.11—11.88
发电设施	4—35	5.00	2.71—23.75
运输工具	6—12	5.00	7.92—15.83
其他	5—22	5.00	4.32—19

固定资产的预计净残值、预计使用年限以及折旧方法记录在固定资产卡片上。每月根据固定资产卡片上的资料计算折旧额。

(三)固定资产预计使用寿命、预计净残值和折旧方法的复核

会计估计是在一定环境下,根据当时所掌握的资料做出的。可是企业所处的经济环境、技术环境以及其他环境都处于不断变化中,原先的会计估计可能不再适用。比如固定资产的使用强度相比原先预计大大提高了,于是预计使用寿命相比原先的估计可能会缩短;以前年度采用年限平均法计提折旧的固定资产,现在看来与该固定资产相关的技术发生了很大变化,固定资产未来带来的经济利益可能呈递减趋势等。固定资产准则规定,"在固定资产服务期的每个会计期末,企业还应持续地对预计净残值、预计使用寿命和折旧方法进行复核。"这种复核就是重新进行会计估计。如果有确凿证据表明,新的估计能更恰当地反映固定资产的使用情况,就要进行会计估计变更。

变更后的会计估计,同样要经股东大会或董事会,或经理(厂长)会议或类似机构批准,按照法律、行政法规等的规定报送有关各方备案,同时备置于企业所在地,以供投资者等有关各方查阅。在企业的年度报告中,企业还应将变更会计估计的原因及变更后情况作为财务报表附注披露。

有确凿证据并且报经管理部门批准的会计估计变更,不属于会计差错,在原先会计估计下计算的金额也不予以调整,新的会计估计只适用于变更以后的会计期间。

但是有些企业利用会计期末复核会计估计的机会,故意进行会计估计变更,通过缩短或延长固定资产预计使用寿命,来减少或增加当期利润。甚至有些公司在下半年度或者年底变更固定资产预计使用寿命,并且按照新的会计估计调整当年已经计提的折旧费用。这类公司通过变更会计估计来操纵利润的痕迹非常明显。

(四)计提折旧的固定资产范围

固定资产准则规定,两类资产不用计提折旧,一类是拥有所有权的土地,另一类是已经提足折旧的固定资产。

拥有所有权的土地的使用寿命是无限的,不会随着使用降低未来带来的经济利益,所以不必把取得土地的成本进行分配,不必计提折旧。

按照计提折旧的原理,闲置的固定资产以及停用的固定资产,由于没有带来经济利益,本不应该计提折旧。而准则规定,除了拥有所有权的土地以外,只有提足折旧的固定资产不用再提折旧,言下之意,要求对上述这些资产照提折旧,这样规定一是为了促使企业尽快将闲置资产发挥效益,二是为了避免企业以停用资产为借口少提折旧。

二、固定资产的后续支出

固定资产使用过程中,各组成部分的磨损程度不一样,有些部分较容易损坏,这时就需要对损坏的部分加以修理,以维持固定资产的正常功能。有时候,原有的功能不够用,需要增添,比如在原有房顶上加盖一层,或者在汽车里改装一台更高级的空调,等等。这种在固定资产的使用过程中发生的维修支出、改建扩建支出等称作"固定资产的后续支出"。固定资产会计准则规定,后续支出的处理原则为:符合固定资产确认条件的,应当计入固定资产成本;不符合固定资产确认条件的,应当计入当期损益。

(一)固定资产后续支出的资本化

如果某固定资产的一项后续支出增加了该资产的功能,比如提高了该资产的使用寿命,

或者改善了使用该资产的工艺流程从而提高了产量或品质,或者降低了生产成本,那么这样的支出在未来超过一年的时间内将带来经济利益。在支出发生的同时,就应该确认一项长期资产。由于该长期资产未来带来经济利益的方式与原固定资产一致,所以会计处理时并不新增固定资产项目,而是将该长期资产的历史成本(即后续支出的金额)直接计入原固定资产成本中。固定资产后续支出确认为长期资产的会计处理过程,称作"固定资产后续支出的资本化"。资本化的后续支出增加了固定资产成本,影响了固定资产的计量,与折旧有关的会计估计也要相应变更。

扩建工程通常增加了原有固定资产的功能,由此产生的支出一般都要资本化,计入固定资产成本。改建工程通常改变了部分固定资产的功能,一般的处理方式是,冲销改建部分固定资产的净值(改建部分固定资产的原值减去相应的累计折旧额),再把改建过程的支出计入固定资产成本。比如某房屋建筑物原值 1000 万元,已经计提折旧 200 万元,现在对其中的一部分进行改建,这部分的原值 400 万元,累计折旧 80 万。改建过程中又发生支出 300 万元。则改建以后新的固定资产的成本为 1000－200－(400－80)＋300＝780(万元)。

另外,如果承租企业对采用经营租赁方式租入的固定资产进行改良支出,比如,对租入的房屋建筑物进行装修,那么此装修支出服务于若干个年度,就具有与固定资产资本化的后续支出相同的性质。由于承租企业不能将经营租赁的固定资产确认为自有固定资产,在发生资本化的后续支出时,就没有可以依托的固定资产,所以只能另外确认一项长期资产——"长期待摊费用"。

(二)固定资产后续支出的费用化

如果固定资产的后续支出,仅仅用于维持固定资产的原有功能,不满足资产的确认条件,不能在未来带来经济利益,那么对这种支出就要进行费用化处理。这样的支出包括:根据设备使用状况和设备使用说明书要求的时间进行部件更换、检验、调试、维修;因长期使用致使设备性能和工作效率降低、满足不了正常需要而进行的维修。在固定资产后续期间内,如果某种支出既不增加、也不改善资产的功能,那么这种支出无论金额多少,也无论间隔多长时间发生一次,由于不能产生未来经济利益,所以不能确认为资产,只能在发生当期计入费用。固定资产后续支出计入当期费用的会计处理过程,称作"固定资产后续支出的费用化"。费用化的后续支出不影响固定资产的后续计量。

三、固定资产的减值

根据谨慎原则要求,当发生不确定事项的时候,不得高估资产、低估负债,不得高估收入、低估费用。如果在会计期末,预期未来的经济利益低于目前资产的账面价值,那就说明以目前账面价值计量资产,资产被高估了。这时就要实施资产减值程序,将资产的账面价值调低为资产预期未来能够带来经济利的金额,同时确认资产减值损失。

固定资产是未来长期为企业服务的,但是作为资产本身,它带来经济利益有两种方式,一是当下处置,直接变现;二是从该资产的持续使用中获利。理性的管理者必定以两者孰高来决定这项资产的用途。所以,当下处置资产所产生的可变现净值,与未来持续使用资产所产生现金流量的现值,二者之中较高者就是固定资产预期未来带来的经济利益,称为"可收回金额"。期末,如果固定资产的可收回金额低于此时固定资产的账面价值,就要实施固定资产减值程序,将固定资产账面价值调低为可收回金额。

实务中单项资产独立产生现金流的情况不多见,通常情况下,是多项资产协同运营共同产生现金流的。这可能是若干固定资产的组合,也可能是若干固定资产与若干无形资产的组合等。所以在进行减值处理时,要以能够独立产生现金流的资产组或者资产组组合为单位确定可收回金额。如果该组合的可收回金额低于该组合的账面价值,那么就说明该组合所包括的资产发生减值了。通常情况下,此时要按照资产组合中各单项资产账面价值的比例分配该组合的减值额。

下面以能独立产生现金流的单项固定资产为例说明如何确定固定资产的减值。

【例5-8】 2016年12月31日,A公司发现2013年12月31日购入的一项利用专利的技术设备,由于类似的专利技术在市场上已经出现,此项设备可能减值。假设2016年末该设备原价8 000 000元,已经计提折旧2 500 000元。如果

(1)将该设备出售,可获得2 200 000元净现金流入;

(2)A公司继续使用该设备,尚可使用5年,未来5年的现金流量为500 000元、480 000元、460 000元、440 000元和420 000元,第5年使用寿命结束时预计处置带来现金流量为380 000元。

假设利率为5%,那么期数1~5期的复利现值系数分别为:0.9524,0.9070,0.8638,0.8227,0.7835。于是该资产预计未来现金流量的现值为2 297 696元。而可变现净值为2 200 000元,取两者之中较高者为资产可收回金额,即2 297 696元。

资产账面价值=原价-已计提折旧
$$=8\ 000\ 000-2\ 500\ 000$$
$$=5\ 500\ 000 元。$$

比较资产的账面价值和可收回金额,

确认资产减值损失=5 500 000-2 297 696=3 202 304元。

为了防止企业通过前期计提固定资产等长期资产的减值准备后期再转回的方式,在不同期间转移利润,《企业会计准则第8号——资产减值》规定,资产减值损失一经确认,在以后会计期间不得转回。所以企业一旦计提了减值准备,以后期间即使固定资产可收回金额得到恢复,已经计提的部分也不能转回。

四、固定资产的终止确认

原先的固定资产,由于目前不再符合固定资产的确认条件,从而不再继续列报在财务报表的"固定资产"项目,称作"固定资产的终止确认"。当原先确认的固定资产处于下列情况之一,包括报废、毁损、出售、用于对外投资时,将不再符合固定资产的定义,要予以终止确认。

(一)固定资产报废与毁损

固定资产报废是指固定资产由于不能再为企业服务而被认定作废,报废要经过一定的审核程序。有的固定资产报废后若变卖,会有一些残料变价收入。

固定资产毁损是指固定资产由于自然力量或者人为因素发生损坏,不能再为企业服务。固定资产毁损后,一般会有保险公司或者责任人予以一定的经济赔偿。

固定资产无论报废还是毁损，给企业带来的影响是残料变价收入或赔偿收入扣除资产账面价值后的差额。

（二）固定资产出售

如果固定资产尚能使用但是在本企业已经没有什么使用价值，企业就会将其出售，变成现金。出售固定资产的成本就是出售时固定资产的账面价值。如果出售过程中发生运输费等杂费，这些支出也构成固定资产的出售成本。

根据税法规定，出售固定资产要向对方开具增值税专用发票，会形成销项税额。所以出售固定资产形成的收益是增值税专用发票上"金额"栏目下的数额，而非发票总额。

（三）以固定资产对外投资

以固定资产对外投资，相当于将固定资产出售给被投资企业，再以出售所取得的现金换回该企业一定比例的股权。

第四节 固定资产的会计处理

本节以固定资产的取得、固定资产的后续计量和固定资产的终止确认为序，介绍与固定资产有关的会计处理。

一、财务报表项目与会计科目设置

（一）"固定资产"项目

资产负债表中，与固定资产有关的项目是"固定资产"项目。在该项目下设置以下会计科目。

1."固定资产"科目

如果某一项资产被确认为固定资产，那么就要把这项资产作为固定资产入账，记入"固定资产"科目。

"固定资产"科目属于资产类科目，记录固定资产的历史成本即原价。初始确认固定资产时，将固定资产的原价记入该科目的借方；当终止确认某项固定资产时，将该固定资产的原价转出，记在贷方，使得与该项固定资产有关的原价结平；期末，该科目的余额在借方，表示正在为企业服务的固定资产的原价。固定资产使用过程中发生的价值变化（包括折旧和减值）不记入该科目。"固定资产"科目按照单个固定资产项目设置明细科目。

2."累计折旧"科目

"累计折旧"科目是"固定资产"科目的备抵科目。每个会计期末计提折旧时，尽管固定资产的价值因折旧而减少，但是为了清晰地反映固定资产原价以及计提折旧情况，所计提的折旧额并不直接记在"固定资产"科目的贷方，而是记在另外设置的"累计折旧"科目的贷方。在固定资产为企业服务的年限内，该科目始终有贷方余额，表示固定资产从开始使用至今累计计提的折旧额。某个会计期末，"固定资产"科目借方余额与该科目贷方余额的差额，称作"固定资产净值"。当终止确认某项固定资产时，随着该项固定资产的原价从"固定资产"科目转出，相应的累计折旧额也从"累计折旧"科目转出，即记在该科目的借方。

3."固定资产减值准备"科目

"固定资产减值准备"科目也是"固定资产"科目的备抵科目。每个会计期末对固定资产进行减值测试时，如果发现固定资产的可收回金额低于此时固定资产的账面价值（如果以前固定资产没有发生减值，那么此时固定资产的账面价值就是固定资产的净值），就要调减固定资产的账面价值到可收回金额。将调减金额记录在"固定资产减值准备"科目的贷方。这种操作称为"计提固定资产减值准备"。"固定资产"科目的借方余额扣减"累计折旧"科目的贷方余额和"固定资产减值准备"科目的贷方余额的差额，称作"固定资产的净额"。此后再对该项资产进行减值测试时，就要将固定资产的净额作为账面价值了。

当某项固定资产终止确认时，与该项固定资产相应的减值金额从"固定资产减值准备"科目转出，记在该科目的借方。期末，"固定资产减值准备"科目若有余额，一定在贷方，表示正在为企业服务的固定资产所计提的减值准备。

（二）"在建工程"项目

购入后需要安装的固定资产以及自行建造的固定资产，在固定资产达到预定可使用状态之前，因为尚不满足固定资产的确认条件而不能在"固定资产"项目反映，要在资产负债表中另设"在建工程"项目反映。

在该项目下设置"在建工程"科目。

安装或建造过程中发生的货币性支出、物料支出、人工支出等，记在该科目借方；当达到固定资产预计可使用状态时，将安装或建造支出总额从该科目转出，记在该科目贷方，将该科目结平。期末该科目若有余额在借方，表示正在安装或建造的固定资产的成本。

（三）"工程物资"项目

当以自营方式建造固定资产时，企业必须储备用于建造固定资产的工程物资。这就需要设置"工程物资"项目。

在该项目下设置"工程物资"科目。购入工程物资时，购入成本记入该科目的借方；领用工程物资时，领用物资的成本记入该科目的贷方；期末，该科目余额在借方，表示已经购入尚未投入使用的工程物资的成本。

（四）"固定资产清理"项目

当终止确认固定资产时，由于固定资产的清理过程需要耗时，所以设置"固定资产清理"项目反映。

在该项目下设置"固定资产清理"科目。

无论固定资产报废、毁损，还是出售，都要先通过"固定资产清理"科目归集处置该项固定资产的成本和收益。

处置固定资产时，固定资产的账面价值以及清理资产过程中发生的清理费、运输费以及增值税以外的其他税费，属于固定资产清理成本，记入该科目借方；处置产生的收益，比如出售价款、处置固定资产所带来的长期股权投资以及保险公司或责任人的赔偿款，记入该科目的贷方；固定资产清理完毕后，该科目如果有借方余额，表示清理产生净损失，将该损失从"固定资产清理"科目转出，记入"营业外支出"科目；清理完毕后该科目如果有贷方余额，表示清理有净收益，将该收益从"固定资产清理"科目转出，记入"营业外收入"科目。期末，"固定资产清理"科目的余额可能在借方，也可能在贷方，表示尚未清理完毕的固定资产目前清理成本暂时大于或小于清理收益。

二、取得固定资产的会计处理

（一）外购固定资产的会计处理

外购固定资产分为不需要安装的固定资产和需要安装的固定资产两种情形。

不需要安装的固定资产，购入以后就达到预定使用状态，能直接按照固定资产加以确认。而购入需要安装的固定资产，该资产要等待安装完毕之后才能达到预定使用状态。取得该项资产时，应该先在"在建工程"科目记录，待安装调试完毕可以使用后再转入"固定资产"科目。

【例5-9】 续例5-1，2016年1月1日，甲公司购入设备时，通过银行转账方式支付了购入金额和运输费。

用会计等式描述的结果见表5-6。

表5-6

单位：元

资产负债表要素	资　产＝		负债	＋所有者权益
资产负债表项目	货币资金	固定资产	应交税费	未分配利润
资产负债表科目	银行存款	固定资产	应交税费	利润分配
购入固定资产	－2 342 000	＋2 001 941.75	－340 058.25	

会计分录如下：

借：固定资产　　　　　　　　　　　　　　　2 001 941.75
　　应交税费——应交增值税（进项税额）　　340 058.25
　贷：银行存款　　　　　　　　　　　　　　2 342 000

【例5-10】 续例5-2，2016年月1日，甲公司购入一台需要安装的机器设备，甲公司的会计处理如下：

(1)向供应商支付所购设备发票金额时：

借：在建工程　　　　　　　　　　　　　　　1 000 000
　　应交税费——应交增值税（进项税额）　　170 000
　贷：银行存款　　　　　　　　　　　　　　1 170 000

(2)向运输商支付运输费时：

借：在建工程　　　　　　　　　　　　　　　1 941.75
　　应交税费——应交增值税（进项税额）　　58.25
　贷：银行存款　　　　　　　　　　　　　　2 000

(3)领用本公司原材安装固定资产

借：在建工程　　　10 000
　贷：原材料　　　　　　　10 000

(4)确认安装工人工资时

借：在建工程　　　5 000
　贷：应付职工薪酬　　　　5 000

(5)设备安装完毕达到预定可使用状态后进行转账:
借:固定资产　　　　　　1 016 941.75
　　贷:在建工程　　　　　　1 016 941.75

用会计等式描述的结果见表5—7。

表 5—7

单位:元

资产负债表要素	资产＝				负债＋		所有者权益
资产负债表项目	货币资金	存货	固定资产	在建工程	应交税费	应付职工薪酬	
资产负债表科目	银行存款	原材料	固定资产	在建工程	应交税费	应付职工薪酬	
购进待安装固定资产	－1 170 000			＋1 000 000	－170 000		
支付运费	－2 000			＋1 941.75	－58.25		
安装固定资产		－10 000		＋10 000			
安装固定资产				＋5 000		＋5 000	
安装完毕转入固定资产			＋1 016 941.75	－1 016 941.75			

从表5—7看出,固定资产在安装过程中,不影响所有者权益变动表,不影响利润表。

(二)自行建造固定资产的会计处理

1.以自营方式建造固定资产

以自营方式建造固定资产的会计处理包括:工程物资的购入,工程物资的领用,工程人员人工成本的发生,工程完工交付使用。

结果见表5—8。

表 5—8

资产负债表要素	资产＝				负债＋		所有者权益
资产负债表项目	货币资金	固定资产	在建工程	工程物资	应交税费	应付职工薪酬	
资产负债表科目	银行存款	固定资产	在建工程	工程物资	应交税费	应付职工薪酬	
购入工程物资	减少			增加	减少		
领用物资,建造固定资产			增加	减少			
建造固定资产承担人工成本			增加			增加	
建造完毕转入固定资产		增加	减少				

会计分录如下。
(1)购入工程物资时,
借:工程物资
　　应交税费——应交增值税(进项税额)
　　贷:银行存款
(2)领用工程物资时,将工程物资的成本转入在建工程,
借:在建工程

贷：工程物资

(3) 企业为在建工程承担人工成本，编制会计分录如下：

借：在建工程
  贷：应付职工薪酬

(4) 工程达到预定使用状态

当在建工程达到固定资产预计使用状态后，"在建工程"科目借方金额的合计数，就是在该项工程上所发生的全部成本。将该金额转入"固定资产"科目后，一项自营建造的固定资产的确认、计量与会计处理就全部结束了。

会计分录如下：

借：固定资产
  贷：在建工程

2. 以出包方式建造固定资产

以出包方式建造固定资产，应以实际支付给建造承包商的工程价款作为该项固定资产的成本。工程施工过程中，按照合同约定和工程进度支付给建造承包商的价款逐笔记入"在建工程"科目。固定资产达到预定可使用状态后，"在建工程"科目的借方发生额合计数就是该项工程发生的全部成本，将其从"在建工程"科目悉数转入"固定资产"科目。

(1) 每次与建造承包商办理工程价款结算时，

借：在建工程
  贷：银行存款（或者：应付账款等）

(2) 工程达到预定可使用状态时，

借：固定资产
  贷：在建工程

(三) 接受投资人投入固定资产

接受投资人投入的固定资产，一方面固定资产增加了，另一方面所有者权益增加了。所以，既要考虑固定资产的入账问题，还要考虑所有者权益的入账问题

接受投资人投入固定资产，所取得的经济利益是由投资各方协商确定的，其金额也是增值税专用发票上注明的发票总额。发票总额就是企业应记在所有者权益类的"实收资本"科目里的金额，发票上的"金额"就是固定资产的成本，记在"固定资产"科目，"税额"就是增值税进项税额，记在"应交税费——应交增值税"科目。

【**例 5—11**】 续例 5—3，甲公司接受乙公司的投资，甲公司的固定资产和实收资本同时增加 100 万元。

甲公司的会计处理是：

借：固定资产　　　　　　　　　　　　　　　　854 700.86
　　应交税费——应交增值税（进项税额）　　　145 299.14
　贷：实收资本　　　　　　　　　　　　　　　1 000 000

用会计等式描述该笔业务，结果见表 5—9。

表 5—9

单位:元

资产负债表要素	资产＝	负债	＋所有者权益
资产负债表项目	固定资产	应交税费	实收资本
资产负债表科目	固定资产	应交税费	实收资本
接受投资者投入固定资产	＋854 700.86	－145 299.14	＋1 000 000

接受投资者投入固定资产,资产负债表中,"实收资本"增加 100 万元,"固定资产"增加 854 700.86 元,"应交税费"减少 145 299.14 元。当期所有者权益变动表中,所有者投入导致"实收资本"增加 100 万元。当期利润表和现金流量表不受影响。

(四)取得附有弃置义务的固定资产

附有弃置义务的固定资产,其初始计量金额还包括未来的弃置支出。由于弃置支出发生的时间是若干年以后,金额也非常巨大,在对固定资产初始计量时,弃置支出的金额是预计未来发生金额的现值。

在将弃置成本作为固定资产成本的一部分记入"固定资产"科目的同时,由于这项支出未来才发生,发生的时间和金额尽管不确定,但是能合理估计,且是企业目前承担的一项义务,所以要确认一项负债,记在"预计负债"科目。

【例 5—12】 续例 5—4 某石油开采公司一台海上钻井平台,造价 60 亿 预计 10 年以后该地区石油开采完毕时,为了恢复因设置钻井平台而影响的生态要发生支出 6000 万元,折现率为 5%。

用会计等式描述的结果见表 5—10。

表 5—10

单位:元

资产负债表要素	资 产＝		负债	＋所有者权益
资产负债表项目	固定资产	在建工程	预计负债	
资产负债表科目	固定资产	在建工程	预计负债	
取得附有弃置义务的资产	＋6 036 834 800	－6 000 000 000	＋36 834 800	

会计分录如下:
借:固定资产　　　　　6 036 834 800
　贷:在建工程　　　　　6 000 000 000
　　　预计负债　　　　　　　36 834 800

三、固定资产后续计量的会计处理

(一)固定资产折旧的会计处理

在我国的会计实务中,固定资产习惯上按照月度计提折旧。而一项固定资产通常在月度中而不是在月初取得。假如一项固定资产在某月的 15 日取得,预计使用年限为 5 年,那么预计在 61 个月后的 15 日报废。第一个月和最后一个月只能各提半个月的折旧。为了简化处理,我国会计实务中有"当月增加的固定资产当月不提折旧,当月减少的固定资产当月照提折旧"的惯例。这种做法其实是把第一个月要计提的折旧额放到最后一个月计提了。

固定资产的折旧额应该按照"谁受益谁负担"的原则,计入相关资产的成本或者当期损益中。企业基本生产车间所使用的固定资产,如果该车间只生产一种产品,那么计提的折旧额计入"生产成本",如果该车间生产两种或两种以上产品,那么计提的折旧额先作为共同性费用,记入"制造费用"中,然后再按照一定的分配方法在不同产品之间分配。管理部门所使用的固定资产,折旧额记入"管理费用"中。专门设置的销售机构所使用的固定资产,折旧额计入"销售费用"中。

【例5-13】 甲公司2016年1月份固定资产计提折旧情况如下:
生产车间厂房计提折旧7.6万元,机器设备计提折旧9万元;
管理部门房屋建筑物计提折旧13万元,运输工具计提折旧4.8万元;
销售部门房屋建筑物计提折旧6.4万元,运输工具计提折旧5.26万元。
此外,本月生产车间新购置一台设备,原价为122万元,预计使用寿命10年,预计净残值1万元,按年限平均法计提折旧。
本例中,新购置的设备本月不提折旧,应从2016年2月开始计提折旧。
甲公司2016年1月份计提折旧的会计处理如下:
借:制造费用　　　　　　166 000
　　管理费用　　　　　　178 000
　　销售费用　　　　　　116 600
　　贷:累计折旧　　　　　　460 600
上述折旧业务描述在表5-11中。

表5-11

单位:元

资产负债表要素	资 产=		负债	+所有者权益	
资产负债表项目	存货	固定资产		未分配利润	
资产负债表科目	制造费用 (或生产成本)	累计折旧		利润分配	
计提折旧时	+166 000	460 600		-178 000 (管理费用)	-116 600 (销售费用)

该笔计提折旧的业务发生后,期末资产负债表中的"固定资产"项目会减少460 600元,同时"存货"项目增加166 000元,"未分配利润"项目减少294 600元。当期所有者权益变动表中"未分配利润"项目减少294 600元。当期利润表中"管理费用"有178 000元,"销售费用"有116 600元,"净利润"减少294 600元。当期现金流量表不受影响。

从表5-11看出,折旧费用是一项典型的非付现费用。

(二)发生固定资产后续支出的会计处理

1.发生费用化支出的处理

费用化的支出,按照"谁受益谁负担"的原则,根据固定资产的用途,记入"制造费用"、

"管理费用"、"销售费用"等科目的借方,同时根据消耗的财力、物力、人力情况,记入"银行存款"、"原材料"、"应付职工薪酬"等科目的贷方。

2.发生资本化支出的处理

固定资产的改建、扩建,都要通过一定的工程项目来完成。进行会计处理时,要将固定资产的价值分别从"固定资产"、"累计折旧"科目转出,记入"在建工程"科目。处于施工状态的固定资产不能为企业服务,不计提折旧。施工中发生的各项支出均记入"在建工程"科目,工程完工以后,固定资产原来的账面价值以及施工过程中新增加的价值,一并由"在建工程"科目转入"固定资产"科目,看起来就好像产生了一项新的固定资产一样。与该资产折旧有关的会计估计,包括预计净残值、预计使用年限和折旧方法,也要重新进行。

【例5-14】 某企业扩建一栋办公楼,扩建前的原值为2000万元,已经计提折旧1200万元。采用出自营方式扩建,耗用工程物资100万元,耗用人工成本200万元。扩建工程结束以后,投入使用。

(1)将待扩建的固定资产原值与累计折旧转入在建工程,

借:在建工程　　　　8 000 000
　　累计折旧　　　　12 000 000
　　贷:固定资产　　　　20 000 000

(2)扩建工程领用工程物资时,

借:在建工程　　　　1 000 000
　　贷:工程物资　　　　1 000 000

(3)扩建工程承担人工成本时,

借:在建工程　　　　2 000 000
　　贷:应付职工薪酬　　2 000 000

(4)工程完工资产投入使用,

借:固定资产　　　　11 000 000
　　贷:在建工程　　　　11 000 000

以上四笔业务用会计等式表示如表5-12。

表5-12

单位:万元

资产负债表要素	资产=			负债	+所有者权益
资产负债表项目	固定资产	在建工程	工程物资	应付职工薪酬	未分配利润
资产负债表科目	固定资产　累计折旧	在建工程	工程物资		
固定资产转入在建工程	-2000　　+1200	+800			
在建工程领用工程物资		+100	-100		
在建工程消耗人工成本		+200		+200	
工程完工投入使用	+1100	-1100			

从表5-12可以看到,扩建工程仅涉及资产内部各项目的转移,不涉及所有者权益。如果有现金流出,涉及现金流量表相关项目。而所有者权益变动表和利润表不受影响。

3.发生经营租赁租入固定资产改良支出的处理

经营租赁租入的固定资产,虽然不属于企业的资产,但是租入这样的资产发生的改良支出,却符合资产的定义,只不过这项资产不能确认为一项固定资产,而要确认为长期待摊费用。企业在资产负债表上设置"长期待摊费用"项目并设置"长期待摊费用"科目予以记录相关业务。

【例5-15】 某企业采用经营租赁方式租入一片门脸房,租期5年,租入后发生装修支出100万元。

用会计等式描述的结果见5-13。

表5-13

单位:万元

资产负债表要素	资产=		负债	+所有者权益
资产负债表项目	货币资金	长期待摊费用		未分配利润
资产负债表科目	银行存款	长期待摊费用		利润分配
支付装修费	-100	+100		
每年年末摊销		-20		-20(销售费用)

发生装修支出的会计处理如下。

借:长期待摊费用　　　1 000 000
　　贷:银行存款　　　　　　　1 000 000

根据权责发生制原则,在后续期间内,这100万待摊费用在可以带来利益的未来5年内采用年限平均法进行摊销。每年年末摊销的分录为:

借:销售费用　　　　　200 000
　　贷:长期待摊费用　　　　　200 000

(三)计提固定资产减值准备的会计处理

当固定资产发生减值时,一方面要冲减固定资产账面价值,另一方面确认一项资产减值损失。

【例5-16】 承例5-8,用会计等式描述期末计提减值准备的结果见5-14。

表5-14

单位:元

资产负债表要素	资产=			负债	+所有者权益
资产负债表项目	固定资产				未分配利润
资产负债表科目	固定资产	累计折旧	固定资产减值准备		
计提前固定资产账面价值	8 000 000	-2 500 000			
期末计提固定资产减值准备			-3 202 304		-3 202 304(资产减值损失)

期末计提减值准备后,资产负债表中的"固定资产"减少3 202 304元,"固定资产"项目

的金额为 2 297 696 元,即可收回金额,同时未分配利润等额减少。当期所有者权益变动表中,"未分配利润"减少 3 202 304 元,当期利润表中,"资产减值损失"有 3 202 304 元,"净利润"等额减少。当期现金流量表不受影响。

冲减固定资产的金额记入"固定资产减值准备"科目的贷方,而资产减值损失的金额记入"资产减值损失"科目的借方。

会计分录如下:
借:资产减值损失　　　　　3 202 304
　　贷:固定资产减值准备　　　3 202 304

四、固定资产终止确认的会计处理

固定资产报废、毁损、出售,以及用固定资产对外投资等等,固定资产从账面上终止确认至实物清理完毕,需要一个过程。在实物清理完毕之前,固定资产终止确认所产生的收益和成本都不能在利润表科目反映。在这个期间内,需要通过一个暂记科目完整地记录清理过程中的收益与成本,清理结束后,再将净损益记录在利润表科目里。这个暂记科目就是"固定资产清理"科目。

固定资产终止确认的会计处理包括以下环节。

第一,固定资产因报废或毁损、出售、对外投资等被终止确认时,首先将与固定资产账面价值有关的科目余额结清,包括"固定资产"、"累计折旧"和"固定资产减值准备"。固定资产账面价值是固定资产清理成本的主要组成部分,记录在"固定资产清理"科目的借方。

第二,清理固定资产实体过程中发生的清理费用,包括清理支出、增值税以外的相关税费等,也构成固定资产的清理成本,发生时一方面记入"固定资产清理"科目的借方,另一方面按照清理费用的性质,贷记"银行存款"等科目。

第三,企业处置固定资产取得的收益,比如收到出售固定资产的价款,或者被投资企业的股权,或者残料变价收入,记入"固定资产清理"科目的贷方,同时按照清理收益的性质,借记"银行存款"、"长期股权投资"等科目。其中出售固定资产和对外投资转出固定资产,都开具了增值税专用发票,清理收益是发票上的"金额"部分,发票上的"税额"部分是销项税额,记入"应交税费——应交增值税(销项税额)"。

第四,清理净损益的处理。固定资产清理结束后,"固定资产清理"科目清楚地反映出该项清理的净损益情况。如果"固定资产清理"科目有借方余额,表明清理成本高于清理收益,该项清理产生净损失,否则表明该项清理有净收益。这种净损益是企业在非日常、非核心的经营活动中发生的,属于"利得"或"损失"的范畴。

如果"固定资产清理"科目有借方余额,转入"营业外支出"科目,若有贷方余额转入"营业外收入"科目。

【例5—17】 乙公司有一台设备,因使用期满无法再继续使用经批准报废。该设备原价为 190 000 元,累计已计提折旧 100 000 元、减值准备 2000 元。在清理过程中,以银行存款支付清理费用 4 000 元,收到残料变卖收入 6 600 元(不考虑增值税)。

有关会计处理如下:

(1)固定资产转入清理:

借:固定资产清理　　　　　　88 000
　　累计折旧　　　　　　　　100 000
　　固定资产减值准备　　　　 2 000
　　贷:固定资产　　　　　　　　　190 000

(2) 发生清理费用和相关税费:
借:固定资产清理　　　　　　 4 000
　　贷:银行存款　　　　　　　　　 4 000

(3) 收到残料变价收入:
借:银行存款　　　　　　　　 6 600
　　贷:固定资产清理　　　　　　　 6 600

(4) 结转固定资产净损益:
借:营业外支出——处置非流动资产损失　85 400
　　贷:固定资产清理　　　　　　　　　　 85 400

上述结果用会计等式描述在表 5-15。

表 5-15

单位:万元

资产负债表要素	资产 =				负债	+所有者权益
资产负债表项目	货币资金	固定资产		固定资产清理		未分配利润
资产负债表科目	银行存款	固定资产	累计折旧	固定资产减值准备	固定资产清理	
固定资产转入清理		-19	+10	+0.2	+8.8	
支付清理费	-0.4				+0.4	
收到变价收入	+0.66				-0.66	
结转清理净损失					-8.54	-8.54 (营业外支出)

从固定资产清理的最终结果看,资产负债表中,"货币资金"项目增加了 2600 元,"固定资产"项目减少了 88 000 元,"未分配利润"减少了 85 400 元。当期所有者权益变动表中,"未分配利润"项目减少了 85 400 元。当期利润表中,"营业外支出"有 85 400 元,"净利润"减少 85 400 元。当期现金流量表中,有现金流入 2600 元。

【例 5-18】 某企业将账面价值为 110 000 元的固定资产出售,出售总价款 140 400 元,开具的增值税专用发票上注明"金额"120 000 元,"税额"20 400 元。固定资产原价 200 000 元,累计折旧 80 000 元,固定资产减值准备 10 000 元,发生清理支出 1000 元,

请读者比照表 5-15,用会计等式描述上述业务,分析业务发生后对各财务报表产生的最终影响。

会计分录如下:
(1) 固定资产的账面价值形成了出售成本,计入"固定资产清理"科目的借方,

借：固定资产清理　　　　　　　　110 000
　　累计折旧　　　　　　　　　　　80 000
　　固定资产减值准备　　　　　　　10 000
　　贷：固定资产　　　　　　　　　200 000
（2）支出清理费用
借：固定资产清理　　　　1 000
　　贷：银行存款　　　　　1 000
（3）开具增值税专用发票，取得出售所得的款项存入银行
借：银行存款　　　　　　　　　　140 400
　　贷：固定资产清理　　　　　　　120 000
　　　　应交税费——应交增值税（销项税额）　20 400
（4）转出清理净损益
借：固定资产清理　　　　9 000
　　贷：营业外收入　　　　9 000

第五节　固定资产的报告

一、固定资产的列报

在资产负债表日，固定资产列报在资产负债表的"固定资产"项目下，金额为"固定资产"的借方余额减去"累计折旧"的贷方余额、再减去"固定资产减值"贷方余额的差额。

资产负债表日，在建工程列报在资产负债表的"在建工程"项目下，金额为"在建工程"科目的余额。

资产负债表日，工程物资列报在资产负债表的"工程物资"项目下，金额为"工程物资"科目的余额。

如果在资产负债表日有尚未清理完毕的固定资产，那么在"固定资产清理"科目中就会有余额。该余额列报在"资产负债表"中的"固定资产清理"项目中。如果余额方向在贷方，以负数列报。

二、固定资产的披露

根据固定资产准则的规定，企业还要在财务报表附注中详细披露本企业固定资产的确认条件、固定资产的分类、计量基础，各类固定资产的使用寿命、预计净残值、折旧率和折旧方法，各类固定资产的期初和期末原价、累计折旧额、固定资产减值准备累计金额，当期确认的折旧费用。

如果固定资产所有权受到限制，还要披露受限制的固定资产及其金额。

如果固定资产用于担保，要披露固定资产的账面价值。

如果固定资产准备处置，要披露固定资产名称、账面价值、公允价值，以及预计处置费用和预计处置时间等。

本章小结

固定资产是为生产商品、提供劳务、出租或经营管理而持有的,使用寿命超过一个会计年度的有形资产。本章介绍了固定资产的初始计量、后续计量以及处置。

固定资产的初始计量遵循历史成本原则,以使固定资产达到预定可使用状态所发生的一切合理的必要的支出作为其成本。

后续计量包括三部分:计提折旧、发生后续支出以及资产减值。影响每年折旧额的因素有:固定资产原值、预计净残值、预计使用年限和折旧方法。折旧方法包括年限平均法、工作量法、加速折旧法。加速折旧法又包括双倍余额法和年数总和法。后续支出中未来能够带来经济利益的,即资本化支出,计入固定资产成本。后续支出中仅维持固定资产原有功能的,属于费用化支出,计入当期损益。期末如果一项固定资产的可收回金额低于固定资产的账面价值(计提完当期折旧后的金额),说明固定资产发生减值了。可收回金额是固定资产的可变现净值和现值当中较高者。

固定资产的处置包括固定资产报废毁损、对外出售以及对外投资。固定资产的处置属于偶然业务,所以处置损益计入利得或损失。

本章还详细介绍了与固定资产有关的会计处理。

一、复习思考题

1. 什么是固定资产,固定资产具有哪些特征? 耐久性资产一定是固定资产吗? 为什么? 固定资产一般分为哪些类别?

2. 取得固定资产时,采用的计量属性是什么? 在取得固定资产过程中,如何判断一项支出是否应该计入固定资产成本?

3. 在持续使用固定资产过程中,如果继续发生支出,如何判断一项支出是否应该计入固定资产成本? 经营性租入的固定资产,如果发生改良支出,该如何处理?

4. 什么是折旧? 影响每年折旧额的因素有哪些? 为什么说折旧额是"精确计算的估计数"?

5. 折旧方法有哪几种? 分别如何计算折旧额?

6. 与折旧相关的会计估计为什么每年都要进行复核? 如果复核以后发现与以前的估计不同,该如何处理?

7. 如果有迹象表明,固定资产发生了减值,该如何确定固定资产的可收回金额?

8. 如何在资产负债表中报告固定资产?

二、练习题

(一)单项选择题

1. 某企业购入一台需要安装的设备,取得的增值税发票上注明交易总额为 58 500 元,其中金额为 50 000 元,增值税额为 8 500 元,支付的运输费为 2 500 元(其中计入成本的为 2 427.18 元,计入增值税进项税额的为 72.82 元。)设备安装时领用工程用材料 1 000 元,设备安装时支付有关人员工资4 000元。该固定资产的成本为( )元。

A.574 271.8　　　B.57 500　　　C.66 000　　　D.53 500

2.购入需要安装的固定资产的增值税进项税额计入( )科目。

A.固定资产　　　　　　B.营业外支出
C.在建工程　　　　　　D.应交税费

3.某石油开采公司在海上开设钻井平台,设备的购置安装调试等成本总和为11 000万元,预计使用10年,预计弃置费用为3 000万元,折现率为5%。该钻井平台的入账价值为( )PVIF(5%,10)=0.614

A.11000万　　　B.14000　　　C.12842万　　　D.以上都不是

4.关于固定资产的使用寿命、预计净残值和折旧方法,下列说法中正确的是( )。

A.与固定资产有关的经济利益预期实现方式有重大改变的,应当改变固定资产折旧方法

B.与固定资产有关的经济利益预期实现方式有重大改变的,应当调整固定资产使用寿命

C.与固定资产有关的经济利益预期实现方式有重大改变的,应当调整预计净残值

D.使用寿命预计数与原先估计数有差异的,应当调整固定资产使用寿命和折旧方法

5.下列固定资产中,应计提折旧的是( )。

A.未提足折旧提前报废的房屋

B.闲置的房屋

C.已提足折旧继续使用的房屋

D.经营租赁租入的房屋

6.某设备的账面原价为80 000元,预计使用年限为5年,预计净残值为5 000元,按年数总和法计提折旧。该设备在第3年应计提的折旧额为( )元。

A.15000　　　B.30000　　　C.10000　　　D.5000

7.某设备的账面原价为800万元,预计使用年限为5年,预计净残值为20万元,采用双倍余额递减法计提折旧,该设备在第2年应计提的折旧额为( )万元。

A.195.2　　　B.192　　　C.187.2　　　D.124.3

8.某台设备账面原值为200 000元,预计净残值率为5%,预计使用年限为5年,采用双倍余额递减法计提年折旧。该设备在使用3年6个月后提前报废,报废时发生清理费用2 000元,取得残值收入5000元(不考虑增值税)。则该设备报废对企业当期税前利润的影响额为( )元。

A.40200　　　B.31900　　　C.31560　　　D.38700

9.某企业2016年6月28日自行建造的一条生产线投入使用,该生产线建造成本为370万元,预计使用年限为5年,预计净残值为10万元。在采用年数总和法计提折旧的情况下,2016年该生产线应计提的折旧额为( )万元。

A.120　　　B.70　　　C.60　　　D.74

10.和平均年限法相比,采用年数总和法对固定资产计提折旧将使(0)。

A.计提折旧的初期,企业利润额少,固定资产净值小;

B.计提折旧的初期,企业利润额少,固定资产原值小

C.计提折旧的后期,企业利润额少,固定资产净值小

D.计提折旧的后期,企业利润额少,固定资产原值小

(二)多项选择题

1.购入的固定资产,其入账价值包括( )。

  A.买价 B.运杂费 C.途中保险费 D.进口关税 E.安装成本

2.下列说法中正确的有( )。

  A.购置的不需要经过建造过程即可使用的固定资产,按实际支付的买价、包装费、运输费、安装成本等,作为入账价值

  B.自行建造的固定资产,按建造该项资产达到预定可使用状态前所发生的合理的必要支出,作为入账价值

  C.投资者投入的固定资产,按投资方原账面价值作为入账价值

  D.如果以一笔款项购入多项没有单独标价的固定资产,按各项固定资产公允价值的比例对总成本进行分配,分别确定各项固定资产的入账价值

3.下列固定资产中应计提折旧的有( )。

  A.季节性停用的机器设备

  B.大修理停用的机器设备

  C.未使用的机器设备

  D.按规定单独估价作为固定资产入账的土地

4.下列与购建固定资产相关的支出项目中,构成一般纳税企业固定资产价值的有( )。

  A.支付的增值税

  B.购买价款

  C.进口设备的关税

  D.自营在建工程达到预定可使用状态前发生的借款利息(符合资本化条件)

5.下列项目需记入"在建工程"科目的有( )。

  A.不需安装的固定资产

  B.需要安装的固定资产

  C.固定资产的改扩建

  D.应计入固定资产账面价值以外的后续支出

6.下列固定资产中,不计提折旧的固定资产有( )。

  A.土地

  B.当月增加的固定资产

  C.未提足折旧提前报废的固定资产

  D.大修理停用的固定资产

  E.当月减少的固定资产

7."固定资产清理"账户贷方登记的项目有( )。

  A.转入清理的固定资产的净值

  B.变价收入

C.结转的清理净收益
D.结转的清理净损失

8.企业为固定资产发生的下列各项支出中,能使流入的经济利益超过原先的估计并应予以资本化,计入固定资产成本的有( )。

A.能保持固定资产的原有生产能力的支出
B.能使所产产品成本实质性降低的支出
C.能使所产产品质量实质性提高的支出
D.能使固定资产原有性能恢复的支出
E.能延长固定资产使用寿命的支出

(三)计算及会计处理题

1.某公司2010～2014年与固定资产有关的业务资料如下:

2010年10月10日,北方公司购进一台需要安装的设备,取得的增值税专用发票上注明的设备价款为500万元,增值税为85万元,另发生运输费1.03万元,保险费1万元,款项以银行存款支付;没有发生其他相关税费。安装设备时,领用原材料一批,成本11.7万元,发生安装人员的人工成本为11.3万元。该设备于2010年12月10日达到预定可使用状态并投入行政管理部门使用,预计使用年限为10年,预计净残值率为3%,按照平均年限法计提折旧。

2014年10月10日,该设备因遭受自然灾害发生严重毁损,北方公司决定进行处置,取得残料变价收入10万元(不考虑增值税)、保险公司赔偿款30万元,发生清理费用5万元;款项均以银行存款收付,不考虑其他相关税费。

要求:

(1)编制2010年10月10日取得该设备的会计分录。
(2)编制设备安装及设备达到预定可使用状态的会计分录。
(3)计算2011年度该设备计提的折旧额,并编制相应的会计分录。
(4)计算2014年10月10日处置该设备实现的净损益。
(5)编制2014年10月10日处置该设备的会计分录。
(6)并用会计等式描述上述经济活动。

2.某企业购入一辆运输车,总成本为10万元,预计净残值率为3%,预计行驶里程20万。某月行驶里程为1500公里,计算当月应计提的折旧额。

3.公司外购一台需要安装的设备,发票显示交易总额为234万元,其中金额200万元,税额34万元。购入时支付运费1030元,其中计入成本的1000元,计入进项税额的30元。购入后领用成本6000元的材料进行安装,另外支付2000元的安装人工费。

该设备预计净残值率5%,预计使用年限为5年。

购入两年以后,将该固定资产出售,出售价款中不含税部分为60万。

要求:填列下表。

项目	平均年限法	年数总和法
固定资产原值		
第1年折旧额		
第2年折旧额		
两年累计折旧额		
处置时账面余额		
出售所得		
处置净所得		
对利润表的影响总和		
对现金净流量的影响总和		

三、财务报表题

1."你的"公司的财务报表中,固定资产占比多少?期初期末余额变动情况怎样?与公司所在行业的其他公司相比情况怎样?

2."你的"公司有哪些固定资产?每类固定资产净残值率、使用年限、折旧方法情况怎样?在最新的年度报告中有没有固定资产会计估计变更的声明?如果有,请关注变更的原因及带来的影响。

3."你的"公司在最近一年中折旧费计提了多少?

第六章

无形资产

> 【学习目标】
> 通过学习本章,你应该:
> 1.掌握无形资产的含义,了解各种无形资产的特点;
> 2.掌握研发过程中符合资本化条件前后发生的支出的区别;
> 3.掌握不同方式下取得无形资产的初始计量方法;
> 4.掌握影响每年摊销额的因素;
> 5.了解无形资产可收回金额的含义,掌握期末计提无形资产减值准备的记录与报告;
> 6.掌握处置无形资产的记录与报告。

引子

1947年,贝尔实验室发明了晶体管。人们马上意识到晶体管终将代替真空管运用到收音机以及电视机等消费类电子产品上。尽管每一个人都意识到了这一点,但是并没有人马上采取任何行动。几家大制造商(都是美国企业)虽然已经开始研究晶体管,但是却"计划在1970年左右"再将其转换成真正的产品。当时他们均声称晶体管"尚未准备妥当"。大洋彼岸的索尼公司当时仅是日本一家小制造商,甚至连消费类电子产品都没有涉足过。但是索尼公司总裁盛田昭夫从报纸上了解到关于晶体管的消息后,专程前往美国,以一个荒唐的价格——2.5万美元,从贝尔实验室手中购得了晶体管的生产经营许可权。2年后,索尼推出了第一款便携式晶体管收音机。这款收音机的重量不及真空管收音机的1/5,而成本则不到其1/3。3年后,索尼公司已经占据了美国的低端收音机市场。又过了仅仅5年,日本人便占领了全球收音机市场[①]。

在科学技术日益发展、创新成为企业成长的原动力的今天,无形资产对企业的发展也在

---

① 摘自:《德鲁克管理思想精要》

起着越来越重要的作用。本章阐述与无形资产有关的确认、计量、记录与报告[①]。

第一节 无形资产的初始确认与计量

有的企业拥有一些特别的经济资源。这些资源不像固定资产那样具有实物形态，但是却像固定资产那样在企业的生产经营过程中长期发挥作用。这些资源要么是由企业独占的技术，比如专利权、非专利技术、著作权；要么是企业拥有的特别经营权利，比如特许经营权；要么它使企业的产品或服务与其他企业明显区分开来，比如商标权。

这些经济资源不像货币资金、应收项目那样可以直接以货币度量，也不像存货那样通过出售能带来经济利益，它发挥作用的方式与固定资产最为相近，但是又不像固定资产那样因具有实物形态而可以点数。我国《企业会计准则第6号——无形资产》（以下简称"《无形资产准则》"），对这类经济资源在企业财务报表中的确认、计量与报告进行了规范。

一、无形资产的定义与内容

《无形资产准则》规定，无形资产是指企业拥有或者控制的没有实物形态的可辨认非货币性资产。

无形资产包括专利权、非专利技术、商标权、著作权、特许权、土地使用权、计算机软件等。

（一）专利权

专利权，是指国家专利主管机关依法授予发明创造专利申请人，对其发明创造在法定期限内所享有的专有权利，包括发明专利权、实用新型专利权和外观设计专利权。自申请日起计算，发明专利权的期限为20年，实用新型专利权和外观设计专利权的期限为10年。

（二）非专利技术

非专利技术，也称专有技术。它是指不为外界所知、在生产经营活动中已采用了的、不享有法律保护的、可以带来经济效益的各种技术和诀窍。非专利技术并不是专利法的保护对象，企业用自我保密的方式来维持其独占性。

（三）商标权

商标是用来辨认特定的商品或劳务的标记。商标权指专门在某类指定的商品或产品上使用特定的名称或图案的权利。经商标局核准注册的商标为注册商标，商标注册人享有商标专用权，受法律保护。注册商标的有效期为10年，自核准注册之日起计算。

（四）著作权

著作权又称版权，指著作权人对其创作的文学、科学和艺术作品依法享有的某些特殊权利。著作权包括作品署名权、发表权、修改权和保护作品完整权，还包括复制权、发行权、出租权、展览权、表演权、放映权、广播权、信息网络传播权、摄制权、改编权、翻译权、汇编权以及应当由著作权人享有的其他权利。由法人或者其他组织主持，代表法人或者其他组织意

---

① 按照税法规定，专利技术、商标权等属于增值税的应税商品，购入和处置均涉及增值税问题。本书将此部分内容忽略。有兴趣的读者请参阅有关税法书籍。

志创作,并由法人或者其他组织承担责任的作品,法人或者其他组织属于著作权人。著作权人的署名权、修改权、保护作品完整权的保护期不受限制。

(五)特许权

特许权,又称经营特许权、专营权,指企业在某一地区经营或销售某种特定商品的权利或是一家企业接受另一家企业使用其商标、商号、技术秘密等的权利。

特许经营权通常有两种形式,一种是由政府机构授权,准许企业使用或在一定地区享有经营某种业务的特权,如水、电、邮电通信等专营权、烟草专卖权等;另一种指企业根据签订的合同,有限期或无限期使用另一家企业的某些权利,如连锁店分店使用总店的名称等。

(六)土地使用权

土地使用权,是指企业获得国家准许在一定期间内对国有土地享有开发、利用、经营的权利。企业可以通过外购、投资者投入或者政府无偿划拨等方式得到土地使用权。

(七)计算机软件

计算机软件是企业自行开发或者外购的用于计算机的程序和文档。随着计算机的广泛使用,计算机软件成为越来越重要的经济资源,它为企业生产经营管理活动创造了必要的技术条件。

二、无形资产的特征

我们从无形资产的定义考察无形资产的特征。定义中"为企业所拥有或控制"是所有资产的共同特征。无形资产所具备的区别于其他资产的特征表现为以下四个方面。

第一,无形资产不具有实物形态。

无形资产表现为某种权利、某项技术或是某种获取超额利润的综合能力。它们不具有实物形态,看不见,摸不着。

有时,无形资产借助于一定的实物载体,比如磁介质存在,但是这并不改变无形资产的"无形"特质。比如企业开发的一套计算机软件取得了专利权。该计算机软件可能存在光盘上,也可能存在移动硬盘上,但是该软件并不会因为存储介质的不同而发挥不同的作用。反之亦然,在外形一模一样的两张光盘上存储了两套不同的已获得了专利权的计算机软件,这两种资产不会因为存储介质相同而被认定为同一项资产。所以,存储介质不影响无形资产的无形性。

第二,无形资产属于长期资产。

无形资产要么为企业的生产经营创造了更加有利的条件或环境,间接使企业受益;要么通过出租直接使企业受益,总之长期为企业服务。企业研发的计算机软件即使用于出售,也属于无形资产,而非存货。存货卖一件少一件,而计算机软件并非如此。只要有市场,一套计算机软件可以长期销售,持续带来经济利益。

第三,无形资产属于非货币性资产,未来带来的经济利益很不确定。

读者在第三章学习过的应收项目,与无形资产在某些方面相近,比如都是企业所享有的某种权利,都不具有实物形态。无形资产与应收项目的区别在于,应收项目属于货币性资产,未来变现的金额是确定的;而无形资产属于非货币性资产,未来带来的经济利益很不确定。

比如一项专利技术给企业带来了高于同行业平均水平的收益,如果没有在技术上被竞争对手超越,那么在专利权受法律保护的年限内,企业受益于该项专利。但是一旦竞争对手拥有了更先进的技术,那么即使在法律保护的年限内,该项专利给企业带来的经济利益也几乎消失殆尽。所以当企业拥有某项专利时,在未来受法律保护的年限内,该专利给企业带来的经济利益很不确定。

又比如企业拥有某种商标权。该商标权将企业提供的产品或服务,与竞争对手提供的相似的产品或服务区别开来。但是在未来期间客户在多大程度上认同这种差异,从而选择本企业的产品或服务而放弃其他企业的产品或服务,很不确定。

第四,无形资产属于可辨认资产。

一项资产可以辨认,是指该项资产从形成到处置的整个过程中,能与其他类别的资产甚至同类别的其他资产清楚地区别开来。无形资产既能单独形成,也能单独处置,属于可辨认资产。比如一项专利权,相关文件证明了它的存在,专利权编号是它的身份证,这些都使它区别于其他专利权,当法定保护期限已到,该项资产就不复存在。

无形资产的可辨认性,是无形资产的重要特征。经济生活中大量无形的经济资源,由于不具有可辨认性,而不能被确认为无形资产。比如京东强大的物流体系和良好的顾客体验,腾讯的微信产品有多达5亿的用户群,在这些资源形成的过程中,由于不能清晰地识别其存在而不能确认为无形资产。

三、无形资产的初始确认与计量

(一)无形资产的初始确认

我国现行《无形资产准则》第四条规定了确认无形资产必须同时具备的两个条件。

条件一:与该无形资产有关的经济利益很可能流入企业。

任何一种资产在确认时都必须满足"相关的经济利益很可能流入"这一条件。由于无形资产带来的经济利益具有很大不确定性,与其他资产相比,判定与无形资产有关的经济利益是否很可能流入会更加困难。所以,《无形资产准则》第五条规定,企业在判断无形资产带来的经济利益是否很可能流入时,要对无形资产在预计使用寿命内可能存在的各种经济因素做出合理估计,并且应当有明确证据予以支持。如果没有充分证据证明一项支出会在未来带来经济利益,那么就不能确认无形资产,而只能在发生时直接将其计入当期损益。

下面以研发过程中"研究"和"开发"两个阶段为例进行说明。

"研究"是指为获取并理解新的科学或技术知识而进行的独创性的有计划调查。研究阶段只能带来科学或技术知识,不能直接带来经济利益。比如某医药企业的研发部门为了研制治疗心脑血管疾病的新型药品,开展若干种中草药药性的研究。经过多次科学试验,终于发现从某种草药中提取的成分对软化小白鼠的血管有明显作用。这一研究成果属于新的科学知识,但是不能直接给该医药企业带来经济利益。所以这个时期不能确认无形资产,所发生的支出计入当期损益。

"开发"是指在进行商业性生产或使用前,将研究成果或其他知识应用于某项计划或设计,以生产出新的或具有实质性改进的材料、装置、产品等。如果在开发过程中确实产生了新的或具有实质性改进的材料、装置、产品等,而且企业决策层愿意将开发成果应用于实践,并且预计该新成果确实能带来经济利益,那么开发阶段就形成了无形资产。对于开发过程中什么时候确认无形资产,《无形资产准则》第九条做了规定,要求必须同时满足五个条件,包括:

◇完成开发该项资产在技术上具备可行性;

◇管理层有使用或出售该资产的意图;

◇该资产本身存在市场或使用该资产生产的产品存在市场;

◇完成该无形资产的开发并最终使用或出售有技术、财务和其他资源的支持;

◇归属于该无形资产开发阶段的支出能够可靠地计量。

其中前四条用来判定相关的经济利益是否很可能流入企业,最后一条用来确保无形资产确认的第二个条件能够满足——取得成本能被可靠计量。

条件二:该无形资产的成本能够可靠地计量。

与其他资产的确认条件相同,与无形资产有关的成本必须能够可靠计量。即使有可靠证据表明,某些无形的经济资源未来会带来经济利益,但是由于取得成本不能可靠计量,也不能被确认为无形资产。比如,某种产品的经营权不是通过公开投标,而是采用非正当方式从政府有关人员得到的,那么打通相关环节所发生的业务招待费、礼品费等等不能作为取得该特许经营权的合理成本,从而该项经济资源不能确认为无形资产。再比如互联网公司的"软件用户注册数量",由于不能准确衡量为了取得这么多客户,公司究竟付出多少代价,这种对互联网公司生存发展起着决定性作用的经济资源,不能确认为无形资产。这些无法准确或合理度量的无形的经济资源,都无法在财务报表中体现出来。

(二)无形资产的初始计量

像其他资产一样,无形资产的初始计量遵循历史成本原则,以取得无形资产所付出的对价的公允价值计量。

20世纪80年代初期,当时的美国总统里根两次访华,均下榻北京长城饭店。长城饭店从此声名大噪。长城饭店就此为自己的品牌估值200多万,这在当时是一个不小的数字。那时长城饭店为自己的品牌估值,不是按照历史成本原则,而是按照未来收益原则。按照现行会计准则的规定,长城饭店的品牌因取得成本无法可靠计量而不能被确认为无形资产。

无形资产以历史成本作为初始计量金额,能保证会计信息的可靠性,但是也会带来问题。一方面它使得一些重要的经济资源无法确认为资产,比如上述长城饭店的品牌;另一方面也可能会使一些已经确认的资产的金额被大大低估。比如商标权,按照历史成本原则,只能把申请商标权所发生的律师费、注册费作为取得成本。而一个能带来可观经济利益的商标权背后,是企业为了创造卓越的产品或服务所付出的努力。这些努力不仅是艰辛的,而且可能是漫长的,在发生相关支出时由于无法认定未来会带来经济利益,所以这些支出如同研究阶段的支出一样,被费用化了,根本无法在商标权的成本中体现出来。所以,报表使用者应该充分认识到,有些无形资产未来带来的经济利益与其报表中以历史成本报告的金额可能很不匹配。

1.外购无形资产的成本

外购无形资产的成本,包括购买价款、相关税费以及直接归属于使该项资产达到预定用途所发生的其他支出。

【例6—1】 2013年4月,甲企业购入一项专利技术,使用该技术可以生产某种市场需求旺盛的动物饲料添加剂。协议约定,该专利技术的使用期限为10年。甲企业支付买价92万元,另支付专业服务费4万元。

甲企业外购的该项无形资产的成本总共为96万元。

2.自行开发的无形资产的成本

自行开发的无形资产的成本,是在开发过程中,从确认能够带来经济利益开始,至无形资产达到预定用途时所发生的各项支出的总额。以前期间因不满足资产确认条件而直接计入当期损益的金额,不作为成本的组成部分。

【例6—2】 甲公司经董事会批准研发某项新技术。与该技术有关的文献很少,甲公司研发部从基础研究工作做起。研发的头两年共发生材料费5 000万元、人工成本1 000万元。两年后研究工作在技术上取得重大突破,能够用于商业领域。董事会基于有关技术部门和市场部门的充分调研,认为研发该项目将显著降低该公司的生产成本,于是继续给予技术、财务方面的大力支持。此后该公司研发部在该项目上直至申报专利成功并达到预定使用状态,共发生材料费3 000万元、人工成本1500万元以及其他支出2 000万元。

甲公司自行开发的专利权的成本是开发阶段所发生的材料费、人工费和其他支出的总和,共计6500万元。在研究阶段发生的支出6000万元不属于开发成本。

3.投资者投入的无形资产的成本

投资者投入的无形资产的成本,应当按照投资合同或协议约定的价值确定,但合同或协议约定价值不公允的除外。

【例6—3】 甲公司是新成立的公司。乙公司以其拥有较好声誉的商标权投资于甲公司。乙公司与甲公司的其他投资人协商确定该商标权的价值为200万元。该金额比较公允。

甲公司取得投资人投入的商标权的成本为200万元。

第二节 无形资产的后续计量与处置

无形资产的后续计量包括摊销和减值。

无形资产的处置就是无形资产的终止确认,即企业不再享有无形资产的所有权或者不再对无形资产实施控制。

一、无形资产的后续计量

无形资产作为企业的长期资产,后续要根据权责发生制原则进行摊销。在资产负债表日,还要对无形资产进行减值测试,如果无形资产可收回金额低于目前账面价值,要将账面价值调减至可收回金额。

(一)无形资产的摊销

无形资产长期为企业服务,所以要按照权责发生制原则将无形资产的成本在估计使用年限内进行系统分配,这一会计程序称为"无形资产的摊销"。

我国会计实务习惯上,当月增加的无形资产当月开始摊销,当月减少的无形资产当月停止摊销。这种做法其实是把最后一个月应该摊销的金额放在第一个月了。这与计提固定资产折旧的习惯正好相反。

无形资产每年摊销额的影响因素有四个，分别是无形资产原值、预计使用寿命、预计净残值和摊销方法。这与固定资产每年折旧额的影响因素是相同的。

在估计无形资产的使用寿命时，既要考虑有关资产受法律保护的年限、转让协议中规定的受益年限，更要考虑该资产的经济使用寿命。因为随着技术的进步，仍处于法律保护年限或者协议允许使用年限的资产，可能已经不再具有经济价值。

无形资产的预计净残值通常确定为零，除非有合同或者协议表明在无形资产使用寿命结束时该项资产有人购买，或者预计该项资产在使用寿命结束时仍然有活跃市场，能够出售。

无形资产的摊销方法也分为平均摊销法、加速摊销法等等。如何选择这些方法，要根据无形资产在预计使用年限内预期带来经济利益的方式而定。

与固定资产折旧一样，与无形资产摊销有关的会计估计，包括预计使用年限、预计净残值和摊销方法，要在无形资产使用过程中进行动态调整，即在每个资产负债表日，对无形资产的预计使用年限、预计净残值和摊销方法进行复核，如果发现原先的会计估计不适用于未来，要进行调整。

【例6-4】 承例6-1，甲公司外购成本为96万元的专利权的预计净残值为0，协议约定使用年限为10年，甲公司预计该专利权的经济使用年限也为10年，每年带来的经济利益大致相同，采用平均年限法摊销。

甲公司从2013年4月开始，每月摊销8000元，计入产品的制造费用中。

【例6-5】 从2012年1月1日起，甲企业将一项商标权出租给乙企业使用。租赁期开始当日该商标权的原值为500万元，已经摊销了200万元，预计还可以使用五年，预计净残值为零，采用直线法摊销。出租合同规定，租赁期3年，承租方每年支付商标权使用费150万元。

甲企业此项商标权每年摊销60万元[(500万－200万)/5]，每月摊销5万元。因为在未来三年内该商标权给企业带来的出租收入属于营业收入，所以摊销费计入营业成本。

(二)无形资产的减值

无形资产作为长期资产，未来带来的经济利益称为"可收回金额"。可收回金额是以下两者中孰高者：当下处置无形资产所产生的可变现净值与未来长期使用无形资产所产生的现金流量的折现值。当无形资产的可收回金额低于无形资产的账面价值时，该无形资产发生了减值。

无形资产的减值测试在资产负债表日进行。

大多数无形资产不能单独带来经济利益，无法单独确定其可收回金额，而是与其他资产，比如固定资产一起，作为一个资产组进行减值测试。如果有迹象表明，某个资产组发生了减值，那么就先确定该资产组的可收回金额，再与该资产组的账面价值相比，看是否发生了减值。如果是，通常按照资产组内各项资产的账面价值的比例分摊减值金额。

【例6-6】 2015年12月31日，A公司发现2012年12月31日购入的一项利用专利的技术设备，由于类似的专利技术在市场上已经出现，此项设备与专利组成的资产组可能减值。当初购入设备时同时购入该专利。2015年末该设备原值6 000 000元,已经计提折旧1 800 000元。该专利原值2 000 000元,已经摊销600 000元。如果:

(1)将该设备和专利出售,可收回现金净额2 200 000元;

(2)A公司继续使用该设备和专利,尚可使用5年,未来5年的现金流量为500 000元、480 000元、460 000元、440 000元、420 000元,第5年使用寿命结束时预计处置带来现金流量为380 000元。

甲公司采用的折现率为5%。

期数1～5期的复利现值系数分别为:0.9524,0.9070,0.8638,0.8227,0.7835。经过计算该设备和专利预计未来现金流量的现值为2 297 696元。

假设两项资产的销售净价为2 200 000元。可收回金额为销售净价和未来现金流的折现值中较高者,即2 297 696元。

资产组的账面价值为设备价值4 200 000元和专利权价值1 400 000元之和,总计5 600 000元。确认资产减值=5 600 000-2 297 696=3 302 304(元)。

资产减值额在设备和专利权之间按照账面价值分配。

设备分配的减值金额=3 302 304×(4 200 000/5 600 000)=2 476 728(元)

专利权分配的减值金额=3 302 304×(1 400 000/5 600 000)=825 576(元)

有些无形资产,比如可能很快被竞争对手在技术上超越而失去使用价值的专利权或非专利技术,由于无法判断其经济使用寿命,而成为预计使用寿命不确定的无形资产。对于这类无形资产,无法进行摊销,于是账面价值无法随着资产的使用而减少。在资产负债表日,无论这些资产是否存在减值迹象,都要实施减值测试来发现资产是否发生了减值。减值测试的程序是,先确定可收回金额,再与资产的账面价值相比较。如果可收回金额大于资产的账面价值,不予处理,否则调减资产的账面价值至可收回金额。

【例6—7】 2014年1月1日,甲公司购入一项商标权,购入总成本为2000万元。虽然按照商标法规定,该商标的保护期为五年,但是甲公司每年可以较低的手续费申请延期。从产品生命周期、市场竞争等方面情况综合判断,该商标将在未来超过五年的不确定期限内带来经济利益。2014年和2015年底的测试表明,该商标权的可收回金额高于其账面价值。2016年底由于市场环境发生显著变化,在年底的测试中该商标权的可收回金额降到1800万元。

此项商标权的成本由于预计使用年限不确定,无法进行摊销。为了避免对该商标权的计量过于乐观,需要在每年年末进行减值测试。2016年的可收回金额为1800万元,低于账面价值2000万元,发生了减值,此时将商标权的账面价值调减至1800万元,同时确认200万元减值损失。

二、无形资产的处置

无形资产的处置就是对无形资产进行终止确认。引起无形资产终止确认的交易或事项,包括无形资产经批准冲销账面价值、出售、用于对外股权投资,等等。

【例6—8】 甲公司将其拥有的某专利权出让。出让时,该专利权的原值为500万元,已经摊销100万元。出让所得600万元,不考虑相关税费。

甲企业出让专利权的所得为600万元,出让成本为账面净值400万元(500万原值减去

100万元摊销额),出让净收益为200万元。

【例6—9】 乙公司将其拥有的商标权投资于丙公司。该商标权在乙公司的原值为600万元,已经摊销200万元。包括乙公司在内的丙公司其他各投资方协商确定该商标权的价值为900万元。不考虑相关税费。

乙公司将无形资产对外投资可以视同两笔交易,第一笔是将账面价值为400万元(600万原值减去200万元摊销额)的无形资产以900万元出售,确认处置收益500万元,第二笔是将出售所得900万元对外投资。

第三节 无形资产的会计处理

一、财务报表项目与会计科目设置

(一)"无形资产"项目

无形资产通过资产负债表的"无形资产"项目予以报告。

在该项目下企业应设置"无形资产"、"无形资产摊销"和"无形资产减值准备"等科目进行相应会计处理。

1."无形资产"科目

无形资产科目属于资产类科目,该科目下按照无形资产的类别设置明细科目。在该科目借方记录取得的无形资产原值,在贷方记录终止确认的无形资产原值。

2."无形资产摊销"科目

该科目是"无形资产"科目的备抵科目,专门用来记录无形资产使用期间发生的摊销额。该科目的使用与"累计折旧"相同。该科目下按照无形资产的类别设置明细科目。

3."无形资产减值准备"科目

该科目也是"无形资产"科目的备抵科目,专门用来记录无形资产的减值额,该科目的使用与"固定资产减值准备"科目相同。该科目下按照无形资产的类别设置明细科目。

(二)"开发支出"项目

那些已经符合资本化条件但是还不能形成无形资产的支出,在资产负债表中,以"开发支出"项目报告。

在该项目下设置"研发支出——资本化支出"明细科目。在该明细科目的借方记录满足资本化条件后发生的开发支出;在贷方记录开发成功形成无形资产的金额;期末余额在借方,表示满足资本化条件尚不能形成无形资产的支出。期末余额报告在"开发支出"项目下。

需要说明的是,研究阶段的支出以及不满足资本化条件的开发阶段的支出,也记录在"研发支出"科目,只是另外设置"费用化"明细科目予以记录。当研发阶段发生费用化支出时,记录在该明细科目的借方,期末转入到"管理费用"科目。

二、取得无形资产的会计处理

1.外购无形资产的会计处理

【例6—10】 承例6—1。

甲公司取得该专利权,在会计等式中的结果见表6—1。

表6—1

单位:万元

资产负债表要素	资产=		负债	+所有者权益
资产负债表项目	货币资金	无形资产		
资产负债表科目	银行存款	无形资产		
外购专利权	－96	＋96		

会计分录如下:
借:无形资产　　960 000
　　贷:银行存款　　960 000

2.自行开发无形资产的会计处理

【例6—11】 承例6—2。

按照研究阶段和开发阶段两个时期处理。

研究阶段发生的材料支出5000万元和人工成本1000万元,是费用化支出,发生支出时增加了管理费用。两年的支出在财务报表中的结果见表6—2。

表6—2

单位:万元

资产负债表要素	资产=	负债	+所有者权益
资产负债表项目	存货	应付职工薪酬	未分配利润
资产负债表科目	原材料	应付职工薪酬	利润分配
外购专利权	－5 000	＋1 000	－6 000(管理费用)

费用化支出,减少了资产负债表的"未分配利润",减少了所有者权益变动表的"未分配利润",增加了利润表的"管理费用",减少了净利润。现金流量表是否受到影响,取决于是否发生了现金支出。

由于研究阶段历时很长,同时企业在内部管理上是为研究内容立了项的,所以要在"研发支出"科目下设"费用化支出"明细科目,归集项目上的支出,便于分析和管理。按照规定,每月发生支出时先记入"研发支出——费用化支出"明细科目,月底再转入"管理费用"科目。即:

每月发生支出时,
借:研发支出——费用化支出
　　贷:原材料
　　　　应付职工薪酬
月底转入"管理费用"科目。
借:管理费用
　　贷:研发支出——费用化支出。

表6—3以支出总额做了示意。

表 6—3

单位：万元

资产负债表要素	资产=			负债+	所有者权益
资产负债表项目	存货	开发支出	无形资产	应付职工薪酬	未分配利润
资产负债表科目	原材料	研发支出	无形资产	应付职工薪酬	利润分配
资产负债表明细科目		资本化支出 费用化支出			
发生费用化支出时	-5 000	+6 000		+1 000	
期末结转费用化支出		-6 000			-6 000（管理费用）

开发阶段如果尚不满足资本化条件，处理方式与研究阶段相同。

开发阶段一旦在某个时点满足了资本化条件，那么之后发生的支出，计入资产的成本。同样道理，为了便于项目管理，发生的支出先计入"研发支出——资本化支出"明细，待项目开发成功后再转入"无形资产"科目。

开发阶段满足资本化条件后，发生开发支出以及研发成功的处理结果见表6—4。

表 6—4

单位：万元

资产负债表要素	资产=				负债+	所有者权益
资产负债表项目	货币资金	存货	开发支出	无形资产	应付职工薪酬	未分配利润
资产负债表科目	银行存款	原材料	研发支出	无形资产	应付职工薪酬	利润分配
资产负债表明细科目			资本化支出 费用化支出			
发生资本化支出时	-2 000	-3 000	+6 500		+1 500	
研发成功转无形资产			-6 500	+6 500		

会计分录如下：

借：研发支出——资本化支出
　　贷：原材料
　　　　应付职工薪酬等

待研发成功后，转入"无形资产"科目。

借：无形资产——专利权　　65 000 000
　　贷：研发支出——资本化支出　65 000 000

开发成功的无形资产的成本为6500万元，不包括此前已经费用化的6000万元。

从表6—4看出，发生资本化支出的显著特点是，资产负债表中的"未分配利润"不受影响，所有者权益变动表不受影响，利润表不受影响。

3. 投资者投入无形资产的会计处理

【例 6—12】 承例6—3

甲公司接受乙公司投入的无形资产，用会计等式见表6—5。

表 6—5

单位:万元

资产负债表要素	资产=	负债	+所有者权益
资产负债表项目	无形资产		实收资本
资产负债表科目	无形资产		实收资本
接受投资	+200		+200

会计分录如下:

借:无形资产　　　　　　　　2 000 000
　贷:实收资本——乙公司　　　　2 000 000

接受投资者用无形资产投资,资产负债表中,"无形资产"增加,"实收资本"增加。当期所有者权益变动表中,因接受投资者投资,"实收资本"增加。当期利润表和现金流量表不受影响。

三、无形资产使用期间的会计处理

1.无形资产的摊销

【例6—13】 承例6—4 甲公司从2013年4月开始,每月月末摊销8000元,计入产品的制造费用中。

用会计等式描述如表6—6"用于生产的无形资产摊销"行。从表中看出,用于生产的无形资产,其摊销额减少了无形资产价值,增加了存货价值,当期损益不受影响。

会计分录如下:

借:制造费用　　　　　　8 000
　贷:无形资产摊销　　　　8 000

【例6—14】 承例6—5。

甲企业要从出租该项商标权的当月月末处理,结果见表6—6"用于出租的无形资产摊销"行。能带来出租收入的无形资产,其摊销额减少了无形资产价值,同时减少了"未分配利润";影响了所有者权益变动表中的"未分配利润";增加了利润表中"营业成本",减少了净利润;当期现金流量表不受影响。

会计分录如下:

借:其他业务成本　　　　50 000
　贷:无形资产摊销　　　　50 000

表 6—6

单位:元

资产负债表要素	资产=		负债	+所有者权益
资产负债表项目	存货	无形资产		未分配利润
资产负债表科目	制造费用	无形资产摊销		利润分配
用于生产的无形资产摊销	+8 000	-8 000		
用于出租的无形资产摊销		-50 000		-50 000（营业成本）

2. 无形资产的减值

【例6-15】 承例6-6。

A公司于2015年12月31日,分别确认固定资产减值2 476 728元,无形资产减值825 576元,合计3 302 304元。

用会计等式描述见表6-7。

表6-7

单位:元

资产负债表要素	资产=		负债	+所有者权益
资产负债表项目	固定资产	无形资产		未分配利润
资产负债表科目	固定资产减值准备	无形资产减值准备		利润分配
资产发生减值	-2 476 728	-825 576		-3 302 304（资产减值损失）

会计分录如下:
借:资产减值损失　　　　　　　3 302 304
　　贷:固定资产减值准备　　　　　2 476 728
　　　　无形资产减值准备　　　　　　825 576

【例6-16】 承例6-7。

甲公司在2016年12月31日进行的会计处理如下。
借:资产减值损失　　　　　　　2 000 000
　　贷:无形资产减值准备　　　　　2 000 000
用会计等式描述略。

四、处置无形资产的会计处理

处置无形资产就是终止确认无形资产,即在账面上把无形资产冲销掉。

【例6-17】 承例6-8。

用会计等式描述的结果见表6-8。

表6-8

单位:万元

资产负债表要素	资产 =			负债	+所有者权益
资产负债表项目	货币资金	无形资产			未分配利润
资产负债表科目	银行存款	无形资产	无形资产摊销		利润分配
处置无形资产时	+600	-500	+100		+200（营业外收入）

账面价值为400万元的无形资产处置以后,资产负债表中"货币资金"项目增加了600万元,"无形资产"项目减少了400万元,"未分配利润"项目增加了200万元。当期所有者权益变动表中,"未分配利润"项目增加了200万元;当期利润表中,"营业外收入"项目有200万元,"净利润"项目为此增加200万元;当期现金流量表有现金流入600万元。

会计分录如下：
借：银行存款　　　　　　　　6 000 000
　　无形资产摊销　　　　　　1 000 000
　　贷：无形资产　　　　　　　　5 000 000
　　　　营业外收入　　　　　　　2 000 000

【例6—18】　承例6—9。
乙公司以商标权投资的会计处理如下。
借：长期股权投资　　　　　　9 000 000
　　无形资产摊销　　　　　　2 000 000
　　贷：无形资产　　　　　　　　6 000 000
　　　　营业外收入　　　　　　　5 000 000
用会计等式描述见表6—9。

表6—9

单元：万元

资产负债表要素	资产	=		负债	＋所有者权益
资产负债表项目	长期股权投资	无形资产			未分配利润
资产负债表科目	长期股权投资	无形资产	无形资产摊销		利润分配
以无形资产对外投资	＋900	－600	＋200		＋500（营业外收入）

以无形资产对外投资以后，资产负债表中"长期股权投资"增加900万元，"无形资产"减少400万元，"未分配利润"增加500万元；当期所有者权益变动表中，"未分配利润"增加500万元；当期利润表中，有"营业外收入"500万元；当期现金流量表不受影响。

第四节　无形资产的报告

一、无形资产的列报

期末，无形资产的存量在资产负债表的"无形资产"项目列示，金额是"无形资产"科目的借方余额与"累计摊销"科目的贷方余额之差，如果"无形资产减值准备"有贷方余额，也一并减去。如果有满足资本化条件、但是开发尚未完成的研发支出，就将"研发支出——资本化支出"科目的借方余额报告在资产负债表的"开发支出"项目中。

当期，无形资产使用过程中产生的摊销额，根据无形资产的用途，凡是计入"管理费用"科目的，在利润表的"管理费用"项目列示，凡是计入"制造费用"科目的，报告在资产负债表的"存货"项目中，凡是对外收取使用费的，报告在利润表的"营业成本"项目中（使用费收入报告在"营业收入"项目）。处置无形资产形成的损益，报告在利润表的"营业外收入"和"营业外支出"项目中。

二、无形资产的披露

在财务报表附注中要披露下列内容：无形资产的期初和期末账面余额、累计摊销额及减值准备累计金额;使用寿命有限的无形资产,其使用寿命的估计情况;使用寿命不确定的无形资产,其使用寿命不确定的判断依据;无形资产的摊销方法;用于担保的无形资产账面价值、当期摊销额等情况;确认为无形资产的研究开发支出金额。

由于无形的经济资源的特殊性,以及企业会计准则为了保证会计信息的可靠性所制定的确认、计量规则,一些重要的无形的经济资源,或者由于其不可辨认抑或其取得成本不能可靠计量,而无法在企业的资产负债表中列示;或者虽然能在资产负债表中列示,但是其金额被低估。财务报表使用人员应该清楚地认识到资产负债表在反映企业无形的经济资源时所遇到的困境,并努力通过表外途径全面了解企业的资源,从而对企业的财务状况、获利能力做出准确评估。

当一个企业的股权被整体或者部分出售时,如果购买方不仅看到被出售企业财务报表所反映的资源,而且发现了其无法在财务报表上反映的资源,并且愿意按照公平交易原则对后一类资源出价,那么在购买方看来,不仅后一类资源未来很可能带来经济利益,而且取得成本也能够可靠计量,于是在购买方的财务报表中,那些原先无法在被出售企业报表中反映的多项经济资源,比如良好的地理位置、营销网络、企业文化、优秀的管理团队、杰出的管理人才,等等,就被作为一个整体——"商誉"在购买方的报表中确认下来[①]。

本章小结

无形资产是指企业拥有或者控制的没有实物形态的可辨认非货币性资产。

无形资产由于其无形性,确认变得相对困难、复杂,尤其是研究与开发过程中发生的支出是否要作为资产来确认。按照会计准则的规定,在研究阶段发生的支出全部作为费用化处理,在开发阶段发生的支出,如果满足准则规定的五个条件,就确认为"开发支出"资产,待开发成功再转入无形资产。

无形资产的初始计量采用历史成本原则。后续期间,会发生无形资产的摊销以及减值。相关业务特点的会计处理与固定资产相似。

无形资产的处置包括无形资产的出售和对外投资。无形资产处置损益与固定资产的一致,属于营业外收入或营业外支出,只不过在进行会计处理时,一次处理完成,计入损益,不必通过暂记科目。

一、复习思考题

1.什么是无形资产?无形资产带来经济利益的方式有什么特点?无形资产包括哪些内容?

2.为什么研究阶段发生的支出要费用化?按照会计准则的规定,在开发阶段满足哪些条件时就能够将支出资本化?

3.可计量性显著地影响了无形资产的确认。在你认知的范围内,举出一两个例子,说明

---

① 更准确地说,商誉是对那些不满足资产确认条件的经济资源和不满足负债确认条件的债务的统称。理论上,商誉的金额是二者之差。本书为了便于阐述,忽略了后者。

这些无形的经济资源由于不满足可计量性而无法确认为无形资产。

4.计算机软件可以确认为无形资产,但在有些情形中却要确认为存货。你能举出例子吗?

5.无形资产的摊销与固定资产折旧非常类似。但是有些无形资产由于无法确定预计使用寿命而不能摊销。在这种情况下,要如何进行会计处理,才能保证这些资产的价值不被高估?

6.无形资产如何在报表中列报?

7.外部人在利用财务报表评估企业价值时,对财务报表中报告的无形资产进行分析时,应注意哪些问题?

二、练习题

(一)单项选择题

1.下列项目中,应确认为无形资产的是( )。
   A.企业自创商誉
   B.企业内部产生的品牌
   C.企业内部研究开发项目研究阶段的支出
   D.企业购入的专利权

2.甲公司以300万元的价格对外转让一项专利权。该项专利权系甲公司以480万元的价格购入,购入时该专利权预计使用年限为10年。转让时该专利权已使用5年。假定不考虑相关税费。甲公司转让该专利权所获得的净收益为( )万元。
   A.5 B.20 C.45 D.60

3.企业出售无形资产发生的净损失,应当计入( )。
   A.主营业务成本   B.其他业务成本
   C.管理费用   D.营业外支出

4.关于企业内部研究开发项目的支出,下列说法中不正确的是( )。
   A.企业内部研究开发项目的支出,应当区分研究阶段支出与开发阶段支出
   B.研究是指为获取并理解新的科学或技术知识而进行的独创性的有计划调查
   C.企业内部研究开发项目研究阶段的支出,应当于发生时计入当期损益
   D.企业内部研究开发项目开发阶段的支出,应当于发生时计入当期损益

5.企业出租无形资产取得的收入,应当计入( )。
   A.主营业务收入   B.其他业务收入
   C.投资收益   D.营业外收入

6.自创并经法律程序申请取得的无形资产,其申请登记费应计入( )。
   A.管理费用   B.无形资产
   C.其他业务成本   D.营业费用

7.下列各项中,应作为无形资产入账的是( )。
   A.开办费   B.广告费
   C.为获得土地使用权支付的土地出让金   D.开发新技术过程中发生的研究费

(二)多项选择题

1. 企业内部研究开发项目开发阶段的支出,同时满足下列哪些条件,才能确认为无形资产( )。
   A. 完成该无形资产以使其能够使用或出售在技术上具有可行性
   B. 具有完成该无形资产并使用或出售的意图
   C. 无形资产带来经济利益的方式,包括能够证明运用该无形资产生产的产品存在市场或无形资产自身存在市场,无形资产将在内部使用的,应当证明其有用性
   D. 有足够的技术、财务资源和其他资源支持,以完成该无形资产的开发,并有能力使用或出售该无形资产
   E. 归属于该无形资产开发阶段的支出能够可靠地计量

2. 关于内部研究开发费用的确认和计量,下列说法中错误的有( )。
   A. 企业研究阶段的支出应全部费用化,计入当期损益
   B. 企业研究阶段的支出应全部资本化,计入无形资产成本
   C. 企业开发阶段的支出应全部费用化,计入当期损益
   D. 企业开发阶段的支出应全部资本化,计入无形资产成本
   E. 企业研究阶段的支出可能费用化,也可能资本化

3. 企业发生的下列支出,应于发生时计入当期损益的有( )。
   A. 无形资产的成本不能可靠地计量
   B. 同时满足"与该无形资产有关的经济利益很可能流入企业"和"该无形资产的成本能够可靠地计量"两个条件
   C. 企业内部研究开发项目研究阶段的支出
   D. 与无形资产有关的经济利益极小可能流入企业

4. 关于无形资产处置,下列说法中正确的有( )。
   A. 企业出售无形资产,应当将取得的价款与该无形资产账面价值的差额计入当期损益
   B. 企此出售无形资产,应当将取得的价款与该无形资产账面余额的差额计入当期损益
   C. 无形资产预期不能为企业带来经济利益的,应当将该无形资产的账面价值予以转销
   D. 无形资产预期不能为企业带来经济利益的,也应按原预定方法和使用寿命摊销
   E. 企业出售无形资产,应当将取得的价款与该无形资产账面价值的差额计入资本公积

5. 关于无形资产的摊销,下列说法中正确的有( )
   A. 使用寿命有限的无形资产,其应摊销金额当在使用寿命内系统合理摊销
   B. 企业摊销无形资产,应当自无形资产可供使用时起,至不再作为无形资产确认时止
   C. 无形资产摊销年限不超过 10 年
   D. 使用寿命有限的无形资产一定无残值
   E. 无形资产的摊销方法只有直线法

(三)计算及会计处理题

1.某企业研制一项新技术,开始并无成功把握,该企业在此项研究过程中研究阶段发生支出 7 万元,其中第一个月 3 万元,第二个月 4 万元。开发阶段发生支出 20 万元,符合资本化条件。研究成功后申请获得专利权,在申请专利的过程中发生专利登记费 3 万元,律师费 0.8 万元。编制有关会计分录并用会计等式描述。

2.某企业出售一项 3 年前取得的专利权,该专利取得时的成本为 20 万元,按 10 年摊销,出售时取得收入 20 万元,预计净残值为 0。编制有关无形资产取得、摊销、处置的会计分录并用会计等式描述。

三、财务报表题

1."你的公司"有哪些无形资产?期末无形资产占资产总额比例怎样?期初期末余额变动情况怎样?

2.该公司有正在研发的项目吗?如果有,该公司规定当满足哪些条件时,就可以把研发支出资本化?

3.该公司存在计提减值准备的无形资产吗?如果有,查一查,在哪年计提该准备?为什么计提减值准备?

4.该公司在最近一年度是否处置了无形资产?对当年度利润表的影响如何?(在报表附注的"营业外收入"或"营业外支出"部分查询。)

第七章

投资性房地产

【学习目标】

通过学习本章,你应该:

1. 掌握投资性房地产的含义,了解投资性房地产与企业自用房地产的区别;
2. 掌握不同方式下取得投资性房地产的初始计量方法;
3. 掌握成本模式下投资性房地产后续计量、与自用房地产互换以及处置的记录与报告;
4. 掌握公允价值模式下投资性房地产后续计量、与自用房地产互换以及处置的记录与报告。

引子

金融街控股股份有限公司(股票代码:000402),主要从事房地产开发业务,同时也有部分自持物业用于出租。截止 2007 年 12 月 31 日,这些自持物业包括北京金融街购物中心、金树街、C3 四合院、重庆嘉年华四个项目,账面价值占公司资产总额的 12.20%。2008 年 3 月 31 日该公司发布公告称,其投资性房地产的后续计量自 2008 年 1 月 1 日起,由先前的成本模式改为公允价值模式。公司董事会认为,随着国内房地产市场的发展和逐渐成熟,广大投资者希望更加全面客观地了解房地产企业资产的市场价值。公司认为采用公允价值计量投资性房地产有利于向投资者客观反映公司投资性房地产的价值,更真实地反映公司的财务状况和经营成果,符合全体股东的利益[①]。

我国《企业会计准则第 3 号——投资性房地产》(以下简称《投资性房地产准则》),将企业为赚取租金或资本增值,或两者兼有而持有的房地产,单独确认为一类资产——投资性房地产。

就投资性房地产本身使用价值而言,与作为固定资产的房屋建筑物以及作为无形资产

---

① 资料来源:根据金融街控股股份有限公司的公告整理。

的土地使用权并无差异。我国现行企业会计准则之所以将这些资产单独列为一类资产,是因为它们用于出租或者出让,而通过出租出让带来的经济利益与房地产市场有密切关系。近年来我国房地产市场迅猛发展,使得用于出租出让的房地产带来经济利益的时间、金额以及风险有其自身规律,与企业自用房地产有显著差别。

本章阐述投资性房地产的确认、初始计量、后续计量、与自用房地产之间的转换以及相关的记录与报告[①]。

第一节 投资性房地产的初始确认与计量

一、投资性房地产的性质

《投资性房地产准则》)这样定义投资性房地产:投资性房地产,是指为赚取租金或资本增值,或两者兼有而持有的房地产。准则所界定的投资性房地产包括已出租的土地使用权;持有并准备增值后转让的土地使用权;已出租的建筑物。而为生产商品、提供劳务或者经营管理而持有的房地产,是企业自用的房地产,属于固定资产或者无形资产;待售的房地产属于存货,不属于投资性房地产。

二、投资性房地产的初始确认

如果一项房地产,无论自行建造还是购入,但凡符合投资性房地产的定义,并且取得成本能够可靠计量,那么就被确认为投资性房地产。

多数投资性房地产是由自用房地产改变用途转化来的。当自用的房屋建筑物或者土地使用权,从自用改为对外出租,那么从租赁期开始日,即房屋建筑物和土地使用权进入出租状态、开始赚取租金时,就将该房屋建筑物或者土地使用权确认为投资性房地产,同时终止确认固定资产或无形资产。不过在实务中,企业空置的建筑物,如果董事会或类似机构做出书面决议,明确表明将其用于经营出租且持有意图短期内不再发生变化的,即使尚未签订租赁协议,也视为投资性房地产。还有,企业将自用土地使用权停止自用准备增值后转让,那么在确定准备增值后转让的日期,确认为投资性房地产。

在具体判定一项资产是否属于投资性房地产时,还要仔细分析该项资产的用途。比如酒店大楼和写字楼,究竟属于固定资产还是属于投资性房地产?这要看企业从该项资产取得的经济利益,主要来自于建筑物本身遮蔽风雨的功能还是来自于除此功能之外企业为客户提供的服务。如果主要来自于前者,那么该建筑物就属于投资性房地产;如果主要来自于后者,那么建筑物只是在向客户提供服务的过程中必不可少的条件,它就属于固定资产。通常酒店大楼属于固定资产,而写字楼属于投资性房地产。

三、投资性房地产的初始计量

投资性房地产的初始计量遵循历史成本原则,计量金额包括一切使资产达到预定可使

[①] 按照税法规定,投资性房地产属于增值税的应税商品,购入和处置均涉及增值税问题。本书将此部分内容忽略。有兴趣的读者请参阅有关税法书籍。

用状态所发生的必要的、合理的支出。

根据税法的规定,取得房地产要缴纳契税、耕地占用税等税费,这些税费都计入投资性房地产的历史成本中。

不同方式取得的投资性房地产,历史成本的确定不同。

(一)外购的投资性房地产

外购投资性房地产的历史成本包括购买价款、相关税费和可直接归属于该资产的其他支出。

(二)自行建造的投资性房地产

自行建造的投资性房地产,其成本由建造该项资产达到预定可使用状态前发生的必要支出构成,包括土地开发费、建筑成本、安装成本、建造期间借款产生的利息支出等。

以上两种方式形成的投资性房地产,都是在初始确认资产时就确认了投资性房地产,都以所付出的对价的公允价值作为计量金额。

(三)由自用房地产转化而来的投资性房地产

由自用房地产转化而来的投资性房地产,与外购和自行建造的投资性房地产不同,属于资产重新分类形成的资产。其初始计量情况比较特殊,与企业所选择的投资性房地产后续计量模式有关。有关问题在本章第三节阐述。

第二节 投资性房地产的后续计量

与固定资产、无形资产后续计量的内容相同,投资性房地产的后续计量包括后续资产价值的持续报告、后续发生与资产有关的支出以及后续发生资产减值。

一、后续对资产价值的持续报告

投资性房地产资产价值的后续持续报告,有两种模式,一种是成本模式,一种是公允价值模式。

1.成本模式

投资性房地产后续计量的成本模式,相当于固定资产、无形资产后续计量中的计提折旧和摊销。这种计量模式以资产的历史成本为基础,本着权责发生制原则,将资产的取得成本在预计使用年限内进行系统分摊,故名"成本模式"。

采用成本模式,需要估计投资性房地产的预计净残值、预计使用年限和折旧或摊销方法。

【例7-1】 甲企业对外出租的一栋房屋,原值5000万元,预计净残值率5%,预计使用50年,采用年限平均法计提折旧。

这项资产的初始计量金额为5000万元。按照年限平均法计提折旧,每年折旧额为95万元。于是在后续年度,该项资产对外报告的金额每年以95万元递减。

2.公允价值模式

有些企业的投资性房地产处于房地产市场发达的区域,公允价值能够可靠取得,期末采用公允价值进行后续计量,比采用成本模式计量,提供的信息更加有用。所以我国会计准则规定,如果企业满足了规定条件,就可以采用公允价值模式进行后续计量。《投资性房地产准则》第十条规定,"企业存在确凿证据表明其投资性房地产的公允价值能够持续可靠取得的,可以对投资性房地产采用公允价值模式进行后续计量。采用公允价值模式进行后续计量的投资性房地产,必须同时满足两个条件:一是投资性房地产所在地有活跃的房地产交易市场,二是企业能够从活跃的房地产交易市场取得同类或类似房地产的市场价格及其他相关信息,从而对投资性房地产的公允价值做出合理的估计。"

由于投资性房地产形成的经济利益与房地产市场密切相关,而企业取得投资性房地产就是为了取得与市场相关的经济利益,所以当投资性房地产的公允价值发生变化,由此产生的所有者权益变化,应该同时在利润表中反映出来,以体现经营者的业绩。具体说,如果公允价值上升,说明企业的经营决策产生了积极效果,反之则产生了负面效果。但是由于并未将资产处置,公允价值变化对利润表的影响并未带来真正的经济利益,仅是账面富贵或账面损失,所以在利润表中单设"公允价值变动损益"项目来反映这种未实现的利得或损失。

每个会计期末,企业以所获得的当日投资性房地产的公允价值对投资性房地产的账面价值进行调整,调整的金额同时计入当期利润表的"公允价值变动损益"项目。

【例7—2】 甲企业对外出租的一栋房屋,取得成本为5000万元。假设在取得资产后的三个会计年度,每年年末该房屋的公允价值分别为5200万元、5500万元和5400万元。

该房屋在对外报告时,每年年末的金额应当与当年末的公允价值一致,分别是5200万元、5500万元和5400万元。在后续三个年度的利润表中,公允价值变动损益的金额应当分别为200万元、300万元和—100万元。

采用公允价值模式时,企业的利润将受到房地产市场价格波动的影响。为了防止企业在市场价格上涨时采用公允价值模式,在市场价格下跌时采用成本模式,我国企业会计准则指南允许企业从成本模式改为公允价值模式,但是又规定一旦采用公允价值模式,就不能再变更为成本模式。同时还规定,采用公允价值模式的企业,其所有的投资性房地产均要采用公允价值模式,不允许一部分采用公允价值,另一部分采用成本模式。另外,在极少数情况下,采用公允价值进行后续计量的企业,若有证据表明,当企业首次取得某项投资性房地产(或某项现有房地产在完成建造或开发活动或改变用途后首次成为投资性房地产)时,该投资性房地产公允价值不能持续可靠取得的,应当对该项投资性房地产采用成本模式计量直至处置。但是,采用成本模式对投资性房地产进行后续计量的企业,即使有证据表明,企业首次取得某项投资性房地产时,该投资性房地产公允价值能够持续可靠取得,该企业仍应对该项投资性房地产采用成本模式进行后续计量。

会计准则和指南之所以对公允价值模式的使用规定得如此严格,一是为了确保资产信息的可靠性,二是为了确保利润表信息的谨慎性。

二、投资性房地产的后续支出

当发生与投资性房地产有关的后续支出时,如果这项支出能够像投资性房地产一样带来经济利益,从理论上讲,应该新增确认为投资性房地产。比如,企业为了使投资性房地产更加坚固耐用而进行改建、扩建,或者通过室内装潢提高投资性房地产的使用效能,这些改扩建支出和装修支出能够像投资性房地产一样带来经济利益,应该确认为投资性房地产。

实务中为了便于进行资产实物管理和价值管理,将这类支出计入原投资性房地产的成本,增加"投资性房地产"项目的报告金额。

改扩建以后的投资性房地产与改扩建之前相比,不仅成本增加了,而且未来带来的经济利益的金额、时间、方式等都有变化,所以把改扩建以后的投资性房地产视作一项不同于改扩建之前的新资产。投资性房地产进入改扩建阶段时,终止确认该资产,形成在建工程资产。改扩建完成后,终止确认在建工程,确认一项新的投资性房地产。新的投资性房地产就像企业自行建造完成的资产一样,无论后续采用成本模式还是公允价值模式,初始计量金额都为历史成本。

【例7—3】 2012年1月,甲企业计划对一项采用成本模式的投资性房地产进行改扩建,并与乙企业签订了租赁合同,约定自改扩建完工时将厂房出租给乙企业。1月10日,厂房账面原值1 000万元,已经计提折旧600万元。厂房进入改扩建工程。7月10日,厂房改扩建工程完工,共发生支出300万元,即日起按照租赁合同出租给乙企业。

甲企业将账面价值为400万元的投资性房地产进行改扩建,形成在建工程,改扩建过程中发生的300万元支出进行资本化处理,增加在建工程成本,改扩建完成后新的投资性房地产的成本是700万元。

【例7—4】 假设例7—3中甲企业进行改扩建的投资性房地产采用公允价值模式计量。1月10日,厂房进入改扩建工程时的账面价值为1500万元。

改扩建过程中发生的300万元支出进行资本化处理后,计入在建工程成本,改扩建完成的投资性房地产是改扩建前的账面价值与新增建造成本之和,为1800万元。

如果后续支出不满足投资性房地产的确认条件,那么应当在发生时直接计入当期损益。对投资性房地产进行日常维护发生的支出就属于这种类型的支出。发生这些支出时,计入当期利润表的"营业成本"项目。

三、后续投资性房地产发生减值

如果房地产销售市场或者出租市场出现重大不利因素,投资性房地产未来带来的经济利益就可能会显著下降。采用公允价值模式计量的投资性房地产,公允价值自然反映出了对未来的不利预期,所以不必采用专门会计处理程序解决资产减值问题。但是采用成本模式计量的投资性房地产,后续报告金额是以历史成本为基础的,而历史成本不体现资产未来带来经济利益的情况。于是以成本模式计量的投资性房地产,房地产市场一旦出现重大不利因素,企业就应该像固定资产、无形资产那样,进行资产减值测试,估算资产的可收回金额,如果可收回金额低于以成本模式计量的金额,就应该将资产的账面价值从以成本模式计量的金额调低到可收回金额。

【例7—5】 甲企业对外出租的一栋房屋,采用成本模式进行后续计量。其原值5000万元,预计净残值率5%,预计使用50年,采用年限平均法计提折旧。三年后,房地产市场发生了重大不利因素,交易价格纷纷下滑。甲企业对该项投资性房地产进行了减值测试,估算出可收回金额为4500万元。

三年后以成本模式计量的该项资产的账面价值为4715万元。可收回金额低于账面价值,此时将账面价值调低为4500万元,同时确认利润表的"资产减值损失"项目。

第三节 投资性房地产的转换与处置

一、投资性房地产与自用房地产的转换

(一)自用房地产转换为投资性房地产

当自用房地产改为出租,或者自用土地使用权改为出租或者准备增值后转让时,自用房地产就成了投资性房地产。此时要终止确认自用房地产,同时确认投资性房地产。自用房地产转换为投资性房地产是投资性房地产形成的最主要方式。这种方式形成的投资性房地产的初始计量比较复杂,所以放在这一节单独讲述。

1.投资性房地产采用成本模式

当自用房地产转换为采用成本模式进行后续计量的投资性房地产时,因为自用房地产后续计量也采用成本模式,没有因资产重新分类而使后续计量模式发生变化,所以投资性房地产的初始计量金额就是转换日自用房地产的账面价值,投资性房地产的后续计量相当于自用房地产的后续计量。

【例7—6】 甲企业投资性房地产采用成本模式计量。有一栋闲置的厂房,经董事会决定对外出租,已经与乙企业签订了出租合同,并且租赁期已经开始。该厂房原值200万元,已经计提折旧120万元。

转换日投资性房地产的初始计量金额是原固定资产的账面价值80万元。

2.投资性房地产采用公允价值模式

企业将采用成本模式进行后续计量的自用房地产,转换为采用公允价值模式进行后续计量的投资性房地产时,理论上,转换日投资性房地产的初始计量金额就是其历史成本——自用房地产在转换日的账面价值。但是考虑到转换日投资性房地产的公允价值可能与自用房地产此时的账面价值相去甚远,如果以自用房地产的账面价值作为投资性房地产的初始金额,那么在转换后的第一个资产负债表日,投资性房地产的公允价值与转换日初始金额之间的差额,就有一部分是由资产转换而不是由这一段时间内投资性房地产的公允价值的波动产生的。

为了防止企业通过资产转换操纵利润,企业会计准则指南对由自用房地产转换而成的以公允价值模式进行后续计量的投资性房地产的初始计量,采用了特殊处理方式:以转换日投资性房地产的公允价值作为初始金额。企业会计准则指南并且规定,转换日投资性房地产的公允价值小于自用房地产的账面价值时,转换带来的不利影响计入利润表的"公允价值变动损益"项目;而转换日投资性房地产的公允价值大于自用房地产的账面价值时,转换带来的有利影响不计入损益,而计入所有者权益类的"其他综合收益"项目。该项目虽然也在利润表中报告,但是位置处于"净利润"之后,不影响损益,不影响业绩。

【例7—7】 甲企业投资性房地产采用公允价值模式计量。有一栋闲置的厂房,经董事会决定对外出租,已经与乙企业签订了出租合同,并且于2012年4月开始出租。该厂房原值1000万元,已经计提折旧200万元。转换日房地产市场同类资产的价格1200万元。

转换日,该投资性房地产的历史成本就是所终止确认的固定资产账面价值800万元。

投资性房地产以转换日的公允价值1200万元进行初始计量。资产重新分类提高了资产价值400万元,该金额同时计入所有者权益的"其他综合收益"项目。

【例7-8】 同例7-7,假设转换日房地产市场同类资产的价格为700万元。

转换日,投资性房地产以当日的公允价值700万元进行初始计量。资产重新分类降低了资产价值100万元,该金额同时计入利润表的"公允价值变动损益"项目。

(二)投资性房地产转换为自用房地产

当投资性房地产的租赁期结束后,投资性房地产就成了自用房地产。此时要终止确认投资性房地产,同时确认固定资产或者无形资产。根据历史成本原则,新确认的固定资产或无形资产的初始计量金额就是转换日投资性房地产的账面价值。由于投资性房地产后续计量模式不同,在转换日其账面价值的确定方式不同,从而转换日自用房地产的入账金额也就不同。

1.投资性房地产采用成本模式

投资性房地产若采用成本模式,在转换为自用房地产时,首先要计提当期折旧或者进行当期摊销,以计提完当期折旧后或摊销后的金额作为自用房地产的入账金额。

【例7-9】 甲企业投资性房地产采用成本模式。2013年4月20日,一栋用于出租的房屋因租赁期结束转换为自用房屋。该房屋的原值5000万元,预计净残值4%,预计使用50年。截止2013年3月底,已经计提折旧240万元。

甲企业在2013年4月,应该继续计提当月投资性房地产的折旧8万元。计提折旧后,累计折旧额为248万元。所以在转换日,投资性房地产的账面价值为4752万元,这就是自用房地产当日的入账价值。

2.投资性房地产采用公允价值模式

投资性房地产采用公允价值模式,在转换为自用房地产时,首先要将其账面价值从上一个资产负债表日的公允价值调整为转换日的公允价值。转换日投资性房地产的公允价值就是自用房地产的入账价值。

【例7-10】 甲企业投资性房地产采用公允价值模式。2013年4月20日,一栋用于出租的房屋因租赁期结束转换为自用房屋。该房屋截止到2012年12月31日的账面价值为5400万元。在2013年4月20日,房地产市场同类资产的公允价值为5410万。

甲企业将投资性房地产的账面价值从2012年12月31日的5400万元调整为2013年4月20日的5410万,同时利润表的"公允价值变动损益"项目产生10万元的收益。转换日形成的固定资产的入账价值是5410万。

二、投资性房地产的处置

投资性房地产是一种经营性资产,处置该资产的所得与所付出的成本(包括被处置资产的账面价值以及因处置而产生的相关税费)应分别反映。这与处置固定资产和无形资产只反映处置收入扣减处置成本后的净额是不同的。投资性房地产处置所得反映在利润表的"营业收入"项目,处置成本反映在利润表的"营业成本"项目。

(一)以成本模式进行后续计量的投资性房地产的处置

我国企业会计准则规定,如果处置的投资性房地产以成本模式计量,那么处置成本就是处置时资产的账面价值。

【例7-11】 续例7-1,甲企业对外出租的一栋房屋,采用成本模式进行后续计量。第三年底该项资产的账面价值为4715万元。甲企业在年底将该资产出售,所得为4600万元。

本例中,甲企业将账面价值为4715万元的投资性房地产以4600万元出售。出售所得4600万元计入利润表的"营业收入"项目,出售时资产的账面价值4715万元计入利润表的"营业成本"项目,毛利为-115万元。

(二)以公允价值模式进行后续计量的投资性房地产的处置

我国企业会计准则规定,如果处置的投资性房地产以公允价值模式计量,那么在确认当期损益时,还要将以前期间累计确认的公允价值变动损益转入当期损益。

【例7-12】 续例7-2,甲企业以公允价值计量的一栋对外出租的房屋,在第四年度以5450万元出售。

甲企业处置该项资产的所得为5450万元,计入"营业收入"项目。处置时该项资产的账面价值是5400万元,计入"营业成本"项目。

另外因为以前期间利润表中的400万元"公允价值变动损益",已经通过当期资产的处置实现了,所以要将其转入当期损益,冲减营业成本,从而使得当期处置毛利从50万元增加为450万元。

【例7-13】 续例7-7,甲企业对外出租的房屋在2009年底、2010年底、2011年底、2012年底,公允价值分别为1500万元、1800万元和2300万元和2100万元。2013年2月,甲企业将该房产以2200万元处置。

根据例7-7的资料,甲企业自用房地产的原值1000万元,累计折旧200万元,转换成投资性房地产时的账面价值为800万元,于是投资性房地产的历史成本为800万元。转换日投资性房地产的公允价值为1200万元,以此金额作为投资性房地产的入账价值时,同时产生400万元计入其他综合收益。

根据例7-13的资料,投资性房地产在处置前的账面价值为最近一个资产负债表日的公允价值2100万元,从资产转换日到资产处置前,累计产生公允价值变动收益900(2100-1200)万元。

处置时,产生营业收入2200万元,营业成本2100万元,处置毛利100万元。

同时如例7-12,再将以前年度累计确认的公允价值变动损益900万元转出,冲减营业成本。这一处理增加了处置毛利900万元,使得毛利成为1000万元,但是由于"公允价值变动损益"项目减少,利润总额不变。

另外,还要将以前期间累计确认的其他综合收益400万元转为当期损益,冲减营业成本(此时营业成本降至800万元,相当于从非投资性房地产转换为投资性房地产时非投资性房地产的历史成本),从而使得当期处置毛利又增加了400万元,成为1400万元。其他综合收益转为当期处置损益,会影响利润总额,但是不影响综合收益,因为相当于同时确认了其他综合收益-400万元。这一过程在表7-13中完整地体现出来。

第四节 投资性房地产的会计处理

为了便于理清脉络,本节按照成本模式和公允价值模式两条线索分别介绍投资性房地产的会计处理。

一、成本模式

(一)财务报表项目及会计科目设置

1."投资性房地产"项目

"投资性房地产"项目是资产类项目。在成本模式下,该项目在资产负债表中报告的金额包括"投资性房地产"、"投资性房地产累计折旧(或摊销)"、"投资性房地产减值准备"三个科目的余额。

(1)"投资性房地产"科目

该科目反映投资性房地产的原值。增加投资性房地产时,增加的原值借记该科目;减少投资性房地产时,减少的原值贷记该科目;期末该科目有借方余额,反映结存的投资性房地产的原值。

该科目根据房地产项目设置明细分类账。

(2)"投资性房地产累计折旧(或摊销)"科目

采用成本模式计量的投资性房地产,后续期间发生的折旧额或者摊销额记录在"投资性房地产累计折旧(或摊销)"科目。该科目的使用与"累计折旧"科目、"累计摊销"科目相同。折旧或摊销时,记入该科目的贷方;转出投资性房地产时,转出资产对应的折旧或摊销额记入该科目的借方;期末有贷方余额,表示结存的投资性房地产的累计折旧或摊销额。

(3)"投资性房地产减值准备"科目

该科目反映成本模式下,当期末投资性房地产未来可收回金额低于此时的账面价值,即投资性房地产发生减值时,所计提的减值准备金额。该科目的使用与"固定资产减值准备"、"无形资产减值准备"相同,期末计提减值准备时,记入该科目的贷方;转出投资性房地产时,转出资产对应的折旧或摊销额记入该科目的借方;期末有贷方余额,表示结存的投资性房地产的减值金额。

以上三个科目的期末余额之差就是资产负债表"投资性房地产"项目的报告金额。

2."营业收入"项目

该项目是利润表项目,反映投资性房地产使用过程中带来的租金收入和处置过程中带来的处置收入。

在该项目下设置"其他业务收入"科目反映投资性房地产使用过程中带来的租金收入和处置过程中带来的处置收入。这与处置库存商品以"主营业务收入"科目反映处置收入不同,原因是与投资性房地产相关的收入属于企业的日常但是非主流收入。

投资性房地产带来收入时,记入该科目的贷方;期末该科目余额转入"本年利润"科目。

3."营业成本"项目

该项目是利润表项目,反映投资性房地产在带来租金收入的同时产生的资源耗费,包括折旧或摊销以及费用化的后续支出。该项目还反映处置投资性房地产时的处置成本,即处置时资产的账面价值。

在该项目下设置"其他业务成本"科目。发生其他业务成本时,记入该科目借方;该科目期末余额转入"本年利润"科目。

(二)投资性房地产取得的会计处理

取得投资性房地产时,从报表的结果看,"投资性房地产"项目的价值增加了。在操作程序上,记入"投资性房地产"科目的借方,金额为投资性房地产当日的取得成本。

1.外购或者自行建造的投资性房地产,所发生的购买成本或者建造成本就是新取得的投资性房地产的历史成本。从报表结果看,"投资性房地产"增加,"银行存款"或者"在建工程"减少。如表7—1。

表7—1

资产负债表要素	资产=		负债	+所有者权益
资产负债表项目	货币资金	投资性房地产		
资产负债表科目	银行存款	投资性房地产		
外购时	减少	增加		

会计分录为:
借:投资性房地产
　　贷:银行存款(或者:在建工程)

2.由自用房地产转换形成的成本模式的投资性房地产,初始金额就是自用房地产在转换日的账面价值。从报表结果看,自用房地产价值减少,投资性房地产价值增加。

从操作程序看,将自用房地产的"固定资产"科目里记录的原值转入"投资性房地产"科目,作为投资性房地产的原值,将"累计折旧"科目里记录的累计折旧额转入"投资性房地产累计折旧或摊销"科目,作为投资性房地产的累计折旧和摊销额。

【例7—14】 续例7—6。

租赁期开始日发生的业务,在财务报表中的结果见表7—2。

在资产负债表上,"投资性房地产"项目增加80万元,"固定资产"项目减少80万元;所有者权益变动表、利润表和现金流量表均不受影响。

编制会计分录如下:

借:投资性房地产	2 000 000
累计折旧	1 200 000
贷:投资性房地产累计折旧	1 200 000
固定资产	2 000 000

表7—2

单位:万元

资产负债表要素	资产=				负债	+所有者权益
资产负债表项目	固定资产		投资性房地产			
资产负债表科目	固定资产	累计折旧	投资性房地产	投资性房地产累计折旧或摊销		
资产转换时	−200	+120	+200	−120		

(三)投资性房地产后续计量的会计处理

1.投资性房地产取得之后持续报告所进行的会计处理

投资性房地产后续进行折旧或者摊销,一方面投资性房地产价值减少,另一方面利润表中产生了"营业成本"。

在操作程序上,折旧或者摊销额记入"投资性房地产累计折旧或摊销"科目的贷方,同时记入"其他业务成本"科目的借方。

【例7—15】 续例7—1。

表7—3

单位:元

资产负债表要素	资产=		负债	+所有者权益
资产负债表项目	投资性房地产			未分配利润
资产负债表科目	投资性房地产	投资性房地产累计折旧或摊销		利润分配
每月计提折旧时		-79 166.67		-79 166.67(营业成本)

每月计提折旧的会计分录为:
借:其他业务成本　　　　　　　　79 166.67
　　贷:投资性房地产累计折旧或摊销　　79 166.67

2.发生与投资性房地产有关的后续支出

与投资性房地产有关的后续支出,如果是资本化支出,增加"投资性房地产"项目的金额,如果是费用化支出,确认为一项当期损益,记入"营业成本"项目。

【例7—16】 续例7—3。

改扩建发生的支出,属于资本化支出。改扩建是个工程项目,历时较长,所以在改扩建过程中,通过"在建工程"项目反映转入改扩建工程的投资性房地产的成本以及新增的成本。改扩建完毕,再转入"投资性房地产"项目。

在操作程序上,将投资性房地产此时的账面价值从"投资性房地产"科目和"投资性房地产累计折旧或摊销"科目转入"在建工程"科目。发生的改扩建成本也记入"在建工程"科目。工程完工以后,"在建工程"科目中记录的金额就是新的投资性房地产的历史成本,将"在建工程"科目余额转入"投资性房地产"科目。

在财务报表中的结果见表7—4。

表7—4

单位:万元

资产负债表要素	资产=				负债	+所有者权益
资产负债表项目	货币资金	在建工程	投资性房地产			
资产负债表科目	银行存款	在建工程	投资性房地产	投资性房地产累计折旧或摊销		
转入在建工程		+400	-1000	+600		
发生改扩建支出	-300	+300				
改扩建工程完工		-700	+700			

由表7—4可见,发生的资本化支出增加了资产的成本,但是不影响当期损益。

根据表7—4,编制会计分录如下:

1月10日,投资性房地产进入改扩建工程时:
借:在建工程　　　　　　　　4 000 000
　　投资性房地产累计折旧　　6 000 000
　贷:投资性房地产　　　　　　　10 000 000
发生改扩建支出时:
借:在建工程　　　　　3 000 000
　贷:银行存款等　　　　　3 000 000
工程完工以后,
借:投资性房地产　　　7 000 000
　贷:在建工程　　　　　　7 000 000

3.投资性房地产发生减值

【例7—17】 续例7—5。

在资产负债表日,甲企业对该项资产测算的可收回金额为4500万元,低于当日资产的账面价值4715万元,减值金额为215万元,调减投资性房地产的账面价值,同时在利润表中形成"资产减值损失"215万元。

在财务报表中的结果见表7—5。

表7—5

单位:万元

资产负债表要素	资产=			负债	+所有者权益
资产负债表项目	投资性房地产			＊＊＊	＊＊＊
资产负债表科目	投资性房地产	投资性房地产累计折旧或摊销	投资性房地产减值准备	＊＊＊	＊＊＊
减值前余额	5000	－285	0	＊＊＊	＊＊＊
资产负债表日计提减值准备时			－215		－215（资产减值损失）

计提了减值准备后,投资性房地产的价值降低为4500万元,就是可收回金额。

在操作程序上,投资性房地产减损的价值记录在"投资性房地产减值准备"科目的贷方,利润表中"资产减值损失"项目的金额记录在"资产减值损失"科目的借方。会计分录如下:

借:资产减值损失　　　　　2 150 000
　贷:投资性房地产减值准备　　2 150 000

(四)投资性房地产转换为自用房地产的会计处理

投资性房地产转换为自用房地产时,转换日投资性房地产的账面价值就是自用房地产的入账价值。

【例7—18】 续例7—9。

首先将投资性房地产的账面价值通过计提折旧,从2013年3月底的金额调整为转换日2013年4月20日的金额。转换当月应计提折旧8万元,从而将投资性房地产的账面价值从3月底的4760万元调整为4月20日的4752万元,然后将该金额转入自用房地产中。

用会计等式描述的财务报表结果及科目层次的变化,请读者仿照表7-2自行处理。

计提折旧的会计分录如下:

借:其他业务成本　　　　　　80 000
　　贷:投资性房地产累计折旧　　　80 000

计提了折旧后,累计折旧成为248万元,将投资性房地产转为固定资产的分录如下。

借:固定资产　　　　　　　　50 000 000
　　投资性房地产累计折旧　　　2 480 000
　　贷:累计折旧　　　　　　　　2 480 000
　　　　投资性房地产　　　　　　50 000 000

(五)投资性房地产处置的会计处理

处置投资性房地产时,一方面将处置所得记入"营业收入"项目,另一方面将处置资产的账面价值记入"营业成本"项目

【例7-19】 续例7-11。

在财务报表中的结果见表7-6。

表7-6

单位:万元

资产负债表要素	资产＝		负债	＋所有者权益
资产负债表项目	货币资金	投资性房地产	＊＊＊	未分配利润
资产负债表科目	银行存款	投资性房地产	投资性房地产累计折旧或摊销	＊＊＊	利润分配
取得处置收入	＋4600			＊＊＊	＋4600(营业收入)
结转处置成本		－5000	＋285		－4715(营业成本)

在记录交易时,要分别记入"其他业务收入"和"其他业务成本"科目。

会计分录如下:

借:银行存款　　　　　　　　46 000 000
　　贷:其他业务收入　　　　　　46 000 000
借:其他业务成本　　　　　　47 150 000
　　投资性房地产累计折旧　　　2 850 000
　　贷:投资性房地产　　　　　　50 000 000

二、公允价值模式

(一)财务报表项目和会计科目设置

1. "投资性房地产"项目

投资性房地产项目下设"投资性房地产"科目。

在公允价值模式下,在"投资性房地产"科目下设置"成本"和"公允价值变动"两个明细科目。其中"成本"明细科目记录取得投资性房地产时的成本即历史成本,"公允价值变动"明细科目记录后续期间的每个资产负债表日,公允价值与历史成本的差额。每个资产负债

表日两个明细科目余额之和就是"投资性房地产"科目的金额,同时也是"投资性房地产"项目对外报告的金额。

2."公允价值变动损益"项目

这是一个利润表项目,反映企业在持有以公允价值计量的资产过程中,公允价值变化给利润表带来的影响。由于资产并未真正处置,所以这种损益实质上是未实现损益。"公允价值变动损益"项目在公允价值模式下才会使用。

在该项目下设置"公允价值变动损益"科目,反映在每一个会计期间因公允价值发生变动而产生的损益情况。当公允价值上升产生收益时,记入该科目贷方;当公允价值下降产生损失时,记入该科目借方;期末该科目的发生额总计如果在贷方,表示当期产生收益,如果发生额总计在借方,表示当期产生损失,最后无论收益还是损失,均转入"本年利润"科目。结转后无余额。

"公允价值变动损益"科目与"公允价值变动"明细科目容易混淆。后者是资产类科目的明细科目,它与"成本"明细科目一起反映投资性房地产在资产负债表日的公允价值,即在任何一个资产负债表日,该明细科目的余额都是当日投资性房地产的公允价值与当初取得成本的差额;前者是利润表科目,记录了当期的资产负债表日与上一个资产负债日公允价值变动的金额。

3."其他综合收益"项目

该项目是所有者权益类项目,反映股东和管理层因素之外,影响所有者权益变化的因素。该项目既要以余额呈现在资产负债表中,还要以发生额呈现在所有者权益变动表中,同时还要以发生额呈现在利润表的"净利润"项目之后,成为利润表"综合收益总额"的一部分。

在该项目下设置"其他综合收益"科目。发生收益时记入贷方,产生损失时记入借方,期末余额可能在借方,也可能在贷方。期末余额反映在资产负债表的"其他综合收益"项目中,本期借方贷方发生额相抵后的金额报告在所有者权益变动表和利润表中。

4."营业收入"项目

"营业收入"项目反映的内容和下设的"其他业务收入"科目的使用方法,与成本模式下的相同。

5."营业成本"项目

在公允价值模式下,该项目反映处置投资性房地产时,投资性房地产的最初成本。这与成本模式反映处置时的账面价值不同。

在该项目下设置"其他业务成本"科目。

(二)投资性房地产取得的会计处理

1.采用公允价值模式,

表7—7

资产负债表要素	资产=		负债	+所有者权益
资产负债表项目	货币资金	投资性房地产		
资产负债表科目	银行存款	投资性房地产		
资产负债明细科目		成本	公允价值变动	
外购资产	减少	增加		

外购取得投资性房地产的会计分录为：

借：投资性房地产——成本
  贷：银行存款（或者：在建工程）

2.由自用房地产转换形成的投资性房地产

由自用房地产转换而成投资性房地产，如果后续计量采用公允价值模式，投资性房地产要以转换日的公允价值计量。那么从财务报表看，当转换日投资性房地产的公允价值大于自用房地产的账面价值时，差额计入"其他综合收益"项目，反之，差额计入"公允价值变动损益"项目。

【例 7－20】 续例 7－7。

转换日，甲企业该投资性房地产应该以当日的公允价值 1200 万元计量，而所终止确认的固定资产的账面价值只有 800 万元，资产重新分类提高了资产价值 400 万元，该金额计入"其他综合收益"项目。

在财务报表中的结果见表 7－8。

表 7－8

单位：万元

资产负债表要素	资 产＝				负债	＋所有者权益
资产负债表项目	固定资产		投资性房地产			其他综合收益
资产负债表科目	固定资产	累计折旧	投资性房地产			其他综合收益
资产负债表明细科目			成本	公允价值变动		
资产转换时	－1000	＋200	＋1200			＋400

会计分录如下：

借：投资性房地产——成本 12 000 000
  累计折旧   2 000 000
  贷：固定资产   10 000 000
    其他综合收益   4 000 000

从表 7－8 看出，固定资产转换为以公允价值计量的投资性房地产，与表 7－2 描述的业务不同。此例中由于在转换时计量模式发生了变化，资产的总额亦发生变化，并由此导致所有者权益同时发生变化。

【例 7－21】 续例 7－8。

转换日，甲企业该投资性房地产应该以当日的公允价值 700 万元计量，而所终止确认的固定资产的账面价值有 800 万元，资产重新分类降低了资产价值 100 万元，该金额同时记入利润表的"公允价值变动损益"项目

在财务报表中的结果见表 7－9。

表 7—9

单位:万元

资产负债表要素	资 产＝			负债	＋所有者权益
资产负债表项目	固定资产		投资性房地产		未分配利润
资产负债表科目	固定资产	累计折旧	投资性房地产		利润分配
资产负债表明细科目			成本	公允价值变动	
资产转换时	－1000	＋200	＋700		－100 （公允价值变动损益）

会计分录如下：

借：投资性房地产——成本　　7 000 000
　　累计折旧　　　　　　　　2 000 000
　　公允价值变动损益　　　　1 000 000
　　贷：固定资产　　　　　　　　　10 000 000

比较表 7—9 与表 7—8 会看到，表 7—9 中，在转换日，如果投资性房地产的公允价值低于固定资产的账面价值，固定资产转换为投资性房地产以后，资产总额就下降了，并由此导致所有者权益也减少了。但是所有者权益的减少额计入了利润表的"公允价值变动损益"项目，而不是"其他综合收益"项目。

(三)投资性房地产后续计量的会计处理

【例 7—22】　续例 7—2。

该项资产的初始计量金额为 5000 万元，后续资产负债表日，企业都要对该投资性房地产的账面价值以公允价值进行调整。调整的金额一方面计入"投资性房地产"项目，另一方面计入"公允价值变动损益"项目。

各年会计处理的结果见表 7—10。

表 7—10

单位:万元

资产负债表要素	资 产＝		负债	＋所有者权益
资产负债表项目	投资性房地产			未分配利润
资产负债表科目	投资性房地产			利润分配
资产负债表明细科目	成本	公允价值变动		
之前的余额	5000	0	＊＊＊	＊＊＊
第一个资产负债表日		＋200		＋200 （公允价值变动损益）
第二个资产负债表日		＋300		＋300 （公允价值变动损益）
第三个资产负债表日		－100		－100 （公允价值变动损益）

第一个资产负债表日,资产负债表中"投资性房地产"项目为 5200 元,"未分配利润"项目为 200 万元。第一个会计期间的所有者权益变动表中,"未分配利润"项目增加 200 万元。利润表中"公允价值变动损益"有 200 万元。

第二个资产负债表日,资产负债表中"投资性房地产"项目为 5500 元,"未分配利润"项目为 500 万元。第二个会计期间的所有者权益变动表中,"未分配利润"项目增加 300 万元。利润表中"公允价值变动损益"有 300 万元。

第三个资产负债表日,资产负债表中"投资性房地产"项目为 5400 元,"未分配利润"项目为 400 万元。第三个会计期间的所有者权益变动表中,"未分配利润"项目减少-100 万元。利润表中"公允价值变动损益"有-100 万元。

第一个资产负债表日的会计分录为:
借:投资性房地产——公允价值变动　　2 000 000
　　贷:公允价值变动损益　　　　　　　　　　　2 000 000

第二个资产负债表日的处理为:
借:投资性房地产——公允价值变动　　3 000 000
　　贷:公允价值变动损益　　　　　　　　　　　3 000 000

第三个资产负债表日的处理为:
借:公允价值变动损益　　　　　　　　1 000 000
　　贷:投资性房地产——公允价值变动　　　　　1 000 000

【例 7—23】 续例 7—4。
请读者参照表 7—4,自行用会计等式加以描述。

1 月 10 日,投资性房地产进入改扩建工程时,会计分录为:
借:在建工程　　　　　　　　　　　15 000 000
　　贷:投资性房地产——成本　　　　　　　　10 000 000
　　　　　　　　　　——公允价值　　　　　　 5 000 000

发生改扩建支出时,会计分录为:
借:在建工程　　　　3 000 000
　　贷:银行存款等　　　　3 000 000

工程完工以后,会计分录为:
借:投资性房地产——成本　　18 000 000
　　贷:在建工程　　　　　　　　　18 000 000

【例 7—24】 甲企业对某项投资性房地产进行日常维修,发生维修支出 1.5 万元。
请读者自行用会计等式加以描述。
会计分录如下:
借:其他业务成本　　15 000
　　贷:银行存款　　　　15 000

(四)投资性房地产转换为自用房地产

【例 7—25】 续例 7—10。
在财务报表中的结果见表 7—11。

表 7—11

单位:万元

资产负债表要素	资产＝				负债	＋所有者权益
资产负债表项目	固定资产		投资性房地产			未分配利润
资产负债表科目	固定资产	累计折旧	投资性房地产			利润分配
资产负债表明细科目			成本	公允价值变动		
2012年12月31日余额	＊＊＊	＊＊＊	5000	400	＊＊＊	＊＊＊
2013年4月20日第一步处理				＋10		＋10（公允价值变动损益）
2013年4月20日第二步处理	＋5410		－5000	－410		

先将投资性房地产账面价值从上一个资产负债表日2012年12月31日的5400万元调整为转换日2013年4月20日的5410万元,会计分录如下:

借:投资性房地产——公允价值变动　　100 000
　　贷:公允价值变动损益　　　　　　　　100 000

然后将投资性房地产的账面价值5410万元转入自用房地产中,会计分录如下:

借:固定资产　　　　　　　　　　　　54 100 000
　　贷:投资性房地产——成本　　　　　50 000 000
　　　　　　　　　　——公允价值变动　4 100 000

(五)投资性房地产处置的会计处理

以公允价值计量的投资性房地产,在资产处置日,一方面在"营业收入"项目反映处置产生的收益,另一方面在"营业成本"项目反映处置成本。另外,随着资产的处置,原先在"公允价值变动损益"项目以及"其他综合收益"项目反映的持有资产期间产生的未实现损益,现在变成了真正的处置损益,转入"营业成本"项目。

【例7—26】　续例7—12。

在财务报表中的结果见表7—12。

表 7—12

单位:万元

资产负债表要素	资产＝			负债	＋所有者权益
资产负债表项目	货币资金	投资性房地产			未分配利润
资产负债表科目	银行存款	投资性房地产			利润分配
资产负债表明细科目		成本	公允价值变动		
处置前余额	＊＊＊	5000	400	＊＊＊	＊＊＊
处置取得收入	＋5450				＋5450（营业收入）
处置结转成本		－5000	－400		－5400（营业成本）
公允价值变动损益转营业成本					＋400（营业成本）－400（公允价值变动损益）

对这些业务进行记录时,编制会计分录如下:

(1)记录处置所得:

借:银行存款　　　　　　　54 500 000
　　贷:其他业务收入　　　　　　　54 500 000

(2)结转处置成本:

借:其他业务成本　　　　　　　54 000 000
　　贷:投资性房地产——成本　　　50 000 000
　　　　　　　　——公允价值变动　4 000 000

(3)将持有资产期间累计发生的公允价值变动损益转出,同时调整"其他业务成本"科目。需要注意的是,各年累计发生的公允价值变动损益,其金额体现在资产类的"公允价值变动"明细科目中,而非"公允价值变动损益"科目。后者仅体现当期变动额,在每年年底转销,转销后无余额,不体现累计变动额。此例中处置资产时,"公允价值变动"明细科目有借方余额400万元,这表明过去三年在"公允价值变动损益"科目曾经记录公允价值变动收益累计400万元,将这一金额从"公允价值变动损益"科目转出,同时调减"其他业务成本"科目400万元,这样处置资产形成的毛利就增加了400万元。会计分录为:

借:公允价值变动损益　　　　4 000 000
　　贷:其他业务成本　　　　　　　4 000 000

【例7－27】　续例7－13。

本例中,不仅如例7－26,要把处置资产时原先计入"公允价值变动损益"项目的未实现损益900万元转变为真正的损益,转入"营业成本"项目,增加处置资产的毛利,而且还要把资产转换时产生的其他综合收益400万元也转入"营业成本"项目。这是因为资产处置了,原先的其他综合收益就实现了。转入后,"营业成本"项目金额减少,处置资产的毛利又增加了400万元。

在财务报表中的结果见表7－13。

表7－13

单位:万元

资产负债表要素	资产=		负债	＋所有者权益	
资产负债表项目	货币资金	投资性房地产		其他综合收益	未分配利润
资产负债表科目	银行存款	投资性房地产		其他综合收益	利润分配
资产负债表明细科目		成本	公允价值变动		
处置前账面价值	＊＊＊	1200	900	＊＊＊	400	＊＊＊
处置时取得收入	＋2200					＋2200(营业收入)
处置时结转成本		－1200	－900			－2100(营业成本)
将公允价值变动损益转出						＋900(营业成本) －900 (公允价值变动损益)
将其他综合收益转出					－400	＋400(营业成本)

从表7-13看出,虽然处置时资产的账面价值为2100万元,但是由于公允价值变动损益和其他综合收益都转入到资产处置损益中,所以利润表中"营业成本"项目为800万元,这正是当年转成投资性房地产的固定资产的价值。另外,公允价值变动损益转为处置损益,是利润表中的一个项目("公允价值变动损益"项目)转为另一个项目("营业成本"项目),利润总额不受影响。还有,"其他综合收益"项目转为利润表项目,利润总额变化了,但是"综合收益总额"不受影响。

甲企业处置资产的会计分录为:

(1) 记录处置收益

借:银行存款　　　　　22 000 000
　　贷:其他业务收入　　　　22 000 000

(2) 记录处置成本

借:其他业务成本　　　　　　　　　21 000 000
　　贷:投资性房地产——成本　　　　　12 000 000
　　　　投资性房地产——公允价值变动　9 000 000

(3) 将原先记入"公允价值变动损益"科目的未实现损益转为真正的损益

借:公允价值变动损益　　9 000 000
　　贷:其他业务成本　　　9 000 000

(4) 将原先记入"其他综合收益"科目的其他综合收益转为真正的损益

借:其他综合收益　　　　4 000 000
　　贷:其他业务成本　　　4 000 000

第五节　投资性房地产的报告

一、投资性房地产的列报

资产负债表日,投资性房地产的存量在资产负债表的"投资性房地产"项目下列示。

如果投资性房地产采用成本模式计量,那么列示金额为"投资性房地产"科目的借方余额减去"投资性房地产累计折旧或摊销"科目的贷方余额以后的差额,如果"投资性房地产减值准备"有贷方余额,也一并减去,即列示方法与固定资产和无形资产的一致。如果投资性房地产采用公允价值模式计量,那么列示金额为"投资性房地产"一级科目的余额,即"成本"明细科目的借方余额加上(或减去)"公允价值变动"明细科目的借方(或贷方)余额。

当期,投资性房地产带来的经营性收入报告在利润表的"营业收入"项目,产生的经营性成本报告在利润表的"营业成本"项目。以公允价值模式进行后续计量的投资性房地产,在后续期间因公允价值变动产生的损益,报告在利润表的"公允价值变动损益"项目。上述利润表的三个项目,报告金额分别为"其他业务收入"科目、"其他业务成本"科目以及"公允价值变动损益"科目的当期发生额。

当期,因将自用房地产转换为以公允价值模式计量的投资性房地产而产生的其他综合收益,其存量报告在资产负债表的"其他综合收益"项目,变动量报告在股东权益变动表的

"其他综合收益"项目,同时也报告在利润表的"其他综合收益"项目。

二、投资性房地产的披露

投资性房地产准则要求企业在报表附注批露投资性房地产的种类、金额和计量模式。采用成本模式的,要披露投资性房地产的折旧或摊销,以及减值准备的计提情况。采用公允价值模式的,要披露公允价值的确定依据和方法,以及公允价值变动对损益的影响。如果发生了资产转换的,要披露房地产转换情况、转换理由,以及对损益或所有者权益的影响。如果当期进行了投资性房地产的处置,要披露对损益的影响。

本章小结

投资性房地产中的房产和地产,就其物理性能而言,与固定资产中的房屋建筑物和无形资产中的土地使用权无异,之所以确认为一项独立的资产,是因为这些资产带来经济利益的方式与房地产市场有关。

投资性房地产作为一项经营性资产,带来的经济利益属于营业收入,产生的相应费用属于营业成本。

投资性房地产有成本模式和公允价值模式两种模式。从会计准则的规定看,成本模式是基准模式,

成本模式下,投资性房地产像固定资产和无形资产那样,计提折旧和摊销并实施资产减值程序。

公允价值模式下,投资性房地产根据期末的市价进行再次计量,期末市价与之前账面价值的差额入利润表的"公允价值变动损益"项目。

投资性房地产,多数是由非投资性房地产转换而来的。当非投资性房地产转换为投资性房地产时,如果投资性房地产采用成本模式,转换前非投资性房地产的账面价值就是转换后投资性房地产的账面价值。如果投资性房地产采用公允价值模式,那么情形比较复杂。如果作为投资性房地产入账价值的转换日的公允价值大于此时非投资性房地产的账面价值,超出部分计入"其他综合收益"项目;反之,则低于部分计入利润表的"公允价值变动损益"项目。

投资性房地产转回成为非投资性房地产时,如果投资性房地产采用成本模式,则转换日投资性房地产的价值就是非投资性房地产的价值。如果投资性房地产采用公允价值模式,则先把投资性房地产的价值从上一个资产负债表日的公允价值调整为转换日的公允价值,该金额就是转换成的非投资性房地产的入账价值。

处置投资性房地产时,如果采用的是成本模式,则处置所得计入"营业收入"项目,处置成本计入"营业成本"项目;如果采用的是公允价值模式,在上述处理基础上,还要把之前在该项投资性房地产上产生的其他综合收益和公允价值变动损益转为处置当期的损益,方式是转入"营业成本"项目。

一、复习思考题

1.按照我国企业会计准则的规定,投资性房地产具体指什么样的资产?这些资产与固

定资产和无形资产的区别在哪里？

2.投资性房地产如何进行初始计量？

3.投资性房地产如何进行后续计量？如果采用公允价值模式,该如何进行会计处理？

4."公允价值变动"明细科目与"公允价值变动损益"一级科目很容易混淆,注意二者的区别。

5.投资性房地产采用成本模式计量,在与自用房地产（包括自用固定资产、无形资产和存货）之间进行相互转换时,如何进行会计处理？

6.投资性房地产采用公允价值模式计量,在与自用房地产（包括自用固定资产、无形资产和存货）之间进行相互转换时,如何进行会计处理？

7.如果投资性房地产后续采用成本模式计量,处置时如何进行会计处理？

8.如果投资性房地产后续采用公允价值模式计量,处置时该如何进行会计处理？

二、练习题

(一)单项选择题

1.企业外购、自行建造等方式取得的投资性房地产,应按投资性房地产准则确定的成本,借记( )科目,贷记"银行存款"、"在建工程"等科目。

　　A.投资性房地产　　　　　　B.固定资产
　　C.在建工程　　　　　　　　D.无形资产

2.若企业采用成本模式对投资性房地产进行后续计量,下列说法中正确的是( )。

　　A.企业应对已出租的建筑物计提折旧
　　B.企业不应对已出租的建筑物计提折旧
　　C.企业不应对已出租的土地使用权进行摊销
　　D.企业不应对投资性房地产计提减值准备

3.关于对投资性房地产进行后续计量,下列说法中正确的是( )。

　　A.企业通常应当采用公允价值模式对投资性房地产进行后续计量,也可采用成本模式对投资性房地产进行后续计量
　　B.企业通常应当采用成本模式对投资性房地产进行后续计量,也可采用公允价值模式对投资性房地产进行后续计量
　　C.同一企业对不同的投资性房地产可以采用不同的计量模式
　　D.企业只能采用成本价值模式对投资性房地产进行后续计量

4.关于投资性房地产的计量模式,下列说法中不正确的是( )。

　　A.采用公允价值模式计量的,不对投资性房地产计提折旧或进行摊销
　　B.企业对投资性房地产的计量模式一经确定,不得随意变更
　　C.已采用公允价值模式计量的投资性房地产,不得从公允价值模式转为成本模式
　　D.已采用成本模式计量的投资性房地产,不得从成本模式转为公允价值模式

5.关于投资性房地产的转换,在成本模式下,下列说法中正确的是( )。

　　A.应当将房地产转换前的账面价值作为转换后的入账价值
　　B.应当将房地产转换日的公允价值作为转换后的入账价值
　　C.自用房地产转为投资性房地产时,应当将房地产转换日的公允价值作为转换后的

入账价值

D.投资性房地产转为自用房地产时,应当将房地产转换日的公允价值作为转换后的入账价值

6.关于投资性房地产的转换,在公允价值模式下,下列说法中正确的是( )。

A.采用公允价值模式计量的投资性房地产转换为自用房地产时,应当以其转换当日的公允价值作为自用房地产的账面价值,公允价值与原账面价值的差额计入当期损益

B.采用公允价值模式计量的投资性房地产转换为自用房地产时,应当以其转换当日的公允价值作为自用房地产的账面价值,公允价值与原账面价值的差额直接计入所有者权益

C.自用房地产转换为采用公允价值模式计量的投资性房地产,该项投资性房地产应当按照转换日的公允价值计量,公允价值与原账面价值的差额计入当期损益

D.自用房地产转换为采用公允价值模式计量的投资性房地产,该项投资性房地产应当按照转换日的公允价值计量,公允价值与原账面价值的差额计入"其他综合收益"项目。

7.某企业采用成本模式对投资性房地产进行后续计量,2010年9月20日达到预定可使用状态的自行建造的办公楼对外出租,该办公楼建造成本为2600万元,预计使用年限为25年,预计净残值为100万元。在采用年限平均法计提折旧的情况下,2010年该办公楼应计提的折旧额为( )万元。

A.0　　　　B.25　　　　C.100　　　　D.50

8.长江公司于2016年1月1日将一幢商品房对外出租并采用公允价值模式计量,租期为3年,每年12月31日收取租金100万元,出租时,该幢商品房的成本为2000万元,公允价值为1900万元,2016年12月31日,该幢商品房的公允价值为2050万元。长江公司2016年应确认的公允价值变动损益总额为( )万元。

A.损失 50　　　B.收益 50　　　C.收益 150　　　D.损失 100

9.长江公司于2015年12月31日将一建筑物对外出租并采用公允价值模式计量,出租时,该建筑物的成本为2800万元,已提折旧500万元,公允价值为2500万元,2016年12月31日,该建筑物的公允价值为2600万元,2016年度长江公司应确认的公允价值变动损益为( )万元。

A.收益 200　　　B.收益 100　　　C.收益 300　　　D.不确定

(二)多项选择题

1.下列项目中,属于投资性房地产的有( )。

A.已出租的建筑物

B.已出租的土地使用权

C.持有并准备增值后转让的土地使用权

D.按照国家有关规定认定的闲置土地

E.持有并准备增值后转让的建筑物

2.关于投资性房地产,下列说法中正确的有( )。

A.投资性房地产是指为赚取租金或资本增值、或者两者兼有而持有的房产、地产和机

器设备等

B. 已出租的建筑物是指从租赁期开始日以经营租赁方式出租的建筑物,包括自行建造完成后用于出租的房地产

C. 用于出租的建筑物是指企业拥有产权的建筑物

D. 投资性房地产是指为赚取租金或资本增值或者两者兼有而持有的房地产,不包括机器设备

3. 关于投资性房地产的后续计量,下列说法中正确的有( )。

A. 企业通常应当采用成本模式对投资性房地产进行后续计量

B. 企业在满足一定条件时可以采用公允价值模式对投资性房地产进行后续计量

C. 企业应当采用一种模式对投资性房地产进行后续计量,特殊情况下可以同时采用两种计量模式

D. 企业可以同时采用两种计量模式对投资性房地产进行后续计量

4. 企业采用公允价值模式对投资性房地产进行后续计量,下列说法中正确的有( )。

A. 企业应对已出租的建筑物计提折旧

B. 企业不应对已出租的建筑物计提折旧

C. 企业不应对已出租的土地使用权进行摊销

D. 企业应当以资产负债表日投资性房地产的公允价值为基础调整其账面价值,公允价值与原账面价值之间的差额计入当期损益

E. 企业应对已出租的土地使用权进行摊销

5. 企业将自用房地产转换为采用公允价值模式计量的投资性房地产,下列说法中正确的有( )。

A. 自用房地产转换为采用公允价值模式计量的投资性房地产,该项投资性房地产应当按照转换当日的公允价值计量

B. 自用房地产转换为采用公允价值模式计量的投资性房地产,该项投资性房地产应当按照转换当日的账面价值计量

C. 转换当日的公允价值小于原账面价值的,其差额计入当期损益

D. 转换当日的公允价值和原账面价值的的差额作为公允价值变动损益

E. 转换当日的公允价值小于原账面价值的,其差额计入其他综合收益

6. 下列各项中,不属于投资性房地产的有( )。

A. 为生产商品、提供劳务或者经营管理而持有的房地产

B. 作为存货的房地产

C. 已出租的建筑物

D. 持有并准备增值后转让的土地使用权

E. 已出租的土地使用权

7. 关于投资性房地产的确认和计量,下列说法中正确的有( )。

A. 外购投资性房地产的成本,包括购买价款、相关税费和可直接归属于该资产的其他支出

B. 自行建造投资性房地产的成本,由建造该项资产达到预定可使用状态前所发生的

必要支出构成

C. 只要与投资性房地产有关的经济利益很可能流入企业,就应确认投资性房地产

D. 与投资性房地产有关的后续支出,满足投资性房地产准则规定的确认条件的,应当计入投资性房地产成本;不满足准则规定的确认条件的,应当在发生时计入当期损益

8. 关于投资性房地产的后续计量,下列说法中正确的有（　　）。

A. 有确凿证据表明投资性房地产的公允价值能够持续可靠取得的情况下,可以对投资性房地产采用公允价值模式进行后续计量

B. 企业只能采用成本模式计量

C. 当投资性房地产所在地有活跃的房地产交易市场,就应采用公允价值模式计量

D. 采用成本模式计量的土地使用权的后续计量,适用《企业会计准则第6号——无形资产》(而成本模式的建筑物折旧,则适用于《固定资产准则》)

E. 企业只能采用公允价值模式计量

9. 关于投资性房地产的后续计量,下列说法中正确的有（　　）。

A. 采用公允价值模式计量的,不对投资性房地产计提折旧或进行摊销

B. 采用公允价值模式计量的,应对投资性房地产计提折旧或进行摊销

C. 已采用公允价值模式计量的投资性房地产,不得从公允价值模式转为成本模式

D. 已采用成本模式计量的投资性房地产,不得从成本模式转为公允价值模式

10. 企业有确凿证据表明房地产用途发生改变,应当将投资性房地产转换为其他资产或者将其他资产转换为投资性房地产的有（　　）。

A. 投资性房地产开始自用

B. 作为存货的房地产,改为出租

C. 自用建筑物停止自用,改为出租

D. 自用土地使用权停止自用,用于赚取租金或资本增值

E. 自用机器设备停止自用,改为出租

(三) 计算及会计处理题

1. 长江房地产公司(以下简称长江公司)于2013年1月1日将一幢商品房对外出租并采用公允价值模式计量,租期为3年,每年12月31日收取租金100万元,出租时,该幢商品房的成本为2000万元,公允价值为2200万元,2013年12月31日,该幢商品房的公允价值为2150万元,2014年12月31日,该幢商品房的公允价值为2120万元,2015年12月31日,该幢商品房的公允价值为2050万元,2016年1月5日将该幢商品房对外出售,收到2080万元存入银行。

要求:用会计等式描述上述经济活动并编制会计分录。(假定按年确认公允价值变动损益和确认租金收入)。

2. 大海公司于2013年7月1日,大海公司开始对一生产用厂房进行改扩建,改扩建前该厂房的原价为2000万元,已提折旧200万元,已提减值准备100万元。在改扩建过程中领用工程物资400万元,领用生产用原材料200万元。发生改扩建人员薪酬50万元,用银行存款支付其他费用66万元。该厂房于2013年12月20日达到预定可使用状态。该企业对

改扩建后的厂房采用年限平均法计提折旧,预计尚可使用年限为 20 年,预计净残值为 50 万元。2015 年 12 月 10 日,由于所生产的产品停产,大海公司决定将上述厂房以经营租赁方式对外出租,租期为 2 年,每年末收取租金,每年租金为 180 万元,起租日为 2015 年 12 月 31 日,到期日为 2017 年 12 月 31 日,对租出的投资性房地产采用成本模式计量,租出后,该厂房仍按原折旧方法、折旧年限和预计净残值计提折旧。

要求:
(1)计算厂房改扩建后的入账价值
(2)计算 2014 年厂房计提的折旧额
(3)对上述业务用会计等式描述并编制会计分录。

三、财务报表题

"你的"公司是否有投资性房地产?这些投资性房地产后续计量采用成本模式还是公允价值变动模式?如果采用后者,了解这些投资性房地产所处的地理位置(年报附注中找),并了解这些资产当期公允价值变动产生的损益及其对当期利润总额的影响。

第八章

对外投资（一）

> 【学习目标】
> 通过学习本章,你应该:
> 1.掌握对外投资的含义,对外投资的分类;
> 2.了解交易性金融资产的形成,掌握交易性金融资产的确认、计量、记录与报告;
> 3.了解持有至到期投资的形成,掌握持有至到期投资的确认、计量、记录与报告;
> 4.了解可供出售金融资产的形成,掌握可供出售权益类金融资产的确认、计量、记录与报告。

引子

2015年初,沉寂多年的中国股市突然风起云涌。从未接触过股票的李女士看到别人买股票赚了钱也动了心。她先试着买了一些,不久手头的股票就连续几天涨停,李女士大喜。可是很快股票市场就遭遇千股跌停的大潮,李女士损失惨重。她很失意地对正在会计专业读书的儿子说,以后再也别碰股票了。儿子正在学习财务会计学这门课,他在课程中学习到,原来企业除了生产、销售商品,提供劳务,也有购买股票这样的投资行为。

第一节　对外投资概述

一、什么是对外投资

"对外投资"可以指一种经营行为,企业将原先由自己经营的资产,比如现金、存货、固定资产等,让渡给企业之外的其他单位经营。企业因让渡资产而成为投资方,其他单位因接受资产而成为被投资方。"对外投资"也可以指投资方因这种经营行为而享有的某种权利。这种权利如果满足资产的确认条件,就能确认为资产。下文提到的"对外投资",均指这类资产。

二、对外投资的种类

（一）按照投资企业所获得的权利分类

按照投资企业让渡资产给被投资企业所获得的权利，将对外投资分为债权投资、股权投资和混合投资三类。

1.债权投资

债权投资是指投资企业将资产的使用权让渡给被投资企业，投资企业成为被投资企业的债权人，享有债权人的权利。

债权人的权利包括：第一，投资合同期满时收回让渡的资产；第二，按照合同约定的时间和利率得到利息。

利息是以投资方让渡资产的价值（即本金）为基础，按照合同约定的利率计算的。利息最显著的特点是，以合同约定的固定利率计算，而无论被投资企业经营状况的好坏。债权人投资以后，将来从被投资企业得到的经济利益是固定的：在确定的时间内得到确定的本金和利息。

债权投资作为一种未来能得到确定经济利益的权利，可以在证券市场上交易。持有可以交易的债权投资，使债权人不必等到债权到期就能通过出售债权收回投资。为了便于债权投资的流通，以一种纸质文件代表债权投资的相应权利。这种纸质文件就是债券。

有了债券作为债权人权利的凭证，投资企业向被投资企业投资的过程，就变成了投资企业让渡资产的使用权而获得被投资企业所发行的债券的过程。

债券上注明了以下事项：

（1）债券的发行方

债券的发行方就是债券上的债务人，即被投资企业，它承担债券上的支付义务。

（2）债券的发行日和到期日

债券的发行日和到期日决定了债券上权利的生效时间和终止时间。

（3）债券的面值

债券面值有两个作用。一是作为基数用以计算债券的票面利息；二是表明在债券到期日，投资方从被投资方取得的现金金额。

（4）债券的票面利率

债券的票面利率用以计算债券的票面利息，基数是债券的面值。

债券的票面利息＝债券的面值×债券的票面利率

（5）利息支付日

利息支付日决定了债务人向债权人支付利息的时间。

持有债券的企业急需现金时，不必等到债券到期，就可以在债券市场上将其出售。受到债券市场因素的影响，债券的价格经常波动。持有债券也可单纯以获取价差为目的。

我国金融管理制度规定，除金融企业之外的一般工商企业，不能直接将资金借给其他工商企业，除非对方在证券市场上公开发行证券；如果两个工商企业之间发生借贷行为，投资企业必须委托银行按照与被投资企业协商好的本金、利率、借贷期限将资金借给被投资企业。如此规定，是为了将企业之间的投融资行为纳入监管之下。投资企业通过银行将资金出借给被投资性企业的行为称为"委托贷款"。

债权投资主要包括债券投资和委托贷款两大类。

2.股权投资

股权投资是指投资企业将资产的所有权让渡给被投资企业,成为被投资企业的股东,从而享有股东的权利。

股东虽然是被投资企业的所有者,但是按照《公司法》的规定,它并没有权利直接支配被投资企业的资产,哪怕是自己直接投入的资产。原因是,被投资企业是独立于股东的法人,是一个除了股东以外,还与债权人、政府以及包括管理层在内的员工存在利益相关关系的结合体,其拥有独立的法人财产权。股东将资产的所有权让渡给被投资企业以后,该资产就成为被投资企业的法人财产,被投资企业对其享有占有、使用、处置以及受益的权利。股东只能按照《公司法》的规定享受法定权利,并且通过法定途径行使这些权利。

股东享有的权利有三种。

第一种权利:在被投资企业持续经营时,有权从被投资企业领取红利。

红利就是企业盈利后返还给股东的利润。股东得到红利多少,首先取决于被投资企业赚取的利润。而利润是一个会计期间内所有生产要素结合在一起创造的财富中,扣除员工、银行和政府应得到的之后,留给股东的部分。而员工、银行以及政府得到的金额是固定的或确定的,剩余的部分,或多或少,由股东享有。所以一个会计期间内属于股东的利润是不确定的,由此,红利的多少也是不确定的。

而且股东没有权利按照个人意愿从被投资企业赚取的利润中拿走属于自己的那一份。利润分配必须按照《公司法》的规定,经董事会提议、由股东大会表决通过后才能进行。红利水平的高低,除了取决于被投资企业的盈利,还取决于被投资企业的利润分配政策和现金持有量。如果被投资企业是低红利的分配政策,股东就只能拿走利润中较少的一部分,其余部分形成了被投资企业的留存收益。

第二种权利:在被投资企业清算时,有权分配被投资企业的剩余资产。

被投资企业一旦面临清算,首先要将所有非现金资产变现,然后按照法定顺序向各利益相关者返还现金。其中债权人的权利被优先满足,之后如果还有剩余,就向股东分配。分配剩余资产也是在董事会的管理下有序进行的。股东不能按照个人意愿随意进行。

第三种权利:有权参与被投资企业经营决策。

股东享有的前两种权利都是"剩余"索取权,无论是在正常生产经营过程中,还是企业面临清算时,被投资企业的经营风险,首先是由股东来承担的。于是与承担风险相对应,股东拥有被投资企业的经营决策权。

股东享有经营决策权,并不是说股东按照个人意愿决定被投资企业的经营管理,而是指股东作为股东大会的成员,有投票选举产生董事会的权利,企业的日常管理由董事会聘请职业经理人完成。除了选举权之外,股东还享有对被投资企业重大决策的投票权,比如增发股票、红利分配、企业合并等。所以,股东参与经营决策的权利,实质上是一种投票权。

股东所享有的上述三种权利,也可以分为两种类型。一种是从被投资企业直接得到经济利益,比如分红权和分配剩余财产权。享有这种权利因为能得到现金,所以又称为"现金流权"。第二种是针对被投资企业的经营决策表决权。

股东享有上述三种权利的大小,取决于该股东所得到的股权占被投资企业全部股权的比例。股东享有的股权比例越大,现金流权越大,经营决策表决权也越大。如果某股东的经营决策表决权超过了其他股东享有的表决权的总和,那么它就控制了被投资企业,成为被投资企业的母公司,而被投资企业就成了子公司。

股权作为一种能在未来带来不确定经济利益的权利,可以在证券市场上交易。交易的对象是股票。股票是股权的书面凭证,是由被投资企业向投资企业发行的。持有股票的股东,不仅可以享有公司法赋予的分配红利权、分配剩余资产权、经营决策表决权,而且需要现金时,不必等到被投资企业清算,就可以在资本市场上出售股票,将股权变现,同时还有可能获得股票价格上涨带来的收益(当然也同时承担股票价格下跌带来的损失)。

与债券相比,股票有发行者,也有发行日,但是没有到期日,也没有对股东固定收益的承诺。如果被投资企业盈利水平高,投资于被投资企业的股票取得的收益,就会远远大于投资于该企业的债券取得的收益,但是如果被投资企业经营不善,投资于股票不仅不能带来收益,还可能带来损失。投资股票的风险远远大于投资债券的风险。

3.混合投资

混合投资是指通过购买混合型证券方式而形成的投资。混合型证券兼有债权和股权的属性,常见的有可转换债券、优先股等。

可转换债券是一种兼有股权属性的债券。该债券在发行时就规定,债券持有人在债券发行后的一定期限内,可以按照一定的转换比率,将债券转换为股票。转换前它具有债券属性:按照既定的时间和利率得到利息,如果一直持有至债券到期,就能得到债券的面值。转换后它的债券属性丧失,而具有了股权属性,享有股权的三种权利。

优先股也是一种兼有债权和股权性质的证券。优先股的股息通常是固定的;企业清算时,优先股股东优先于普通股股东分配剩余资产;优先股股东不具有经营决策表决权。从这些性质看,优先股更像债券。但是与债券不同的是,优先股没有到期日。目前我国证券市场正逐步推出优先股作为投资者的投资品种。

(二)按照投资企业是否将资产直接转让给被投资企业分类

1.直接投资

直接投资是指投资企业将资产直接转让给被投资企业,从被投资企业那里直接取得债权或者股权。

直接投资意味着,转让资产是投资企业和被投资企业之间的行为,投资企业和被投资企业的财务状况因转让而同时发生变化:投资企业转让某种资产,同时形成了债权投资或者股权投资;被投资企业接收该资产,同时形成了负债或者所有者权益。投资企业和被投资企业不仅财务状况同时发生变化,而且财务状况变化的金额也相同,都是投资企业所转让的资产的公允价值。

证券市场上债券的一级市场和股票的一级市场,都是投资者直接将资产让渡给被投资企业,都属于直接投资。一级市场上债券或股票的交易价格,显示了有多少资产从投资方转移给被投资方[①]。

---

① 资产从投资方转移到被投资方,要有专业的承销商进行。在资产转移过程中,承销商要收取手续费。所以实际转移到被投资方手中的资产比投资方转出的要少。

2.间接投资

间接投资是指,投资企业转让资产给被投资企业的原投资人,从对方那里取得被投资企业的债权或者股权,从而替代原投资人成为被投资企业新的投资人。

间接投资是投资企业与被投资企业的原投资人之间的交易,该交易影响了交易双方的财务状况,但是不影响被投资企业的财务状况。

投资企业与被投资企业的原投资人之间的交易,是在债权或者股权的二级市场上进行的,交易的价格由市场的供求关系决定。所以,间接投资所取得的债权或股权,其金额很可能与被投资企业当初形成该负债或者形成该所有者权益以历史成本持续计量到当前的金额不一致。所以间接投资所形成的资产在后续计量方面,比直接投资所形成的资产的计量更为复杂。

无论是直接投资还是间接投资,取得的债权或者股权所代表的权利是一样的,所以在资产分类上不因直接或间接投资而有差异。

(三)按照投资企业的投资意图分类

投资企业的投资意图直接决定了资产的用途和管理方式,从而在一定程度上决定了资产未来带来经济利益的方式,于是对资产的分类有着直接影响。

按照投资企业的投资意图,对外投资分为四类:交易性金融资产、持有至到期投资、长期股权投资和可供出售金融资产。

1.交易性金融资产

交易性金融资产是企业在证券市场上购买的、并准备在短期内很快卖出的股票、债券等证券。

交易性金融资产既可以是股票,也可以是债券,既可以从一级市场上购入,也可以从二级市场上购入。尽管将股票或者债券出售之前,企业享有股票或债券上的各种合法权利,比如分配红利权、投票权、获取债券的利息权等等,但是享有这些权利并不是企业投资的根本目的。企业购买这些股票或者债券的根本目的,是获取市场价格波动所产生的买卖价差。

2.持有至到期投资

持有至到期投资是指企业从证券市场上购买的准备持有至到期的债券。

企业无论是在一级市场还是二级市场购入债券,如果计划持有至到期,那么意味着企业从该债券上取得的经济利益,无论是金额还是时间都是确定的:债券到期前,按照债券发行公告上注明的时间、面值和利率取得利息;债券到期时,取得面值。

3.委托贷款

委托贷款是企业委托银行按照一定协议将款项出借给被投资企业而形成的债权。委托贷款虽然形成原因与持有至到期投资不同,但是就债权的性质以及带来经济利益的方式看,两者完全相同。

委托贷款在资产负债表的"其他应收款"或"其他长期应收款"反映。本教材后续不再展开阐述。

4.长期股权投资

企业取得股权的目的如果是为了参与被投资企业经营管理并从中获得经济利益,那么这种股权就称为"长期股权投资"。

企业持有股权,如果是看中了股权所带来的经营决策表决权,试图通过持有较大比例的股权,较为深入地参与到被投资企业的经营决策中,使被投资企业的经营活动与企业的经营活动保持某种协同,那么这样的股权就是长期股权投资。之所以冠以"长期股权投资",是因为企业做好了长期持有的准备。

长期股权投资既可以是从一级市场或二级市场买来的股票,也可以是直接投资或间接投资于某一个股权不在证券市场交易的公司而取得的股权。即使取得的股权有活跃的交易,企业也不会因价格波动而心动。

5.可供出售金融资产

可供出售金融资产是投资意图含糊的一类对外投资。这类资产可以是债券,但是不打算持有至到期;也可以是股票或者不在证券市场交易的公司的股权,但是无意参与被投资企业经营管理,也无意在短期内出售,只是想通过持有债券获得利息、通过持有股权获得红利。

综合以上分类方式,将对外投资的分类列示如表8-1。

表8-1 对外投资分类

股权投资					债权投资				
股票投资			其他股权投资		债券投资			委托贷款	
交易性金融资产	可供出售金融资产	长期股权投资	长期股权投资	可供出售金融资产	交易性金融资产	可供出售金融资产	持有至到期投资	期应收款等	基于委托贷款的其他应收款、其他长

在资产负债表上,资产是以未来带来经济利益的方式分类的,如果不考虑基于委托贷款的其他应收款和其他长期应收款,在资产负债表中看到的是以下四类资产:交易性金融资产、持有至到期投资、长期股权投资和可供出售金融资产。其中交易性金融资产是流动资产,而其他三类资产是长期资产。从本章的第二节开始,依次阐述交易性金融资产、持有至到期投资和可供出售金融资产。由于长期股权投资的会计处理更为复杂,单独在第九章阐述。

表8-1没有列出混合型投资。混合型投资中的可转换债券在进行会计处理时,将其视作普通债券和股票认购权证的混合物,会计处理比较复杂,本书不予以阐述。而优先股是一种仅享有现金流权的股票,可以作为交易性金融资产或者可供出售金融资产。

第二节 交易性金融资产

一、交易性金融资产的性质

交易性金融资产是指企业在证券市场上购买的、并准备在短期内很快卖出的股票、债券等证券。

企业持有交易性金融资产的目的,是用暂时闲置的货币资金购买证券市场上交易活跃的股票、债券等证券,利用这些证券的价格波动来赚取价差,等需要资金时再马上变现。所以交易性金融资产是一种流动性很强的资产,仅次于货币资金。

在持有交易性金融资产的期间内,相应的股票或债券可能会派发股利或者利息,但是企业持有该资产的根本目的是在证券市场上获取短期价格波动带来的收益。当然,最终的结果也可能事与愿违,如果判断失误也会导致投资损失。

二、交易性金融资产的初始计量

按照历史成本原则,交易性金融资产的初始计量金额就是所付出对价的公允价值。因为交易性金融资产是在证券市场上直接支付货币资金取得的,所以,所支付对价的公允价值很容易确定。

企业购入的股票或者债券,如果发行股票的公司已经宣告发放股利但是尚未发放,或者债券发行公告上注明的付息日已到但尚未支付利息,那么付出的买价就换回了两项权利,一项是股票和债券上未来可以行使的权利,另一项是很快就能收到一笔现金的权利。于是,股票和债券真正的购买成本就是所付出的买价扣除股利或者利息后的差额。

投资人在证券市场上买卖股票和债券,要委托证券公司进行,因此要支付手续费给证券公司,同时还要按照税法规定缴纳印花税,印花税由证券公司代收代缴。在证券市场投资所支付的印花税和手续费理论上有两种处理方式,一种是资本化,计入购入资产的成本中;另一种是费用化,直接计入当期损益。考虑到交易性金融资产是流动资产,在短期内就会变现,所以我国目前会计实务中采用费用化的处理方式。

交易性金融资产通过资产负债表的"交易性金融资产"项目反映,购买交易性金融资产时一并取得的应收未收的股利在资产负债表的"应收股利"项目反映,应收未收的利息在资产负债表的"应收利息"项目反映,购买交易性金融资产支付的印花税和手续费,直接计入利润表的"投资收益"项目。该项目综合反映投资收益和损失,产生收益时项目金额增加,产生损失时项目金额减少。

【例 8—1】 2011 年 3 月 31 日,某企业甲从二级市场上购入某公司乙的股票 1 万股,每股买价 32.15 元,另支付手续费和印花税 1000 元。乙公司已经在 3 月 20 日宣告每 10 股派发现金股利 1 元,实际派发日是 4 月 8 日。甲购入该股票作为交易性金融资产。

例 8—1 的业务用会计等式描述的结果见表 8—2 的"购入交易性金融资产"行和"收到现金股利"行。

(1) 甲企业取得乙股票的买价是 32.15 元/股,因为每股包含了 0.1 元的现金股利,所以实际购买成本是 32.05 元/股。手续费和印花税直接计入当期利润表,不影响交易性金融资产的成本。甲企业取得的交易性金融资产的成本是 320 500 元。

用会计等式描述的结果见表 8—2"购入交易性金融资产"行。购买交易性金融资产时,资产负债表的"货币资金"项目减少 322 500 元,"交易性金融资产"项目增加 320 500 元,"应收股利"项目增加 1000 元,"未分配利润"项目减少 1 000 元;所有者权益变动表中"未分配利润"项目减少 1000 元;利润表中"投资收益"项目有 -1 000 元,"净利润"项目减少 1000 元,现金流量表中有现金流出 322 500 元。

表 8—2

单位:元

资产负债表报表要素	资产 =			负债	+所有者权益	
资产负债表项目	货币资金	交易性金融资产		应收股利	未分配利润	
资产负债表科目	银行存款	交易性金融资产			投资收益	公允价值变动损益
资产负债表明细科目		成本	公允价值			
购入交易性金融资产	−322 500	+320 500		+1 000	−1 000	
收到现金股利	+1 000			−1 000		
第一个期末以公允价值再次计量			−35 500			−35 500
被投资企业宣告派发现金股利				+600	+600	
收到现金股利	+600			−600		
第二个期末以公允价值再次计量			+20 000			+20 000
处置资产	+329 000	−320 500	+15 500		+24 000	
					−15 500	+15 500
最终结果	+8 100	0	0	0	+8 100	0

甲企业应设置"交易性金融资产"科目。在该科目下设"成本"和"公允价值变动"两个明细科目。其中"成本"明细科目记录交易性金融资产的取得成本。

"应收股利"和"应收利息"项目对应的科目是"应收股利"和"应收利息"科目,"投资收益"项目对应的科目是"投资收益"科目。

甲企业在 2015 年 3 月 31 日购入交易性金融资产的会计分录是:

借:交易性金融资产——成本　　320 500
　　应收股利　　　　　　　　　1 000
　　投资收益　　　　　　　　　1 000
　　贷:银行存款　　　　　　　　　322 500

(2)2015 年 4 月 8 日,甲企业收到现金股利,"货币资金"项目增加 1000 元,"应收股利"项目等额减少,见表 8—2"收到现金股利"行。

编制会计分录如下:

借:银行存款　　　　　1 000
　　贷:应收股利　　　　1 000

【例 8—2】　2016 年 5 月 12 日,某企业 A 从二级市场上购入某公司 B 发行的债券,该债券 2016 年 5 月 10 日发行,每张面值 100 元,票面利率 4.15%,为期 20 年,每年 5 月 10 日付息,到期一次还本。A 公司以每张 107 元的买价购入 1000 张 B 公司债券,另支付手续费和印花税 500 元。购入时,该债券 2016 年 5 月 10 日到期的利息尚未领取。该企业取得该债券作为交易性金融资产。

(1)A 公司在 2016 年 5 月 12 日购入时,支付的买价总额为 107 000 元,扣除已到付息日尚未支付的利息4150元(100×4.15％×1000),成本为102 850元。

买价中包含的已到付息期但尚未领取的利息4150元反映在"应收利息"项目,所支付的500元手续费和印花税直接计入当期损益,记入"投资收益"项目。

购买该债券时,资产负债表的"货币资金"项目减少107 500元,"交易性金融资产"项目增加102 850元,"应收利息"项目增加4 150元,"未分配利润"项目减少500元;所有者权益变动表中"未分配利润"项目减少500元;利润表中"投资收益"项目有−500元,"净利润"项目减少500元,现金流量表中有现金流出107 500元。请读者参照表8−2自行用会计等式描述该笔业务。

编制会计分录如下:

借:交易性金融资产——成本　　102 850
　　投资收益　　　　　　　　　　500
　　应收利息　　　　　　　　　4 150
　　贷:银行存款　　　　　　　　　107 500

(2) A公司在2010年5月15日收到2010年度的利息时,

借:银行存款　　4 150
　　贷:应收利息　　4 150

三、交易性金融资产的后续计量

(一) 交易性金融资产的期末计量

持有交易性金融资产的目的是在短期内获取证券市场的价差。如果到了期末,企业仍然持有这项资产,那么这项资产此时最恰当的计量属性是公允价值,即证券市场上该证券当日的收盘价。之所以采用这种计量属性,一方面是因为交易性金融资产未来带来的经济利益直接与市价有关,采用公允价值计量,计量结果相比历史成本更具有相关性;另一方面是因为该公允价值容易取得,而且可靠。

当交易性金融资产的账面价值从历史成本调整到期末的公允价值时,表明企业持有该项资产形成了利得或损失。由于持有交易性金融资产的目的是为了抓住短期内市场价格变动产生的获利机会,所以资产价格上涨或下跌,能够表明投资决策正确或失误,于是价格变动带来的损益,就应该计入利润表。然而,由于资产并未变现,持有期间产生的利得或损失,只是一种未实现的损益,性质上不同于已经实现的损益。在我国的会计实务中,特别设定利润表项目"公允价值变动损益"来报告这种未实现的利得或损失。

对交易性金融资产期末以公允价值计量,并且公允价值变动在利润表中反映,这种处理方式与以公允价值计量的投资性房地产完全相同。

【例8−3】 承前例8−1,2015年6月30日,甲公司仍然持有乙公司的股票,该股票当日收盘价为28.5元/股。2015年12月31日,甲公司持有的乙公司股票的市价收盘至30.5元/股。

在第一个资产负债表日即2015年6月30日,甲公司持有1万股乙公司股票的原账面价值,就是当初的取得成本320 500元,而6月30日,1万股该股票的市值是285 000元。在6月30日,该项资产应该以285 000元计量,于是,一方面调减交易性金融资产的账面价值35 500(320 500−285 000)元,另一方面确认未实现损失35 500元。

用会计等式描述的结果见表8-2"第一个期末以公允价值再次计量"行。资产负债表的"交易性金融资产"项目减少35 500元,此时对外报告的金额为285 000元,"未分配利润"项目减少35 500元,所有者权益变动表中"未分配利润"项目减少35 500元,利润表中"公允价值变动损益"有-35 500元,"净利润"项目减少35 500元,现金流量表不受影响。

第二个资产负债表日即2015年12月31日,甲公司持有乙公司股票的原账面价值,就是6月30日的公允价值285 000元。在12月31日,该项资产应该以305 000元计量,于是,一方面调增交易性金融资产的账面价值20 000(305 000-285 000)元,另一方面确认未实现收益20 000元。

用会计等式描述的结果见表8-2"第二个期末以公允价值再次计量"行。资产负债表的"交易性金融资产"项目增加20 000元,此时对外报告的金额为305 000元,"未分配利润"项目增加20 000元,所有者权益变动表中"未分配利润"项目增加20 000元,利润表中"公允价值变动损益"有20 000元,"净利润"项目增加20 000元,现金流量表不受影响。

持有交易性金融资产期间,为了记录期末公允价值的变动,在"交易性金融资产"科目下设置"公允价值变动"明细科目,它与"成本"明细科目一起反映期末交易性金融资产的公允价值。当期末的公允价值相比之前的账面价值上升时,上升的金额记入该明细科目的借方;下降时,下降的金额记入该明细科目的贷方;期末该明细科目的余额如果在借方,表明期末的公允价值相比历史成本上升了,如果在贷方,表明该项资产的市场价值相比历史成本下降了。

设置"成本"和"公允价值"明细科目有两个目的,一是在持有期间内,反映资产负债表日该项资产的公允价值与历史成本的差额,从而为管理当局提供该项资产目前的持有利得或损失情况,二是在处置交易性金融资产时,能找到该项资产的初始成本信息,从而确定持有期间内实现的买卖价差。这种设置明细科目的方式,与公允价值模式下的投资性房地产一致。

(1)2015年6月30日,甲公司调整交易性金融资产账面价值的会计分录为:

借:公允价值变动损益　　　　　　　　35 500
　　贷:交易性金融资产——公允价值变动　　35 500

此时,"成本"明细科目有借方余额320 500元,"公允价值变动"明细有贷方余额35 500元,"交易性金融资产"一级科目有借方余额285 000元,正是此时的公允价值。

(2)2015年12月31日,甲公司调整交易性金融资产账面价值的会计分录为:

借:投资性房地产——公允价值变动　　20 000
　　贷:公允价值变动损益　　　　　　　　20 000

此时,"成本"明细科目仍有借方320 500余额元,"公允价值变动"明细有贷方余额15 500元,"交易性金融资产"一级科目有借方余额305 000元,正是此时的公允价值。

(二)持有交易性金融资产期间,发行股票的企业宣告派发股利或者债券到了计息日

在持有股票和债券期间,如果发行股票的公司宣告派发现金股利或者债券到了付息日,投资企业应确认一项"应收股利"或者"应收利息"债权,因为股利或利息是投资后取得的,所以同时确认投资收益。

【例8-4】 承前例8-3,乙公司在2015年10月30日宣告派发股利,每10股派发股利0.6元,实际派发日是11月5日。

(1)甲公司在 2015 年 10 月 30 日确认短期债权,同时确认投资收益。用会计等式描述的见表 8-2"被投资企业宣告派发现金股利"行。会计分录如下:

借:应收股利　　　　600
　　贷:投资收益　　　　　600

(2)甲公司在 2015 年 11 月 5 日实际收到股利时,短期债权变现。用会计等式描述的结果见表 8-2"收到现金股利"行。会计分录如下:

借:银行存款　　　　600
　　贷:应收股利　　　　　600

四、交易性金融资产的处置

在证券市场上处置交易性金融资产,仍然要向券商支付手续费和印花税。券商将从买家那里得到的出售款扣除手续费及印花税后的差额划拨到出售证券的投资人账户。处置交易性金融资产所产生的损益是从券商那里取得的处置所得减去交易性金融资产的账面价值的差额。该差额是企业经营活动带来的,在利润表的"投资收益"项目下报告。

【例 8-5】　承前例,假设甲公司持有的乙公司股票在 2015 年末市价上涨至 30.5 元/股,2016 年 3 月 10 日,甲公司将持有的乙公司股票一万股全部售出,售价为 33 元/股,手续和印花税合计为 1 000 元,从券商那里取得的处置所得为 329 000 元。

处置该股票时,处置所得为 24 000(329 000－305 000)元,这是 2016 年度处置该项资产对利润表的贡献,在"投资收益"项目下报告。另外随着资产的处置,以前年度累计产生的未实现损益-15 500 元也实现了,这一金额也要报告在"投资收益"项目下。所以 2016 年度实现投资收益 8500 元。

在财务报表项目中的情况见表 8-2"处置资产"行。

一方面,资产负债表的"货币资金"项目增加 329 000 元,"交易性金融资产"项目减少 305 000 元,"未分配利润"项目增加 24 000 元;所有者权益变动表中"未分配利润"项目增加 24 000 元;利润表中"投资收益"项目有 24 000 元;现金流量表中有现金流入 329 000 元。

另外累计产生的-15 500 元(金额等于"交易性金融资产——公允价值变动"明细科目的贷方余额)的公允价值变动损益变现了,使得"投资收益"项目减少了 15 500 元。

于是在 2016 年 3 月 10 日编制会计分录如下:

借:银行存款　　　　　　　　　　329 000
　　交易性金融资产——公允价值变动　15 500
　　贷:交易性金融资产——成本　　　　320 500
　　　　投资收益　　　　　　　　　　24 000

借:投资收益　　　　15 500
　　贷:公允价值变动损益　　15 500

这种处理方式,与处置以公允价值作为后续计量模式的投资性房地产,思想完全一致。

我们把反映交易性金融资产的购入、持有和处置的例子(例 8-1,例 8-3,例 8-4,例 8-5),用会计等式进行连续描述,就能看到每一笔业务对财务报表的影响,以及从购置到处置整个交易过程完成之后,财务报表受到的影响。结果见表 8-2 的"最终结果"行。

在持有资产的一年多时间里,第一个会计期间(2015年上半年度)产生了投资收益-1000元和公允价值变动损益-35 500元,第二个会计期间(2015年下半年度)产生了公允价值变动损益20 000元和现金股利收益600元,第三个会计期间产生了投资收益24 000元,从最终结果看,产生了8100元的投资收益,同时现金流入净增加8100元。

五、交易性金融资产的报告

资产负债表日,交易性金融资产列报在资产负债表的"交易性金融资产"项目下,该项目紧随"货币资金"项目,金额为资产负债表日"交易性金融资产"科目的期末余额,即交易性金融资产在资产负债表日的公允价值。

当期,因持有交易性金融资产而产生的持有损益,列报在利润表的"公允价值变动损益"项目下。

当期因持有交易性金融资产而获得的利息和股利收益,因处置交易性金融资产而产生的损益,以及因处置交易性金融资产而使得前期累计公允价值变动损益转为投资收益的部分,一并列报在利润表的"投资收益"项目下。

第三节 持有至到期投资

企业在债券市场上购入的债券,如果有明确意愿且有财务实力持有至债券的到期日,那么这种债券就属于持有至到期投资。债券市场分为一级市场和二级市场。一级市场是发行市场,二级市场是交易市场。企业如果从一级市场购入债券,那么购入资金最终会支付给债券的发行方,即被投资企业;如果从二级市场购入债券,那么购入资金会支付给债券的出售方,与被投资企业无关。

一、一级市场债券价格确定机理

投资企业在一级市场购入债券的价格就是债券的发行价格。债券的发行价格可能等于债券面值,也可能高于或者低于债券面值。这三种情况分别称作"债券按面值发行"、"债券溢价发行"和"债券折价发行"。债券究竟按照什么价格发行,取决于发行债券的企业在债券上注明的票面利率和实际发行时债券市场的平均利率。

发行债券前,发行企业不仅要确定本企业的资金需求量,还要充分进行市场调研,了解债券市场的平均利率,因为发行企业只有提供给投资者与市场平均利率相当的投资回报,债券才能顺利发行。发行企业根据资金需求量确定了债券的总面值,根据市场平均利率确定了债券的票面利率,连同债券的付息日和面值的到期日等重要事项,一并在债券发行公告上注明,作为与投资者的约定。而等到实际发行债券时,如果市场状况与企业预期大致相同,就按照面值发行。如果市场情况发生了显著变化,市场平均利率与预期相比显著提高或者下降,那么若仍然按照面值发行债券,要么投资者不接受,要么发行方不接受。

这是因为债券一旦发行,投资者因持有债券而将来应得到的现金,与发行方因发行债券而将来要支付的现金就都确定下来了:发行方要在确定的付息日支付给投资者金额确定的票面利息,在确定的到期日支付给投资者金额确定的面值。

如果按照面值发行债券,对投资者而言,就相当于按照票面利率取得投资回报,对发行企业而言,就相当于以票面利率承担筹资成本。在票面利率低于市场平均利率的情况下,投资者的回报率就会低于市场平均水平,投资者不愿投资,发行就可能失败;在票面利率高于市场平均利率的情况下,发行企业承担的筹资成本就会高于市场平均水平,发行企业不愿接受。

在上述这两种情况下,都需要通过调整债券的发行价格来调整债券的实际利率。票面利率低于市场平均利率时,如果调低债券的发行价格,低到按照这个价格发行,投资者的回报率提升到市场平均利率,债券就容易顺利发行。当票面利率高于市场平均利率时,如果调高债券的发行价格,高到按照这个价格发行,发行方承担的筹资成本降低到市场平均利率,发行方就能够接受。

理论上,债券的发行价格是债券上所确定的未来现金流按照市场平均利率折现的折现值。以该折现值作为发行价格,投资人得到的投资回报率等于市场平均利率,而发行方承担的筹资成本也等于市场平均利率。

【例 8-6】 某企业甲计划在 2016 年初发行每张面值为 100 元的债券 100 万张,总面值 1 亿元,票面利率为 5%,从次年开始每年年初付息,债券于第四年年初到期。

现在假设两种不同情形。

第一种情形,债券市场的平均利为 6%,票面利率低于市场平均利率。

每张债券的发行价格 = 面值的复利现值 + 票面利息的年金现值
$= 100 \times PVIF(6\%, 3) + 100 \times 5\% \times PVIFA(6\%, 3)$
$= 100 \times 0.8396 + 5 \times 2.67 = 97.33(元)$

若债券以 97.33 元/张发行,则投资企业会得到 6% 的投资回报率,发行企业会承担 6% 的筹资成本。

第二种情形,债券市场的平均利率为 4%,票面利率高于市场平均利率。

每张债券的发行价格 = 面值的复利现值 + 票面利息的年金现值
$= 100 \times PVIF(4\%, 3) + 100 \times 5\% \times PVIFA(4\%, 3)$
$= 100 \times 0.8890 + 5 \times 2.78 = 102.80(元)$

若债券以 102.80 元/张发行,则投资企业会得到 4% 的投资回报率,发行企业会承担 4% 的筹资成本。

二、二级市场交易价格的确定

债券发行以后在债券市场上流通。理论上,债券的交易价格随着时间的流逝,从发行价格开始逐日上升,等到付息日达到最高值;支付利息以后又迅速下降,然后又逐日上升。而实际上,由于受债券市场内外多种因素的影响,比如政府实行紧缩还是宽松的货币政策,市场资金供求状况等,市场的平均利率不是固定的,而是波动的。于是债券的实际交易价格与理论交易价格并不完全一致,而是处于比理论交易价格或高或低的水平。如果市场平均利率升高,原先持有较低利率债券的投资者,就会卖掉这些债券转而投资利率更高的债券,那么较低利率的债券的市场价格就会下跌,理论上,价格低到以该价格取得债券,投资者的投资回报率提升到市场平均利率就暂时稳定了。如果市场平均利率下降,就有人愿意出更高的价格购买那些利率相对较高的债券,那么这些债券的市场价格就会上升,理论上,价格高到投资者以该价格取得债券,投资回报率降低到市场平均利率就暂时稳定了。

三、持有至到期投资的初始计量

投资者无论在一级市场上从发行企业购入债券,还是在二级市场上从其他投资者那里购入债券,但凡有明确意愿并且有能力持有至到期,那么就将该项投资化归为"持有至到期投资"。

持有至到期投资的初始计量采用历史成本属性,以债券的买价以及支付给证券公司的手续费和缴纳的印花税等取得成本作为初始计量金额。购入债券过程中支付的手续费和缴纳的印花税,之所以计入持有至到期投资的成本,是因为这些支出是取得这项长期资产所发生的合理的、必要的支出,是使企业长期受益的,这一点与购买交易性金融资产所支付的手续费和印花税的处理不同。

如果债券是从二级市场买入的,且买入的债券已到付息期但尚未领取利息,那么投资企业同时购入了两种权利,一种是因债券而未来获得利息和面值的权利,即与持有至到期投资有关的权利;另一种是马上就能变现的短期债权,即应收利息。在这种情况下,持有至到期投资的取得成本要以总成本扣除已到付息期但是尚未领取的利息来计算。

债券的取得成本也是进行债券投资的实际本金。当投资债券的实际本金确定下来以后,债券的实际利率,即投资者的回报率就确定下来了。投资者的回报率是这样的利率:如果以该利率作为折现率,那么将持有债券未来带来的现金流折成的现值,就等于债券投资的实际本金。

【例8-7】 某企业在2016年初发行每张面值为100元的债券100万张,总面值1亿元,票面利率为5%,从次年开始每年年初付息,债券于第四年年初到期。实际发行债券时,债券市场的平均回报率为6%,高于票面利率,因此债券折价发行,发行价格为97.33元/张。甲企业在债券发行日购入1000张该企业债券,另支付相关税费200元,准备持有至到期。

甲企业该债券的取得成本为97.33元/张×1000+200元=97530元。

【例8-8】 某企业在2016年初发行每张面值为100元的债券100万张,总面值1亿元,票面利率为5%,从次年开始每年年初付息,债券于第四年年初到期。甲企业在2016年7月初从二级市场购入1000张该企业债券,买价103元/张,另支付相关税费300元。

甲企业该债券的取得成本=103元/张×1000+200元=103200元

【例8-9】 某企业在2016年初发行每张面值为100元的债券100万张,总面值1亿元,票面利率为5%,从次年开始每年年初付息,债券于第四年年初到期。甲企业在2017年1月初购入1000张该企业债券,该债券尚未支付2016年的利息,买价106元/张,另支付相关税费400元。

甲企业购入该债券时,已到付息日,所以支付的买价中包含了2016年一年的利息,金额为5元/张,债券真正的购入成本不包含这部分利息。

该债券的取得成本=(106-5)×1000+400=101400元,买价中的5000元形成了应收利息。

四、持有至到期投资的后续计量

持有至到期投资的后续计量,就是在债券到期前,在各资产负债表日反映持有至到期投资的余额以及各期所产生的投资收益。

持有至到期投资在资产负债表日的余额,又称作"摊余成本"。摊余成本,是指持有至到期投资以取得成本、投资回报率以及票面利息支付等因素确定的、在后续期间各资产负债表日的成本。各期投资收益以及期末摊余成本按照如下顺序计算。

第一期投资收益=债券的取得成本×投资回报率

第一期期末摊余成本=债券的取得成本
　　　　　　　　　＋第一期投资收益额－当期支付的票面利息

第二期投资收益额=债券第一期期末摊余成本×投资回报率

第二期期末摊余成本=债券第一期期末摊余成本
　　　　　　　　　＋第二期投资收益额－当期支付的票面利息

以此类推。

债券的取得成本就是债券的初始实际本金,后续各资产负债表日债券的摊余成本,就是后续各年年初债券的实际本金。

【例8－10】 续例8－7。甲企业从2016年开始到2019年初结束,要对该项投资进行后续计量。

甲企业对该持有至到期投资进行后续计量时,首先要确定这项投资的投资回报率,然后依序确定各年的投资收益和期末摊余成本。

如果不考虑相关税费,甲企业投资该债券的投资回报率为6%,与债券市场平均利率一致。但是因为产生了200元的相关税费,增加了甲企业的取得成本,而债券未来带来的现金流入不变,所以甲企业的实际投资回报率要低于6%。我们采用逐步逼近法进行测试,得到实际投资回报率。测试的原理是,取一个略低于6%的回报率(因为200元相对于总投资成本比例很小),作为折现率计算折现值。如果所得折现值比投资成本大,就说明这个折现率取小了,否则就说明这个折现率取大了。这样逐步测试,直到以选取的折现率计算的折现值基本等于取得成本。折现率通常保留两位小数。本例测试的结果是5.92%。

我们通过表8－3所示的"债券实际利息计算表"(也称作"债券溢折价摊销表")来计算债券存续的未来三年里,每年产生的投资收益额以及每年年末的摊余成本。

表8－3 债券实际利息计算表

单位:元

时间	期初本金余额 A_n	当期投资收益 $B_n = A_n * 5.92\%$	当期应收票面利息 C_n	当期增加本金额 $D_n = B_n - C_n$	期末摊余成本 $E_n = A_n + D_n$
2016年	97,530.00	5,773.78	5,000.00	773.78	98,303.78
2017年	98,303.78	5,819.58	5,000.00	819.58	99,123.36
2018年	99,123.36	5,876.64*	5,000.00	876.64	100,000.00
合计		17,470.00	15,000.00	2,470.00	

* 经过尾差处理。

表8-3显示,第一年年初本金就是债券的取得成本97 530.00元,第一年债券的投资收益为年初取得成本的5.92%,即5 773.78元。而当期应从发行方收取的债券票面利息仅为5000元,没有收回的773.78元,就是投资企业在债券原来成本上继续追加的投资,于是第一年末债券的成本即摊余成本增加为98 303.78元。第二年,以第一年末的摊余成本98 303.78元为本金,产生了投资收益5 819.58元,而当年应收票面利息为5000元,没有收回的819.58元是投资企业在继续追加投资,到年底摊余成本增加99 123.36元。第三年,以第二年末的摊余成本99 123.36元为本金,产生了投资收益5 876.64元,而当年应收票面利息为5000元,没有收回的876.64元是投资企业在继续追加投资,到年底摊余成本为100 000元,等于面值。债券到期日,投资企业收回面值。

之所以到最后一年,摊余成本能够达到面值,是因为表8-3中的运算是我们测试投资回报率5.92%的逆运算。因为5.92%的折现率并不完全精确,所以在最后一年就出现了尾差。

从表8-3看出该项投资在债券存续期内的总体状况是:债券的初始投资成本为97 530.00元,三年内以票面利息形式产生15 000.00元现金流入,到期收回面值又产生100 000.00元现金流入,投资收益总额为17 470.00。投资收益总额之所以高于票面利息,是因为折价2 470.00取得了债券。

例8-8中,后续期间计算债券的投资回报率时,计息次数以2.5次计。

【例8-11】 续例8-9。甲企业在后续期间内对该项投资予以计量。

甲企业以101 400元购买了还有两年到期的债券,准备持有至到期。采用逐步逼近法测算得到甲企业该项投资的投资回报率是4.25%。表8-4列示了未来两年内,债券每年的投资收益与期末的摊余成本。

表8-4 债券实际利息计算表

单位:元

时间	期初本金余额 A_n	当期投资收益额 $B_n = A_n * 4.25\%$	当期应收票面利息额 C_n	当期增加本金额 $D_n = B_n - C_n$	期末本金余额 $E_n = A_n + D_n$
第一年	101 400.00	4 309.50	5 000.00	690.50	100 709.50
第二年	100 709.50	4 290.50*	5 000.00	709.50	100 000.00
合计		8 600.00	10 000.00	1 400.00	

* 经过尾差处理

表8-4显示,第一年年初,债券的取得成本为101 400.00元,第一年度的投资收益是取得成本的4.25%,金额为4 309.50元,而当期应收债券票面利息额为5000元,以利息名义得到的现金高于应获取的投资收益,多出的690.50元就是投资企业收回的成本,于是期末摊余成本在原来基础上减少到100 709.50元。第二年,以第一年末的摊余成本为基础,产生了投资收益4 290.50元,而应收票面利息高于投资收益额709.50元,这是继续在以收到票面利息的形式收回投资成本,于是期末摊余成本继续下降到100 000元,等于面值。债券到期,投资企业收回面值。

从表8-4看出债券在存续期内的总体状况是:债券的初始投资成本为101 400.00元,

两年内因收到票面利息产生总计10 000.00元的现金流入,到期日因收回面值产生100 000.00元的现金流入,因为溢价1 400.00元购入债券,所以投资收益总额只有8 600.00元。

五、持有至到期投资的会计处理

(一)财务报表项目与会计科目设置

资产负债表的"持有至到期投资"项目报告企业持有至到期投资这一资产情况。

为了记录持有至到期投资的增减变动和结余,企业应设置"持有至到期投资"一级科目。为了便于反映持有至到期投资的成本组成,在该一级科目下设置"面值"和"成本调整"两个明细科目。其中"面值"明细科目反映债券的面值,该科目余额始终不变;"成本调整"明细科目反映资产负债表日债券的成本与面值的差额。两个明细科目的期末余额一起反映了债券的摊余成本。

(二)会计处理举例

【例8—12】 对例8—7和例8—10中甲企业取得的持有至到期进行初始计量和后续计量。

用会计等式描述的结果见表8—4。

表8—4

单位:元

资产负债表要素	资产=			负债	+所有者权益
资产负债表项目	货币资金	持有至到期投资		应收利息		未分配利润
资产负债表科目	银行存款	持有至到期投资				利润分配
资产负债表明细科目		面值	成本调整			
2016年初购入债券	−97530	+100000	−2470			
2016年末计息				+5773.78		+5773.78(投资收益)
2017年初收到票面利息	+5000		+773.78	−5773.78		
2017年末计息				+5819.58		+5819.58(投资收益)
2018年初收到票面利息	+5000		+819.58	−5819.58		
2018年末计息				+5876.64		+5876.64(投资收益)
2019年初收到票面利息	+5000		+876.64	−5876.64		
2019年初收回面值	+100000	−100000				
最终结果	+17470	0	0	0		+17470

(1)2016年初购入面值为100 000元债券时,取得成本为97 530元,折价2 470元。

用会计等式描述见表8—4"2016年初购入债券"行。资产负债表的"货币资金"项目减少97 530元,"持有至到期投资"增加97 530元。在会计科目里记录持有至到期投资时,要把初始成本拆分为两部分,面值部分记入"面值"明细科目,折价部分记入"成本调整"明细科目。会计分录如下:

借:持有至到期投资——面值　　　　　　　100 000
　　贷:银行存款　　　　　　　　　　　　　　　97 530
　　　持有至到期投资——成本调整　　　　　　2 470

(2)2016年12月31日确认当期投资收益和应向发行方收取的票面利息。见表8－4"2016年末计息"行。一方面资产负债表的"应收利息"项目增加了5 773.78元,另一方面"未分配利润"项目增加了5 773.78元;所有者权益变动表的"未分配利润"项目增加了5 773.78元;利润表的"投资收益"项目有5 773.78元。

编制会计分录如下:
借:应收利息　　　　　5 773.78
　　贷:投资收益　　　　　　5 773.78

2017年末和2018年末这一金额分别是5 819.58元和5 876.64元。

(3) 2017年初收到票面利息时,资产负债表的"货币资金"项目增加了5000元,"应收利息"项目减少了5000元,另外,"应收利息"项目的773.78元转成了持有至到期投资。见"2017年收到票面利息"行。

编制会计分录时,由应收利息转成的持有至到期投资记入"成本调整"明细科目。会计分录如下:
借:银行存款　　　　　　　　　　5 000
　　持有至到期投资——成本调整　　773.78(819.58,876.64)
　　贷:应收利息　　　　　　　　　　5 773.78 (5819.58,5876.64)

2018年初和2019年初记在"应收利息"科目贷方的金额分别是5 819.58元和5 876.64元,记在"成本调整"明细科目借方的分别是819.58元和876.64元。

2019年初,"成本调整"明细科目经调整后余额为零,此时债券的成本等于面值。

(4)2019年初收到发行方支付的面值时,资产负债表的"货币资金"项目增加1 000 000元,"持有至到期投资"项目减少1 000 000元。见表8－4"收回面值"行。

编制会计分录如下:
借:银行存款　　　　　　　　　100 000
　　贷:持有至到期投资——面值　　　100 000

根据表8－4,从最终结果看,从购入、持有债券一直到债券到期收回面值,货币资金的净增加量为17470元,这是债券三年的票面利息15000元与折价金额2470元之和,也是各年按照实际利率法计算的投资收益之和。

【例8－13】　对例8－9和例8－11中甲企业取得的持有至到期进行初始计量和后续计量。

2016年初购入面值为100 000元债券时,购入总成本为106 400元,其中5000元为应票面利息。这部分票面利息已到付息日,只是尚未领取,所以甲企业所支付的这部分现金,并没有参与到投资活动中,不会带来投资回报。取得债券的总成本应为101 400。

编制会计分录时,把其中面值部分记入"面值"明细科目,溢价部分记入"成本调整"明细科目。

(1)购入持有至到期投资时,编制会计分录如下:

借：持有至到期投资——面值　　100 000
　　　　　　　　　——成本调整　1 400
　　贷：银行存款　　　　　　　　　　101 400

（2）收到利息时，编制会计分录如下：
借：应收利息　　5 000
　　贷：银行存款　　5 000

（3）每年12月31日确认计息，确认投资收益时，编制会计分录如下：
借：应收利息　　4 309.50（4 290.50）
　　贷：投资收益　　4 309.50（4 290.50）

（4）次年收到发行方支付的票面利息，同时调整"成本调整"明细科目
借：银行存款　　　　　　　　　　5 000
　　贷：应收利息　　　　　　　　　　4 309.50（4 290.50）
　　　　持有至到期投资——成本调整　　690.50（709.50）

最后一次调整"成本调整"明细科目之后，该明细科目余额为零。而此时债券的摊余成本就等于记录在"面值"明细科目里的金额——面值。

（5）最后一年收回面值，
借：银行存款　　　　　　　100 000
　　贷：持有至到期投资——面值　　100 000

请读者比照表8-4，用会计等式描述上述业务。看看整个过程结束以后，货币资金的增加量是否等于各年投资收益之和。

六、持有至投资的报告

资产负债表日，持有至到期投资列报在资产负债表的"持有至到期投资"项目下，金额为"持有至到期投资"一级科目在资产负债表日的余额，即期末的摊余成本。

当期，因持有至到期投资而产生的收益列报在利润表的"投资收益"项目下。

第四节　可供出售金融资产

以下这些资产属于可供出售金融资产：从证券市场买入股票，但是不打算短期出售，也不打算藉此参与被投资企业经营管理；直接或间接投资取得股权，不打算短期出售，也不计划藉此股权参与被投资企业经营管理；从证券市场上购入债券，但是不打算短期出售，也不打算持有至到期。上述这些股票、股权和债券，就属于可供出售金融资产，归属于长期资产类。

一、可供出售权益类金融资产

（一）可供出售权益类金融资产的初始计量

可供出售权益类金融资产是从证券市场购入的，或从证券市场以外直接或间接取得的股权，购买成本就是其初始计量金额，包括买价、支付的手续费和缴纳的印花税。

(二)可供出售权益类金融资产的后续计量

可供出售权益类金融资产后续有两种报告模式:成本模式和公允价值模式。

如果持有的作为可供出售金融资产的股权在活跃市场中没有报价、公允价值不能可靠计量,那么这些资产在后续会计期间始终以历史成本计量。

如果持有的作为可供出售金融资产的股权在活跃市场中有交易、期末公允价值能够可靠计量,那么这些资产在资产负债表日以公允价值即股票的收盘价来计量。公允价值与之前的历史成本或者上一个资产负债表日公允价值的差额,会带来所有者权益的变化。因为管理层持有可供出售金融资产并没有在短期内赚取价格波动的意图,公允价值的变动不反映管理层投资决策的业绩好坏,所以公允价值的变动不影响企业的净利润,而是报告在"其他综合收益"项目。这与交易性金融资产持有期间发生的公允价值变动计入利润表的"公允价值变动损益"项目,有着显著区别。"其他综合收益"项目反映了股东因素之外的但是不能作为企业管理层业绩的所有者权益。

无论采用成本模式还是公允价值模式,当被投资企业宣告派发现金股利或者返还利润时,确认投资收益,报告在利润表的"投资收益"项目。

(三)可供出售权益类金融资产的处置

处置可供出售权益类金融资产时,处置净所得(扣除所支付的手续费、印花税等)与处置时账面价值的差额,报告在利润表的"投资收益"项目。

以公允价值计量的可供出售权益类金融资产,在处置时还要将此前累计确认的其他综合收益转入投资收益。这是因为过去确认的其他综合收益现在通过资产的处置变现了,原先不能进损益的现在要转入损益中,以完整反映企业管理层的业绩。这种处理的逻辑与处置投资性房地产时,将持有期间内计入"其他综合收益"项目的那部分转入"营业成本"项目是一致的。

(四)可供出售权益类金融资产的会计处理

1.财务报表项目与会计科目设置

资产负债表的"可供出售金融资产"项目反映可供出售金融资产的情况。为了记录可供出售权益类金融资产的增减变动,设置"可供出售金融资产"一级科目。如果股权能够在活跃市场上交易,那么在该科目下设"成本"和"公允价值变动"两个明细科目。其中"成本"明细科目记录可供出售金融资产的取得成本,"公允价值变动"明细科目记录每一个资产负债表日,该项资产的公允价值相比上一个资产负债表日公允价值的变动。

2.会计处理举例

【例8—14】 2014年9月3日,某企业甲从二级市场上购入某公司乙的股票1万股,每股买价32.15元,另支付手续费和印花税900元。乙公司已经在8月20日宣告每10股派发现金股利1元,实际派发日是10月8日。甲购入该股票作为可供出售金融资产。2014年12月31日,甲公司仍然持有乙公司的股票,该股票当日收盘价为28.50元。2015年12月31日,甲公司仍然持有乙公司的股票,该股票当日收盘价为30.5元/股。2016年9月10日,甲公司将持有的乙公司股票1万股全部售出,售价为33元/股,手续和印花税合计为1 000元,出售净所得为329 000元。

会计处理的结果见表8—5。

表 8—5

单位:元

资产负债表要素	资产=			负债	+所有者权益	
资产负债表项目	货币资金	可供出售金融资产	应收股利		其他综合收益	未分配利润
资产负债表科目	银行存款	可供出售金融资产	应收股利		其他综合收益	利润分配
资产负债表明细科目		成本	公允价值变动			
购入可供出售金融资产	-322 400	+321 400		+1 000		
收到现金股利	+1 000			-1 000		
2014年末以公允价值再次计量			-36 400		-36 400	
2015年末以公允价值再次计量			+20 000		+20 000	
2016年处置资产	+329 000	-321 400	+16 400			+24 000（投资收益）
					+16 400	-16 400（投资收益）
最终结果	+7 600	0	0	0	0	+7 600

(1)甲公司 2014 年 9 月 3 日购入该股票时,资产负债表的"货币资金"项目减少 322 400 元,"可供出售金融资产"项目增加 321 400 元,"应收股利"项目增加 1000 元,其他项目不受影响,见表 8—5"购入可供出售金融资产"行。

编制会计分录时,增加的可供出售金融资产记入"可供出售金融资产——成本"明细科目。会计分录如下:

借:可供出售金融资产——成本　　321 400
　　应收股利　　　　　　　　　　　1 000
　　贷:银行存款　　　　　　　　　　　　322 400

(2)2014 年 10 月 8 日取得现金股利时,"货币资金"项目增加 1000 元,"应收股利"项目减少 1000 元,其他项目不受影响,见表 8—5"收到现金股利"行。

会计分录如下:

借:银行存款　　　　1 000
　　贷:应收股利　　　　　1 000

(3)2014 年 12 月 31 日,甲公司持有的 1 万股乙公司股票以 285 000 元计量,与原先账面价值相比减少 36 400 元。"可供出售金融资产"项目减少 36 400 元,"其他综合收益"项目减少 36 400 元。见表 8—5"2014 年末以公允价值再次计量"行。

编制会计分录时,可供出售金融资产因公允价值变动减少的金额记入"可供出售金融资产——公允价值变动"明细。

会计处理如下:

借:其他综合收益　　　　　　　　　　　　36 400
　　贷:可供出售金融资产——公允价值变动　　　36 400

此时,"公允价值变动"明细科目有贷方余额 36 400 元,表明公允价值相比初始成本低 36 400 元。

(4)2015 年 12 月 31 日,所持有的 1 万股乙公司股票以 305 000 元计量,与原先账面价值相比增加 20 000 元。"可供出售金融资产"项目增加 20 000 元,"其他综合收益"项目增加 20 000 元。见表 8-5 "2015 年末以公允价值再次计量"行。

编制会计分录时,可供出售金融资产因公允价值变动增加的金额记入"可供出售金融资产——公允价值变动"明细科目。

会计分录如下:

借:可供出售金融资产——公允价值变动　　20 000
　　贷:其他综合收益　　　　　　　　　　　　20 000

此时,"公允价值变动"明细科目有贷方余额 16 400 元,表明此时的公允价值相比初始成本低 16 400 元。

(5)2016 年 9 月 10 日处置该项资产时,"货币资金"项目增加 329 000 元,"可供出售金融资产"减少 305 000 元,"未分配利润"项目增加了 305 000 元,利润表中有"投资收益" 24 000 元。同时原先累计记入"其他综合收益"项目的金额(由"公允价值变动"明细的余额显示)现在已经实现了,转入"投资收益"项目。见表 8-5 "2016 年处置资产"行。

会计分录如下:

借:银行存款　　　　　　　　　　　　　　　　329 000
　　可供出售金融资产——公允价值变动　　　　16 400
　　贷:可供出售金融资产——成本　　　　　　　321 400
　　　　投资收益　　　　　　　　　　　　　　　24 000
借:投资收益　　　　　　16 400
　　贷:其他综合收益　　　16 400

根据表 8-5,从最终结果看,在持有资产的三年里,第一年产生了其他综合收益-36 400 元,第二年产生了其他综合收益 20 000 元,第三年产生了了投资收益 24 000 元,最终产生了 7 600 元的投资收益,同时现金流入净增加 7 600 元。

【例 8-15】 2014 年 3 月 31 日,某企业甲从第三方受让乙公司的股权,取得成本为 321 500 元,其中包含 1000 元已宣告未支付的红利,实际派发日是 4 月 8 日。另支付手续费和印花税 900 元。乙公司的股权没有公允市价。4 月 8 日,甲公司收到红利。2015 年乙公司没有支付红利。2016 年 5 月,乙公司宣告派发红利,甲公司能取得 1500 元,6 月份甲公司取得红利。2016 年 9 月 10 日,甲公司将持有的乙公司股权全部售出,出售净所得为 329 000 元。

在可供出售金融资产没有公允市价的情况下,可供出售金融资产始终以历史成本计量,当被投资企业宣告派发现金股利时确认投资收益。

上述业务用会计等式描述的结果见表 8-6。

表 8—6

单位:元

资产负债表要素	资产 =			负债 +	所有者权益
资产负债表项目	货币资金	可供出售金融资产	应收股利		未分配利润
资产负债表科目	银行存款	可供出售金融资产	应收股利		利润分配
购入可供出售金融资产	-322 400	+321 400	+1 000		
收到现金股利	+1 000		-1 000		
2016年5月对方宣告红利			+1 500		+1 500(投资收益)
2016年得到红利	+1 500		-1 500		
2016年处置资产	+329 000	-321 400			+7 600
最终结果	+9 100	0	0		+9 100

(1)2014年3月31日购入可供出售金融资产的会计分录如下:

借:可供出售金融资　　321 400
　　应收股利　　　　　　1 000
　　贷:银行存款　　　　　　　322 400

(2)2014年4月8日取得现金股利的会计处理如下:

借:银行存款　　　1 000
　　贷:应收股利　　　　1 000

(3)2016年5月,乙公司宣告派发红利,甲公司的会计处理如下:

借:应收股利　　　1 500
　　贷:投资收益　　　　1 500

(4)2016年6月,甲公司收到红利会计处理如下:

借:银行存款　　　1 500
　　贷:应收股利　　　　1 500

(5)2016年9月30日甲公司处置该项资产时,会计处理如下:

借:银行存款　　　　　　　　　　329 000
　　贷:可供出售金融资产——成本　　　321 400
　　　　投资收益　　　　　　　　　　　7 600

二、可供出售债权类金融资产

(一)可供出售债权类金融资产的初始计量

可供出售债权类金融资产,企业虽然没有明确意图将其持有至到期,但是也没有明确意图短期内出售,所以性质上更接近于持有至到期投资。其初始计量与持有至到期投资完全一致,即以买价和印花税手续费等取得成本作为初始计量金额。假设企业持有至到期,将债券未来带来的现金折成现值,使得现值等于取得成本的折现率就是债券第一个会计期间的投资回报率。

（二）可供出售债权类金融资产的后续计量

第一个会计期间的投资收益＝债券的取得成本×第一个会计期间的投资回报率

第一个会计期末的摊余成本＝债券的取得成本＋第一个会计期间的投资收益
$\qquad$ －收回的票面利息

与持有至到期投资不同的是，资产负债表日，可供出售债权类金融资产要以当日的公允价值而非摊余成本计量，公允价值与摊余成本之差，属于其他综合收益。

继续假设企业持有至到期，将债券未来带来的现金折成现值，使得现值等于第一个期末公允价值的折现率，就是债券第二个会计期间的投资回报率。

第二个会计期间的投资收益＝债券第一期末的公允价值
$\qquad$ ×第二个会计期间的投资回报率

第二个会计期末的摊余成本＝债券第一期末的公允价值＋第二个会计期间的投资收益
$\qquad$ －收回的票面利息

后续计算以此类推。

总而言之，可供出售债权类金融资产，由于期末计量不像持有至到期投资那样以摊余成本计量，而是以公允价值计量，所以随着各期期末公允价值的变化，下一个期间的投资回报率也在变化，即可供出售债权类金融资产以动态的公允价值计量，以动态的投资回报率计算投资收益。

（三）会计处理

略

三、可供出售金融资产的报告

资产负债表日，可供出售金融资产列报在资产负债表的"可供出售金融资产"项目下。该项目属于非流动资产，金额为"可供出售金额资产"一级科目余额，即可供出售金融资产在资产负债表日的成本或公允价值。

当期，以公允价值计量的可供出售金融资产因公允价值变动产生的其他综合收益，同时列报在所有者权益变动表和利润表中。

当期，可供出售金额资产带来的股利或利息收益，列报在利润表的"投资收益"项目下。在该项目下还要列报当期处置可供出售金融资产形成的投资收益，以及由其他综合收益转成的部分。

本章小结

本章介绍了企业对外投资的类型以及按照企业会计准则的规定，这些对外投资类型所确认的报表项目类型包括：交易性金融资产、持有至到期投资、长期股权投资和可供出售金融资产。

本章详细介绍了交易性金融资产、持有至到期投资以及可供出售金融资产这三类资产，分别介绍了这些资产带来经济利益的方式、初始计量的原则、后续计量的方法、会计科目的设置、相关业务发生后会计处理的方法以及在财务报表中的列报。

一、复习思考题

1. 什么是对外投资？对外投资按照投资企业取得权利的类型该如何分类？按照被投资企业是否取得资产该如何分类？按照投资企业的投资意图又该如何分类？

2. 什么是交易性金融资产？取得资产时该如何计量？在资产负债表日又该如何计量？公允价值变动如何反映？处置资产时如何计算损益？

3. 什么是持有至到期投资？如何理解"持有至到期投资未来产生的现金流是确定的"？如何理解"持有至到期投资的取得成本决定了投资回报率"？持有至到期投资期末摊余成本该如何计算？

4. 什么是可供出售金融资产？取得资产时该如何计量？资产负债表日有几种计量方法，各适用于什么情形？如果可供出售金融资产期末采用公允价值计量，为什么公允价值变动不影响净利润？处置这类资产时又该如何计算损益？

5. 交易性金融资产、持有至到期投资以及可供出售金融资产，期末该如何在资产负债表中报告？当期产生的已经实现的损益该如何报告？当期产生的未实现损益又该如何报告？

二、练习题

（一）单项选择题

1. 关于交易性金融资产的计量，下列说法中正确的是（　　）。
  A. 应当按取得该金融资产的公允价值和相关交易费用之和作为初始确认金额
  B. 应当按取得该金融资产的公允价值作为初始确认金额，相关交易费用在发生时计入当期损益
  C. 资产负债表日，企业应将金融资产的公允价值变动计入当期所有者权益，不计入当期损益。
  D. 处置该金融资产时，其处置净所得与初始入账金额之间的差额应确认为投资收益，不调整公允价值变动损益

2. 关于可供出售金融资产的计量，下列说法中正确的是（　　）。
  A. 应当按取得该金融资产的公允价值和相关交易费用之和作为初始确认金额
  B. 应当按取得该金融资产的公允价值作为初始确认金额，相关交易费用计入当期损益
  C. 持有期间取得的利息或现金股利，应当冲减成本
  D. 资产负债表日，可供出售金融资产应当以公允价值计量，且公允价值变动计入当期损益

3. A公司于2016年4月5日从证券市场上购入E公司发行在外的股票100万股作为交易性金融资产，每股支付价款5元（含已宣告但尚未发放的现金股利1元），另支付相关费用8万元，A公司交易性金融资产取得时的入账价值为（　　）万元。
  A. 408　　　　B. 400　　　　C. 500　　　　D. 508

4. A公司于2016年4月5日从证券市场上购入B公司发行在外的股票100万股作为可供出售金融资产，每股支付价款5元（含已宣告但尚未发放的现金股利1元），另支付相关费

用8万元,A公司可供出售金融资产取得时的入账价值为（ ）万元。

A.408　　　　B.400　　　　C.500　　　　D.508

5.A公司于2016年11月5日从证券市场上购入B公司发行在外的股票200万股作为交易性金融资产,每股支付价款5元,另支付相关费用20万元,2016年12月31日,这部分股票的公允价值为1050万元,A公司2016年12月31日应确认的公允价值变动损益为（ ）万元。

A.损失50　　　B.收益50　　　C.收益30　　　D.损失30

6.A公司于2016年11月5日从证券市场上购入B公司发行在外的股票200万股作为可供出售金融资产,每股支付价款5元,另支付相关费用20万元,2016年12月31日,这部分股票的公允价值为1050万元,A公司2016年12月31日应确认的公允价值变动损益为（ ）万元。

A.0　　　　　B.收益50　　　C.收益30　　　D.损失50

7.A公司于2017年1月2日从证券市场上购入B公司于2016年1月1日发行的债券,该债券为3年期、票面年利率为5%、每年1月5日支付上年度的利息,到期日为2015年1月1日,到期日一次归还本金和最后一次利息。A公司购入债券的面值为1000万元,实际支付价款为1011.67万元,另支付相关费用20万元。A公司购入后将其划分为持有至到期投资。购入债券的实际利率为6%。2017年12月31日,A公司应确认的投资收益为（ ）万元。（提示：购买价款中包含已到付息日但是尚未支付的利息）

A.58.90　　　B.50　　　　C.49.08　　　D.60.70

8.A公司于2017年1月2日从证券市场上购入B公司于2016年1月1日发行的债券,该债券为3年期、票面年利率为5%、每年1月5日支付上年度的利息,到期日为2015年1月1日,到期日一次归还本金和最后一次利息。A公司购入债券的面值为2000万元,实际支付价款为2200万元,另支付相关费用30万元。A公司购入后将其划分为持有至到期投资。2017年1月2日该持有至到期投资的成本为（ ）万元。

A.2100　　　B.2130　　　C.2230　　　D.2200

(二)多项选择题

1.关于对外投资的初始计量,下列说法中正确的有（ ）。

　A.交易性金融资产应当按照取得时的公允价值作为初始确认金额,相关的交易费用在发生时计入当期损益

　B.持有至到期投资应当按取得时的公允价值和相关交易费用之和作为初始确认金额

　C.可供出售金融资产应当按取得该金融资产的公允价值和相关交易费用之和作为初始确认金额

　D.可供出售金融资产应当按照取得时的公允价值作为初始确认金额,相关的交易费用在发生时计入当期损益

2.关于对外投资的后续计量,下列说法中正确的有（ ）。

　A.资产负债表日,企业应将交易性金融资产的公允价值变动计入当期损益

　B.持有至到期投资在持有期间应当按照摊余成本和实际利率计算确认利息收入,计入投资收益

C. 资产负债表日，可供出售金融资产应当以公允价值计量，且公允价值变动计入其他综合收益

D. 资产负债表日，可供出售金融资产应当以公允价值计量，且公允价值变动计入当期损益

E. 持有至到期投资在持有期间应当按照摊余成本和实际利率计算确认利息收入，计入其他综合收益

3. 关于对外投资的处置，下列说法中正确的有（　）。

A. 处置交易性金融资产时，处置净所得与初始入账金额之间的差额应确认为投资收益，同时调整公允价值变动损益

B. 处置持有至到期投资时，应将处置净所得与该投资账面价值之间的差额计入投资收益

C. 处置可供出售金融资产时，应将处置净所得与该金融资产账面价值之间的差额，计入投资损益；同时，将原直接计入所有者权益的公允价值变动累计额对应处置部分的金额转出，计入投资损益

（三）计算及会计处理题

1. 2016年5月10日，甲公司以620万元（含已宣告但尚未领取的现金股利20万元）购入乙公司股票200万股作为交易性金融资产，另支付手续费6万元，5月30日，甲公司收到现金股利20万元。2016年6月30日该股票每股市价为3.2元，2016年8月10日，乙公司宣告分派现金股利，每股0.20元，8月20日，甲公司收到分派的现金股利。至12月31日，甲公司仍持有该交易性金融资产，期末每股市价为3.6元，2017年1月3日以630万元出售该交易性金融资产。

假定甲公司每年6月30日和12月31日对外提供财务报告。

要求：(1)就上述业务用会计等式描述并编制会计分录

(2)计算该交易性金融资产的累计损益。

2. A公司于2016年1月2日从证券市场上购入B公司于2015年1月1日发行的债券，该债券4年期、票面年利率为4%、每年1月5日支付上年度的利息，到期日为2019年1月1日，到期日一次归还本金和最后一次利息。A公司购入债券的面值为1000万元，购入总成本为1012.93万元。A公司购入后将其划分为持有至到期投资。购入债券的实际利率为5%。假定按年计提利息。

要求：就A公司从2016年1月1日～2019年1月1日上述有关业务用会计等式描述并编制会计分录。

3. 参照表8-4，把例8-13的业务用会计等式描述出来。

4. 2016年5月，甲公司以480万元购入乙公司股票60万股作为可供出售金融资产，另支付手续费10万元，2016年6月30日该股票每股市价为7.5元，2016年8月10日，乙公司宣告分派现金股利，每股0.20元，8月20日，甲公司收到分派的现金股利。至12月31日，甲公司仍持有该可供出售金融资产，期末每股市价为8.5元，2017年1月3日以515万元出售该可供出售金融资产。假定甲公司每年6月30日和12月31日对外提供财务报告。

要求：(1)就上述经济业务用会计等式描述并编制会计分录。

(2)计算该可供出售金融资产的累计损益。

三、财务报表题

1. "你的"公司有交易性金融资产吗？当期产生的公允价值变动损益情况怎样？
2. "你的"公司有持有至到期投资吗？实际利率是多少（报表附注中查）？
3. "你的"公司有可供出售金融资产吗？后续采用成本模式还是公允价值模式计量？

第九章

对外投资(二)

【学习目标】
通过学习本章,你应该:
1. 掌握长期股权投资的含义,了解控制、共同控制和施加重大影响的含义;
2. 掌握直接投资形成长期股权投资的初始计量方法;
3. 掌握直接投资形成长期股权投资的后续计量方法——权益法;
4. 掌握直接投资形成长期股权投资的后续计量方法——成本法;
5. 掌握间接投资形成长期股权投资的初始计量方法;
6. 掌握间接投资形成长期股权投资的后续计量方法——成本法;
7. 掌握间接投资形成长期股权投资的后续计量方法——权益法。

引子

大唐发电(股票代码:601991)是我国最大的独立发电公司之一,主要经营以火力发电为主的发电业务。公司有三个火力发电厂,所发的电和热气主要供应北京地区。公司通过持有半数以上有表决权股份而直接控制的子公司达64家,其中全资子公司达28家;公司重要的联营或合营企业达31家。公司对外投资的这些企业,分别主营火电、水电、风电、光伏项目,也有从事煤炭开采和销售、煤化工和商贸业务①。

第一节 长期股权投资概述

一、长期股权投资的定义

长期股权投资是指企业准备长期持有的股权投资,并籍此股权对被投资企业行使表决权,即对被投资企业的财务和经营实施控制、共同控制或者施加重大影响,与被投资企业建

---

① 资料来源:根据大唐发电2014年度报告整理。

立某种比较牢固的经济关系,从而有助于企业实现长远发展目标。

作为长期股权投资的股权,可以从股票一级市场或二级市场取得,也可以在证券市场以外,直接对被投资企业投资取得或者从被投资企业的原股东那里受让取得。这类股权即使在证券市场上有活跃的交易,投资企业也不关心其在证券市场上价格的波动,所以这类股权投资与交易性金融资产以及可供出售金融资产,带来经济利益的方式完全不同,初始计量与后续计量都有其特点。

《企业会计准则第2号——长期股权投资》(以下简称"长期股权投资准则")对长期股权投资业务的会计处理做了规范。

二、长期股权投资的种类

投资企业与被投资关系的密切程度决定了长期股权投资给企业带来经济利益的差别。据此,将长期股权投资分为对子公司投资、对合营企业投资和对联营企业投资三类。

1. 对子公司的投资

投资企业如果能够控制被投资企业,那么被投资企业就是投资企业的子公司,投资企业就是被投资企业的母公司。

什么是控制,以及如何认定一个企业对另一个企业拥有了控制权,《企业会计准则第33号——合并财务报表》(以下简称"合并财务报表准则")对此做了具体规定。

合并财务报表准则规定:"控制,是投资方拥有对被投资方的权力,通过参与被投资方的相关活动而获得可变回报,并且有能力运用对被投资方的权力而影响其回报金额。"这一定义有三个要素。

第一个要素:投资方拥有对被投资方的权力。所谓权力,是指投资方能够按照自身意愿主动影响被投资方,具体地说,就是能够参与被投资方重大生产经营决策,比如商品购进与销售、金融资产的管理、资产的购买和处置、研究与开发活动以及融资活动等。

第二个要素:从被投资方那里获得回报,并且这一回报是可变的。投资方从被投资方那里获得的回报是可变的,而不像债务资本的提供者那样是基本固定的,投资方承担着被投资方经营环境不确定带来的风险。

第三个要素:投资方享有的权力与从被投资方那里得到的回报之间存在因果关系。这意味着影响可变回报的唯一决策因素是投资方的权力,而不是其他投资者的权力。投资方的权力是必要条件,没有不行,同时也是充分条件,有了就行。用一句通俗的话概括母公司对子公司的影响,就是:我说行就行,我说不行就不行!

2. 对合营企业的投资

投资企业如果能够与其他企业一起对被投资企业实施共同控制,那么被投资企业就称作投资企业的"合营企业"。

《企业会计准则第40号——合营安排》(以下简称"合营安排准则")规定了"共同控制"的定义以及"合营企业"的认定标准。

关于共同控制,合营安排准则规定:"共同控制,是指按照相关约定对某项安排所共有的控制,并且该安排的相关活动必须经过分享控制权的参与方一致同意后才能决策。"

准则中规定的"安排",是指投资各方按照约定提供一定的经济资源以及伴随这些资源产生的债务,并将这些资产和债务组合起来从事一定的经济活动,投资各方从这些经济活动中受益。一项安排可以独立的法律主体如企业形式存在,也可以不以独立的法律主体形式存在。一项安排无论是否以法律形式存在,我们都可以把它理解为一个经营体。

至于"某项安排的相关活动",是指与该安排相关的商品或劳务的销售和购买、金融资产的管理、资产的购买和处置、研究与开发活动以及融资活动等。这些活动显著影响了各投资方的回报。

"分享控制权的参与方一致同意",是指按照约定,这些参与方即投资者,如果有一方不同意,那么就不能决策,即每一个分享控制权的参与方都拥有否决权。

共同控制的定义可以这样理解:分享控制权的参与方对涉及经营体的重大经营活动拥有否决权。

关于合营企业,合营安排准则规定:"如果合营方仅对该安排的净资产享有权利,那么这个安排就是合营方的合营企业。"这说明,如果经营体以企业形式存在,并且合营方不是就该经营体的某项特定资产享有权利或某项特定义务承担责任,而是对该经营体的净资产享有权利,那么该经营体就成为合营方的合营企业。

用一句通俗的话概括合营方对合营企业的影响,就是:我说行不一定行,我说不行就不行!

3.对联营企业的投资

投资企业如果能够对被投资企业施加重大影响,被投资企业就称作投资企业的"联营企业"。

《企业会计准则第2号——长期股权投资》(以下简称"长期股权投资准则")规定,"施加重大影响,是指对一个企业的财务和经营政策有参与决策的权力,但并不能够控制或者与其他方一起共同控制这些政策的制定。"投资企业如果能够对被投资企业施加重大影响,被投资企业就是投资企业的联营企业。一般而言,投资企业直接拥有或者通过子公司间接拥有被投资企业20%以上50%以下有表决权股份时,投资企业就能对被投资企业施加重大影响。如果投资企业通过直接或间接方式拥有被投资企业20%以下股份,但是符合下列条件之一的,准则认为投资企业也能够施加重大影响:

(1)在被投资单位的董事会或类似权力机构中派有代表。在这种情况下,投资单位因为享有实质上的参与决策的权利,能够对被投资企业施加重大影响。

(2)参与被投资单位经营政策制定过程。投资企业能够参与被投资企业的政策制定过程,就可以在被投资企业的政策制定过程中为其自身利益提出建议和意见,产生施加重大影响的效果。

(3)与被投资单位发生重要交易。由于该重要交易对被投资企业产生重要影响力,因而在一定程度上影响被投资企业的生产经营决策。

(4)向被投资单位派出管理人员。投资企业派出的管理人员负责实施被投资企业的财务和经营政策,从而能够对被投资单位施加重大影响。

(5)向被投资单位提供关键技术资料。被投资单位所需的关键技术资料由投资企业提供,投资企业能够影响被投资企业的生产经营活动。

用一句通俗的话概括投资企业对被投资企业的影响,就是:我说行不一定行,我说不行不一定不行。但是如果某个投资方与我有共同意愿,我们一起合作就可以产生"我说行就行或者我说不行就不行"的影响力。

第二节 直接投资形成长期股权投资

如果投资企业以直接向被投资企业注资的方式取得了股权,并准备对被投资企业实施控制、共同控制或者施加重大影响,这样的股权就称作"直接投资形成的长期股权投资"。

直接投资形成的长期股权投资,投资企业投出资产的计量非常关键。因为投资企业投出资产的价值,不仅对投资企业而言,是所取得的长期股权投资的历史成本,而且对被投资企业而言,是接受投资的资产的价值,同时也是所有者权益增加的价值。

如果投资企业投出的资产是货币资金,那么金额就很好确定。如果投出的是非货币性资产,那么确定这些非货币性资产的价值就是一件很复杂的事。这时就要以专业资产评估机构评估的资产价值为基础,并由被投资企业的主要投资者对这个金额达成共识。主要投资者达成共识的金额,但凡不偏离公允价值,就被认为是投资企业所投资的资产的价值。一切计量以这个价值为基础。

在第四章《存货》、第五章《固定资产》和第六章《无形资产》中,都是站在被投资企业角度,对投资者投入的存货、固定资产、无形资产进行初始计量。本节站在投资企业角度,对以存货、固定资产、无形资产对外投资所形成的长期股权投资进行计量。

一、长期股权投资的初始计量

按照历史成本原则,企业所取得的资产的金额,就是所付出的对价的公允价值。投资企业所让渡的资产的公允价值,就是所取得的长期股权投资的入账价值,该金额也称作"初始投资成本"。

(一)以货币资金出资

以货币资金出资形成的长期股权投资,其初始投资成本就是所投入的货币资金的价值。投资业务发生以后,长期股权投资增加,货币资金减少。

对长期股权投资进行会计处理时,设置"长期股权投资"项目,下设"长期股权投资"科目。

会计分录是:
借:长期股权投资
　　贷:银行存款

(二)向被投资企业投入非货币性资产

被投资企业投入非货币性资产所形成的长期股权投资,其初始投资成本就是所投入的非货币性资产的公允价值,该价值由投资各方协议约定。

因为投资企业是通过转让非货币性资产的所有权而取得股权的,所以在进行会计处理时,我们把投出非货币性资产形成长期股权投资,视作前后连续发生的两笔交易:第一笔交易是将非货币性资产按照公允价格出售给被投资企业,换回了货币资金;第二笔交易是将这些货币资金投资给被投资企业,换回股权。其间发生的相关税费,视税法或者相关法规规定,分别计入出售交易和投资交易。

这种把一笔业务视作两笔业务的会计处理方式称作"两笔交易观"。以"两笔交易观"进行会计处理,与通常的处置资产与以货币资金出资大致相同,差别是没有货币资金真正流入和流出。

【例9—1】 2014年,甲企业向新成立的乙企业投资,取得乙企业40%的股权。甲企业向乙企业投入货币资金400万元以及账面价值为160万的库存商品,该库存商品投资各方认可的价值为234万元。甲企业向乙企业开具增值税专用发票,注明交易总额为234万元,其中金额为200万元,税额为34万元。

此例中,视同甲企业将存货处置给乙企业,处置所得234万元与400万元货币资金一并投入到乙企业,于是所取得的长期股权投资成本为634万元。甲企业将成本为160万元的存货处置掉,产生了200万元的收入和34万元的销项税额,形成了40万元的处置毛利。

甲企业的会计处理结果见表9—1。

表9—1

单位:万元

资产负债表要素	资　产　=			负债+	所有者权益
资产负债表项目	银行存款	存货	长期股权投资	应交税费	未分配利润
资产负债表科目	银行存款	库存商品	长期股权投资	应交税费	利润分配
处置存货	+234			+34	+200(营业收入)
		−160			−160(营业成本)
对外投资	−234		+234		
	−400		+400		

甲企业编制分录如下:

第一步:处置存货,

借:银行存款　　　　　　　　　　　　　　　2 340 000
　　贷:主营业务收入　　　　　　　　　　　　2 000 000
　　　　应交税费——应交增值税(销项税额)　　340 000
借:主营业务成本　　1 600 000
　　贷:库存商品　　1 600 000

第二步,对外投资,

借:长期股权投资　　2 340 000
　　贷:银行存款　　2 340 000
借:长期股权投资　　4 000 000
　　贷:银行存款　　　400 000

注意:由于处置存货并没有产生234万元的现金流入,同时对外投资也仅产生了现金流出400万元而不是634万元,所以实际进行会计处理时必须把上述处置存货流入234万元现金和对外投资流出234万元现金合并成一笔。上述处理仅是为了方便读者体会"两笔交易观"。

会计处理的结果见表9—2。

表9—2

单位：万元

资产负债表要素	资产=			负债+	所有者权益
资产负债表要素	资产=	负债+	所有者权益		
资产负债表项目	银行存款	存货	长期股权投资	应交税费	未分配利润
资产负债表科目	银行存款	库存商品	长期股权投资	应交税费	利润分配
处置存货并对外投资	－400		＋634	＋34	＋200（营业收入）
		－160			－160（营业成本）

会计分录如下：
借：长期股权投资　　　　　　　　　　　　6 340 000
　贷：银行存款　　　　　　　　　　　　　　4 000 000
　　　主营业务收入　　　　　　　　　　　　2 000 000
　　　应交税费——应交增值税（销项税额）　　340 000
借：主营业务成本　　1 600 000
　贷：库存商品　　　　　1 600 000

二、长期股权投资的后续计量

投资企业在后续期间还要持续关注长期股权投资的价值，反映该资产所带来的经济利益。长期股权投资后续计量有两种方法：权益法和成本法。

（一）权益法

1.权益法的定义

权益法，是指长期股权投资以初始投资成本计量后，在后续期间，根据投资企业享有被投资企业所有者权益的份额的变动对投资企业的账面价值进行调整。由于长期股权投资始终反映投资企业在被投资企业所享有的所有者权益的份额，"权益法"因此得名。

如果不考虑投资企业向被投资企业追加投资，被投资企业所有者权益的变动有三类基本原因，于是引起投资企业长期股权投资变动也有三类原因。

第一类，被投资企业盈利或者亏损。被投资企业盈利或亏损增加或者减少了留存收益，影响了所有者权益，因此投资企业持有的对被投资企业的长期股权投资也相应发生变化。由于被投资企业所有者权益的变化来自于损益，即来自于经营管理水平，于是也体现了投资企业的管理水平。所以投资企业长期股权投资由此产生的变化，应该在投资企业利润表的"投资收益"项目反映出来。

第二类，被投资企业宣告派发股利或者利润。被投资企业宣告派发股利或者利润时，减少了留存收益，于是减少了投资企业对被投资企业的长期股权投资。由于这类所有者权益的变化与被投资企业利润分配政策有关，而被投资企业的利润分配政策是在董事会提议下经由股东大会批准通过的,所以反映了能够对被投资企业实施管理的投资企业的意图。在投资企业看来,长期股权投资因被投资企业派发股利或者利润而减少,只是投资企业将长期股权投资变现意图的体现,与业绩无关。

第三类,被投资企业有以公允价值计量的可供出售金融资产等资产,在资产负债表日以市场价格对这些资产进行再次计量时,产生了其他综合收益。这类所有者权益的变化也影响了投资企业对被投资企业的长期股权投资。由于被投资企业这类所有者权益的变化与证券市场有关,而与被投资企业管理层业绩无关,在投资企业看来,由此而产生的长期股权投资变化,也是由证券市场引起的,与自身管理无关,属于其他综合收益。

总而言之,投资企业作为被投资企业的管理者,权益法体现了其因持有长期股权投资而在被投资企业享有的所有者权益份额,反映了其对被投资企业实施管理所带来的经济利益。

2.权益法的会计处理

投资企业长期股权投资的价值由三部分构成:一是投资成本,这是投资企业为了取得长期股权投资而付出的对价的公允价值;二是损益调整,这是投资以后被投资企业累积的留存收益归属于投资企业的部分;三是其他综合收益,这是投资以后被投资企业累积的其他综合收益归属于投资企业的部分。为了将这三部分各自记录清楚,在"长期股权投资"一级科目下分别设置"成本"、"损益调整"和"其他综合收益"三个明细科目。

"成本"明细科目:反映投资企业在投资时所发生的投资成本。当对被投资企业投资时,记录在该明细科目的借方,当收回长期股权投资的成本或者处置长期股权投资时,记录在该明细科目的贷方。该科目期末余额与被投资企业所有者权益中投入资本的期末余额相对应。

"损益调整"明细科目:反映投资企业在投资的后续期间所享有的被投资企业实现净利润的份额,或者所承担的被投资企业亏损的份额。当被投资企业有盈利时,归属于投资企业的份额记在该科目的借方,如果被投资企业有亏损,由投资企业承担的部分记在该科目的贷方。如果被投资企业分配红利,收到的红利就是损益调整的变现,也记在该科目的贷方。该明细科目期末余额与被投资企业期末结存的留存收益余额相对应。

"其他综合收益"明细科目:反映投资企业在后续期间内所享有的或承担的、被投资企业其他综合收益属于投资企业的份额。如果被投资企业形成的是收益,投资企业记在该明细科目的借方;如果被投资企业形成的是损失,投资企业记在该明细科目的贷方。该明细科目期末余额与被投资企业期末其他综合收益余额相对应。

【例9—2】 承例9-1,乙企业2014年度盈利120万。2015年盈利150万,因以公允价值计量的可供出售金融资产市价下跌,形成了其他综合收益-8万元。2016年2月乙企业宣告分红100万元。甲企业因享有乙企业40%的股权而得到40万元红利。甲企业对乙企业长期股权投资采用权益法核算。

用会计等式描述见表9-3。

表 9—3

单位:万元

资产负债表要素	资产=			负债	+所有者权益	
资产负债表项目	应收股利	长期股权投资			其他综合收益	未分配利润
资产负债表科目	应收股利	长期股权投资			其他综合收益	利润分配
资产负债表明细科目		成本	损益调整	其他综合收益		
之前重要的余额	***	634	0	0	***	***	***
2014年末			+48				+48(投资收益)
2015年末			+60				+60(投资收益)
				−3.2		−3.2	
2016年2月	+40		−40				

(1)2014年度,乙企业盈利120万元,所有者权益增加120万元。甲企业持有的对乙企业长期股权投资也相应增加48万元。因为乙企业所有者权益的变动来自于损益,与乙企业经营管理有关,也就是与甲企业参与乙企业的管理有关,所以甲企业长期股权投资的变化,应计入当期利润表的"投资收益"项目。该项目对应的会计科目是"投资收益"。见表9—3"2014年末"行。

会计分录如下:

借:长期股权投资——损益调整　　480 000
　　贷:投资收益　　　　　　　　　　　　480 000

(2)2015年度,乙企业盈利150万元,甲企业调增长期股权投资账面价值60万元,同时确认投资收益60万。乙企业除净损益之外,还产生了其他综合收益-8万元,这一所有者权益的变动与管理者的业绩无关,甲企业调减长期股权投资账面价值3.2万元,同时调减"其他综合收益"项目,见表9—3"2015年末"行。

会计分录如下:

借:长期股权投资——损益调整　　600 000
　　贷:投资收益　　　　　　　　　　　　600 000
借:其他综合收益　　　　　　　　　32 000
　　贷:长期股权投资——其他综合收益　　32 000

(3)2016年2月,乙企业宣告分红,甲企业应得40万元。这表明甲企业投资乙企业以后,乙企业两年累积赚取的净利润(120万+150万)属于甲企业的份额108万元中的40万元即将变现。见表9—3"2016年2月"行。

会计分录如下:

借:应收股利　　　　　　　　　　　400 000
　　贷:长期股权投资——损益调整　　　　400 000

(二)成本法

成本法,是指在后续期间内,投资企业所持有的长期股权投资始终以初始投资成本计量,投资企业收到被投资企业宣告发放的现金股利或利润时,确认投资收益。

【例9-3】 承例9-2,假设甲企业能够控制乙企业,甲企业采用成本法进行后续计量。2014年度、2015年度甲企业都不做会计处理。

2016年,当乙企业宣告派发红利时,甲企业进行会计处理如下:

借:应收股利——乙企业 400 000
　　贷:投资收益　　　　　400 000

用会计等式描述如表9-4。

表9-4

单位:万元

资产负债表要素	资产=		负债	+所有者权益	
资产负债表项目	应收股利	长期股权投资	其他综合收益	未分配利润	
资产负债表科目	应收股利	长期股权投资	其他综合收益	利润分配	
2016年	+40			+40(投资收益)	

与表9-3相比较看出,成本法下只有被投资企业宣告派发现金股利时才确认投资收益,而长期股权投资一直保持原先投资成本没有变化。

长期股权投资采用不同的后续计量方法,尽管现金流入和流出是一致的,但是对损益以及资产的计量却是有显著差别的。

理论上,投资企业无论对被投资企业实施控制、共同控制还是施加重大影响,因为投资企业通过参与被投资企业的经营决策获取利益,所以长期股权投资后续计量都应该采用权益法。但是长期股权投资准则规定,对合营企业、联营企业的投资采用权益法,而对子公司的长期股权投资采用成本法。这是因为,凡是有子公司的企业,它与子公司事实上是一个管理实体,所以按照会计准则的规定,母公司除了作为法人编制以法人为会计主体的财务报表以外,还要以自身和子公司作为一个管理实体,编制合并财务报表。而合并财务报表对子公司资产、负债、收入、费用的反映,远远比母公司个别报表中以权益法反映对子公司的长期股权投资要详实。为了简化工作量,母公司个别报表中对子公司长期股权投资的后续计量采用成本法。

有学者发现,母公司个别报表中对子公司长期股权投资采用成本法,相比采用权益法,在合并报表的基础上提供了更多的信息[①]。

甲企业在编制以甲乙企业作为一个管理实体的合并财务报表时,要将对乙企业的长期股权投资从成本法调整为权益法,在此基础上进行抵消,编制合并报表。合并资产负债表反映了乙企业的各个资产、负债项目,合并利润表反映了乙企业的收入和费用情况。这种反映方式,相比权益法以"长期股权投资"反映乙公司所有者权益、以"投资收益"反映乙公司获利情况,信息要丰富得多。

母公司合并财务报表的编制,将在《高级财务会计》中讲述。

---

① 陆正飞.2009.会计准则变革与子公司盈余信息的决策有用性.会计研究.5:20-28

第三节 受让股权形成长期股权投资

在多数情况下,投资企业不是直接向被投资企业投资,而是通过从被投资企业的原股东那里受让股权,取得对被投资企业的长期股权投资。投资企业受让取得股权时,被投资企业早在此之前就已经存在了。股权交易在投资企业与被投资企业的原股东之间进行,对被投资企业没有直接影响。

一、受让股权形成对联营企业、合营企业的长期股权投资

(一)受让股权形成对联营企业、合营企业长期股权投资的初始计量

投资企业通过向股权的出让方支付对价而取得对联营企业、合营企业的长期股权投资,支付对价的方式可以是支付现金、转移非现金资产或者发行权益性证券。无论哪种方式,长期股权投资都按照支付对价的公允价值计量。

1.以支付现金取得的长期股权投资的初始计量

以支付现金取得长期股权投资,长期股权投资的初始投资成本就是买价与取得股权过程中支付的相关税费之和。

2.以转移非现金资产取得的长期股权投资的初始计量

以转移非现金资产取得长期股权投资,长期股权投资的初始投资成本就是非现金资产的公允价值与取得股权过程中支付的相关税费之和。

3.以发行股票取得的长期股权投资的初始计量

以发行股票取得长期股权投资,长期股权投资的初始投资成本是发行股票的公允价值与取得股权过程中支付的相关税费之和。

如果受让被投资企业的股权,该股权有已经宣告但是尚未领取的现金股利,在计算长期股权投资成本时要予以扣除。

【例9-4】 2013年1月1日,甲公司向乙公司支付了对价,并于当日取得乙公司原持有的P公司30%的股权,P公司成为甲公司的联营企业。

甲公司支付对价有如下三种独立情形。

第一种情形:支付现金3300万元。

第二种情形:支付现金3140万元。

第三种情形:发行权益性证券300万股,每股面值为1元,市价为10.85元。

2013年1月1日,P公司资产负债的账面价值和公允价值如表9-5所示。

表9-5 P公司资产负债的账面价值和公允价值

单位:万元

项目	账面价值	公允价值	项目	账面价值	公允价值
资产:			负债:		
货币资金	450	450	短期借款	2 250	2 250
			应付账款	300	300

续表

项目	账面价值	公允价值	项目	账面价值	公允价值
应收账款	2 000	2 000	其他负债	300	300
			负债合计	2 850	2 850
存货	2405	4250	所有者权益:		
			实收资本	2 500	2 500
固定资产	3 000	5 500	资本公积	1 500	6845
			盈余公积	500	500
无形资产	500	1 500	未分配利润	1 005	1 005
			所有者权益合计	5 505	10 850
资产总计	8 355	13 700	负债和所有者权益合计	8 355	13 700

此例中,甲公司所取得的乙公司的股权,如果不考虑相关税费,初始计量金额就是所支付对价的公允价值。

第一种情形:支付现金3300万元,以支付对价的公允价值计量长期股权投资。请读者自行用会计等式描述。会计分录如下:

借:长期股权投资——成本　　33 000 000
　　贷:银行存款　　　　　　　　　33 000 000

第二种情形:支付现金3140万元。请读者自行用会计等式描述。会计分录如下:

借:长期股权投资——成本　　31 400 000
　　贷:银行存款　　　　　　　　　31 400 000

第三种情形:以发行股票给股权出让方,接受对方投入的股权。股权的金额等于受让方所发行股票的公允价值3255万元。请读者自行用会计等式描述。会计分录如下:

借:长期股权投资——成本　　32 550 000
　　贷:股本　　　　　　　　　　　3 000 000
　　　　资本公积——股本溢价　　29 550 000

此分录中,计入"股本"科目和"资本公积——股本溢价"科目的金额究竟该如何确定,在第十一章《所有者权益》将有详细阐述。

(二)受让股权形成对联营企业、合营企业长期股权投资的后续计量

受让股权形成对联营企业、合营企业的长期股权投资,后续期间也采用权益法计量。

权益法的核心是,投资企业由于参与了被投资企业经营管理活动,在后续会计期间内,长期股权投资要随着被投资企业所有者权益的变动而变动,即长期股权投资要持续反映被投资企业所有者权益中属于投资企业的份额。

上一节所讲述的直接投资形成的长期股权投资,投资企业所看待的被投资企业的经济资源的结构和金额,与被投资企业的账面记录完全一致。于是,被投资企业所确认的盈利或亏损额,以及其他综合收益或者损失的金额,与投资企业所看待的也完全一致。投资企业直接根据被投资企业所计算的所有者权益的变化金额,调整长期股权投资的账面价值即可。

而受让股权形成的长期股权投资,其初始投资成本是由投资企业和被投资企业的原股

东在公平交易下确定的,该初始投资成本是对被投资企业经济资源的结构和金额重新计量的结果。本着历史成本原则,在后续会计期间内,长期股权投资带来的经济利益,应该以初始投资成本所对应的、站在投资企业视角重新看待的股权受让日被投资企业经济资源的结构和金额为基础予以计量。其结果,会与被投资企业按照自身资产、负债的账面价值计算的经营结果不同。所以,相比直接投资形成的长期股权投资的权益法,受让股权形成的长期股权投资的权益法更为复杂。

权益法的操作步骤如下。

第一步:在股权受让日,长期股权投资初始投资成本确定以后,要进一步确定投资企业所享有的被投资企业可辨认净资产的公允价值属于投资企业的份额,进而确定长期股权投资中包含的商誉或者确认营业外收入。

见例9-4,在三种独立情形下,长期股权投资初始投资成本分别为3300万元、3140万元和3255万元。

无论哪一种情形,股权受让日,甲企业得到的P企业的股权所对应的经济利益,都是表9-5"公允价值"列所列示的P企业净资产的公允价值10 850万元属于投资企业的份额3255万元(10 850万元×30%)。与这一金额相对应的P企业资产、负债的公允价值,是甲企业后续对P企业施加重大影响从而产生收益的财务基础,是后续计算甲企业在P企业获得经济利益的依据。而表中P企业资产负债的账面价值,只是后续P企业计算自身获利情况的依据。

在第一种情形中,甲企业之所以愿意支付3300万元,这一代价高于3255万元,是因为看到了P企业没有在报表中列报的商誉。商誉是指一个企业由于良好的地理位置、悠久的历史、高水平的管理团队、发达的营销网络等而形成的经济资源。这些经济资源由于在形成过程中不能直接用货币计量,而不能在形成这些资源的企业的报表中列报,比如P企业就没有列报商誉。(关于商誉,在第六章《无形资产》中讲述无形的经济资源时,有过一些阐述。)但是通过股权转让,拥有股权的投资者不仅看到了这些资源的价值,并且愿意为此付出对价,因此就在投资企业的财务报表中体现出来。本例中,甲企业就为P企业30%的商誉支付了45万元代价。在投资企业财务报表中,商誉不单独列报,而是报告在"长期股权投资"项目中。

商誉不像其他资产那样可以单独辨认,不像其他资产那样可以与他资产独立开来出售,所以称作"不可辨认的资产"。(正因为如此,商誉不是无形资产,因为无形资产是可以辨认的资产。)在表9-5"公允价值"列报告的10 850万元,是P企业商誉之外的资产的公允价值与负债的公允价值的差额,称作P企业"可辨认净资产的公允价值"。

$$商誉 = 投资企业付出对价的公允价值 - 被投资企业可辨认净资产公允价值属于投资企业的份额$$

在第一种情形下,长期股权投资初始投资成本3300万元中,有3255万元属于被投资企业可辨认净资产公允价值属于投资企业的份额,有45万元属于商誉。投资企业未来的经济利益一方面源自表9-5"公允价值"列所列示的经济资源的结构,金额为表中金额的30%,另一方面源自商誉。此时长期股权投资初始投资成本不做调整。

在第二种情形中,股权受让日,甲企业付出对价的公允价值为3140万元,比被投资企业可辨认净资产的公允价值属于投资企业的份额少了115万元。少支付的部分是股权出让方无偿让渡的经济利益,是甲企业"天上掉下来的馅饼",此时要调高长期股权投资的入账价值115万元,同时计入"营业外收入"。甲企业未来产生的经济利益仍然源自表9—5"公允价值"列所列示的经济资源的结构,金额为表中金额的30%。调整后甲企业对P公司的长期股权投资的成本为3255万元。

调整的会计分录如下:

借:长期股权投资——成本　　1 150 000
　　贷:营业外收入　　　　　　　　1 150 000

在第三种情形下,甲企业付出对价的公允价值为3255万元,等于被投资企业可辨认净资产的公允价值属于投资企业的份额。甲企业未来产生的经济利益仍然源自表9—5"公允价值"列所列示的经济资源的结构,金额为表中金额的30%。此时长期股权投资初始投资成本不做调整。

经过第一步处理后,长期股权投资的初始投资成本已经变成投资成本,投资成本可能等于被投资企业可辨认净资产的公允价值属于投资企业的份额(比如第二种、第三种情形),也可能大于被投资企业可辨认净资产的公允价值属于投资企业的份额(比如第一种情形)。

第二步,在后续会计期间内,根据被投资企业当期经营业绩属于投资企业的份额,调整长期股权投资的账面价值,同时确认投资收益。调整时,被投资企业的经营业绩应以股权受让日投资企业看待的被投资企业资产、负债的公允价值为基础计算。

【例9—5】　承例9—4,假设甲企业取得股权付出的对价是第一种情形,支付现金3300万元。P企业的固定资产还能使用10年,无残值,采用年限平均法计提折旧;无形资产还能使用5年,无残值,采用年限平均法摊销;2013年度,P企业的存货全部出售。2013年度,P企业实现净利润4000万元,其他综合收益为20万元。2014年5月,P企业宣告派发现金股利800万元。2014年度,P企业实现净利润3800万元,其他综合收益为-15万元。

用会计等式描述上述业务如表9—6。

表9—6

单位:万元

资产负债表要素	资　产=			负债	+所有者权益	
资产负债表项目	应收股利	长期股权投资			其他综合收益	未分配利润
资产负债表科目	应收股利	长期股权投资			其他综合收益	利润分配
资产负债表明细科目		成本	损益调整	其他综合收益		
之前重要项目的余额	***	3300	0	0	***	***	***
2013年末			+511.5				+511.5(投资收益)
				+6		+6	
2014年5月	+240		-240				
2014年末			+1005				+1005(投资收益)
				-4.5		-4.5	

在确认甲企业在P企业赚取的利润中享有的份额时,以股权受让日甲看待的P的资产、负债的公允价值为基础,即以表9—5的"公允价值"列为基础。

2013年末,P企业在计算利润时,以存货的账面价值2405万元作为主营业务成本,分别计提折旧300万元,进行摊销100万元。但是在甲企业视角下,2013年度,P企业主营业务成本不是2405万元,而是4250万元,固定资产的折旧费不是300万元,而是550万元,无形资产摊销费不是100万元,而是300万元。于是,

甲企业视角下P企业的净利润=4000-(4250-2405)-(550-300)-(300-100)=1705(万元),

2013年度,P企业净利润属于甲企业的份额=1705×30%=511.5万元。

甲企业长期股权投资增加了511.5万元,同时形成投资收益511.5万元。见表9—6"2013年末"行。

2013年末,甲企业根据P企业实现的利润编制会计分录如下:

借:长期股权投资——损益调整　　5 115 000
　　贷:投资收益　　　　　　　　　　　　5 115 000

第三步,在后续会计期间,投资企业根据被投资企业当期发生的其他综合收益属于投资企业的份额,调整长期股权投资的账面价值。因为调整的金额与投资企业的股东投入和管理层的经营业绩均无关系,所以调整长期股权投资账面价值的同时,调整其他综合收益。

见例9—5,2013年P企业产生了20万其他综合收益。2013年末甲企业调增长期股权投资账面价值6万元,同时调增其他综合收益。

会计处理的结果见表9—6"2013年末"行。

编制会计分录如下:

借:长期股权投资——其他综合收益　　60 000
　　贷:其他综合收益　　　　　　　　　　　　60 000

第四步,在后续会计期间,当被投资企业宣告派发现金股利时,说明长期股权投资中,由被投资企业经营业绩产生的那部分资产即将变现,此时要冲减长期股权投资的账面价值,同时确认"应收股利"债权。待被投资企业实际派发现金时,应收股利变现。

根据例9—5的资料,2014年5月P公司宣告派发现金股利800万,甲企业应得240万元,这说明甲企业在过去一年由P企业业绩而形成的511.5万元的长期股权投资,有240万元变现了。所以甲企业调减长期股权投资的账面价值240万元,同时增加"应收股利"项目240万元。

会计处理的结果见表9—6"2014年5月"行。

编制会计分录如下:

借:应收股利　　　　　　　　　　2 400 000
　　贷:长期股权投资——损益调整　　　　2 400 000

例9—5继续给出了后续资料。

2014年末,甲公司计算P公司实现的净利润归属于自己的份额为[3800-(550-300)-(300-100)]×30%=1005(万元),

会计处理的结果见表9—6"2014年末行"。

编制会计分录如下：

借：长期股权投资——损益调整　　　10 050 000
　　贷：投资收益　　　　　　　　　　　　　　10 050 000

2014年末，甲公司计算P公司其他综合收益对自己的影响为损失45 000元，会计处理的结果见表9-6"2014年末行"。

编制会计分录如下：

借：其他综合收益　　　　　　　　　45 000
　　贷：长期股权投资——其他综合收益　　　　45 000

二、受让股权形成对子公司的长期股权投资

受让股权形成对子公司的投资，此时被转移的股权是被投资企业的控制权，而得到被投资企业的控制权，就能决定被投资企业的重大财务和经营政策。所以，相比受让股权形成对联营企业、合营企业的投资不同，受让股权形成对子公司的投资，无论是对受让的投资企业、原持有股权的企业，还是被投资企业，意义都更加重大，它就是经济活动中对企业影响最为深远的交易——企业合并。

企业合并是实现资源重组的重要途径，是企业实现扩张的必要条件，是企业发展壮大的必须途径。通过产业链条上下游的企业合并，可以实现供应链的一体化，或者通过同行业的企业合并，消除竞争对手，实现规模效益。在中国近几年的经济生活中，社会影响比较大的企业合并，包括联想合并IBM的个人电脑业务，吉利合并沃尔沃，中国南车合并中国北车等。而在企业集团内部，通过转移一个企业的控制权给另一个企业，来实现资源的重新配置的例子，则不胜枚举。《企业会计准则第20号——企业合并》（以下简称"企业合并准则"）规范了企业合并业务的会计处理。

根据受让股权的投资企业与出让股权的被投资企业原股东之间是否因为股权或管理因素存在特殊关系，企业合并可以分为同一控制下的企业合并与非同一控制下的企业合并两种类型。

（一）同一控制下的企业合并

根据企业合并准则的定义，同一控制下的企业合并，是指参与合并的企业，即投资企业和被投资企业，在合并前后均受同一方或相同的多方最终控制。这意味着，受让股权的投资企业与出让股权的被投资企业原股东之间，存在特殊关系：要么被投资企业的原股东就是投资企业的控股股东，要么投资企业与被投资企业的原股东受同一方或相同的多方最终控制。这种特殊的关系，决定了合并交易不是在公平、自愿的原则上进行，而是在最终控制方的控制之下进行。在我国，同一控制下的企业合并多发生在企业集团内部，是企业集团实现内部资源重新整合的一种措施。

1.同一控制下的企业合并形成对子公司长期股权投资的初始计量

同一控制下的企业合并既然不是真正的市场交易行为，而是企业集团内部的资源整合，那么，站在企业集团的角度看，在合并前后，被合并企业的资产、负债项目不能增加，也不能减少，并且被合并企业的资产、负债的计量按照原账面价值进行，金额不能增加，也不能减少。

根据企业合并准则的规定,在同一控制下的企业合并中,投资企业得到的被投资企业的股权,以被投资企业在股权交易日所有者权益的账面价值属于投资企业的份额,作为初始投资成本;投资企业付出对价的账面价值与长期股权投资初始投资成本的差额,调整资本公积,资本公积不足调整的,调整留存收益。

【例9-6】 甲公司是乙公司的子公司。2013年1月1日,甲公司向乙公司支付了一定对价,并于当日取得乙公司持有的P公司80%的股权,能对P公司进行控制。2013年1月1日,P公司资产、负债的账面价值和公允价值如表9-5所示。

甲公司支付对价有如下三种独立情形:

第一种情形:支付现金5000万元。

第二种情形:支付现金4000万元。

第三种情形:发行权益性证券800万股,每股面值为1元,市价为10.85元。

三种情形下,用会计等式描述的结果见表9-7。

表9-7

单位:万元

资产负债表要素	资产=		负债	+所有者权益	
资产负债表项目	货币资金	长期股权投资		股本	资本公积
资产负债表科目	银行存款	长期股权投资		股本	资本公积
资产负债表明细科目				股本溢价	其他资本公积
第一种情形	-5000	+4404			-596
第二种情形	-4000	+4404			-404
第三种情形		+4404		+800	+3604

无论哪种情形,甲公司得到的对P公司的长期股权投资的初始投资成本,都是P公司在2013年1月1日的所有者权益的账面价值5505万元的80%——4404万元。

第一种情形,甲公司编制分录如下:

借:长期股权投资　　　44 040 000
　　资本公积　　　　　 5 960 000
　　贷:银行存款　　　　50 000 000

第二种情形,甲公司编制分录如下:

借:长期股权投资　　　44 040 000
　　贷:银行存款　　　　40 000 000
　　　　资本公积　　　　 4 040 000

第三种情形,甲公司编制分录如下:

借:长期股权投资　　　44 040 000
　　贷:股本　　　　　　 8 000 000
　　　　资本公积——股本溢价　36 040 000

2.同一控制下的企业合并形成对子公司长期股权投资的后续计量

后续期间,考虑到投资企业要将子公司和自身作为一个管理实体编制合并财务报表,子公司的财务状况和获利情况将在合并财务报表中得到具体反映,投资企业对子公司的长期股权投资就采用简化的处理方法——成本法。在成本法下,长期股权投资保持投资成本不变,被投资企业宣告派发现金股利或者利润时,确认投资收益。

【例9—7】 承例9—6,P企业的固定资产还能使用10年,无残值,采用年限平均法计提折旧;无形资产还能使用5年,无残值,采用年限平均法摊销;2013年度,P企业的存货全部出售。2013年度,P企业实现净利润4000万元,其他综合收益为20万元。2014年5月,宣告派发现金股利800万元。2014年度,P企业实现净利润3800万元,其他综合收益为15万元。

无论在取得股权时采用哪种支付对价的方式,也无论后续P企业盈利还是亏损,P企业宣告派发现金股利时,甲企业确认投资收益。如表9—8。

表9—8

单位:万元

资产负债表要素	资 产 =		负债	＋所有者权益	
资产负债表项目	应收股利	长期股权投资		其他综合收益	未分配利润
资产负债表科目	应收股利	长期股权投资		其他综合收益	利润分配
之前重要的余额	＊＊＊	4404	＊＊＊	＊＊＊	＊＊＊
2014年5月	＋640				＋640(投资收益)

甲企业在2014年5月编制会计分录:
借:应收股利　　　　　6 400 000
　贷:投资收益　　　　　　6 400 000

(二)非同一控制下的企业合并

非同一控制下的企业合并,合并方与被合并方的原股东都是市场竞争的主体,相互之间没有特殊的关系。他们本着公平自愿的原则,将被合并方的控制权从被合并方的原股东转移给合并方。这种行为属于公平的市场交易行为。

1.非同一控制下的企业合并取得对子公司的长期股权投资的初始计量

非同一控制下的企业合并,交易双方为了各自的利益,展开博弈,最后确定出双方都满意的交易价格。交易中,买卖双方都就双方付出的资源进行了重新并且一致的认定。所谓一致的认定,是因为如果认定不一致,交易就不可能进行;所谓重新的认定,是指新认定的资源的质量和数量与原先持有者账面上的认定可能不一样。

在非同一控制下的企业合并中,投资企业得到的被投资企业的股权,以付出对价的公允价值作为初始投资成本。

【例9—8】 甲公司和乙公司是两个独立的主体,不存在任何股权关系和其他管理与被管理关系。乙公司持有P公司的股权。2013年1月1日,甲公司向乙公司支付了一定对价,并于当日取得P公司80%的股权,能对P公司实施控制,P公司成为甲公司的子公司。2013年1月1日,P公司资产、负债的账面价值和公允价值如表9—5所示。

甲公司支付对价有如下三种独立情形：
第一种情形：支付现金 9000 万元。
第二种情形：支付现金 8000 万
第三种情形：发行权益性证券 800 万股，每股面值为 1 元，市价为 10.85 元。
三种情形下用会计等式描述的结果见表 9—9。

表 9—9

单位：万元

资产负债表要素	资产		负债	所有者权益	
资产负债表项目	货币资金	长期股权投资		股本	资本公积
资产负债表科目	银行存款	长期股权投资		股本	资本公积
资产负债表明细科目					股本溢价
第一种情形	−9000	+9000			
第二种情形	−8000	+8000			
第三种情形		+8680		+800	+7880

无论哪种情形，长期股权投资的初始投资成本都是付出对价的公允价值，对价的公允价值不同，长期股权投资的入账价值不同。

第一种情形，甲公司编制分录如下：
借：长期股权投资　　　90 000 000
　　贷：银行存款　　　　　　90 000 000

第二种情形，甲公司编制分录如下：
借：长期股权投资　　　80 000 000
　　贷：银行存款　　　　　　80 000 000

第三种情形，甲公司编制分录如下：
借：长期股权投资　　　86 800 000
　　贷：股本　　　　　　　　 8 000 000
　　　　资本公积——股本溢价　78 800 000

2.非同一控制下的企业合并取得对子公司长期股权投资的后续计量

【例 9—9】　承例 9—8 的第一种情形，P 企业的固定资产还能使用 10 年，无残值，采用年限平均法计提折旧；无形资产还能使用 5 年，无残值，采用年限平均法摊销；2013 年度，P 企业的存货全部出售。2013 年度，P 企业实现净利润 4000 万元，其他综合收益为 20 万元。2014 年 5 月，宣告派发现金股利 800 万元。2014 年度，P 企业实现净利润 3800 万元，其他综合收益为 15 万元。

会计处理的结果见表 9—10。

除了 P 企业派发现金股利甲公司要确认投资收益外，P 企业的其它所有者权益的变化甲公司均不受影响。

表 9—10

单位:万元

资产负债表要素	资产＝		负债	＋所有者权益	
资产负债表项目	应收股利	长期股权投资	其他综合收益	未分配利润
资产负债表科目	应收股利	长期股权投资	其他综合收益	利润分配
之前重要的余额	＊＊＊	9000	＊＊＊	＊＊＊	＊＊＊
2014年5月	＋640				＋640(投资收益)

甲公司仅在 2014 年 5 月编制会计分录如下:
借:应收股利　　　　　6 400 000
　　贷:投资收益　　　　　　6 400 000

第四节　长期股权投资的处置

一、长期股权投资的处置

当投资企业发展战略改变或者其他原因,放弃了全部或者部分持有的被投资企业的股权时,投资企业就要进行长期股权投资的处置。对长期股权投资进行处置,其会计处理与交易性金融资产、持有至到期投资、可供出售金融资产等资产处置的会计处理相似,都是在终止确认资产的同时,将资产的处置所得扣除资产的账面价值作为投资收益(或损失),同时以前期间产生的其他综合收益也转入投资收益。

【例 9—10】　承例 9—5,2015 年度,甲企业处置了所持有的以权益法计量的 P 公司股权,处置所得 5000 万元。

用会计等式描述的结果见表 9—11。表 9—11 是在表 9—6 的基础上继续描述形成的。

表 9—11

单位:万元

资产负债表要素	资产＝					负债	＋所有者权益	
资产负债表项目	货币资金	应收股利	长期股权投资			其他综合收益	未分配利润
资产负债表科目	银行存款	应收股利	长期股权投资			其他综合收益	利润分配
资产负债表明细科目			成本	损益调整	其他综合收益			
之前重要项目的余额	＊＊＊	＊＊＊	3300	1 276.5	1.5	＊＊＊	＊＊＊	＊＊＊
2015年度处置资产	＋5000		－3300	－1 276.5	－1.5			＋422(投资收益)
							－1.5	＋1.5(投资收益)

2015 年度处置长期股权投资时,资产负债表中"货币资金"项目增加 5000 万元,"长期股权投资"项目减少 4578 万元,利润表中列报"投资收益"422 万元,同时还要把以前累计形成的其他综合收益 1.5 万元(由"长期股权投资——其他综合收益"明细科目借方余额显示)从

"其他综合收益"项目转入"投资收益"项目。见表9-11的"2015年度处置资产"行。

会计分录如下：

借：银行存款　　　　　　　　　　50 000 000
　　贷：长期股权投资——成本　　　　　33 000 000
　　　　　　　　　——损益调整　　　12 765 000
　　　　　　　　　——其他综合收益　　　15 000
　　　　投资收益　　　　　　　　　　4 220 000
借：其他综合收益　　　　15 000
　　贷：投资收益　　　　　　　　15 000

【例9-11】 承例9-7,2015年度,甲企业将持有的以成本法计量的P公司股权出售,出售所得为5000万元。

请读者自行用会计等式描述。会计分录如下：
2015年度出售股权时,甲企业的会计处理为：
借：银行存款　　　　　　45 000 000
　　贷：长期股权投资　　　　　44 040 000
　　　　投资收益　　　　　　　　960 000

二、处置股权所引起的长期股权投资后续计量方法的转换

如果投资企业只是处置了所持有的长期股权投资的一部分,那么剩余股权的性质可能会不同于处置之前。这是因为处置了部分长期股权投资后,投资企业对被投资企业的影响力发生了变化,比如从原先的控制降低到共同控制或者施加重大影响,从原先的共同控制或施加重大影响降低到无影响。这样,剩余长期股权投资的后续计量就可能会发生变化,比如可能会从成本法(对子公司的投资)改为权益法(对合营企业或联营企业的投资),也可能会从权益法(对合营企业或联营企业的投资)改为以公允价值或历史成本计量的可供出售金融资产。长期股权投资准则规定,如果处置部分长期股权投资改变了剩余长期股权投资的性质,从而改变了后续计量方法,那么剩余的部分应按照新的方法计量,并且要对处置长期股权投资之前的计量方法进行追溯调整,以保证处置之前和处置之后两个时间段会计信息计算口径一致。这套程序属于"会计政策变更追溯调整",本书不展开阐述。

第五节　长期股权投资的报告

一、长期股权投资的列报

资产负债表日,长期股权投资的存量在资产负债表的"长期股权投资"项目下列报,金额是"长期股权投资"一级科目的余额。

当期,长期股权投资所带来的收益或损失,以净额列报在利润表的"投资收益"项目下。这些收益或损失包括成本法下取得现金股利形成的收益、权益法下被投资单位实现净损益属于投资企业的份额以及长期股权投资的处置损益等。其中,权益法下被投资单位实现的

净损益属于投资企业的份额,单独设项目"其中:对联营企业和合营企业的投资收益"予以报告。

当期,因被投资企业其他综合收益变动而带来投资企业其他综合收益的变动,变动额列报在所有者权益变动表的"其他综合收益"项目,同时报告在利润表"净利润"项目之后的"其他综合收益"项目。资产负债表日,其他综合收益的余额分别列报在资产负债表和所有者权益变动表的"其他综合收益"项目。

二、长期股权投资的披露

根据《企业会计准则第41号——在其他主体中权益的披露》的规定,企业应当披露对被投资企业实施控制、共同控制或重大影响的重大判断和假设,以及这些判断和假设变更的情况。

披露子公司的名称、主要经营地及注册地、业务性质、企业的持股比例等。

存在重要的合营安排或联营企业的,企业应当披露下列信息:

(一)合营安排或联营企业的名称、主要经营地及注册地。

(二)企业与合营安排或联营企业的关系的性质,包括合营安排或联营企业活动的性质,以及合营安排或联营企业对企业活动是否具有战略性等。

(三)企业的持股比例。持股比例不同于企业持有的表决权比例的,企业还应当披露该表决权比例。

(四)还应当披露对合营企业或联营企业投资的会计处理方法,从合营企业或联营企业收到的股利,以及合营企业或联营企业在其自身财务报表中的主要财务信息。

本章小结

本章介绍了长期股权投资的定义和分类,从直接投资和间接投资(受让股权)两个方面介绍分别介绍了对联营企业、合营企业投资的初始计量和后续计量,以及对子公司投资的初始计量和后续计量。

一、直接投资

在直接投资下,投资企业投出的资产直接由被投资企业所接受。初始投资时,投资企业按照投出资产的公允价值计量取得的长期股权投资的成本。投出资产公允价值与原账面价值之差,作为投资企业处置资产的损益,计入利润表。投资之后,根据对联营合营企业投资和对子公司投资,分别采用权益法和成本法进行后续计量。

1.对联营企业合营企业投资

对联营企业与合营企业的投资采用权益法。其特点是长期股权投资的账面价值始终与被投资企业所有者权益中属于投资企业的份额保持一致,依此原则确认投资收益和其他综合收益。联营企业合营企业派发红利,对投资企业而言是长期股权投资的变现。

2.对子公司投资

对子公司投资采用成本法。其特点是长期股权投资保持初始投资成本不变,当且仅当子公司宣告派发红利时才确认投资收益。

二、间接投资

在间接投资下，投资企业与被投资企业的原股东进行交易，受让取得被投资企业的股权。而且从初始投资开始，就要区分对联营企业与合营企业投资和对子公司投资而进行不同处理。

1.对联营企业合营企业投资

如果是对联营企业合营企业投资，初始投资成本为付出对价的公允价值，该公允价值与投资企业投出资产账面价值的差额确认为资产处置损益。另外还要将该公允价值与被投资企业可辨认净资产的公允价值属于投资企业的份额进行比较。如果前者大于后者，说明被投资企业存在商誉，但是在账面上不做任何处理，即把这一部分商誉隐含在长期股权初始投资成本中；如果前者小于后者，要将长期股权投资的价值从初始投资成本调高到后者，同时确认营业外收入。后续期间，将被投资企业实现的净损益调整为投资企业视角下的金额（之所以要调整，是因为被投资企业用来换取经济利益的资产的成本，是按照其账面价值计算的；而在投资企业视角下，被投资企业用来换取经济利益的资产的成本是按照投资企业取得被投资企业股权当日被投资企业资产的公允价值计算的），然后按照投资企业享有的份额调整长期股权投资的账面价值，同时确认投资收益和其他综合收益。联营企业合营企业派发红利，对投资企业而言是长期股权投资的变现。

2.对子公司投资

在间接投资下对子公司的投资行为，也称作"企业合并"。企业合并分为同一控制下的企业合并和非同一控制下的企业合并两种类型。两种不同类型的企业合并，仅影响长期股权投资初始成本的确定，不影响后续期间的处理，后续期间都采用成本法。

（1）同一控制下的控股合并，其同义语为"投资企业与被投资企业的原股东存在管理上的关联关系，双方交易是集团内部资源的整合行为。双方通过不反映市场原则的交易，转移了被投资企业的控制权"。于是，投资企业的长期股权投资按照被投资企业所有者权益的账面价值属于投资企业的份额来计量。投资企业付出的对价亦按照账面价值计量，不确认资产处置损益。投资企业得到的长期股权投资，与付出对价的账面价值的差额，调整资本公积。后续期间，长期股权投资按照成本法处理，即长期股权投资保持初始投资成本不变，当子公司派发红利时确认投资收益。

（2）非同一控制下的控股合并，其同义语为"投资企业与被投资企业的原股东按照市场原则进行公平交易，付出对价取得被投资企业的控制权"。对子公司长期股权投资的初始投资成本为付出对价的公允价值。该公允价值与投资企业投出资产账面价值的差额确认为资产处置损益。后续期间按照成本法处理。

一、复习思考题

1.长期股权投资与作为交易性金融资产或者可供出售金融资产的股权投资有何区别？
2.当企业持有长期股权投资时，企业与被投资企业之间的关系可能是哪几种？
3.直接投资形成的长期股权投资，对合营企业联营企业的投资的初始投资成本如何确定？后续如何计量？

4.直接投资形成的长期股权投资,对子公司的投资的初始投资成本如何确定？后续如何计量？

5.受让股权形成的长期股权投资,对合营企业联营企业长期股权投资初始投资成本如何确定？后续如何计量？

6.受让股权形成的长期股权投资,同一控制下企业合并形成对子公司的投资的初始投资成本如何确定？后续如何计量？

7.受让股权形成的长期股权投资,非同一控制下企业合并形成对子公司的投资的初始投资成本如何确定？后续如何计量？

8.长期股权投资期末如何在资产负债表中报告？相关收益如何在利润表中报告？如果形成其他综合收益或损失,如何报告？

9.对子公司的长期股权投资采用成本法进行后续计量,你觉得合理吗？能满足对外公允报告的需要吗？

二、练习题

(一)单项选择题

1.某投资企业于2015年1月1日取得对联营企业30%的股权,取得投资时被投资单位的无形资产公允价值为300万元,账面价值为600万元,无形资产的预计使用年限为10年,净残值为零,按照直线法摊销。除此项资产外,其它资产公允价值与账面价值一致。被投资单位2015年度利润表中净利润为1000万元。投资企业按权益法核算2015年应确认的投资收益为( )万元。

    A.300   B.291   C.309   D.210

2.A公司于2015年1月1日用货币资金从证券市场上购入B公司发行在外股份的25%,实际支付价款500万元,另支付相关税费5万元,B公司是A公司的联营企业。同日,B公司可辨认净资产的公允价值为2200万元。A公司2015年1月1日取得的长期股权投资的初始投资成本为( )万元。

    A.550   B.505   C.500   D.555

3.A公司于2015年1月1日用货币资金从证券市场上购入B公司发行在外股份的20%,并对B公司具有重大影响,实际支付价款500万元,另支付相关税费5万元,同日,B公司可辨认净资产的公允价值为2200万元。A公司2015年1月1日的长期股权投资成本为( )万元。

    A.550   B.505   C.500   D.555

4.某企业2012年年初购入B公司30%的有表决权股份,对B公司能够施加重大影响,实际支付价款300万元(B公司的各项资产、负债的公允价值和账面价值相等)。当年B公司经营获利100万元,发放现金股利20万元。2012年年末对B公司的长期股权投资账面余额为( )万元。

    A.300   B.324   C.360   D.372

5.甲公司和乙公司同为A集团的子公司,2015年6月1日,甲公司以银行存款1450万元取得乙公司股权的80%,乙公司成为甲公司的子公司。同日乙公司所有者权益的账面价值为2000万元,可辨认净资产公允价值为2200万元。2015年6月1日,长期股权投资的入账价值为( )万元。

  A.1600 B.1760 C.1450 D.2000

6.甲公司和乙公司的原股东C公司没有任何股权和管理关系。2015年6月1日,甲公司以银行存款1450万元从C公司取得乙公司股权的80%,乙公司成为甲公司的子公司。同日乙公司所有者权益的账面价值为2000万元,可辨认净资产公允价值为2200万元。2015年6月1日,甲公司长期股权投资的入账价值为( )万元。

  A.1600 B.1760 C.1450 D.2000

(二)会计处理题

1.成本法核算长期股权投资

2015年初甲企业与丙企业直接投资成立乙企业,甲企业拥有乙企业60%的股权,乙企业是甲企业的子公司。甲企业投入货币资金600万元。2015年度乙企业实现净利润90万;2016年3月宣告派发现金股利40万,2016年度乙企业实现净利润70万;2017年3月宣告派发现金股利110万。

要求:用会计等式描述甲企业2015年初投资设立乙企业以及后续的经济活动,并编制会计分录。

2.成本法核算长期股权投资

2015年初甲企业出资650万元从丙企业购入乙企业60%的股份,乙企业是甲企业的子公司。2015年度乙企业实现净利润90万;2016年3月宣告派发现金股利40万,2016年度乙企业实现净利润70万;2017年3月宣告派发现金股利110万。

要求:用会计等式描述甲企业2015年初投资设立乙企业以及后续的经济活动,并编制会计分录。

3.权益法核算长期股权投资

2015年初甲企业与丙企业直接投资成立乙企业,甲企业拥有乙企业30%的股权,乙企业是甲企业的联营企业。甲企业投入货币资金300万元。2015年度乙企业实现净利润90万;2016年3月宣告派发现金股利40万,2016年度乙企业实现净利润70万;2017年3月宣告派发现金股利110万。

要求:用会计等式描述甲企业2015年初投资设立乙企业以及后续的经济活动,并编制会计分录。

4.权益法核算长期股权投资

A企业于2016年1月取得B公司30%的股权,B公司是A公司的联营企业。A公司支付价款9000万元,取得投资时B公司净资产的账面价值与公允价值均为22800万元。2016年B公司实现净利润2000万元,2017年3月宣告派发现金利润500万元,2017年4月派发。B公司2017年实现净利润2500万元,由于可供出售金融资产公允价值上涨,其他综合收益增加50万。2014年初A企业将B公司股权全部出售。售价10000万元。

要求:用会计等式描述初始投资以及后续采用权益法核算对B公司投资的业务,并编制会计分录。

5.权益法核算长期股权投资

A公司于2015年1月1日以1035万元(含支付的相关费用1万元)购入B公司股票400万股,每股面值1元,占B公司实际发行在外股数的30%,A公司采用权益法核算此项投资。2015年1月1日B公司可辨认净资产公允价值为3000万元。取得投资时B公司的固定资产公允价值为300万元,账面价值为200万元,固定资产的预计使用年限为10年,净残值为零,按照直线法计提折旧。2015年1月1日B公司的无形资产公允价值为100万元,账面价值为50万元,无形资产的预计使用年限为5年,净残值为零,按照直线法摊销。2015年B公司实现净利润200万元,其他综合收益增加40万元。2016年B公司发生亏损100万元,其他综合收益减少100万元。2017年B公司实现净利润520万元。假定不考虑其他事项。

要求:用会计等式描述各项业务并编制会计分录。

三、财务报表题

1."你的"公司有长期股权投资吗?期末余额占公司资产总额的比例是多少?与期初相比有明显变化吗?如果变化明显,想想看,变化原因是什么?

2."你的"公司期末对子公司长期股权投资的余额是多少?对联营企业和合营企业呢?

3.当期"你的"公司利润表中的投资收益来源于哪里?结合上一章内容,试着做一些分析。

第十章

负 债

【学习目标】

通过学习本章,你应该:

1. 了解应付账款、应付票据的形成,掌握应付账款、应付票据的确认、计量、记录与报告;
2. 了解职工薪酬包含的内容,掌握职工薪酬中工资类薪酬的记录与报告;
3. 了解流转税和所得税,了解应交税费的确认、计算方法、记录与报告;
4. 掌握短期借款、长期借款、应付债券的确认、计量、记录与报告;
5. 了解预收账款的形成,掌握预收账款的记录与报告;
6. 了解应付股利的形成,掌握应付股利的记录与报告;
7. 了解其他应付款,了解预计负债。

引子

钟先生是一家生产照明用品公司的总裁。他的人生目标是:要做就做最好。他一直专注于自己熟悉的照明用品领域,对产品的质量要求很高。这些年来,公司依靠过硬的产品质量在国内照明市场占有了最大份额,并且开拓了海外市场。公司盈利情况良好,现金充足,近些年来没有向银行借过一分钱。钟先生的女儿刚刚进入某高校会计学专业学习。当她把父亲所在公司的财务报表拿来,却看到了公司的债务。这是怎么回事呢?

第一节 负债概述

一、负债的性质与成因

(一)负债的性质

负债是指企业过去的交易或者事项形成的、预期会导致经济利益流出企业的现时义务。"现时义务"既包括法律规定的义务,也包括推定义务。企业因购入商品而支付货款、因使用人力而支付薪金、因收取货款而交付商品等,都属于民法规定的法定义务,缴纳税款则是税法规定的法定义务。如果企业承诺对售出商品在一定时限内免费维修,尽管法律没有强制规定商家必须对售出的商品提供免费维修服务,但是可以合理推定企业会遵守其承诺,那么它也是一项义务,是一项推定义务。

然而"现时义务"并不是负债的本质特征。虽然"负债"意味着法定的或者推定的义务和责任,但是如果没有发生因现时义务而流出经济利益的交易和事项,"现时义务"就不会导致负债。比如,企业虽然有纳税义务,但是并没有发生应税行为,或者虽然承诺免费维修商品,但是因为商品质量足够好,不需要维修等,都不存在负债。

"预期会导致经济利益流出企业"才是负债的本质特征。负债意味着,站在资产负债表日展望未来,企业必须在将来某一个与债权人约定的时间,将一定金额的现金支付给债权人。负债的本质与资产的本质正好相反:资产意味着未来经济利益的流入,而负债意味着未来经济利益的流出。负债又与资产息息相关:要偿还到期的债务,企业到时必须有足够的现金。这既要求企业当下有足够的资产,同时又要求这些资产到时能顺利地变成现金。

至于负债定义中"由企业过去的交易或者事项形成"这一限定条件,则是为了确保负债的计量足够可靠。企业已经签订但尚未执行的合同,尽管未来执行时可能会导致经济利益流出,但是因为交易或事项没有实际发生,交易或事项的结果无法可靠计量,所以这种经济利益的流出不属于负债。

(二)负债产生的原因

有限期财务资本的提供者,比如银行,向企业提供财务资本作为股东提供永久性资本的补充,是企业产生负债重要的原因。如果企业使用资金创造的收益即资产回报率,超过从银行借款的资金成本,那么从银行借款相比股东追加投入,能为股东提供更高的回报率。当然,从银行借款是一把双刃剑,如果企业的资产回报率低于从银行借款的资金成本,反而会降低股东回报率。向银行举债所形成的负债也称作"融资活动形成的负债"。

举债不是产生负债最重要的原因。产生负债最重要的原因是,在企业日常经营活动中,员工、政府部门向企业提供了服务,供应商向企业提供了货物,客户向企业预付了货款或劳务款,企业没有马上与他们结清款项,从而在一定时间内形成了与他们的债权债务关系。这类负债属于"经营活动形成的负债",通常不用向债权人支付利息。所以对于这类负债,在合同约定的期限内,企业与债权人结算的越晚,占用对方的资金时间就越长,就越可以用对方的资金创造财富。只不过新创造的这部分财富被股东享有了。因为管理层是被股东聘用的,管理层为股东创造的财富越多,自己的业绩就越好,所以管理层会倾向于推迟结算。

无论是融资活动形成的负债,还是经营活动形成的负债,都是企业资金的来源。如果企业有很强的资金管理能力,大量占用债权人资金就能为股东创造更多的财富。但是如果企业经营管理出现问题,资产不能带来应有的经济利益,从而不能偿还到期债务,企业就会破产,该法人单位就不复存在。所以大量占用债权人资金也会带来风险,这类风险称为"财务风险"。

二、负债的分类

对负债进行分类,可以更清楚地认识不同种类负债的性质和特征。

负债的本质是未来经济利益的流出,所以负债的分类标准无非是负债所导致的未来经济利益流出的期限和流向。

（一）按照负债所导致的未来经济利益流出的期限分类

负债所导致的未来经济利益流出的期限，称作负债的流动性。按照流动性分类，负债分为流动负债和非流动负债两大类。

流动负债是在短期内必须偿还的负债。至于期限标准，《企业会计准则30号——财务报表列报》第十五条规定，流动负债是指满足下列条件之一的负债：

◇预计在一个正常营业周期中清偿；
◇自资产负债表日起一年内到期应予以清偿；
◇企业无权自主地将清偿推迟至资产负债表日后一年以上。[①]

如果一项负债满足以上三个条件之一，就表明企业要承担在一个正常营业周期内或者一年以内还款的压力。

流动负债要靠资产将来变成现金后偿还，所以那些能在流动负债的还款期限内变成现金的资产就格外受债权人关注，而这些资产正是企业会计准则所规定的流动资产。企业会计准则定义流动资产和流动负债时，所规定的期限标准是一致的。

流动负债以外的负债属于非流动负债。

将负债划分为流动负债和非流动负债，以及将资产划分为流动资产和非流动资产，并且在财务报表中明确列报，其意义在于，流动负债的债权人通过流动资产与流动负债的数量关系以及流动资产的变现速度，能判断企业在一个正常营业周期内或者一年以内偿还债务的能力。

（二）按照负债所导致的未来经济利益流出的方向分类

按照负债所导致的未来经济利益流出的方向，即债权人的不同，负债分为以下几类：

1. 面向有限期财务资本提供者的负债

这类负债的债权人是提供有限期财务资本的银行和社会公众。这类负债包括与借款本金有关的短期借款、长期借款、应付债券以及与借款利息有关的应付利息。

2. 面向供应商的负债

这类负债包括应付账款和应付票据。

3. 面向职工的负债

这类负债就是应付职工薪酬。

4. 面向税务部门的负债

这类负债包括应交税费和递延所得税负债。

5. 面向客户的负债

这类负债就是预收账款。

6. 面向股东的负债

这类负债就是应付股利。

[①] 财务报表列报准则还规定"为交易目的而持有"的负债也属于流动负债，比如交易性金融负债。由于这类负债通常为金融企业而非一般工商企业所持有，所以文中没有予以列报和阐释。

7. 其他负债

包括其他应付款和预计负债等非主流负债。

三、负债的确认条件

负债的本质特征是"未来经济利益的流出"。当一项现时义务同时满足"未来会产生经济利益的流出"并且"流出的金额能够可靠计量"两个条件时,这项现时义务就符合负债的确认条件。

四、负债的计量

(一)负债的初始计量

负债的初始计量通常采用历史成本计量属性,特殊情况下采用现值计量属性。

1.负债以历史成本进行初始计量

在历史成本计量属性下,负债按照其因承担现时义务而实际收到的款项或者资产的金额,或者承担现时义务的合同金额,或者按照日常活动中为偿还负债预期需要支付的现金或者现金等价物的金额计量。

大部分负债在形成时,要么与形成负债有关的货币资金的金额是确定的,比如短期借款、长期借款、应付债券、预收账款等,在形成负债的同时,收到了金额确定的货币资金;要么与形成负债有关的非货币性资产的金额是能够可靠计量的,比如应付账款、应付票据,在负债形成的时候,相应的非货币性资产的金额能够凭借合同与发票可靠计量;要么所承担现时义务的合同金额是明确的,比如应付职工薪酬,在负债形成的时候,要支付多少薪酬,由合同约定;或者按照日常活动中为偿还负债预期需要支付的现金或者现金等价物的金额是确定的,比如应交税费,企业的应税行为要缴纳多少税,是确定的。这些负债都采用历史成本计量。

2.负债以现值进行初始计量

在现值计量属性下,负债按照预计期限内需要偿还的未来净现金流出量的折现金额计量。

如果采用历史成本的条件都不满足,形成负债的时候,并没有形成资产,无法凭借资产的计量来计量负债,也没有形成金额确定的费用,无法通过费用的计量来计量负债,也没有相关合同来确定负债的金额,可是负债预期未来经济利益流出的金额和时间却是明确的,那么就可用一定的折现率将未来经济利益流出的金额折成现值,以现值计量,比如设定受益计划下的职工离职后福利,以及固定资产预计弃置费所形成的预计负债。关于后者,第五章《固定资产》在固定资产的初始计量部分曾阐释了这个问题。

(二)负债的后续计量

这里,我们仅考虑以历史成本初始计量的负债的后续计量问题。

流动负债由于在未来一个正常营业周期内或者一年以内偿还,资金的时间价值对其金额影响比较小,所以就采用简化处理方式,后续计量仍然采用初始金额。

非流动负债则在后续每个资产负债表日,按照摊余成本计量。负债的摊余成本是以历史成本为基础,以实际利率为折现率所计算的资产负债表日的负债金额。关于负债的"摊余成本"和实际利率,将在本章以下各节深入阐述。

负债在企业与债权人签订的合约基础上形成,所以负债的确认、计量直接与合约所确定的双方权利和义务情况以及合约的执行情况有关。所以,本章后需各节详细阐述各类负债时,按照债权人分类阐述。

第二节 面向供应商的负债

如果企业所需原材料、固定资产或者其他物资的市场属于买方市场,那么企业就可以采用赊购的方式从供应商那里购入物资,于是在取得货物以后、向供应商支付货款之前,形成了面向供应商的负债。双方之间的债权债务关系如果是以商业汇票体现的,就形成了应付票据,否则就形成了应付账款,如果应付账款的偿还期限超过一年,就形成了长期应付款。

一、应付票据

(一)应付票据的确认

当企业根据购销合同向供应商签发商业汇票并且承兑,或者由供应商签发商业汇票企业承兑时,按照《票据法》的规定,企业与供应商之间形成了票据上的债权债务关系,企业将来要支付票据上的款项,但这时还不足以确认应付票据负债。因为财务会计信息的基本质量特征是"经济实质重于法律形式",只有当企业从供应商取得的物资满足了资产的确认条件,即该资产的经济利益能够流入企业并且金额能够可靠计量时,与对方经济意义上的债权债务关系才就此确定,才能确认应付票据负债。

(二)应付票据的初始计量和后续计量

商业汇票的面值就是在商业汇票和购销合同上同时载明的双方交易的金额。企业购入的资产以商业汇票为基础计量,所以它也是应付票据的初始计量金额。

我国《票据法》规定,商业汇票的付款期最长为半年,商业汇票不带利息。到了资产负债表日,应付票据后续计量时仍然以历史成本计量。

(三)应付票据的会计处理

在资产负债表上设置流动负债类的"应付票据"项目,下设"应付票据"科目。当企业确认所购入的资产并且承兑商业汇票时,在"应付票据"科目的贷方登记负债的金额;当商业汇票到期时,在"应付票据"科目的借方登记债务了结的金额;期末余额在贷方,表示应付未付的应付票据。在该科目下设"银行承兑汇票"和"商业承兑汇票"两个二级科目,并且根据债权人设置明细科目。为了加强对商业汇票的管理,企业还应设置"应付票据备查簿",逐笔登记商业汇票的种类、编号、票据签发日、票据到期日、票面金额、收款人情况。

【例10—1】 甲、乙公司均为增值税一般纳税人。甲公司从乙公司采购货物,总金额为117万元。增值税专用发票上注明"金额"100万元、"税额"17万元。甲公司签发一张金额为117万元、六个月后到期的由自己承兑的商业汇票给乙公司。

甲公司的处理用会计等式描述见表10—1的"购货,承兑商业汇票"行。

表 10-1

单位:万元

资产负债表要素	资产 =			负债 +		所有者权益
资产负债表项目	货币资金	存货	应付票据	应付账款	应交税费	
资产负债表科目	银行存款	原材料	应付票据	应付账款	应交增值税	
购货,承兑商业汇票		+100	+117		-17	
支付到期票据	-117		-117			
票据到期无力支付			-117	+117		

甲公司编制会计分录如下:

借:原材料(或"固定资产"等)　　　　　1 000 000
　　应交税费——应交增值税(进行税额)　170 000
　贷:应付票据　　　　　　　　　　　　　　1 170 000

【例 10-2】 承例 10-1,由于票据上的收款人乙公司将持有的票据到银行贴现,票据到期后,甲公司支付票据款 1 170 000 元给持票人,即乙公司的贴现银行。

票据到期时,甲公司用会计等式描述的结果见表 10-1"支付到期票据"行。

会计分录为:

借:应付票据　　1 170 000
　贷:银行存款　　　　1 170 000

票据到期,如果甲公司不能支付票据款,则转入应付账款。用会计等式描述的结果见表 10-1"票据到期无力支付"行。

编制会计分录如下:

借:应付票据　　　　　　1 170 000
　贷:应付账款——乙公司　　　1 170 000

(四)应付票据的报告

资产负债表日,应付票据在资产负债表流动负债的"应付票据"项目下列报,列报金额为"应付票据"科目的期末贷方余额。

企业还应在财务报表附注中分别披露企业应付票据余额中,银行承兑汇票和商业承兑汇票的余额。

二、应付账款

(一)应付账款的确认

企业采用赊购方式购入商品、接受劳务,在满足资产确认条件的同时,确认应付账款负债。

(二)应付账款的计量

应付账款的计量方法,与应收账款的完全一致。当供应商提供了商业折扣时,企业以扣除商业折扣的实际交易金额计量应付账款。当供应商提供了现金折扣时,企业采用不扣除现金折扣的总额法计量。在这种计量方式下,观念上认为企业不享受现金折扣是正常的,如果享受了现金折扣,少支付的款项是企业财务部门资金融通得当取得的收益,冲减当期财务费用。

(三)应付账款的会计处理

资产负债表的"应付账款"项目反映这类负债情况。企业为此设置"应付账款"一级科目记录应付账款增减变动情况。当企业确认所购入的资产时,在"应付账款"科目的贷方登记负债的金额;当清偿应付账款时,在"应付账款"科目的借方登记债务了结的金额;期末余额在贷方。为了详细反映企业与各个供应商的结算情况,还要在该科目下按照供应商设置明细科目。

【例10-3】 甲公司、乙公司均是增值税一般纳税人,甲公司销售商品给乙公司。乙公司购入该商品作为库存商品。税法规定,该商品适用税率17%。甲公司标明售价为1 175 000(含税)元,后经双方协商,售价降低为1 170 000元(含税)。双方在购销合同中还约定,现金折扣条件为"1/20,n/40",折扣率按照交易总额1 170 000万元计算。2013年4月,甲公司将商品发给乙公司。发票总金额1 170 000元,其中金额1 000 000元,税额170 000元。乙公司对现金折扣采用总额法处理。

乙公司与对方的交易金额为1 170 000元。

乙公司在执行合同过程中,一是在满足存货确认条件的同时确认应支付给甲公司的购货款,二是在收到增值税专用发票的抵扣联时确认进项税额。实务中这两件事情一般同时发生,同时确认。

乙公司用会计等式描述见表10-2"赊购"行。

表10-2

单位:万元

资产负债表要素	资产＝		负债		＋所有者权益
资产负债表项目	货币资金	存货	应付账款	应交税费	未分配利润
资产负债表科目	银行存款	库存商品		应交增值税	利润分配
赊购		＋100	＋117	－17	
付款	－115.83		－117		＋1.17(财务费用)

编制会计分录如下:

借:库存商品——A   1 000 000
    应交税费——应交增值税(进项税额)   170 000
  贷:应付账款——甲公司   1 170 000

【例10-4】 承例10-3,19天以后,乙公司支付款项,享受11 700现金折扣,支付总额为1 158 300元。

乙公司用会计等式描述见表10-2"付款"行。

编制会计分录如下:

借:应付账款——甲公司   1 170 000
  贷:银行存款   1 158 300
    财务费用   11 700

如果对哪个供应商通常发生应付账款业务,可是偶尔发生了预付业务,为了方便与该供应商确定谁欠谁的,预付业务仍然通过"应付账款"科目记录。

【例 10—5】 乙企业面向供应商甲企业通常发生应付业务,双方往来通过"应付账款"科目记录。因特殊原因,某次采购预付 20 万元给对方,此时仍然通过"应付账款"科目记录。

用会计等式描述见表 10—3。

表 10—3

单位:万元

资产负债表要素	资产＝		负债	＋所有者权益
资产负债表项目	货币资金	预付账款		未分配利润
资产负债表科目	银行存款	应付账款		利润分配
资产负债表明细科目		甲公司		
预付款	－20	＋20		

从报表项目层面看,这笔业务导致货币资金减少,预付账款增加。从会计科目层面,影响了"应付账款"科目。由于增加了一项债权,所以记录在科目的借方。

编制会计分录如下:

借:应付账款——甲公司　　200 000
　　贷:银行存款　　　　　　　200 000

此时,"应付账款——甲公司"甲公司明细科目余额在借方,表示预付账款。

(四)应付账款的报告

资产负债表日,应付账款在资产负债表流动负债的"应付账款"项目下列报,列报金额为"应付账款"科目的期末贷方余额。如果企业面向某个供应商的应付业务也记录在"预付账款"科目的话,那么"预付账款"科目下该供应商明细科目的余额就在贷方,应报告在"应付账款"项目下(见第三章第四节《其他短期经营性债权》)。如果企业面向某个供应商的预付业务也记录在"应付账款"科目,那么"应付账款"科目下该供应商明细科目的余额就在借方,要报告在"预付账款"项目下。

第三节　面向员工的负债

一、企业面向员工承担的义务和责任

员工提供的人力资源是企业进行生产经营活动的基本要素,其因提供人力资源而在企业享有经济利益,并且这一经济利益受到法律保护。

企业和员工作为市场经济中代表各自利益的主体,都以利益最大化为目标,双方之间存在竞争关系。双方各自享有的权利和履行的义务受到以《中华人民共和国劳动法》(以下简称《劳动法》)为基本法律框架的多项法律以及国务院和地方政府颁布的行政法规的约束。由于单个员工跟企业谈判时处于劣势,法律和行政法规特别强调了处于相对优势的企业应对员工履行的义务和责任。实际工作中企业向员工提供的劳动报酬以及相关福利,有些是

完全遵照法律法规强制执行的,比如社会保险;有些是在遵循这些法律的基础上双方协商确定的,比如工资。

企业面向员工承担的义务和责任包括以下方面。

1. 企业应向员工支付工资、奖金、津贴和补贴

企业和员工在《中华人民共和国劳动合同法》(以下简称《劳动合同法》)下协商确定员工的劳动报酬。这部分劳动报酬就是员工取得的工资,由企业至少每月一次直接以货币形式支付。按照工资形成的原因,工资又可以细分为计时工资和计件工资。计时工资与职工工作时间挂钩,计件工资与职工工作结果挂钩。

奖金,是对付出超额劳动的员工或者增收节支的员工给予的现金奖励。

津贴,是对职工在特殊工作环境下的特殊劳动消耗给予的补偿。

补贴是对职工在特定条件下发生额外生活费用给予的补偿,主要是物价上涨补贴。

2. 企业应为员工支付社会保险

遵照《劳动合同法》的规定,企业除了以货币形式向职工支付工资,还必须依法为职工购买当地政府规定的社会保险。社会保险包括基本养老保险、基本医疗保险、失业保险、工伤保险和生育保险,统称"五险"。其中基本养老保险费、基本医疗保险费、失业保险费的征缴由国务院《社会保险费征缴暂行条例》规定,工伤保险费和生育保险费的征缴,由各省、自治区、直辖市人民政府根据本地情况制定。企业将以上"五险"的保险费支付给劳动保障部门所属的社会保险机构。员工出险以后,由该社会保险机构赔付。企业缴纳的保险费通常按照职工工资总额的一定比例计算,具体比例由各地人民政府制定。

3. 企业应为员工支付住房公积金

遵照国务院颁布的《住房公积金管理条例》,企业还要为每位员工缴纳住房公积金。该条例规定,企业为职工缴存的住房公积金的月缴存额等于职工本人上一年度月平均工资额乘以企业住房公积金缴存比例。企业住房公积金的缴存比例不得低于职工上一年度月平均工资的5%,具体比例由省、自治区、直辖市人民政府批准。企业将住房公积金支付给住房公积金管理中心。员工购买住房或者租房时,按照有关规定,从住房公积金管理中心提取现金。

4. 企业应承担工会经费和职工教育经费

工会是代表员工利益的组织。在西方国家,工会是代表员工向资方争取利益的民间机构,工会经费来自于员工缴纳的会费。《中华人民共和国工会法》规定工会经费的主要来源,一是作为工会会员的员工个人缴纳的会费,二是企业按每月全部职工工资总额的2%向工会拨交的经费,其中后者是工会经费最主要来源。

《劳动法》第三条规定,员工有接受职业技能培训的权利。《国务院关于大力推进职业教育改革与发展的决定》进一步规定:"一般企业按照职工工资总额的1.5%足额提取教育培训经费,从业人员技术要求高、培训任务重、经济效益较好的企业,可按2.5%提取,列入成本开支。"按照该规定,企业每月按照工资总额的1.5%或者2.5%承担职工培训所产生的成本。

5. 企业应向员工支付福利费

在20世纪90年代之前的计划经济时代,企业就是"职工之家",不仅承担着职工医疗、养老、教育等家庭重大支出,甚至承担着理发、洗澡等家庭日常生活琐碎开支。企业的这些

开支来自于每月以高达当月工资总额的14%提取的职工福利费。随着计划经济时代的终结,医疗、养老等职能从企业剥离出来由专门的社会机构承担,原先由福利费形式发生的支出,转而以保险费形式支出,所以职工福利费的开支范围相比过去大大缩小了。现在福利费的开支范围主要包括尚未实行医疗统筹的企业发生的职工医疗费用、职工因公负伤赴外地就医路费、职工生活困难补助,以及按照国家规定开支的其他职工福利支出。福利费的提取比例也由过去政府统一规定改为由企业自主决定。

6.企业应向被辞退的员工支付辞退福利

根据《劳动法》规定,为保障职工权益,企业与其职工提前解除劳动关系时应当给予其经济补偿。这类补偿就是辞退福利。辞退福利通常采取解除劳动关系时一次性支付的方式,也有采用其他方式,比如提高退休后养老金或其他离职后福利的标准,或者辞退职工后,将职工工资支付到辞退后未来某一期间等。

7.企业自愿向职工支付的部分

为了激励员工,有些公司在劳动保护法之外,还以各种形式向职工支付报酬,比如,发放非货币性福利;提供长短期带薪休假;按照公司获利情况向职工发放奖金,包括短期利润计划和长期利润计划;在社会养老保险之外,为职工支付企业年金、商业养老保险,以及按照设定受益计划向员工支付离职后福利等。

另外,企业提供给职工配偶、子女、受赡养人、已故员工遗属及其他受益人等的福利,也属于职工薪酬,比如为职工配偶和子女购买的商业医疗保险,员工因公去世支付给未成年子女的补偿等。

二、应付职工薪酬的构成

根据应付职工薪酬确认和计量方面的特点,《企业会计准则第9号——职工薪酬》将职工薪酬分为以下四大类别。

(一)短期薪酬

短期薪酬是指企业在职工提供相关服务的年度报告期间结束后十二个月内需要全部予以支付的职工薪酬,因解除与职工的劳动关系给予的补偿除外。短期薪酬具体包括:职工工资、奖金、津贴补贴,职工福利费,医疗保险费、工伤保险费和生育保险费等社会保险费,住房公积金,工会经费和职工教育经费,短期带薪缺勤,短期利润分享计划,非货币性福利以及其他短期薪酬。

带薪缺勤,是指企业支付工资或提供补偿的职工缺勤,包括年休假、病假、短期伤残、婚假、产假、丧假、探亲假等。

利润分享计划,是指因职工提供服务而与职工达成的基于利润或其他经营成果提供薪酬的协议。

(二)离职后福利

离职后福利是指企业为获得职工提供的服务,而在职工退休或与企业解除劳动关系后提供的各种形式的报酬和福利,包括企业为职工支付的失业保险、基本养老保险、企业年金、商业养老保险、设定受益计划的养老保险等。

有的企业会与职工签订离职后福利计划。离职后福利计划是指企业与职工就离职后福利达成的协议,或者企业为向职工提供离职后福利制定的规章或办法等。

离职后福利计划包括设定提存计划和设定受益计划两种模式。

1. 设定提存计划

设定提存计划是指企业向独立的基金缴存固定费用后,不再承担进一步支付义务的离职后福利计划。

按照设定提存计划,企业定期向独立的基金缴存固定费用,比如按月向社会保险机构缴存失业保险、基本养老保险。职工失业或者退休后,从社会保险机构领取失业保险金和养老保险金。这种计划的特点是,第一,职工即使离开某家企业,其在社会保险机构的账户余额仍然存续,不会受职工所服务的企业的变动影响;第二,职工将来领取福利的多少,取决于社会保险机构的管理水平,与企业无关;第三,企业按照固定金额缴存后,缴付义务马上解除。

2. 设定受益计划

设定受益计划是指除设定提存计划以外的离职后福利计划。

按照设定受益计划,职工离职后将从企业领取固定的福利,为此职工必须按照协议向企业提供相应的服务,否则离职后不再享有福利。如果企业经营出现问题,职工的离职后福利很可能受到影响。企业面向某位员工的缴付义务,直到该员工去世才告解除,于是在财务报表中会逐渐形成巨额的应付职工薪酬负债。

设定受益计划,将员工个人福祉与企业长远利益更紧密地联系在一起,是现代企业进行人力资源管理的重要形式。在此计划下,员工以及代表员工利益的组织——工会,成为企业重要的利益相关者。西方国家的经验表明,在特殊情况下,工会对公司发展起着举足轻重的作用。

(三)辞退福利

指企业在职工劳动合同到期之前解除与职工的劳动关系,或者为鼓励职工自愿接受裁减而给予职工的补偿。

(四)其他长期福利

是指除短期薪酬、离职后福利、辞退福利之外所有的职工薪酬,包括长期带薪缺勤、长期残疾福利、长期利润分享计划等。

三、应付职工薪酬的确认与计量

(一)应付职工薪酬的确认

企业得到员工的服务,就应该确认人工成本,同时确认面向职工的负债——应付职工薪酬,而无论职工薪酬的支付发生在不久的将来——比如短期薪酬,还是遥远的未来——比如辞退福利、离职后福利以及其他长期福利。

1. 应付工资的确认

在企业与员工签订的劳动合同期内,由于企业接受员工的服务在时间上连续不断,而按照劳动法的规定,企业必须至少每月一次发放工资,所以企业通常在每月月末,一方面确认应付工资负债,另一方面确认人工成本。人工成本根据职工岗位分别计入存货成本、在建工程成本、管理费用和销售费用中。

2. 应付社会保险费和应付住房公积金的确认

按照《劳动合同法》、《社会保险费征缴暂行条例》以及《住房公积金管理条例》的要求，企业要每月为员工缴纳社会保险费和住房公积金。所以企业在每月月末确认工资时，一方面确认因"五险""一金"而产生的应付社会保险费和应付住房公积金，另一方面确认人工成本。人工成本根据职工岗位分别计入存货成本、在建工程成本、管理费用和销售费用中。

3．应付福利费的确认

相比直接支付给所有员工的工资、奖金、津贴、补贴，以及为所有员工支付的"五险一金"，福利费只是企业在特定条件下支付给特定员工的一种人工成本。福利费主要用于职工医药费、职工困难补助等开支，由于这些开支并没有为企业的生产经营活动做贡献，且每次支付的时间、支付的对象也不固定，如果在支付福利费时确认人工成本，就会使得企业各期的经营成本受到无关的且不确定的因素的影响，在对各期经营业绩进行评价时，所采用的业绩信息就是扭曲的，所以福利费不是在实际发生时确认，而是根据历史经验，估计福利费与工资总额的比例关系，在每月月末确认应付工资的时候，一方面确认应付福利费，另一方面确认福利费所产生的人工成本。人工成本根据职工岗位分别计入存货成本、在建工程成本、管理费用和销售费用中。

4．应付工会经费和应付职工教育经费的确认

应付工会经费和应付职工教育经费的确认与应付福利费的确认相同：在每月确认应付工资的时候，一方面分别按照工资总额的2%和1.5%确认应付工会经费和应付职工教育经费，另一方面确认人工成本。人工成本根据职工岗位分别计入存货成本、在建工程成本、管理费用和销售费用中。

5．应付非货币性福利的确认

非货币性福利是企业发放给职工的实物福利。当制订了不可撤销的发放非货币性福利计划时，一方面确认应付非货币性福利负债，一方面确认人工成本。人工成本按照受益员工的岗位，分别计入存货成本、在建工程成本、管理费用和销售费用中。

6．应付短期利润分享计划的确认

短期利润分享计划是指以当期实现的利润为基数，计算向职工发放的奖金。利润分享计划的受益人是员工而非公司股东，它是计算奖金的一种形式，而非利润分配。

通常于年底，企业根据当期利润实现情况，按照事先的规定，向做出贡献的职工发放奖金。当有关部门批示要向职工按照利润分享计划发放奖金时，一方面确认应付短期利润分享计划，另一方面确认人工成本。人工成本按照享受短期利润分享计划的员工的岗位，分别计入存货成本、在建工程成本、管理费用和销售费用中。

7．应付辞退福利的确认

辞退福利是在辞退员工时或者辞退员工以后的一段时间内以货币形式支付给被辞退员工的一种福利。尽管支付辞退福利是在辞退时或者辞退后发生，但是因为员工在辞退之前就为企业提供了服务，所以根据权责发生制原则，在确定了不可撤销的解除劳动关系计划或裁员建议时，一方面确认应付辞退福利负债，一方面确认管理费用[①]。

---

① 《企业会计准则第九号——职工薪酬》第六条规定：企业已经制定正式的解除劳动关系计划或提出自愿裁减建议，并即将实施。企业不能单方面撤回解除劳动关系计划或裁减建议。

8.应付离职后福利的确认

离职后福利,无论是设定提存计划还是设定受益计划,即使按照设定受益计划,企业将在数年后职工退休了才持续为职工支付养老金达数年,也要在职工提供劳务的期间一方面确认应付离职后福利负债,另一方面确认人工成本。人工成本按照受益员工的岗位,分别计入存货成本、在建工程成本、管理费用和销售费用中。

(二)应付职工薪酬的计量

根据未来解除债务时间的长短,应付职工薪酬采用不同的计量属性。

如果是短期薪酬,采用历史成本计量,即根据职工提供服务后最多 23 个月内向职工支付(如工资)或为职工支付(如保险费)的金额作为应付职工薪酬的入账金额。

如果是短期薪酬之外的职工薪酬,比如辞退福利,离职后福利以及其他长期福利,则采用现值计量,即将未来向职工支付或者为职工支付的金额,以同期国债利率或优质企业债券的利率折成的现值计量。其中,离职后福利中的设定受益计划,在现值计量基础上,还要采用预期累计福利单位法计量,计算将更为复杂。本书对此不展开阐述。

四、应付职工薪酬的会计处理

(一)财务报表项目与会计科目设置

企业与职工的短期债务关系,在资产负债表的"应付职工薪酬"项目反映;长期债务关系,在资产负债表的"长期应付职工薪酬"项目反映。对应设置的会计科目是"应付职工薪酬"科目和"长期应付职工薪酬"科目。本书着重讲述与职工的短期债务关系,关注"应付职工薪酬"项目和"应付职工薪酬"科目。

当确认应付职工薪酬时,记入"应付职工薪酬"科目的贷方;当支付工资、缴纳保险费、缴纳住房公积金、支付工会经费、支付职工教育经费等等时,记入"应付职工薪酬"科目的借方;期末余额通常在贷方,表示应付未付的职工薪酬。在该科目下设置"工资"、"社会保险费"、"住房公积金"、"工会经费"、"职工教育经费"、"职工福利"、"非货币性福利"、"设定受益计划"和"辞退福利"等明细科目。

(二)会计处理

应付职工薪酬的会计处理包括应付职工薪酬的确认和应付职工薪酬的解除两部分。

1.应付职工薪酬负债的确认

应付职工薪酬的确认过程,也是人工成本的确认过程。确认人工成本时,本着谁受益谁负担原则,根据员工所在的工作岗位,将人工成本分别记入"生产成本"、"制造费用"、"管理费用"、"销售费用"、"在建工程"、"研发支出"等科目。因而应付职工薪酬负债的确认过程往往又称为"人工成本的分配"。

【例10-6】 2013 年 6 月底,甲公司人力资源管理部门提供的数据表明,当月应发工资 2 500 万元,其中:生产部门直接生产人员工资 1 200 万元;生产部门管理人员工资 300 万元;公司管理部门人员工资 410 万元;公司专设产品销售机构人员工资 150 万元;建造厂房人员工资 270 万元;内部开发某达到资本化条件的专有技术的人员工资 170 万元。根据所在地政府规定,公司分别按照职工工资总额的 24%、10.5%和 2%计提社会保险费、住房公积金和职工福利费,按照职工工资总额的 2%和 1.5%计提工会经费和职工教育经费。人工成本分配表见表10－4。

表10－4 人工成本分配表

单位：万元

薪酬项目＼成本项目	生产成本	制造费用	管理费用	销售费用	在建工程	研发支出	合计
工资	1200	300	410	150	270	170	2500
社会保险费	288	72	98.4	36	64.8	40.8	600
住房公积金	126	31.5	43.05	15.75	28.35	17.85	262.5
工会经费	24	6	8.2	3	5.4	3.4	50
职工教育经费	18	4.5	6.15	2.25	4.05	2.55	37.5
福利费	24	6	8.2	3	5.4	3.4	50
合计	1680	420	574	210	378	238	3500

根据表10－4，用会计等式描述见表10－5"确认负债，分配人工成本"行。

表10－5

单位：万元

资产负债表要素	资产 =				负债 +						所有者权益
资产负债表项目	货币资金	存货		在建工程	开发支出	应付职工薪酬					其他应付款	未分配利润
资产负债表科目	银行存款	生产成本	制造费用	在建工程	研发支出	应付职工薪酬					其他应付款	利润分配
资产负债表明细科目					资本化支出	工资	社会保险费	住房公积金	工会经费	职工教育经费	福利费	
确认负债，分配人工成本		+1680	+420	+378	+238	+2500	+600	+262.5	+50	+37.5	+50	－574（管理费用）－210（销售费用）
解除负债，结算人工成本	－2325					－2500						+175

编制会计分录如下：

借：生产成本　　　　　　　　　　16 800 000
　　制造费用　　　　　　　　　　 4 200 000
　　管理费用　　　　　　　　　　 5 740 000
　　销售费用　　　　　　　　　　 2 100 000
　　在建工程　　　　　　　　　　 3 780 000
　　研发支出——资本化支出　　　 2 380 000
　贷：应付职工薪酬——工资　　　25 000 000
　　　　　　　　　——社会保险费　6 000 000
　　　　　　　　　——住房公积金　2 625 000
　　　　　　　　　——工会经费　　　500 000
　　　　　　　　　——职工教育经费　375 000

——福利费　　　　　　　　　　500 000

2.应付职工薪酬负债的解除

当企业支付职工薪酬，比如支付工资、缴纳社会保险、缴纳住房公积金、支付工会经费、支付职工教育经费时，应付职工薪酬负债解除。这一过程称为"人工成本的结算"。

当企业支付工资时，按照个人所得税法的要求，企业要进行员工个人所得税的代扣代缴。

假设例10-6中，工资总额2500万元中，有175万元是员工个人应付所得税。

用会计等式描述见表10-5"解除负债，结算人工成本"行。

支付工资时编制会计如下。

借：应付职工薪酬——工资　　　　　25 000 000
　　贷：银行存款　　　　　　　　　23 250 000
　　　　其他应付款——应付个人所得税　1 750 000

五、应付职工薪酬的报告

短期应付职工薪酬，在资产负债表流动负债的"应付职工薪酬"项目下列报，长期应付职工薪酬，在资产负债表长期负债的"长期应付职工薪酬"项目下列报。"应付职工薪酬"项目以"应付职工薪酬"科目的余额作为列报金额。

财务报表附注中披露了各类应付职工薪酬本期发生数、解除数和期初期末应付未付数。企业在一个会计年度内的人工成本可以在这里查看到。如果有设定受益计划，还要按照准则规定进行相应披露。

第四节　面向税务部门的负债

面向税务部门的负债包括"应交税费"和"递延所得税负债"两部分。

一、应交税费

按照税法规定，企业应就一定时期内取得的营业收入缴纳流转税；就一定时期内实现的利润缴纳所得税；就一定时期内某种经营行为缴纳特定的税费，比如持有土地缴纳土地使用税、持有房产缴纳房产税、持有车船缴纳车船税、签订合同缴纳印花税等。因为企业发生应税行为在先，缴纳税款在后，在应税行为已经发生而税款尚未缴纳时，就形成了面向税务部门的负债——应交税费。

各种税费义务的形成与缴纳对企业财务报表的影响，在纳税会计学中详细介绍。本节仅简单介绍主要税种纳税义务的形成与缴纳情况，以体现应交税费这种负债与税务部门之间的财务关系，保证财务会计学教学内容的完整。

（一）税种简介

企业承担的税负分为流转税、企业所得税、财产税、行为税和资源税五大类。其中流转税和企业所得税是最重要的税种，本节简要介绍这两种税的税理和税法的基本规定。

1.流转税

流转税是企业因销售商品、提供劳务取得营业收入所要缴纳的税种。一般工商企业的流转税包括增值税、消费税以及城市维护建设税和教育费附加。

(1) 增值税

增值税是对在中华人民共和国境内销售货物或者提供加工、修理修配劳务以及进口货物的单位和个人，就其流转环节的增值额征收的一种税。增值税的计税原理、征管方式、应纳税额的计算、进项税额与销项税额的确定等，在第三章的附录部分已经进行了详细介绍。

(2) 消费税

消费税是对征收增值税的特殊消费品，在生产环节一次性加征的流转税。这些特殊消费品包括汽车类、化妆品类等奢侈品以及烟酒类等嗜好品。消费税采用价内计税方式，计税依据是不含增值税但是含消费税的销售额。因为消费税只在生产环节征收一次，在流通环节不再征收，所以不会导致流通环节的重复征税。

假设某企业是增值税一般纳税人，其生产的某种奢侈品的生产成本为 25 元，适用消费税率 55%，适用增值税率 17%。企业的目标毛利为 20 元，那么，

该奢侈品不含增值税但包含消费税的销售价格

=(生产成本+目标毛利)/(1-消费税适用税率)

=(25+20)/(1-55%)

=100(元)

应纳消费税的金额=100×55%=55(元)

该奢侈品含增值税的销售价格

=不含增值税的销售价格×(1+17%)=117(元)

(3) 城市维护建设税和教育费附加

城市维护建设税和教育费附加是以企业缴纳的增值税、消费税等流转税额总额为计税依据的，城市维护建设税按照 7%、教育费附加按照 3% 缴纳。

2. 企业所得税

企业所得税是就企业经营所得而缴纳的税种。企业经营所得在税法上称作"应纳税所得额"。应纳税所得额等于应税收入扣减可抵扣项目。所得税实施细则详细规定了应税收入所包含的项目以及不能作为可抵扣项目的项目。

应税收入和可抵扣项目类似于会计收入和费用，但是又有区别。这是因为，税法和企业会计准则是经济生活中两个不同领域的规范。税法的作用在于保障政府的财政收入，而会计准则的作用在于促进企业对外部投资人的公允报告，以利于外部投资人进行科学决策。在我国，对大部分交易和事项，税法和会计准则的认定是相同的，也有一部分交易和事项，二者的认定有差异。比如国债利息收入、从合营企业和联营企业取得的投资收益、公允价值变动收益都属于会计收益，但是都不属于应税收入；又比如，公允价值变动损失在计算应纳税所得额时不允许抵扣，计入管理费用的业务招待费，税法规定只有部分作为可抵扣项目。

会计实务中并不为应税收入和可抵扣项目单独设置会计科目予以记录，而是以"主营业务收入"、"主营业务成本"等利润表科目的记录为基础，将利润表中的收入调整为应税收入，费用和损失调整为可抵扣项目，以应税收入扣减可抵扣项目计算得到应纳税所得额。计算公式如下：

年度应税收入＝年度会计收益±调整数
年度可抵扣项目＝年度会计费用和损失±调整数
年度应纳税所得额＝年度应税收入－年度可抵扣项目
年度应纳所得税额＝年度应纳税所得额×适用税率

按照税法规定,企业所得税采用"按月(季)度预缴、年终汇算清缴"的方式缴纳。企业每月(季)度根据上年平均每月(季)度应纳所得税额进行预缴,年终汇算清缴时,计算当年应纳所得税额。企业当年度所得税预缴不足的要补交,当年度多交的所得税可以冲抵下年度应缴纳数。

(二)应交税费的确认和计量

我们可以把税法视作企业和税务部门之间的契约。税法及其实施细则详细规定了企业应该缴纳的税费的种类、每种税费纳税义务形成的时间、计算方式以及实际缴纳的时间。企业发生了应税行为,应在税法规定的纳税义务形成时间确认应交税费负债,并且按照税法规定的应交税费金额确定入账金额。

(三)应交税费的会计处理

资产负债表的"应交税费"项目反映企业的纳税义务,企业相应设置"应交税费"科目反映各种税费的形成与缴纳情况。在该科目下根据税种设置明细科目,比如"应交增值税"、"应交消费税"、"应交城市维护建设税"、"应交教育费附加"、"应交所得税"等。当某种纳税义务形成时,记入"应交税费"及其相应明细科目的贷方,当缴纳某种税费时,记入"应交税费"及其相应明细科目的借方。期末各明细该科目通常有贷方余额,反映企业应交未交的税费。

1.应交增值税的会计处理

增值税销项税额和进项税额的会计处理已经在第三章的附录详细介绍了,这里仅介绍缴纳增值税的会计处理。

【例10-7】 2013年5月15日,甲企业缴纳增值税。"应交税费——应交增值税"明细科目下,"销项税额"专栏有余额178万元,"进项税额"专栏有余额135万元,当期应纳增值税为两者之差43万元。实际缴纳增值税时,纳税义务解除,记在"应交税费——应交增值税"的借方。为了区别于进项税额,记在"已交增值税"专栏下。

用会计等式描述的结果见表10-6。

表10-6

单位:万元

资产负债表要素	资产＝	负债＋			所有者权益
资产负债表项目	货币资金	应交税费			未分配利润
资产负债表科目	银行存款	应交税费			利润分配
资产负债表明细科目		应交增值税			
专栏		进项税额	已交税费	销项税额	
之前重要项目的余额	***	－135		178	***
缴纳增值税	－43		－43		

甲企业在2013年5月15日编制会计分录如下：

借：应交税费——应交增值税（已交增值税）　　430 000
　　贷：银行存款　　　　　　　　　　　　　　　　　　　430 000

要掌握实务中增值税的会计处理，必须首先掌握增值税的实施细则，然后再弄通与增值税有关的会计科目的设置。纳税会计教材对这些内容有具体阐述。

2.应交城市维护建设税和教育费附加的会计处理

应交城市维护建设税和教育费附加，是企业以实际缴纳的增值税和消费税为税基附加缴纳的税费，也属于流传税性质。其中城市维护建设税的适用税率是7%，教育费附加的适用税率是3%。企业缴纳这些税费，也会相应增加经营成本。所以在确认这两种应交税费负债时，同时确认营业税金及附加。

【例10—8】 甲企业2013年6月缴纳增值税50万元，根据适用税率计算，应缴纳城市维护建设税35 000元，教育费附加15 000元。

甲企业计算当月应缴纳城市维护建设税和教育费附加分别为35 000元和15 000元。税负的承担减少了股东的利益，而这是由经营管理活动带来的，所以会影响利润。利润表里相应的项目是"营业税金及附加"。会计处理的结果见表10—7。

表10—7

单位：元

资产负债表要素	资产	=负债		+所有者权益
资产负债表项目	货币资金	应交税费		未分配利润
资产负债表科目	银行存款	应交税费		利润分配
资产负债表明细科目		应交城市维护建设税	应交教育费附加	
计算确定税负		+35 000	+15 000	50 000（营业税金及附加）

"营业税金及附加"项目对应的会计科目为"营业税金及附加"科目。

编制会计分录如下：

借：营业税金及附加　　　　　　　　　　　　　50 000
　　贷：应交税费——应交城市维护建设税　　　　　　　35 000
　　　　　　　　——应交教育费附加　　　　　　　　　15 000

3.应交所得税的会计处理

按照税法规定，企业所得税采用"按月（季）度预缴，年终汇算清缴"的方式缴纳。企业每月（季）度根据上年平均每月（季）度应纳所得税额进行预缴，年终汇算清缴时，根据当年度的应纳税所得额计算当年应交所得税额。

【例10—9】 甲企业2015年度应纳所得税额为480万元。2016年度，每月按照2015年度月平均应纳所得税额40万元预缴，2016年度汇算清缴时，确定当年度应纳所得税额为510万元。

当形成所得税纳税义务时，股东的利益会减少，这一经济活动是由经济管理活动带来的，所以会影响损益。在利润表里，通过"所得税费用"项目反映。例10—9用会计等式描述的结果见表10—8。

表10—8

单位:万元

资产负债表要素	资产	=负债	+所有者权益
资产负债表项目	货币资金	应交税费	未分配利润
资产负债表科目	银行存款	应交税费	利润分配
资产负债表明细科目		应交所得税	
每月计算应交所得税		+40	—40(所得税费用)
每月缴纳所得税	—40	—40	
……共12次			
补充确认应交所得税		+30	—30(所得税费用)
补交所得税	—30	—30	

"所得税费用"项目对应的会计科目是"所得税费用"科目。

(1)2016年度,每月确认应纳所得税时,

借:所得税费用　　　　　　　　400 000

　　贷:应交税费——应交所得税　　400 000

(2)与税务部门办理税款结算时,

借:应交税费——应交所得税　　400 000

　　贷:银行存款　　　　　　　　400 000

(3)2016年度终了,补充确认30万元应交税费,

借:所得税费用　　　　　　　　300 000

　　贷:应交税费——应交所得税　　300 000

(4)补充缴纳该30万元所得税时,

借:应交税费——应交所得税　　300 000

　　贷:银行存款　　　　　　　　300 000

(四)应交税费的报告

应交税费在资产负债表的流动负债"应交税费"项目下列报。各种税费的当期形成与缴纳情况,在财务报表附注的"税项"部分有详细披露。

二、递延所得税负债

递延所得税负债是因承担所得税纳税义务而形成的面向税务部门的负债。与应交所得税负债不同,递延所得税负债是当期尚不属于所得税法规定的纳税义务,但是根据经济活动的性质,将来终归要纳税的负债。

比如企业有两笔交易性金融资产,一笔当期出售,产生投资收益10万元。另一笔期末仍然持有,期末公允价值提高了10万元。按照税法规定,当期实现的投资收益10万元要缴纳企业所得税,适用税率为25%的话,形成2.5万元应交税费。当期公允价值变动收益10万元,税法不认可,不形成纳税义务。但是未来该项资产处置后,10万元公允价值变动收益

会转换成投资收益,承担纳税义务。所以就当期的收益,未来终归会产生经济利益的流出,当期形成负债。如果未来所得税的适用税率为20%的话,该负债的金额是2万元。只是这种负债不是"应交税费",而是"递延所得税负债"。当交易性金融资产处置后,"递延所得税负债"就会变成"应交税费"。

递延所得税负债在资产负债表负债部分的"递延所得税负债"项目下列报,也有企业列报在"其他负债"项目下。

第五节 面向债务资本提供方的负债

面向债务资本提供方的负债,包括短期借款、长期借款、应付债券以及由此滋生的应付利息。从债务资本提供方的身份看,有面向银行等金融机构的负债,如短期借款、长期借款;也有面向社会公众公开筹资形成的负债,如应付债券。从负债的流动性看,有流动负债,如短期借款、应付利息;也有长期负债,如长期借款、应付债券。

一、短期借款

(一)短期借款的性质

短期借款是企业从银行等金融机构借入的要在未来一年或者超过一年的营业周期内偿还的借款。

企业向银行等金融机构举借短期借款,主要是为了满足短期资金的需要。企业向银行借款,双方要签署借款协议。在协议中双方约定了借款的本金、利率、利息的支付时间和本金的偿还时间。

【例10—10】 甲企业向中国工商银行借款,借款协议注明借款本金为100万元,利率为6%(如无特别说明,"利率"均指"年利率"),借款期限从2016年4月1日到2016年10月1日,利息分别于2016年7月1日和2016年10月1日支付,本金于2016年10月1日偿还。企业按照本金的0.2%支付手续费。

借款协议中注明的本金称为"名义本金",注明的利率称为"名义利率"。名义本金的意义有两个:一是确定借款到期时应产生的现金流出金额;二是与名义利率一起确定利息支付日所流出的现金额。名义本金与名义利率确定了企业因借款未来将要产生的现金流出的金额。

借款协议中注明的利息支付时间和借款到期日确定了利息支付的时间和本金偿还的时间。

总之,借款协议明确了企业借入资金以后未来产生现金流出的金额与时间。

(二)短期借款的初始确认

企业从银行取得资金后确认短期借款。

(三)短期借款的初始计量

企业向银行借款时,还要向银行支付手续费。于是企业因借款实际得到的现金是名义本金扣除手续费之后的净额。这一净额,就是借款的实际本金,也是短期借款的入账金额。如例10—10中甲企业按照名义本金的0.2%支付手续费,实际筹集的资金就是998 000元,短期借款以该金额入账。

(四)短期借款存续期内应付利息的确认

在借款存续期内所持续产生的利息,未来会导致经济利益流出企业,同时金额又能够可靠计量,符合负债确认的两个条件,所以在每个资产负债表日,企业应该将截止到当期资产负债表日止所形成的应付未付的利息确认为"应付利息"负债。

需要注意的是,当期资产负债表日后继续形成的应付利息,将在下一个资产负债表日追加确认为应付利息负债,不包括在当期的应付利息负债中。

(五)短期借款存续期内应付利息的计量

当期产生的利息,应该按照实际利率而非名义利率计算。

一个筹资项目未来流出的现金,若按照一定折现率折成的现值等于筹资所得到的现金,那么这一折现率就是该筹资项目的实际利率。

承例10-10,每三个月支付名义利息15 000元,共支付两次,到期支付名义本金100万元。如果把三个月当作一个计息期,本例中就有两个计息期,那么把两笔名义利息各15 000元和1 000 000元名义本金折成现值,其现值之和等于实际本金998 000元的折现率,就是实际利率。我们用EXCEL可以测算出每个计息期(三个月)的实际利率是1.6%。

根据实际利率1.6%,计算出各计息期的实际利息,如表10-9。

表10-9 各期实际利息计算表

单位:元

时间	期初本金余额 An	当期实际利息 Bn=An*1.6%	当期支付现金 Cn	当期增加本金 Dn=Bn-Cn	期末本金余额 En=An+Dn
第一个计息期	998,000	15,968	15,000	968	998,968
第二个计息期	998,968	16,032*	15,000	1,032	1,000,000
合计	—	32,000	30,000	2,000	—

*:含有尾差。

(六)短期借款的会计处理

1.财务报表项目与会计科目设置

资产负债表的"短期借款"项目反映资产负债表日短期借款的余额。企业应设置"短期借款"科目反映短期借款的取得与偿还情况,应设置二级科目"名义本金"记录名义本金的金额,同时设置二级科目"本金调整"作为"名义本金"二级科目的备抵科目,记录手续费等造成实际本金与名义本金差异的金额,从而使"短期借款"一级科目反映短期借款的实际本金。

资产负债表的"应付利息"项目反映资产负债表日应付利息的余额。企业设置"应付利息"科目反映实际利息的形成与支付。

2.会计处理举例

续例10-10。

上述各笔业务用会计等式描述的结果见表10-10。

(1)2016年4月1日取得短期借款,实际得到现金998 000元。一方面增加货币资金,一方面增加短期借款。见表10-10"取得借款"行。

在会计科目层面,"短期借款"科目的实际本金通过"名义本金"1 000 000元和"本金调整"2 000元两个二级科目反映。

表 10—10

单位:元

资产负债表要素	资产=	负债		+所有者权益
资产负债表项目	货币资金	短期借款	应付利息	未分配利润
资产负债表科目	银行存款	短期借款	应付利息	利润分配
资产负债表明细科目		名义本金	本金调整	
取得借款	+998 000	+1 000 000	−2 000	
第一个计息日确认利息费用			+15 968	−15 968(财务费用)
第一次支付名义利息	−15 000		+968	−15 968
第一个计息日确认利息费用			+16 032	−16 032(财务费用)
第二次支付名义利息	−15 000	+1 032	−16 032	
到期支付名义本金	−1 000 000	−100 000		
最终结果	−32 000	0	0	0	−32 000(财务费用)

编制会计分录如下:

借:银行存款　　　　　　　　　998 000
　　短期借款——本金调整　　　　2 000
　　贷:短期借款——名义本金　　　　　1 000 000

(2)2016年6月30日确认第一个计息期的财务费用15 968元(998 000元×1.6%)。一方面增加应付利息15 968元,另一方面增加财务费用15 968元。见表10—10"第一个计息日确认利息费用"行。

会计分录如下:

借:财务费用　　　　15 968
　　贷:应付利息　　　　15 968

(3)2016年7月1日支付名义利息15 000元。一方面货币资金减少15 000元,另一方面应付利息减少15 000元,还有968元的应付利息因为没有支付给银行而转换为实际本金,影响下一期利息。见表10—10"第一次支付名义利息"行。

编制会计分录如下:

借:应付利息　　　　15 000
　　贷:银行存款　　　　15 000
借:应付利息　　　　　　　968
　　贷:短期借款——本金调整　　968

两笔合为一笔:

借:应付利息　　　　15 968
　　贷:银行存款　　　　15 000

短期借款——本金调整　　　　　　968

短期借款的本金调增后,第二期的实际本金成为998 968元。

(4)2016年9月30日确认第二个计息期的财务费用16 032元(998 968元×1.6%),一方面增加应付利息16 032元,一方面增加财务费用16 032元。见表10-10"第二个计息日确认利息费用"行。

编制会计分录如下:

　借:财务费用　　　　　　　16 032
　　贷:应付利息　　　　　　　　　16 032

(5)2016年10月1日支付名义利息15 000元。一方面货币资金减少15 000元,另一方面应付利息减少15 000元,还有1032元的应付利息转换为实际本金,增加了到期要偿还的本金额。见表10-10"第二次支付名义利息"行。

编制会计分录如下:

　借:应付利息　　　　　　　　　16 032
　　贷:银行存款　　　　　　　　　15 000
　　　短期借款——本金调整　　　　1 032

此时"短期借款——本金调整"二级科目余额为零,短期借款的实际本金调整为1 000 000元,等于名义本金。

(6)同日偿还名义本金时,一方面货币资金减少100万元,另一方面短期借款减少100万元。见表10-10"到期支付名义本金"行。

编制会计分录如下:

　借:短期借款——名义本金　　1 000 000
　　贷:银行存款　　　　　　　　　1 000 000

从最终结果看,甲企业借入998 000元,偿还1 030 000元,借款承担了32 000元的融资成本。这32 000元融资成本按照实际利率1.5%,往两个计息期分别分配了15 968元和16 032元。

由于短期借款的借款时间不长,现金流受资金时间价值的影响比较小,考虑到会计信息重要性原则,也可以采用简化处理方式,直接将支付给银行的手续费确认为财务费用,从而短期借款的名义本金就是实际本金,名义利率就是实际利率,也不必设置"短期借款"的二级科目。

采用简化方式的会计处理如下。

(1)2016年4月1日取得短期借款时,以名义本金1 000 000元记入"短期借款"科目,支付的2000元手续费,直接记入"财务费用"。

　借:银行存款　　　　　　998 000
　　财务费用　　　　　　　　2 000
　　贷:短期借款　　　　　　　1 000 000

(2)2016年6月30日确认应付利息15 000元,同时等额确认财务费用。

　借:财务费用　　　　　　15 000
　　贷:应付利息　　　　　　　15 000

(3) 2016年7月1日支付利息 15 000元。

借:应付利息　　　　5 000
　贷:银行存款　　　　15 000

(4) 2016年9月30日确认应付利息 15 000元,同时等额确认财务费用。

借:财务费用　　　　15 000
　贷:应付利息　　　　15 000

(5) 2016年10月1日支付利息、偿还本金时

借:应付利息　　　　15 000
　短期借款　　　　1 000 000
　贷:银行存款　　　　1 015 000

采用简化方式处理短期借款业务,用会计等式描述如表10-11。

表 10-11

单位:元

资产负债表要素	资产	负债		+所有者权益
资产负债表项目	货币资金	短期借款	应付利息	未分配利润
资产负债表科目	银行存款	短期借款	应付利息	利润分配
取得借款	+998 000	+1 000 000		-2 000(财务费用)
第一个计息日确认利息费用			+15 000	-15 000(财务费用)
第一次支付利息	-15 000		-15 000	
第一个计息日确认利息费用			+15 000	-15 000(财务费用)
第二次支付利息	-15 000		-15 000	
到期支付本金	-1 000 000	-100 000		
最终结果	-32 000	0	0	-32 000(财务费用)

比较表10-11和表10-10的最后一行"最终结果"行,两种方式产生的财务费用总额是相同的,都是32 000元。采用表10-10的精确处理方式,把财务费用总额32 000元合理地(各个计息期利率都是1.6%)分配到各个计息期了。而表10-11的简化方式,一开始就把支付的手续费一次性计入财务费用中,后续期间按照票面利率计算利息费用。

实务中采用简化方式,而精确方式更具有教学意义。在本书后续章节的讲解中读者会发现,长期举债业务都要采用精确的会计处理方式,尤其是应付债券。

二、长期借款

(一)长期借款的性质

长期借款是企业从银行借入的在未来超过一年偿还的债务。

企业之所以举借长期债务,往往是因为要进行投资活动,比如设备的更新。投资活动资金的回流时间长,通常超过一年。若举借短期借款来满足长期资金需要,可能会因为资金还没有回笼而导致无法还款。

长期借款名义本金的偿还期超过一年,而名义利息通常按季度支付。

（二）长期借款的初始确认与初始计量

因长期借款而取得现金时，确认长期借款，金额为名义本金扣除手续费以后的净额。

（三）长期借款的会计处理

1.财务报表项目和会计科目设置

资产负债表的"长期借款"项目反映资产负债表日长期借款的余额。企业应设置"长期借款"科目反映借入的实际本金，并且设置"名义本金"和"本金调整"两个二级科目分别反映长期借款的名义本金和名义本金与实际本金之差。

2. 会计处理举例

【例10-11】 甲企业与建设银行签署借款协议，协议约定，2016年1月1日甲企业从建设银行借入长期借款1000万元，为期三年，年利率8%，每三个月支付利息一次，利息金额20万。借款手续费率0.2%。

以扣除手续费的实际本金998万元作为现值，测算出甲企业该项贷款以三个月作为一个计息期，每个计息期的实际利率为2.02%。各期实际利率的计算见表10-12。

表10-12 各期实际利息计算表

单位：元

时间	期初本金余额 A_n	当期利息 $B_n = A_n * 2.02\%$	当期支付现金 C_n	当期增加本金 $D_n = B_n - C_n$	期末本金余额 $E_n = A_n + D_n$
第1个计息期	9,980,000	201,596	200,000	1,596	9,981,596
第2个计息期	9,981,596	201,628	200,000	1,628	9,983,224
第3个计息期	9,983,224	201,661	200,000	1,661	9,984,885
第4个计息期	9,984,885	201,695	200,000	1,695	9,986,580
第5个计息期	9,986,580	201,729	200,000	1,729	9,988,309
第6个计息期	9,988,309	201,764	200,000	1,764	9,990,073
第7个计息期	9,990,073	201,799	200,000	1,799	9,991,872
第8个计息期	9,991,872	201,836	200,000	1,836	9,993,708
第9个计息期	9,993,708	201,873	200,000	1,873	9,995,581
第10个计息期	9,995,581	201,911	200,000	1,911	9,997,492
第11个计息期	9,997,492	201,949	200,000	1,949	9,999,441
第12个计息期	9,999,441	200,559*	200,000	559	10,000,000
合计	—	2,420,000	2,400,000	20 000	

*含有尾差。

请读者参照表10-10，用会计等式描述取得借款、资产负债表日计息、支付利息和到期偿还本金的业务。

会计分录如下：

(1)2016年1月1日，甲企业从建设银行取得货币资金998万元，

借：银行存款　　　　　　　　　9 980 000

长期借款——本金调整　　　　　　　　20 000
　　贷：长期借款——名义本金　　　　　10 000 000

(2) 2016 年 3 月 31 日确认第一个计息期利息时，
　　借：财务费用　　　　　　　201 596
　　　贷：应付利息　　　　　　　201 596

(3) 2016 年 3 月 31 日支付利息时，
　　借：应付利息　　　　　　　201 596
　　　贷：银行存款　　　　　　　200 000
　　　　长期借款——本金调整　　1 596

(2)(3)两笔分录合并在一起进行会计处理如下。
　　借：财务费用　　　　　　　201 596
　　　贷：银行存款　　　　　　　200 000
　　　　长期借款——本金调整　　1 596

以后每个季度末进行与上述分录相同的会计处理。

返还本金时，"长期借款——本金调整"二级科目余额已经逐步调整至零。此时，长期借款的实际本金与名义本金相同。
　　借：长期借款——名义本金　　　10 000 000
　　　贷：银行存款　　　　　　　　　10 000 000

三、应付债券

(一)应付债券的性质

应付债券是企业向社会公众发行债券筹集资金而形成的一种负债。

债券，其实就是企业与作为债权人的社会公众之间的借款协议。债券发行公告上注明的要素包括债券的面值、票面利率、票面利息的支付日、债券的到期日等。债券的面值相当于名义本金，有两个作用，一是确定债券到期时支付给债权人的金额，二是确定债券票面利息的金额。债券发行公告上注明的要素确定了企业未来流出现金的金额与时间。

不同于企业与银行签订的借款协议是，债券可以被持有人在债券市场上出售。债券所具有的流通性，使得普通老百姓也可以把闲置的资金向银行那样借给他人来赚取利息。一旦需要资金，就把债券卖掉。所以就整个社会而言，通过债券这种方式，能把社会闲置资金集中起来，在"企业"这样的场所，实现财务资本与人力资源有效结合，为整个社会创造价值，使每一类资源的提供者受益。

债券发行前，企业与其委托的承销商一起仔细在证券市场上询价，力求使所确定的债券的票面利率与证券市场上人们认可的利率一致。但是不排除经过仔细询价后，实际发行债券时债券的票面利率仍然与市场利率不一致。在这种情况下，如果票面利率低于市场利率，为了吸引投资者购买，债券就要折价发行，从而把债券的实际利率提高到市场利率水平；如果票面利率高于市场利率，为了降低筹资成本就要溢价发行债券，从而把债券的实际利率降低到市场利率水平。所以债券的发行价格是随行就市的。

由于债券要面向众多投资者出售，企业一般委托专业承销商承销债券，并按一定比例向承销商支付手续费。

发行债券与向银行借款相比,管理成本高。一般所需资金金额巨大、占用资金时间长的债务才会采用发行债券的方式。所以应付债券通常是长期债券。

第八章《对外投资(一)》站在债券投资者立场,对持有至到期投资的确认、初始计量、后续计量会计处理和报告进行了阐述。本节站在发行债券方的立场,对应付债券的确认、初始计量、后续计量、会计处理以及报告进行阐述。请读者用心体会,在资金使用权转移的过程中,交易双方如何站在各自的立场,对这笔交易进行会计处理。

(二)应付债券的初始确认

当企业从承销商得到发行债券的款项时,确认应付债券。

(三)应付债券的初始计量

无论债券按照面值还是溢价或者折价发行,企业实际筹集的资金都是发行债券所取得的资金扣除承销商手续费之后的差额。这一差额是应付债券的实际本金,也是应付债券的初始入账金额。

【例10-12】 某发电公司2013年3月27日发行面值30万元债券,共发行3千张,每张面值100元。票面利率5.1%。为期10年。每年3月27日支付利息,2023年3月27日债券到期。实际发行价格每张100.87元,发行手续费率是面值的0.1%。

对该发电公司而言,实际取得货币资金为302 310元[100.87元×3 000×(1-0.1%)],这就是应付债券的初始入账金额。

(四)在应付债券存续区内应付利息的确认与计量

与短期借款、长期借款相同,应付债券在存续期内产生的利息,随着时间的推移,在每一个资产负债表日确认。而各个会计期间所产生的利息额,按照债券的实际利率而非票面利率计算。实际利率的计算方法与短期借款、长期借款计算各期利率的计算方法相同。按照票面利率计算的票面利息是15 300元。

例10-12中,经测算,该发电公司发行债券的实际利率是5%。

表10-13是债券每年利息计算表。该表也称作"溢(折)价摊销表",意指实际筹集的资金与债券面值的差额在债券存续期内摊销的计算表。

表10-13 债券溢(折)价摊销表

单位:元

时间	期初本金余额	当期发生的实际利息	当期支付的票面利息	当期偿还的本金	期末本金余额
	An	Bn=An*5%	Cn	Dn=Cn-Bn	En=An-Dn
第1个计息期	302 310	15 116	15 300	184	302 126
第2个计息期	302 126	15 106	15 300	194	301 932
第3个计息期	301 932	15 097	15 300	203	301 728
第4个计息期	301 728	15 086	15 300	214	301 515
第5个计息期	301 515	15 076	15 300	224	301 291
第6个计息期	301 291	15 065	15 300	235	301 055

续表

时间	期初本金余额	当期发生的实际利息	当期支付的票面利息	当期偿还的本金	期末本金余额
	A_n	$B_n = A_n * 5\%$	C_n	$D_n = C_n - B_n$	$E_n = A_n - D_n$
第7个计息期	301 055	15 053	15 300	247	300 808
第8个计息期	300 808	15 040	15 300	260	300 548
第9个计息期	300 548	15 027	15 300	273	300 276
第10个计息期	300 276	15 024*	15 300	276	300 000
合计	—	150 690	153 000	2310	—

*含尾差

(五) 会计处理

1. 财务报表项目与会计科目设置

资产负债表的"应付债券"项目反映了资产负债表日应付债券的实际本金。企业为了记录应付债券的增减变动情况设置"应付债券"一级科目。在"应付债券"一级科目下至少设置"面值"和"本金调整"两个二级科目。其中"面值"记录债券的面值,"本金调整"记录实际本金与面值的差额,两个二级科目共同反映了债券的实际本金。

如果债券利息至少一年支付一次,那么每个资产负债表日确定的应付利息就是一项短期债务,计入"应付利息"科目。如果债券利息在债券到期时连本带利一次支付,那么每个资产负债表日确定的应付利息就成了新的本金,是一项长期债务,此时就不能通过"应付利息"这一流动负债科目反映,而是在"应付债券"一级科目下另设"应计利息"二级科目反映。如果设置了"应计利息"二级科目,债券的实际本金就是由包括"应计利息"在内的三个二级科目共同反映的。

2. 会计处理举例

续例10—12。会计等式描述见表10—14。

表10—14

单位:元

资产负债表要素	资产	=负债		+所有者权益
资产负债表项目	货币资金	应付债券	应付利息	未分配利润
资产负债表科目	银行存款	应付债券	应付利息	利润分配
资产负债表明细科目		面值	本金调整	
发行债券	+302 310	+300 000	+2 310	
第一个计息日确认利息费用			+11 463	−11 463(财务费用)
次年确认第一期剩余利息费用			+3 653	−3 653(财务费用)
第一次支付票面利息	−15 300		−184	−15 116
……				
支付面值	−300 000	−300 000		
最终影响	−150 690	0	0	0	−15 0690(财务费用)

(1)2013年3月27日发行债券时,该公司所收到的302 310元是该企业实际承担的本金,一方面"货币资金"项目增加,另一方面"应付债券"项目增加。见表10-14的"发行债券"行。

在会计科目予以记录时,实际取得的现金额与债券面值之间的差额会影响企业未来要承担的利息,记入"本金调整"明细科目。会计分录如下:

借:银行存款　　　　　　　　　　302 310
　　贷:应付债券——面值　　　　　　　　300 000
　　　　应付债券——本金调整　　　　　　2 310

(2)2013年12月31日计息时,如果债券的利息满足资本化条件,计入相应资产的成本中,比如"在建工程"项目,否则计入"财务费用"项目。

从2013年3月27日到2014年3月26日满一整年的实际利息额为15 116元,其中从2013年3月27日到2013年12月31日的实际利息额为11 463元(一年按360天计,一月按照30天计),一方面增加"应付利息"项目11 463元,另一方面增加"财务费用"项目11 463元。见表10-14的"第1个计息日确认利息费用"行。

会计分录如下:

借:财务费用　　　　11 463
　　贷:应付利息　　　　11 463

(3)2014年3月27日支付过去一年的票面利息时,先要确认从2014年1月1日到3月26日的实际利息3653元,一方面增加"应付利息"项目3653元,另一方面增加"财务费用"项目3653元。见表10-14的"次年确认第一期剩余利息费用"行。

编制会计分录如下:

借:财务费用　　　　3 653
　　贷:应付利息　　　　3 653

(4)2014年3月27日按照债券约定,支付利息15 300元给债券持有人,"货币资金"项目减少15 300元,而过去一年实际只有利息15 116元,"应付利息"项目减少15 116元,两者的差额184减少了本金,"应付债券"减少了184元。见表10-14的"第一次支付票面利息"行。

编制会计分录时,本金的变化记入"应付债券——本金调整"。编制会计分录如下:

借:应付利息　　　　　　　　　　15 116
　　应付债券——本金调整　　　　　184
　　贷:银行存款　　　　　　　　　　15 300

(3)、(4)两笔也可以合成一笔:

借:财务费用　　　　　　　　　　3 653
　　应付利息　　　　　　　　　　11 463
　　应付债券——本金调整　　　　　184
　　贷:银行存款　　　　　　　　　　15 300

以后各年资产负债表日计息的会计处理与2013年12月31日的相同,各年3月27日支付利息的会计处理与2014年3月27日支付利息的会计处理相同,金额按照表10-13中给出的当期发生的实际利息与当期支付的票面利息计算。

(5) 2023年3月27日债券到期支付债券面值时,"应付债券"项目已经等于面值。此时,减少货币资金30万元,减少"应付债券"30万元。见表10-14的"支付面值"行。

在会计科目进行记录时,"应付债券——本金调整"的余额已经调整为零,

借:应付债券——面值　　　300 000
　　贷:银行存款　　　　　　　　300 000

债券发行取得现金302 310元,各期支付利息总计153 000、到期偿还本金300 000元,从最终结果看,发行债券承担了筹资成本150 690元,按照实际利率分配进入十年中的每一年。见表10-14的"最终影响"行。

四、面向债务资本提供方的负债的列报

在资产负债表日,短期借款、长期借款和应付债券的实际本金余额,分别列报在资产负债表的"短期借款"、"长期借款"和"应付债券"项目下,金额分别为"短期借款"科目、"长期借款"科目和"应付债券"一级科目的期末余额。在资产负债表日,应付而未付的实际利息,列报在资产负债表的"应付利息"项目下,金额为"应付利息"科目的期末余额。

一个会计期间内,因借款而产生的利息费用,列报在利润表的"财务费用"项目下,金额为"财务费用"科目的本期发生额。

第六节　面向客户的负债

有些企业处于卖方市场,在与客户的竞争中处于有利地位,于是这些企业在向客户销售商品、提供劳务之前就收取了全部或者部分货款或劳务款,从而形成了面向客户的负债——预收账款。比如从2004年到2008年,煤炭市场持续火爆,兖州煤业(股票代码:600188)预收账款占流动负债的比例一直处于10%以上。从2009年开始,受全球经济持续疲软、中国经济增速放缓的影响,煤炭供需形势发生变化,2012年年底,兖州煤业预收账款占流动负债比例为4.8%,2013年中期,该比例更是下降到2%左右。

预收账款因为是向客户收取的,但是又没有向对方销售商品或者提供劳务,所以又称为"预收收入"。企业偿还这种债务的方式相比一般债务较为特殊。偿还一般债务通常要支付现金,而偿还这种债务则是向客户销售商品或提供劳务。所以预收账款这一负债并不会产生现金压力,在评价企业财务风险时,这类负债不仅不像一般负债那样是负面影响因素,相反,负债越多,表明企业从客户那里获取现金的能力越强。

企业在提前从客户那里收取了款项时确认预收账款,金额为实际收到的货币资金额。

资产负债表的"预收款项"项目反映了资产负债表日预收账款的余额。企业在该项目下设置"预收账款"科目,并在该科目下按照客户设置明细科目。从客户预收账款时记入该科目及明细科目的贷方;向客户销售商品提供劳务时,记入该科目及明细科目的借方;期末余额在贷方,表示预先向客户收取的款项。

需要提醒读者的是,当我们描述经济活动以及使用会计科目时,使用"预收账款"这一称谓;当我们提到资产负债表相关负债项目的名称时,使用"预收款项"这一称谓。

【例10-13】 2013年4月1日,甲企业预收客户乙款项100万元。2013年4月15日,甲企业向乙企业销售A商品100件,交易总额为81.9万元,金额为70万元,增值税额为11.9万元。

用会计等式描述见表10-15。

表 10-15

单位:万元

资产负债表要素	资 产 =	负 债 +		所有者权益
资产负债表项目	货币资金	预收款项	应交税费	未分配利润
资产负债表科目	银行账款	预收账款	应交增值税	利润分配
资产负债表明细科目		客户乙		
从客户预收款项	+100	+100		
向客户销售商品		-81.9	+11.9	+70(营业收入)

2013年4月1日,甲企业预收款项时,
 借:银行存款   1 000 000
  贷:预收账款——客户乙 1 000 000
2013年4月15日甲企业销售商品时,
 借:预收账款——客户乙 819 000
  贷:营业收入——A商品 700 000
   应交税费——应交增值税(销项税额) 119 000

如果对某一个客户通常采用预收方式,偶尔采用赊销方式,那么也可以在"预收账款"该客户的明细科目下记录赊销业务。期末与该客户之间究竟是债权还是债务关系,由期末该客户明细科目的余额方向确定:如果是借方余额,表明应收款,属债权;如果是贷方余额,表明预收款,属债务。

【例10-14】 2016年11月1日,甲企业预收客户乙款项150万元。2016年12月15日,甲企业向乙企业销售A商品300件,交易总额为234万元,其中金额为200万元,增值税额为34万元。

2016年12月15日甲企业向乙企业销售时,有85万元属于赊销。这部分赊销金额仍然记录在"预收账款"科目。见表10-16。

表 10-16

单位:万元

资产负债表要素	资 产 =	负 债 +		所有者权益
资产负债表项目	货币资金	预收款项	应交税费	未分配利润
资产负债表科目	银行账款	预收账款	应交增值税	利润分配
资产负债表明细科目		客户乙		
从客户预收款项	+150	+150		
向客户销售商品		-234	+34	+200(营业收入)

编制会计分录如下：
2016年11月1日，甲企业预收款项时，
借：银行存款　　　　　　　　　1 000 000
　　贷：预收账款——客户乙　　　　　1 000 000
2016年12月15日甲企业销售商品时，
借：预收账款——客户乙　　　　2 340 000
　　贷：营业收入——A商品　　　　　2 000 000
　　　　应交税费——应交增值税（销项税额）　34 000

期末，如果"预收账款——客户乙"明细科目的余额为借方，表明向对方销售商品应收取的金额大于已经向对方收取的金额，属于应收账款；如果该明细科目的余额为贷方，表明已经向对方收取的金额大于向对方销售应收取的金额，属于预收账款。

期末，在资产负债表中列报预收账款时，仅将"预收账款"科目下明细科目余额方向在贷方的金额加总后作为预收款项的金额。如果"应收账款"科目下明细科目余额方向在贷方，也属于预收账款（见第三章第二节"应收账款的会计处理"）列报在"预收款项"项目下。

第七节　其他负债

这一节介绍应付股利、其他应付款和预计负债三类非主流负债。

一、应付股利

应付股利，是指企业经股东大会或类似机构审议批准分配的现金股利或利润。企业股东大会或类似机构审议批准的利润分配方案、宣告分派的现金股利或利润，在实际支付前，形成企业的负债。

股东大会或类似机构审议批准利润分配方案后，股东就其应得到的利润享有权利，这种权利的性质与一般债权人的相同：在确定的时间获得确定的经济利益。所以对股东而言，就是一项债权。在第八章和第九章，介绍所获得股权的初始计量金额时，把被投资企业已经宣告但是尚未派发的红利单独作为"应收股权"，而没有计入交易性金融资产、可供出售金融资产和长期股权投资的成本中，就是这个原因。对宣告派发股利的企业而言主，这就是一项负债。

资产负债表的"应付股利"项目反映应付股利。企业设置"应付股利"科目记录应付股利的增减变动。

当股东大会或类似机构审议批准利润分配方案后，"应付股利"项目金额增加，"未分配利润"项目金额减少。见表10-17。

编制会计分录如下：
借：利润分配——未分配利润
　　贷：应付股利

当支付股利时，"货币资金"项目金额减少，"应付股利"项目金额减少。见表10-17。

表 10-17

资产负债表要素	资产	负债	所有者权益
资产负债表项目	货币资金	应付股利	未分配利润
资产负债表科目	银行存款	应付股利	利润分配
股东大会宣告派发股利		增加	减少
支付股利	减少	减少	

会计分录如下：
借：应付股利
　　贷：银行存款

二、其他应付款

其他应付款，是指除应付票据、应付账款、预收账款、应付职工薪酬、应付利息、应付股利、应交税费等以外的其他各项应付、暂收的款项，包含的内容繁杂琐碎。

比如企业代扣代缴员工的个人所得税就属于其他应付款。每月将员工工资总额里包含的个人所得税金额，从"应付职工薪酬"转入"其他应付款"，见例 10-6。当代员工缴纳个人所得税时，"其他应付款"债务解除。

三、预计负债

以上各类负债，企业与债权人之间都有明确的契约关系，清楚地载明债权人、经济利益流出的时间、经济利益流出的金额这三个要件。但是有些交易或事项，很可能导致经济利益流出企业，然而到了资产负债表日，交易或事项的结果还没有最终确定，经济利益流出的时间、金额只能估计，相应的债权人也只是一个模糊的群体。当发生这类交易或事项时，尽管交易的结果还不确定，根据我国《企业会计准则第 13 号——或有事项》的规定，基于谨慎性原则，要确认负债。为了区别于其他有明确债权人、经济利益流出的金额和时间都确定的负债，这类负债称作"预计负债"。

下列交易或事项发生后，可能会产生预计负债。

1.作出了产品质量保证

有些产品制造商，允诺在一定期限内，向客户免费提供保修服务。在会计期末，尽管未来究竟向哪位客户提供保修服务尚不清楚，发生的保修费金额也不确定，但是根据大数定律，企业知道在当期售出的商品中，一定会发生保修支出，保修支出的金额可以根据企业历史数据或行业数据估算，所以要确认预计负债。

2.提供了借款担保

企业为其它企业提供了借款担保，向银行承诺如果借款人到期不能还款，企业代为偿还。在会计期末，倘若估计借款人将来不能还款的可能性很大，即企业将来代为还款的可能性很大，就要确认预计负债。

3.发生了未决诉讼或仲裁

企业因经济纠纷被起诉或被提请仲裁。到会计期末，法院尚未判决，仲裁结果也没有最终确定。如果估计将来很可能向原告赔偿，并且赔偿的金额能够可靠估计，那么就要确认预计负债。

4.承担着环境恢复义务

如果企业的经营管理活动导致周围环境破坏，按照相关法律要求，企业有恢复环境的义务，尽管将来恢复环境要发生多少支出不确定，但是如果能够可靠估计，企业就要确认预计负债。

第五章《固定资产》中固定资产的预计弃置费确认为预计负债，就是这个道理。

预计负债在资产负债表负债部分的"预计负债"项目下列报，也有企业在"其他负债"项目下列报。企业还要在财务报表附注披露预计负债形成原因、金额估计。

本章小结

本章介绍了各类负债形成的原因，并分别介绍了各类负债的确认、计量、会计处理与报告。

经营活动形成的负债不必支付利息。这类负债包括面向供应商的应付账款、应付票据、面向职工的应付职工薪酬和面向税务机关的应交税费。其中面向供应商的应付账款、应付票据最好与第三章的应收账款、应收票据结合起来学习，因为它们反映了同一交易的双方。

筹资活动形成的负债包括短期借款、长期借款以及应付债券。这类负债的共同特点是必须支付利息。根据合同或者债券上载明事项的约定，企业未来在该项债务上产生的现金流出是一定的，于是在该项债务上，每年承担的利率是一定的。这三项负债无论会计处理时使用什么科目，每年计算财务费用以及新的一年债务的本金的方法是一样的。

一、复习思考题

1.负债的本质是什么？
2.负债在资产负债表中如何分类？
3.应付职工薪酬包括哪几类？
4.为什么企业职工人数很多，每年承担的人工成本金额巨大，但是在资产负债表中列示的"应付职工薪酬"负债的占比却很小？
5.国外某些企业养老金采用设定受益计划，当企业面临财务困境（负债金额巨大，企业无法偿还）的时候，工会是影响企业经营前景的重要力量。你如何理解？
6."短期借款、长期借款和应付债券的会计处理原理相同"，你怎样理解这句话？

二、练习题

（一）单项选择题

1.下列项目中，不属于职工薪酬的是（　）。
　　A.职工工资　　　　　　B.职工福利费
　　C.医疗保险费　　　　　D.职工出差报销的火车票
2.应由生产产品、提供劳务负担的职工薪酬，应当（　）。

A.计入管理费用　　　　　　B.计入存货成本或劳务成本
C.确认为当期费用　　　　　D.计入销售费用

3.企业因解除与职工的劳动关系给予职工补偿而发生的职工薪酬,人工成本应该记入（　）项目。
A.管理费用　　　　　　B.财务费用
C.营业外支出　　　　　D.销售费用

4.企业在无形资产研究阶段发生的职工薪酬,应当（　）。
A.计入当期损益　　　　B.计入在建工程成本
C.计入无形资产成本　　D.计入固定资产成本

5.某股份有限公司于2016年1月1日发行3年期、每年1月1日付息、到期一次还本的公司债券,债券面值为200万元,票面年利率为5%,实际利率为6%,发行价格为194.65万元。按实际利率法确认利息费用。该债券2017年度确认的利息费用为（　）万元。
A.11.78　　　B.12　　　C.10　　　D.11.68

6.某股份有限公司于2015年1月1日发行3年期、每年1月1日付息、到期一次还本的公司债券,债券面值为100万元,票面年利率为5%,实际利率为4%,发行价格为102.78万元。按实际利率法确认利息费用。该债券2017年度确认的利息费用为（　）万元。
A.4.11　　　B.5　　　C.4.08　　　D.4.03

7.就发行债券的企业而言,所获债券溢价收入实质是（　）。
A.为以后少付利息而付出的代价　　　B.为以后多付利息而得到的补偿
C.本期利息收入　　　　　　　　　　D.以后期间的利息收入

8.就发行债券的企业而言,债券折价实质是（　）。
A.为以后少付利息而付出的代价　　　B.为以后多付利息而得到的补偿
C.本期利息收入　　　　　　　　　　D.以后期间的利息收入

9.下列税金与企业损益无关的是（　）。
A.城市维护建设税　　　　　　　　　B.消费税
C.一般纳税企业的增值税销项税额　　D.所得税

10.企业收取包装物押金及其他各种暂收款项时,影响（　）项目。
A.营业外收入　　　　　B.其他业务收入
C.其他应付款　　　　　D.其他应收款

11.如果企业预收账款业务比较多,可以设置"预收账款"科目;而预收账款情况不多的企业,也可以将偶然发生的预收款项直接记入（　）科目的贷方,不设"预收账款"科目。
A.应收账款　　　　　　B.预付账款
C.其他应收款　　　　　D.应付账款

12.短期借款利息不会影响下列哪个项目（　）。
A.短期借款　　　　　　B.应付利息
C.财务费用　　　　　　D.银行存款

13.下列事项中,通过"应付股利"项目反映的是（　）。
A.董事会宣告分派的股票股利　　　B.董事会宣告分派的现金股利

C.股东大会宣告分派的股票股利　　　　D.股东大会宣告分派的现金股利

(二)多项选择题

1.下列项目中,属于职工薪酬的有(　　)。
　　A.职工工资、奖金、津贴和补贴　　　B.住房公积金
　　C.工会经费和职工教育经费　　　　　D.因解除与职工的劳动关系给予的补偿
　　E.工伤保险费

2.对于分期付息、一次还本的债券,应于资产负债表日按摊余成本和实际利率计算确定的债券利息,可能借记的会计科目有(　　)。
　　A.在建工程　　　　　　　　　　　　B.制造费用
　　C.财务费用　　　　　　　　　　　　D.研发支出
　　E.应付利息

3.下列项目中,属于职工薪酬的有(　　)。
　　A.业务招待费　　　　　　　　　　　B.非货币性福利
　　C.养老保险费　　　　　　　　　　　D.因解除与职工的劳动关系给予的补偿
　　E.社会保险费

4.在我国会计实务中,生产经营期间为购建固定资产而发生的长期借款利息费用,可能记入(　　)科目。
　　A.在建工程　　　　　　　　　　　　B.财务费用
　　C.长期借款　　　　　　　　　　　　D.长期待摊费用
　　E.应付利息

(三)计算及会计处理题

1.2016年6月,安吉公司当月应发工资2 000万元,其中:生产部门直接生产人员工资1 000万元;生产部门管理人员工资200万元;公司管理部门人员工资360万元;公司专设产品销售机构人员工资100万元;建造厂房人员工资220万元;内部开发存货管理系统人员工资120万元。

要求:用会计等式描述上述与职工薪酬有关的业务,并编制会计分录。

2.按照借款协议,某企业2017年1月1日向银行借入120 000元,期限9个月,年利率8%,借款利息按季支付,到期一次还本。借款时支付手续费500元。

要求:按照简化方式进行会计处理,用会计等式描述借入款项、按月计提息、按季支付利息和到期时归还本金的业务,并编制会计分录。

3.某企业经批准于2017年1月1日起发行三年期面值为100元的债券100 000张,债券年利率为3%,每年12月31日付息,到期时归还本金和最后一次利息。该债券发行收款为9 722 527元,测算出债券实际利率为年利率4%。该债券所筹资金全部用于新生产线的建设,该生产线于2017年12月底完工交付使用。

要求:用会计等式描述该企业从债券发行到债券到期的全部业务并编制会计分录。(答案中的单位以万元表示)

三、财务报表题

1."你的"公司,最近一个年度期末占比最大的负债是什么?你怎样理解这种状况?

2."你的"公司在最近一个年度有短期借款、长期借款或者应付债券吗?当期产生了多少财务费用?财务费用的金额占公司营业利润的比重有多大?

3."你的"公司在最近一个年度期末应付账款与应付票据的余额之和占负债总额比例怎样?期初期末余额变化情况怎样?

4."你的"公司在最近一个年度期末预收账款余额占负债总额比例怎样?期初期末余额变化情况怎样?该公司为什么会有预收账款?

5."你的"公司在最近一个年度期末应付职工薪酬的余额占负债总额比例怎样?期初期末余额变化情况怎样?从报表附注中查看,养老金采用设定收益计划还是设定提存计划?

6."你的"公司有其他负债吗?从附注中看看是什么原因产生了这些负债。

第十一章

所有者权益

> 【学习目标】
> 通过学习本章,你应该:
> 1. 了解公司制企业的特点,掌握公司制企业所有者权益的分类;
> 2. 了解实收资本(股本)的法律意义和经济意义,掌握实收资本(股本)的确认、计量、记录与报告;
> 3. 了解资本公积的形成与用途,掌握资本公积的记录与报告;
> 4. 总结其他综合收益的形成;
> 5. 了解利润分配的法律规定,掌握利润分配的记录与报告;
> 6. 了解盈余公积的形成与用途,掌握盈余公积的记录与报告;
> 7. 了解库存股、股票股利、弥补亏损和专项储备。

引子

公司制,是18世纪最伟大的组织变革。公司的产生,使得千千万万普通民众愿意把辛辛苦苦积攒下的钱交给完全陌生的人管理。于是,社会上零散的资金就被集中起来,由专业人员管理,去做小企业做不了的事。正如马克思在《资本论》里所言:"如果没有公司,现在就没有铁路。"公司制之所以能发挥如此神奇的作用,是因为这种制度将经营风险在股东、债权人和企业管理者之间进行了巧妙安排,并通过《公司法》加以保障。

财务报表中,所有者权益的分类之所以那么复杂,就是为了反映股东、债权人和企业管理层的关系,就是为了体现《公司法》的要求。

第一节 所有者权益概述

一、所有者权益的性质

我国《企业会计准则——基本准则》对所有者权益的定义是:"所有者权益,是指所有者在企业资产中享有的经济利益,其金额为资产减去负债后的余额。"即

所有者权益总额＝资产总额－负债总额

上述公式是会计等式的变形,强调了所有者权益是"剩余权益"。

本书所说的"企业",如果没有特别指明,是指具有法人资格的公司制企业。本书曾经在第一章的第一节和第五节以及第八章的第一节,从时点、期间两个角度细致地分析了公司制企业所有者权益的剩余性质。

本节将进一步分析公司制企业所有者权益的分类。为此,先对非公司制企业所有者权益的性质进行分析,以此为参照,分析公司制企业的组织形式以及公司制企业各类所有者权益的性质。

二、不同组织形式的企业所有者权益

企业的组织形式是企业在工商行政管理机关注册登记时所确定的组织形式。

企业有三种基本组织形式:个人独资企业、合伙企业和公司制企业。

(一)个人独资企业

个人独资企业是这样的经营实体:由一个自然人即业主投资,企业财产为业主个人所有,业主以其个人财产对企业债务承担无限责任。个人独资企业不是独立的法人主体,在法律上它与业主是一体的——企业的经营所得就是业主的个人所得,交纳个人所得税。同理,当企业的到期债务不能偿还时,由业主个人清偿。个人独资企业由于只有一个自然人投资,经营规模通常比较小,因而所有者同时也就是经营者。

在中国的经济生活中,最常见的个人独资企业是个体工商户。

(二)合伙企业

合伙企业与个人独资企业很相近,只是出资人更多,有两个或两个以上,每一个出资人都称作"合伙人"。合伙人之间订立合伙协议,他们共同出资、合伙经营、共享收益、共担风险,并对合伙企业的债务承担无限连带责任。合伙企业也不是独立的法人,不交企业所得税,由合伙人个人交纳个人所得税。当企业的到期债务不能偿还时,由各个合伙人连带清偿。所谓"连带清偿",是指每个合伙人都具有清偿所有债务的义务。合伙人一般也是企业的经营者。

在我国的经济生活中,会计事务所、法律事务所等中介机构,按照相关法律要求,以合伙企业形式存在。

个人独资企业与合伙企业的投资人,既是所有者,也是经营者。所以在这两类企业的资产负债表中,只要设立一个"资本"项目,既反映所有者的投入,又反映经营业绩,就可以了。

(三)公司制企业

相比独资企业与合伙企业,公司制企业对外提供所有者权益方面的信息要复杂得多。这是由公司制企业的特点决定的。

我国《公司法》第一章第三条对公司的定义是:"公司是企业法人,有独立的法人财产,享有法人财产权。公司以其全部财产对公司的债务承担责任。"

该定义有三个层次。

第一,公司不仅是一个组织,而且是一个独立于任何利益相关者的法律主体,既独立享有法定权利,也独立承担法定义务,是一个虚拟的"人"。

第二,公司对所拥有的资产享有法人财产权,即占有、使用、处置和受益权。这种权利在一定层面上独立于股东意志。股东只能通过法定途径表达意志,比如通过股东大会表达是否同意公司董事会提出的经营决策,但是不能直接干预公司经营,比如决定是否处置一项资产。

第三,公司以其全部财产对公司债务承担责任。

公司对其债务承担偿还责任,以全部财产为限。如果动用全部财产仍然不能偿还债务,公司就要宣告破产,不能偿还的部分就依法不再偿还了。这对股东意味着他们所承担的损失以其投入到公司的资本为限,最糟糕的结果无非血本无归,不会像个人独资企业与合伙企业那样,企业不能偿还的债务,要业主或合伙人继续偿还。

公司承担有限债务责任,意味着公司经营失败的风险有一部分转移给债权人了。

相比独资企业和合伙企业,公司制企业的组织安排对资本的拥有者具有更大的吸引力,从而更方便公司制企业从社会筹集资本。从全世界范围看,虽然个人独资企业与合伙企业数量众多,但是就资产以及经济活动的规模,还是以公司制企业为主导。世界上最大的企业,无论从事什么行业,都是公司制企业。

公司制企业大规模的经营,使得经营管理更加专业化、精细化,于是公司制企业设立了严密且分工明确的组织,来进行公司事务的决策和执行。这个组织的结构是:由全体股东共同组成股东大会。股东大会是公司的最高权力机构,负责决定利润分配、增发股票、企业并购等公司重大事项。股东在股东大会上选举产生董事会和监事会。董事会向股东大会负责,执行股东大会的决议,是公司事务的决策机构。监事会是公司的监督机构,负责检查公司财务,并对公司的董事、经理的职务行为进行监督。董事会聘任总经理和副总经理等高层管理者,进行企业的日常经营管理决策。高级管理层再聘请中级管理层以及各级员工执行企业的日常决策。

综上所述,公司制企业相比独资企业和合伙企业,具有以下两个特点:

第一,公司制企业承担有限债务责任,债权人在一定程度上承担了公司经营失败的风险;

第二,公司制企业的所有权和经营权分离,企业的经营由股东委托给管理者进行。

公司制企业的这种制度安排,把股东、债权人和作为公司法定管理者的管理层三类群体的利益绑在了一起。

首先,他们彼此依赖,互惠共生,形成独特的三角关系。一方面,股东和债权人把自己的资本委托给管理层进行管理。管理层如果拥有良好的经营能力,就能使这些资本保值增值。管理层受他人委托经营资本,也能挖掘个人潜力,在为他人创造价值的同时,为个人创造财富。不少卓越的经理人,比如,通用电气的韦尔奇,不仅创造了公司的奇迹,也造就了自己传奇般的人生。第二方面,债权人对股东有依靠。股东是经营管理风险的首要承担者。公司一旦经营恶化,首先亏蚀的是股东享有的那部分权益,债权人权益受到股东权益的保障。第三方面,股东对债权人也有依赖。这不仅因为债权人的利息是固定的,如果管理层创造财富的水平高于利息水平,多出的部分就归股东享有,而且因为债权人为了降低自身风险,对管理层的利己行为也有一定程度的约束,从而与股东的利益相一致。

其次,有信息优势的一方可能会伤害其他利益相关者。在英美国家,由于股权比较分散,没有来自股东的足够的力量约束管理层,管理层可能会利用信息优势伤害股东和债权人的利益。本世纪初,震惊全球资本市场的安然、世通会计舞弊案就是典型的例子。如果是另外一种情形,比如某个股东具有绝对控制权,就可能会串通管理层,伤害债权人和其他中小股东的利益。在中国资本市场上,这样的例子不胜枚举。

为了规范公司的组织和行为,保护公司以及各方利益相关者的合法权益,维护社会经济秩序,各国都制订了《公司法》。

在企业财务报表中对公司制企业的所有者权益进行分类,在很大程度上体现了《公司法》要求下的股东、债权人和管理层之间的经济关系。

三、两类公司制企业:有限责任公司与股份有限公司

无论是有限责任公司,还是股份有限公司,股东仅以其出资额为限对公司承担责任。

(一)有限责任公司

有限责任公司向出资人签发出资证明书。出资人持有出资证明书成为公司的股东。股东投入到公司的资金是永久性的,通常不能抽走,如果想收回资金,只能变卖股权。

公司要设立公司章程。公司章程是对公司重大事项的约定,内容包括公司名称和住所,公司经营范围,公司注册资本,股东的姓名或者名称,股东的出资方式、出资额和出资时间;公司的机构及其产生办法、职权、议事规则,公司法定代表人,等等。股东要在公司章程上签字盖章。如果要修改章程,就要召开股东会,由达到法定比例的股东表决通过。

公司章程中的注册资本,是公司在工商管理部门登记的全体股东认缴的出资额。注册资本金额的多少,在一定程度上反映了公司规模的大小。我国《公司法》规定,有限责任公司注册资本的最低限额为人民币三万元。

有限责任公司的股东人数为1—50人。

(二)股份有限公司

股份有限公司根据设立的方式不同,分为发起式设立与募集式设立两种。发起式设立的特点是,公司的股份全部由事先确定好的少数自然人或者法人即"发起人"认购,不向发起人以外的任何人募集资本。募集式设立的特点是发起人只认购一部分股份,其余股份通过向社会公开发行股票来募集。募集式设立的股份有限公司也称作"公众持有的公司"。

股份有限公司不同于有限责任公司,其区别至少包括以下五个方面。

第一,公司的全部资本划分为等额股份。

公司的全部资本划分为等额股份,每一份称为"一股"。无论持有人是谁,每一股所代表的权利是相等的,这就是所谓"同股同权,同股同利"。这种将全部资本划分为等额股份的化整为零的方式,既能方便筹集资本,也能方便股权交易。

第二,通过发行股票筹集资本。

股票是股份有限公司筹集资本时向股东发行的股份凭证,一股一票,它代表着持有人对股份有限公司所享有的股权。股东所享有的权利的大小,取决于所持有的股份数量占公司对外发行的股份数量的比例。

第三,股票可以自由转让。

股东可以根据个人意愿将所持有的股票在资本市场上转让,转让价格由买卖双方自行确定。股票的可流通性,使得更多的资金拥有者愿意投资给企业,因为一旦他需要资金,就能从资本市场上变现。这也是股份有限公司的规模远远大于有限责任公司的原因。

第四,财务公开。

一般说来,企业的财务状况、经营成果与现金流量信息,是企业经营活动的综合体现,是企业的商业秘密。但是,由于募集式设立的股份有限公司的股东多数是社会公众,为了使股东了解公司的经营情况,以便进行投资决策,公司所编制的财务报告要向社会公布。

第五,我国《公司法》规定,股份有限公司的股东人数最低 2 人,没有上限;最低注册资本为人民币 500 万元。

总而言之,股份有限公司的股权能以股票的形式自由转让,股东人数众多,公司规模巨大。这些特点,加剧了股份有限公司所有权与经营权的分离。用财务报告来解决股份有限公司外部的股东和债权人与内部的管理者之间的信息不对称,意义更为重大。

四、所有者权益的分类

股东既然委托他人管理企业,那么他就想知道,在所有者权益中,有多少是自己投入的,还有多少是受托人为自己赚来的,于是就有必要将所有者权益至少分为两大类,一类是股东投入的,我们称之为"投入资本",另一类是受托人为股东赚来后没有分配给股东,留存在企业的,我们称之为"留存收益"。有些情况下,还会形成第三类所有者权益——其他综合收益。

所有者权益的继续细分化,体现了《公司法》要求下的股东、债权人和管理层三者之间的经济关系。为了体现《公司法》的要求,对外报告时有必要将"投入资本"细分为"实收资本(股本)"与"资本公积"两部分,"留存收益"细分为"盈余公积"和"未分配利润"两部分。

本章第二节介绍投入资本,第三节介绍其他综合收益,第四节介绍利润分配和留有收益,第五节介绍所有者权益的其他问题。

第二节 投入资本

投入资本是由股东投入到企业里的资本,包括实收资本(或股本)和资本公积两部分。实收资本(或股本)是由股东投入的、在工商管理部门注册登记的资本额。资本公积也由股东投入,但是不在工商管理部门登记,属于没有法律名分的投入资本。

一、实收资本(或股本)

(一)注册资本的意义

注册资本是股东认缴的出资额,是开办公司时在工商管理部门登记的重要事项。

1.注册资本的法律意义

任何公司在开办时,都要根据《公司法》的要求,设定注册资本,并由股东缴纳等额的资本。公司法要求,有限责任公司的注册资本不能低于 3 万元,股份有限公司的注册资本不能低于 500 万元。公司法之所以要求公司必须有足够的注册资本,是因为注册资本是股东投入的最原始资本,注册资本越多,债权人的利益就越有保障。有人形象地把注册资本比喻为债权人从高处摔下,垫在地上的保护垫最下面的那一层。注册资本信息是债权人格外关注的会计信息。

股份有限公司的注册资本,被均分为等额的股份,每一股的金额称为"面值"。在我国,绝大多数股份有限公司股票的面值为1元。股票面值与注册资本的数量关系是:

注册资本＝股票面值×公司发行的股份数

面值为1元的公司,有多少注册资本额,就发行了多少股份。

2.注册资本的经济意义

每一位股东在公司享有权利和承担义务的大小,如果是有限责任公司,取决于他认所缴的出资额占公司注册资本额的比例;如果是股份有限公司,则取决于他所认缴的股份数量占公司发行在外股份数量的比例。所以公司的股东也格外关注注册资本信息。

(二)注册资本的变动

随着公司不断发展壮大,需要继续从股东那里筹集资本时,公司的注册资本就要增加。

有些行业,比如矿产资源开采业,在资源开采的后期,业务量不断萎缩,而管理层手头如果又拥有大量闲置资金,却找不到新的投资渠道,就要将现金返还给股东,同时减少注册资本,以免资本在自己手里进一步亏蚀。在这种情况下,公司的注册资本就要减少。股份有限公司通过股票回购再注销的方式来减资。减少注册资本的情况比较少见。

注册资本无论增加还是减少,其变更都要通过法定程序:首先召开股东大会,经达到法定比例的股东表决通过后修改公司章程,然后由股东继续注资或者向股东返还资本,最后在工商管理部门进行变更登记。

(三)实收资本(股本)的会计处理

在资产负债表上,有限责任公司通过"实收资本"项目、股份有限公司通过"股本"项目反映注册资本。为了记录注册资本的增减变化,有限责任公司设置"实收资本"科目,股份有限公司设置"股本"科目。当增加注册资本时,记入该科目的贷方,当减少注册资本时,记入该科目的借方,期末该科目有贷方余额,表示结存的注册资本。"实收资本"科目下按照股东设置明细科目。

股东可以用货币资金出资,也可以用实物、知识产权、土地使用权等财产作价出资。公司法规定,对作为出资的非货币财产应当评估作价,核实财产,不得高估或者低估作价。

【例11-1】 某有限责任公司A是新成立的公司,注册资本为60万元,甲、乙、丙三个股东各认缴20万元。甲以货币资金20万元出资。乙用一批材料出资。这批材料在乙的账面上价值为20万元,经资产评估师评估后,三位股东共同认可的价值为15万元。乙再投入5万元货币资金。乙为该批材料开具的增值税专用发票上注明交易总额为15万元,其中金额128 205.13元,税额为21 794.87元。股东丙投入了一台设备,经资产评估师评估后,三位股东共同认可的价值为20万元。在丙的账面上这台设备原值为30万元,已提折旧15万元。丙向A开具的增值税专用发票注明交易总额为20万元,其中金额为170 940.17元,税额为29 059.83元。

三位股东出资以后,我们所关注的会计主体A公司的实收资本增加了,金额是60万元,另一方面资产也增加了60万元。股东投入的货币资金的确认和计量都很容易,而投入的非货币性资产的确认和计量就要复杂得多。这些非货币性资产的确认和计量,应按照在《存货》、《固定资产》、《无形资产》等章节里已经阐述过的,以A公司各位股东所共同认可的价值计量(除非该价值不公允),与该资产原先在股东的账面价值无关。

A公司接受股东出资,在工商管理部门办理登记手续以后,资产负债表的"货币资金"项目增加了250 000元,"存货"项目增加了128 205.13元,"固定资产"项目增加了170 940.17元,"应交税费"减少了50 854.70元,"实收资本"增加了600 000元;所有者权益变动表的"实收资本"项目增加了600 000元;现金流量表里有现金流入250 000元。见表11-1。

编制会计分录如下:

作如下会计处理:

借:银行存款　　　　　　　　　　　　　　　　250 000
　　库存商品　　　　　　　　　　　　　　　　128 205.13
　　固定资产　　　　　　　　　　　　　　　　170 940.17
　　应交税费——应交增值税(进项税额)　　　　50 854.70
　　贷:实收资本——甲　　　　　　　　　　　　200 000
　　　　　　　　——乙　　　　　　　　　　　　200 000
　　　　　　　　——丙　　　　　　　　　　　　200 000

表 11-1

单位:元

资产负债表要素	资产=			负 债	+所有者权益		
资产负债表项目	货币资金	存货	固定资产	应交税费	实收资本		
资产负债表科目	银行账款	库存商品	固定资产	应交增值税	实收资本		
资产负债表明细科目					甲	乙	丙
接受投资	+25万	+128 205.13	+170 940.17	-50 854.70	+20万	+20万	+20万

【例11-2】 某股份有限公司采用募集方式设立。注册资本为1000万元,股票面值为1元,共发行股票1000万股。发起人甲认缴500万股,以货币资金100万元和投资各方共同认可的价值为400万元的设备出资。发票注明总额为400万元,其中金额为3 418 803.42元,税额为581 196.58元。其余500万股由向社会公众出售,每股发行价格为1元。

该股份有限公司收到股东的出资,办理好公司注册登记手续,请读者参照表11-1,自行用会计等式描述。

编制会计分录如下:

借:银行存款　　　　　　　　　　　　　　　　6 000 000
　　固定资产　　　　　　　　　　　　　　　　3 418 803.42
　　应交税费——应交增值税(进项税额)　　　　581 196.58
　　贷:股本　　　　　　　　　　　　　　　　10 000 000

股份有限公司的股东众多,股东持股的明细情况采用备查账形式记录。

【例11-3】 某有限责任公司丁从事某稀土资源开采已经10余年,目前探明储量已基本开采完毕,公司没有新的开发意图。经股东会表决通过,公司缩减注册资本100万元。公司原有注册资本200万元,其中股东甲出资100万元,股东乙和丙均出资50万元。

丁公司将货币资金返还给三位股东,办理完注册资本变更登记手续,资产负债表的"货币资金"项目减少100万元,"实收资本"项目减少100万。所有者权益变动表的"实收资本"项目减少100万元。现金流量表中有现金流出100万元。

各位股东的减资额记录在明细科目里。编制会计分录如下:

借:实收资本——甲　　500 000
　　　　　　——乙　　250 000
　　　　　　——丙　　250 000
　贷:银行存款　　　　1 000 000

用会计等式描述见表11－2。

表11－2

单位:万元

资产负债表要素	资产＝	负债	＋所有者权益		
资产负债表项目	货币资金		实收资本		
资产负债表科目	银行存款		实收资本		
资产负债表明细科目			甲	乙	丙
股东撤资	－100		－50	－25	－25

股份有限公司的减资方式与有限责任公司的不同。有限责任公司是向数量不多(公司法规定,最多50人)且确定的股东返还资本。股份有限公司的股东数以万计,而且股东还在不断变更,直接面对股东返还资本基本无法做到。只能采用在资本市场回购股票并且加以注销的形式减资。

股票回购见本章第五节《所有者权益的其他问题》。

(四)实收资本(股本)的报告

有限责任公司和股份有限公司分别在资产负债表的"实收资本"项目和"股本"项目,报告资产负债表日公司的注册资本情况,列报金额为"实收资本"或"股本"科目的本期期末余额。

注册资本在当期的增减变动情况,通过所有者权益变动表的"实收资本(股本)"项目反映。

由于历史原因,我国很多股份有限公司的股权性质复杂,有国有股、国有法人股、非国有法人股、自然人持股等之分。在过去很长时期内,非自然人持股不能通过资本市场流通。从2005年开始,我国资本市场进行了为期三年的股权分置改革,限售股份的流通逐步得以放开。股份有限公司不同股权性质的分布情况,以及限售股份的解禁情况,在财务报表附注中披露。

二、资本公积

资本公积是公司的所有者投入的资本中超出注册资本的部分。

（一）资本公积形成的原因

资本公积，就字面意思，有两个含义。其一，是一种"公积金"，为所有股东共同享有；其二，来源于"资本"，与股东有关，与管理层无关。资本公积，顾名思义，就是由股东投入的、为全部股东共同享有的资本。具体说来，就是由股东投入的资本中超出其所认缴的注册资本份额或者超出其所认缴的股份面值的部分。

那么在什么情况下，股东愿意超出所认缴的注册资本份额而多投资呢？多出的部分岂不白白"充公"？

下面举一例说明。

【例11-4】 续本章例11-1。经过一年的经营，A公司赚取利润12万元，拿出6万元向股东派发现金股利。甲、乙、丙三位股东各得2万元。此时，每位股东享有的所有者权益的金额为22万元。其中20万元是认缴的注册资本，另2万元是留存收益。第四位投资者丁看到A公司很有前途，也愿意认缴20万元的份额，取得与甲、乙、丙三位股东同等的权利。那么丁所投入的资产的价值应该是多少？

如果丁像三位老股东一样，也投入价值20万元的资产，取得与他们同等的权利，一般说来，这三位老股东不愿意，因为在丁投资20万元之后，每位老股东享有的份额就从原先的22万元降低到21.5万元，而丁至少要投入22万元，才不至于在投资后稀释老股东的利益。通常情况下，丁投入的资本要超过22万元。这样做的合理性在于，公司经营初期股东承担的风险要比公司稳步经营后股东承担的风险大。公司经营初期，产品需要研发，市场需要开拓，与供应商的关系需要维护，企业内部管理制度需要建立，员工与员工之间需要磨合，等等，企业经营失败的可能性比较大。于是在公司经营纳入正轨以后，新股东就要对老股东做些补偿。当然，丁究竟投入多少资产才能取得想认缴的份额，还要由新老股东共同谈判确定。如果一个公司急需资金，渴望新股东加入，那么老股东甚至愿意放弃一部分已享有的利益给新股东，以图未来得到更多。在这种情况下，丁投入的资产只要达到20万元就可以了。

总之，新股东之所以愿意在所认缴的注册资本之外投入更多的资本，是因为一方面老股东在所认缴的注册资本之外，享有留存收益，另一方面，要对老股东曾经承担的风险作一定补偿。

（二）资本公积的用途

从股东与管理层之间的关系看，附加缴入的资本，与注册资本无异，都是股东委托管理层经营的资本，都属于投入资本，只是没有法律名分而已。这部分资本可以通过法定程序转增注册资本，这种程序称作"资本公积转增资本（股本）"。新转增的注册资本，被全体股东分享，分享比例为每个股东在原注册资本中享有的份额。所以，附加缴入的资本转增资本（股本）前后，股东享有权益的比例没有变化。这种行为只是使没有法定名分的资本获得了法定名分而已，它既不影响股东与管理层之间的关系，也不影响股东与股东之间的关系。

从资本公积转增资本的过程中，我们再次体会到"资本公积"的本来含义：为所有股东共同享有的投入资本。

（三）资本公积的会计处理

资产负债表的"资本公积"项目反映资本公积情况。为了记录资本公积的增减变动，设置"资本公积"科目，当资本公积增加时，记在该科目贷方，减少时记在该科目借方，期末余额在贷方,表示期末结存的资本公积。

【例 11-5】 资料见例 11-4。股东丁投入货币资金 24 万元认缴 20 万元的份额。

A 公司修改公司章程,办理完相关资产的过户手续,并在工商管理部门办理注册资本变更登记手续以后,资产负债表的"货币资金"项目增加 240 000 元,"实收资本"项目增加 200 000 元,"资本公积"项目增加 40 000 元;在所有者权益变动表中,"实收资本"项目增加 200 000 元,"资本公积"项目增加 40 000 元;现金流量表里报告现金流入 240 000 元。

见表 11-3"丁投入资本"行。

作如下会计处理:

借:银行存款　　　　　　　　　240 000
　　贷:实收资本——丁　　　　　　200 000
　　　　资本公积——资本溢价　　　 40 000

【例 11-6】 续例 11-5,A 公司经股东会表决通过,决定将现有资本公积 4 万元转增资本。

修改公司章程,并在工商管理部门办理完注册资本变更登记手续以后,资产负债表"实收资本"项目增加 40 000 元,"资本公积"项目减少 40 000 元;在所有者权益变动表中,"实收资本"项目增加 40 000 元,"资本公积"项目减少 40 000 元,利润表和现金流量表不受影响。

该笔业务用会计等式描述如表 11-3"资本公积转增实收资本"行。

表 11-3

单位:万元

资产负债表要素	资产	=负债	+所有者权益					
资产负债表项目	货币资金		实收资本				资本公积	未分配利润
资产负债表科目	银行存款		实收资本				资本公积	未分配利润
资产负债表明细科目			甲	乙	丙	丁	资本溢价	
之前重要项目的余额	***	***	20	20	20		0	6
丁投入资本	+24					+20	+4	
资本公积转增实收资本			+1	+1	+1	+1	-4	

见表 11-3"资本公积转增实收资本"行。

编制会计分录如下:

借:资本公积——资本溢价　　　 40 000
　　贷:实收资本——甲　　　　　　10 000
　　　　　　　　——乙　　　　　　10 000
　　　　　　　　——丙　　　　　　10 000
　　　　　　　　——丁　　　　　　10 000

从表中看出,资本公积转增实收资本,所有者权益总额没有发生变化,同时每位股东新增的股份数按照各自原先持有的比例计算,股东在所有者权益中享有的比例也没有发生变化。总额不变,分配比例不变,股东享有的财富并不随着资本公积转增实收资本发生变化。

【例 11-7】 B 股份有限公司成立两年以后，由于公司发展需要，向社会公众增发股份 1000 万股。每股面值 1 元。发行价格 5 元/股。不考虑发行手续费。

社会公众每买一股，投入的金额超过其所认缴的注册资本额即面值的部分，就是附加缴入资本。请读者参照表 11-3 自行用会计等式描述这笔业务。

对股份有限公司而言，股东附加缴入的资本记入"资本公积——股本溢价"明细科目。编制会计分录如下：

借：银行存款　　　　　　　5 000 000
　　贷：股本　　　　　　　　　　1 000 000
　　　　资本公积——股本溢价　　4 000 000

如果股份有限公司将股本溢价转增股本，首先要经股东大会表决通过，修改公司章程，然后发行股票，最后到工商管理部门办理变更登记手续。资本公积转增股本以后，每位股东持有的股份数随公司增发股份数成比例增加，但是每位股东在公司享有的份额不变。

（四）资本公积的报告

资本公积的期末数要列报在资产负债表的"资本公积"项目下，金额为"资本公积"科目的本期期末余额。资本公积的本期增减变动数要列报在所有者权益变动表中。

第三节　其他综合收益

一、其他综合收益的性质

企业发生的大部分利得和损失是企业非日常经济活动带来的，通常与企业的经营行为有关，计入利润表，形成当期损益。但是，也有一些利得不是管理者经过努力得到的，而有一些损失，也是管理者无法控制的。这些利得和损失若计入当期损益，会歪曲管理层的业绩。例如，可供出售金融资产期末用公允价值计量，公允价值变化所带来的变动额，是由资本市场引起的，而且管理层并没有意图赚取这个价差。这些利得或损失称作"其他综合收益"，以区别于计入利润表当期损益的利得或损失。它和企业的经营成果一起构成综合收益，成为股东因素之外所有者权益的变化因素。

二、形成其他综合收益的交易和事项

引起其他综合收益的情形有：

(1) 以公允价值计量的可供出售金融资产期末公允价值的变动。如例 8-14。

(2) 公司资产进行内部转换，转换前后因计量属性不同所产生的差异。如例 7-20。

(3) 对联营企业或合营企业进行长期股权投资的投资企业，如果联营企业或合营企业由于上述原因产生了其它综合收益，一方面调整长期股权投资的账面价值，另一方面产生本公司的其它综合收益。如例 9-2。

(4) 上述资产价值变化会继续产生连带反应：使递延所得税资产或者递延所得税负债发生变化，而递延所得税资产或者递延所得税负债的变化又会带来所有者权益的变化，这部分所有者权益的变化也属于其它综合收益。

(5) 设定收益计划下,重新计量净负债或净资产所引起的变动。

三、其他综合收益的分类

在上述前四种情形下,与其他综合收益相关的资产变现后,该资产过去由于资本市场价格波动而产生的其他综合收益就以现金的形式体现出来了,于是过去形成的其他综合收益此时就应该转入利润表,以体现管理层的业绩。这几种情形产生的其他综合收益都称作"能够重分类进损益的其他综合收益"。本书例7—27分解阐述了因投资性房地产与自有房地产的转换而形成的其他综合收益及其转出问题;例8—14阐述了以公允价值计量的可供出售金融资产因公允价值的变动而产生的其他综合收益及其转出问题;例9—10阐述了投资企业对合营联营企业投资,因被投资企业产生了其他综合收益,从而投资企业亦形成其他综合收益及其转出问题。此处不再就相关内容赘述。

第五种情形产生的其他综合收益,称作"不能重分类进损益的其他综合收益"。

四、其他综合收益的报告

其他综合收益的期末余额报告在资产负债表的"其他综合收益"项目。其他综合收益的当期变动额报告在所有者权益变动表的"其他综合收益"项目中,同时在利润表的"其他综合收益"项目中详细报告引起其他综合收益变动的原因。

第四节 利润分配与留存收益

留存收益是企业的管理层为股东赚来的利润向股东分配后,留存在企业的部分。关于利润的会计处理问题,我们将在第十二章讲述。本节介绍利润的分配问题,以及分配后留存收益的会计处理问题。

一、利润分配——《公司法》要求下的企业财务行为

对企业经营活动所赚取的利润进行分配,涉及到管理层与股东、股东与债权人以及股东与股东之间的经济关系,是企业财务活动的重大问题。为了维护公平公正的社会秩序,保障企业健康发展,我国《公司法》对公司的利润分配作了规定。

《公司法》第一百六十七条规定,公司分配当年税后利润时,应当提取利润的百分之十列入公司法定公积金。公司从税后利润中提取法定公积金后,经股东会或者股东大会决议,还可以从税后利润中提取任意公积金。公司弥补亏损和提取公积金后所余税后利润,有限责任公司按照股东的出资比例分配红利,股份有限公司按照股东持有的股份比例分配红利。

公司法的上述规定有四个要点。

第一点,公司必须从当年税后利润中提取10%的法定公积金。

从利润中提取的公积金像资本公积一样,为所有股东共同享有,只不过它是从利润中提取的,所以会计上将其称为"盈余公积"。法律强制规定提取的盈余公积称为"法定盈余公积"。提取法定盈余公积,意味着这一部分利润留存在企业不再向股东分配了。《公司法》之所以对盈余公积的提取做出刚性规定,就是为了保护债权人的利益,使得债权人在公司的注

册资本之外又得到一层保障。

第二点，公司自行决定是否提取任意盈余公积。

任意盈余公积的提取比例由公司股东（大）会表决通过，代表了大多数股东的意愿。任意盈余公积的提取，意味着股东愿意将这部分利润像自己原先投入的资本一样，委托给管理层经营。所以，任意盈余公积的提取也意味着限制了向股东进行分配，只不过这种限制是股东自愿接受的。

第三，向股东派发红利，并不意味着将提取盈余公积后当年净利润的剩余部分全部派发，通常只派发其中的一部分。究竟派发多少，既受到公司现金流的影响，也受到公司红利分配政策和股东意愿的影响。

提取法定盈余公积和任意盈余公积以及向股东分配利润之后，剩余未分配的利润称作"未分配利润"，可留待以后继续分配。未分配利润在分配之前留存在企业，是留存收益的组成部分。如果企业每年都有未分配的利润，那么随着时间推移，未分配利润会越积越多。

第四，每位股东分享的红利多少，取决于它在注册资本中所认缴的资本额。对股份有限公司的股东而言，则取决于他所认缴的股份数额。股份有限公司为了方便每位股东计算自己应领取的红利额，派发红利都以每股为单位。

二、留存收益的性质与用途

留存收益是管理层为股东赚取的利润中，经过利润分配后留存在企业的部分。留存收益包括按照公司法要求和股东大会决议提取的盈余公积和未分配利润两部分。

（一）盈余公积

盈余公积从净利润中提取，为所有股东共同享有，所以称为"盈余公积"。盈余公积按照来源，分为法定盈余公积和任意盈余公积两种。

公司法规定了法定盈余公积的用途：用以转增资本（股本）和弥补亏损。

1. 法定盈余公积转增资本（股本）

法定盈余公积既然为全体股东所分享，那么就可以给予其"名分"——转为注册资本。新增的注册资本，由每位股东按照原先享有的份额分享。与资本公积转增资本（股本）一样，盈余公积转增资本（股本）后，公司所有者权益总额不变，每位股东享有的份额也没有变化。盈余公积转增资本（股本），也要经过法定变更程序。

2. 法定盈余公积弥补公司亏损

法定盈余公积既然是以前盈余的结余，那么当公司发生亏损以后，就能以丰补歉。

任意盈余公积是经股东（大）会表决通过，股东自愿从净利润中提取留在企业的部分。任意盈余公积可以转增资本，也可以用以弥补亏损。

（二）未分配利润的性质

未分配利润是没有明确去向的留存收益。它与盈余公积的本质区别是，盈余公积已经确定留存在企业里将来不向股东分配，而未分配利润则将来有可能从中提取任意盈余公积，也有可能向股东分配。

三、利润分配与留存收益的会计处理

资产负债表的"盈余公积"和"未分配利润"项目反映了企业留存收益的情况。为了记录留存收益的增减变化,要设置两个科目。

第一,设置"利润分配"科目记录利润的分配过程。为了方便编制所有者权益变动表,应当分别设置"提取法定盈余公积"、"提取任意盈余公积"、"应付现金股利或利润"、"转作股本的股利"、"盈余公积补亏"和"未分配利润"等二级科目。

在以上二级科目中,除了"未分配利润"以外,其余二级科目类似于利润表科目,只反映变动数,期末要进行结转,结转后无余额。而"未分配利润"二级科目,性质上属于资产负债表科目,既要登记利润的分配情况,也反映利润分配后的结余情况。

第二,设置"盈余公积"科目记录盈余公积的提取、使用和结余情况,并在该科目下设置"法定盈余公积"和"任意盈余公积"两个二级科目。

【例11—8】 甲公司2015年开业,2015年实现净利润150万元,提取法定盈余公积15万元。2016年3月经股东大会决议,提取任意盈余公积20万元,分派现金股利70万元。2016年实现税后利润200万元,提取法定盈余公积20万元。

用会计等式描述上述业务,见表11-4。

表11-4

单位:万元

资产负债表要素	资产	=负债	+所有者权益					
资产负债表项目		应付股利	盈余公积		未分配利润			
资产负债表科目		应付股利	法定盈余公积	任意盈余公积	利润分配			本年利润
资产负债表二级科目					未分配利润	提取法定盈余公积	提取任意盈余公积	应付现金股利	
之前重要项目的余额	***	***	***	***	***	0	0	0	150
2015年末结转本年利润	*				+150				-150
2015年末提取法定盈余公积			+15			-15			
2015年末内部结转					-15	+15			
2016年3月提取任意盈余公积,宣告派发现金股利		+70		+20			-20	-70	
2016年度内发生影响损益的业务	增减								+200
2016年末结转本年利润					+200				-200
2016年末提取法定盈余公积	*		+20			-20			
2016年末内部结转					-110	+20	+20	+70	

(1)2015年末实现净利润150万元,从资产负债表项目层面看,一年内由于收入增加了未分配利润、费用减少未分配利润,"未分配利润"项目一年内自然增加了150万元。

但是在会计科目层面,由于会计年度内收入和费用都记录在利润表科目里(方便确定利润表各项目的金额),并没有记录在与"未分配利润"有关的会计科目里,所以年底先要把各收入费用科目的金额转入"本年利润"科目,再由"本年利润"科目转入与"未分配利润"有关的科目——"利润分配",见表11-4"2015年末结转本年利润"。

结账时,将"本年利润"中的净利润结转至"利润分配——未分配利润"。

借:本年利润　　　　　　　　　　　　1 500 000
　贷:利润分配——未分配利润　　　　　　　1 500 000

(2)2015年末,根据《公司法》要求提取法定盈余公积时,资产负债表的"盈余公积"项目增加15万元,"未分配利润"项目减少15万元;所有者权益变动表中"盈余公积"项目增加15万元,"未分配利润"项目减少15万元;利润表和所有者权益变动表都不受影响。见表11-4"2015年末提取法定盈余公积"。

提取盈余公积时,理论上可以直接记入"利润分配——未分配利润"的借方。但实务中设置"利润分配——提取法定盈余公积"二级科目,先记入该二级科目的借方,期末再转入"利润分配——未分配利润"二级科目的借方,这样可以方便编制所有者权益变动表的"利润分配"部分。

借:利润分配——提取法定盈余公积　　　150 000
　贷:盈余公积——法定盈余公积　　　　　　150 000

(3)2015年末,将"利润分配——提取法定盈余公积"的余额结转至"利润分配——未分配利润",见表11-4"2015年末内部结转"行。

借:利润分配——未分配利润　　　　　　150 000
　贷:利润分配——提取法定盈余公积　　　　150 000

2015年末,"利润分配"一级科目余额为135万元,这就是2015年末资产负债表"未分配利润"项目的金额。

(4)2016年3月,根据股东大会决议,提取任意盈余公积和分派股利,"利润分配"项目减少,"盈余公积"项目增加,"应付股利"项目增加,见表11-4"2016年3月提取任意盈余公积,宣告派发现金股利"行。

借:利润分配——提取任意盈余公积　　　200 000
　贷:盈余公积——任意定盈余公积　　　　　200 000
借:利润分配——应付股利　　　　　　　700 000
　贷:应付股利——应付普通股股利　　　　　700 000

(5)2016年年末,结转净利润时,见表11-4"2016年末结转本年利润"行。

借:本年利润　　　　　　　　　　　　2 000 000
　贷:利润分配——未分配利润　　　　　　2 000 000

(6)提取2016年末,根据公司法要求提取法定盈余公积时,见表11-4"2016年末提取法定盈余公积"行。

借:利润分配——提取法定盈余公积　　　200 000
　贷:盈余公积——法定盈余公积　　　　　　200 000

(7)2016年末,结转"利润分配"二级科目余额,见表11-4"2016年末内部结转"行。

借:利润分配——未分配利润　　　　　　1 100 000
　贷:利润分配——提取法定盈余公积　　　　200 000
　　　　　——提取任意盈余公积　　　　　200 000
　　　　　——应付现金股利　　　　　　　700 000

2016年末,"利润分配"一级科目的余额为225万元,这就是2016年末资产负债表"未分配利润"的余额。

【例11-9】 某股份有限公司经股东大会表决通过,将1000万元的法定盈余公积转增股本,办理完相关的法定手续以后,该公司作如下会计处理:

见表11-5。

表11-5

单位:万元

资产负债表要素	资产=	负债	+所有者权益	
资产负债表项目			股本	盈余公积
资产负债表科目			股本	盈余公积
资产负债表明细科目				法定盈余公积
盈余公积转增股本			+1000	-1000

资产负债表中"股本"项目增加1000万元,"盈余公积"项目减少1000万元;所有者权益变动表中,"股本"项目增加1000万元,"盈余公积"项目减少1000万元;利润表和现金流量表不受影响。

编制会计分录如下:

借:盈余公积——法定盈余公积　　　10 000 000
　　贷:股本　　　　　　　　　　　　　　10 000 000

四、利润分配与留存收益的报告

资产负债表的"盈余公积"和"未分配利润"项目,分别报告资产负债表日盈余公积和未分配利润的余额。"盈余公积"项目的余额来自"盈余公积"科目期末余额,而"未分配利润"项目的余额,则来自"利润分配——未分配利润"二级科目的期末余额。

一个会计期间内,由新增利润、利润分配以及所有者权益内部结转等引起的留存收益的变动情况,在所有者权益变动表的列报。

利润分配事项以及所有者权益内部增减变动事项的细节,在财务报表附注中披露。

利润分配属于公司重大事项,上市公司往往在董事会拟定利润分配预案以及股东大会通过利润分配方案以后,采用不定期报告的形式单独将这些事项向社会公众披露。

第五节　所有者权益的其他问题

一、库存股

(一)库存股的形成

库存股是公司管理层从资本市场购入的在一定时间内持续持有的本公司股票。从资本市场购入本公司股票的行为称为"股票回购"。股票回购主要有以下目的,一是注销股票,二是在公司股票价格持续下跌的情况下,进行托市;三是将购回的股票今后采用一定形式奖励给公司员工,尤其是公司高级管理人员和核心技术人员。其中,基于第二种目的的回购行为在我国被禁止。按照目前我国证券市场的监管政策,只允许回购股票用于注销股本或股权激励。股票从回购以后到注销或者奖励给员工之前这个时期,就形成了库存股。

《公司法》第一百零四条规定,"公司持有的本公司股份没有表决权"。《公司法》第一百六十七条规定,"公司持有的本公司股份不得分配利润"。这说明库存股不享有股权的相应权利。公司回购股票,形成库存股,尽管股本总数不变,但是实际享有公司所有者权益的股份数却减少了,只有发行在外的股份才真正享有股权。

公司发行在外的股份数＝公司实际发行的股份数－库存股数

（二）库存股的计量

库存股以回购股票的成本计量。

（三）库存股的会计处理

资产负债表的"库存股"项目反映库存股的情况,该项目是"资本公积"的备抵项目。企业应设置"库存股"科目记录库存股的增减变化。当回购股票时,所有者权益减少,借记该科目,当注销或者奖励员工时,贷记该科目。

【例11－10】 某股份有限公司A从事的行业日薄西山,公司业务量不断缩减。经股东大会表决通过,缩减注册资本1000万股。2016年3月公司以每股3元的价格从证券市场上回购本公司股票1000万股。2016年6月销毁这些股票并在工商管理部门办理变更登记手续。

用会计等式描述见表11－6。

表11－6

单位:万元

资产负债表要素	资产＝	负债	＋所有者权益		
资产负债表项目	货币资金		股本	资本公积	库存股
资产负债表科目	银行存款		股本	资本公积	库存股
回购股票	－3000				－3000
注销股票			－1000	－2000	＋3000

（1）2016年3月A公司的股份以3000万元回购本公司股票,形成了3000万元的库存股。资产负债表的"货币资金"项目金额减少3000万元,"库存股"项目金额减少3000万元;所有者权益变动表中,"库存股"项目金额减少3000万元;现金流量表中报告现金流出3000万元。见表11－6"回购股票"行。

编制会计分录时,增加的库存股记录在"库存股"科目的借方。

借:库存股　　　30 000 000
　贷:银行存款　　30 000 000

（2）注销库存股时,由于库存股以当时的购入成本计量,往往超过股票的面值,若超出,那么在冲减"股本"项目之后,超出部分冲减"资本公积"项目,资本公积若不足,冲减"盈余公积"项目。

2016年6月A股份有限公司回购股票后加以注销,在资产负债表上,"库存股"项目增加至零,"股本"减少1000万元,"资本公积"减少2000万元。见表11-6"注销股票"行。

编制会计分录如下:

借:股本　　　　　10 000 000
　　资本公积　　　20 000 000
　　贷:库存股　　　　　　30 000 000

【例11-11】 某公司为了执行股权激励计划,从证券市场回购本公司股票100万股,回购成本10元/股。

编制会计分录如下:

借:库存股　　　　10 000 000
　　贷:银行存款　　　　　10 000 000

当公司实施股权激励计划将库存股奖励给公司员工时,相应的会计处理与公司制定的股权激励的具体方案有关,本书不展开阐述。

(四)库存股的报告

在资产负债表日,企业如果有结存的库存股,那么就在"资本公积"项目下单独列报"库存股"项目,对资本公积进行抵扣。如果当期库存股有增减变动,就列报在所有者权益变动表中。资产负债表中的"库存股"项目所对应的股份数,在财务报表附注中披露。

二、派发股票股利

派发股票股利就是送红股,是一种向股东分配利润的方式。与派发现金股利相同的是,派发股票股利,也是将企业经营管理活动赚取的净利润派发给股东,也是由董事会制定分红预案,提交股东大会审议通过后执行。与派发现金股利不同的是,派发股票股利,是以股票而非现金形式分配利润,公司要实施变动股本的法定程序,包括修改公司章程中的股本金额,印制股票,在工商管理部门进行变更登记。派发股票股利,说到底,就是将净利润以股本的形式留在公司,相当于股东将这部分利润与其当初投入的资本一样,委托给管理层了。

派发股票股利,所有者权益总额没有发生变化,尽管每位股东手头持有的股份数增加了,但是由于每位股东是按原持有的股份数的比例增持的,即每位股东在公司所享有的股权比例并没有因为取得股票股利而发生变化,所以从结果看,每位股东享有的权益份额并没有因为派发股票股利而发生改变。这与资本公积转增股本、盈余公积转增股本对股东的影响是一样的。

股票股利在理论上有两种计量方法。一种以股票的市价计量,另一种以股票的面值计量。在美国,通行的做法是,如果大比例送股,即每10股送2股甚至更多,由于市场上股票的供应数量急剧增加,股价不稳定,就以股票面值计量;如果送股比例小于每10股送2股,就以市价计量。我国会计实务的做法是以面值计量。

企业应设置"利润分配——转做股本的普通股股利"二级科目,对派发股票股利进行会计处理。

会计分录是:

借:利润分配——转做股本的普通股股利
　　贷:股本

年末,"利润分配——转做股本的普通股股利"的余额也要转入"利润分配——未分配利润",以便确定期末的未分配利润数。

派发股票股利,在"所有者权益变动表"中列报。"未分配利润"项目减少,"股本"项目增加。

三、弥补亏损

亏损,与盈利相对,是一个会计期间的不利经营结果。它意味着,与期初相比,未分配利润减少了。亏损,可能说明管理层经营不善,也可能说明公司所处的经营环境恶劣。

"弥补亏损",并不是要股东再次出资把这个窟窿补上,它只是一种满足公司法要求的会计处理方式。

《公司法》第一百六十七条规定,"公司的法定公积金不足以弥补以前年度亏损的,在依照前款规定提取法定公积金之前,应当先用当年利润弥补亏损。公司弥补亏损和提取公积金后所余税后利润,可以向股东分配。"这条规定的意思是,当未分配利润余额为负数时,产生了要弥补的亏损。当累计提取的法定盈余公积不足以弥补亏损,即当留存收益总额为负时,不能向股东分配。公司法如此规定的宗旨是进行资本保全,利润分配只能在资本保全之后进行,以保障债权人的权益。

按照上述规定,当"未分配利润"项目的余额为负数时,要用已经提取的法定盈余公积弥补亏损,如果不足弥补,用以后年度的净利润弥补。用法定盈余公积弥补亏损要实施会计处理程序,而用以后年度的净利润弥补亏损,不必实施专门的会计处理程序,它是将净利润结转至"利润分配——未分配利润"二级科目的自然结果。

用盈余公积弥补亏损,需要通过法定程序。首先由董事会提出预案,然后报经股东大会通过,最后再进行会计处理。进行会计处理时,要设置"利润分配——盈余公积弥补亏损"二级科目。

【例 11-12】 2015 年末,某股份有限公司"利润分配——未分配利润"二级科目有借方余额 500 万元。2016 年 5 月,经股东大会表决通过,用盈余公积余额 300 万元弥补亏损。2016 年度,公司实现净利润 600 万元,扣除未弥补的亏损 200 万元,可供分配的利润为 400 万元,按照 10% 提取法定盈余公积 40 万元。

用会计等式描述的结果见表 11-7。

(1)2016 年 5 月,根据股东大会的决议用盈余公积弥补亏损,资产负债表的"盈余公积"项目减少 300 万元,"未分配利润"项目增加 300 万元,余额为 -200 万元;所有者权益变动表上"盈余公积"项目减少,"未分配利润"项目增加;利润表和现金流量表不受影响。见表 11-7"2016 年 5 月盈余公积弥补亏损"行。

此时"未分配利润"项目所对应的二级科目是"利润分配——盈余公积弥补亏损。"编制会计分录如下:

借:盈余公积——法定盈余公积　　　3 000 000
　　贷:利润分配——盈余公积弥补亏损　　3 000 000

上述会计分录过账之后,"利润分配"一级科目余额为借方 200 万元。

(2)2016 年底,结转 2016 年的净利润。从资产负债表项目层面看,一年内由于收入增加了未分配利润、费用减少了未分配利润,"未分配利润"项目一年内自然增加了600万元,余额为400万元。见表11-7"2016年末结转本年利润"行。

表11-7

单位:万元

资产负债表要素	资产	=负债	+所有者权益				
资产负债表项目			盈余公积		未分配利润		
资产负债表科目			盈余公积		利润分配		本年利润
资产负债表明细科目			法定盈余公积	任意盈余公积	未分配利润	提取法定盈余公积	盈余公积补亏
2015年底重要项目的余额	***	***	300	***	-500		
2016年5月盈余公积弥补亏损			-300				+300
2016年度影响损益的业务	增减	增减					+600
2016年末结转本年利润					+600		-600
2016年末提取法定盈余公积			+40		-40		
2016年末利润分配内部结转					+260	+40	-300

但是在会计科目层面,由于会计年度内收入和费用都记录在利润表科目里,所以年底先要把各收入费用科目的金额转入"本年利润"科目,再由"本年利润"科目转入与未分配利润有关的科目:"利润分配——未分配利润"二级科目。

会计分录如下:

借:本年利润　　　　　　　　　　6 000 000
　　贷:利润分配——未分配利润　　　　6 000 000

结转后"利润分配"一级科目余额为贷方400万元。

(3)2016年底,计提法定盈余公积40万元,资产负债表的"盈余公积"项目增加40万元,"未分配利润"项目减少40万元,余额为360万元;所有者权益变动表的"盈余公积"项目增加40万元,"未分配利润"项目减少40万元;利润表和现金流量表不受影响。见表11-7"2016年末提取法定盈余公积"行。

编制会计分录如下:

借:利润分配——提取法定盈余公积　　400 000
　　贷:盈余公积——法定盈余公积　　　　400 000

"利润分配"一级科目余额为360万元。

(4)2016年末"利润分配"二级科目之间结转,资产负债表和所有者权益变动表均不受影响。会计科目层次,将"利润分配——盈余公积弥补亏损"、"利润分配——提取法定盈余公积"二级科目的余额转入"利润分配——未分配利润"二级科目。见表11-7"2016年末利润分配内部结转"行。

借:利润分配——盈余公积弥补亏损　　3 000 000
　　贷:利润分配——未分配利润　　　　　2 600 000
　　　　利润分配——提取法定盈余公积　　400 000

2016年末,"利润分配"一级科目余额为360万元,除了"未分配利润"二级科目有余额360万,其余二级科目余额全都结转为零。

四、专项储备

有些安全生产要求高的行业,比如炼钢、发电行业,除了前述各个所有者权益项目以外,还有一个特别的项目——"专项储备"。该项目与股东投入无关,与管理层绩效无关,同时也不是其他综合收益,而是一个纯粹会计原因形成的且带有中国特色的项目。

安全生产要求高的行业,会有安全生产设备的投入,这些设备投入发生的支出是资本化支出。从原理上讲,应该随着这些设备的使用,通过计提折旧的方式在利润表上产生相应费用或者增加在产品的成本。但是在我国的长期实践中,人们是这样处理的:

第一,不考虑是否有安全生产设备,也不考虑这些设备是否投入使用,在每个会计期间末,均按照一定比例计提安全生产费:一方面计入在产品的成本或者利润表中的当期费用,一方面形成所有者权益类的专项储备。见表11-8"各期计提安全储备"行。

第二,当购置安全设备时,按照购置固定资产的惯常处理方式进行处理。见表11-8"购置安全生产设备"行。

第三,计提安全设备折旧时,一方面计提折旧,另一方面冲减已经形成的专项储备。见表11-8"安全生产设备计提折旧"行。

第四,当发生重大安全事故时,带来的损失也冲减专项储备。见表11-8"发生安全生产事故"行。

这样处理的效果是,安全设备的使用成本以及重大安全事故损失,不影响当期损益,而是通过专项储备这一蓄水池,均匀地分配给了各期。简言之,通过专项储备,重大安全风险对损益的影响被平滑了。

表11-8

资产负债表要素	资产=				负债	+所有者权益	
资产负债表项目	货币资金	存货	固定资产			专项储备	未分配利润
资产负债表科目	银行存款	生产成本	固定资产	累计折旧			
各期计提安全储备		增加				增加	减少
购置安全生产设备	减少		增加				
安全生产设备计提折旧				减少		减少	
发生安全生产事故	减少					减少	

资产负债表的"专项储备"项目报告资产负债表日专项储备的余额,所有者权益变动表的"专项储备"项目报告专项储备的提取和使用情况。

本章小结

本章介绍了企业所有者权益的性质以及公司制企业所有者权益的特点,按照公司制企业所有者权益的分类,分别介绍了投入资本、其他综合收益、留存收益的特点以及确认、计量、记录与报告问题,并对所有者权益的特殊问题,包括库存股、派发股票股利、弥补亏损、专项储备等做了介绍。

投入资本包括实收资本(或股本)与资本公积。实收资本(或股本)是具有法律名分的投入资本。公司的各个股东在实收资本(或股本)中的份额决定了其在公司享有的权利和承担的义务的大小。资本公积是不具有法律名分的资本,来自于股东的附加缴入资本。本章详细介绍了与两类项目相关的经济活动的确认、计量、记录与报告。

其他综合收益是股东因素以外、同时又与管理层经营业绩无关的所有者权益。本章总结了之前各章所描述的经济活动形成的其他综合收益。

留存收益不仅来自于利润,还与利润分配有关。本章第四节介绍了公司法对利润分配的规定,介绍了盈余公积与未分配利润的记录与报告,并介绍了盈余公积的使用以及相关的会计处理。

本章第五节介绍了与所有者权益相关的库存股、派发股票股利、弥补亏损以及特殊行业的专项储备的会计处理。

一、复习思考题

1. 为什么说所有者权益是一种剩余权益?公司制企业的所有者权益如何分类?为什么要这样分类?
2. 什么是投入资本?为什么在有些情形下要把投入资本分为两类?
3. 什么是其他综合收益?这与计入利润表的利得和损失有什么不同?
4. 企业的利润分配为什么要纳入公司法的范畴?为什么要把留存收益分为盈余公积和未分配利润?
5. 什么是库存股?
6. 派发股票股利会增加股东财富吗?为什么?
7. 什么是亏损?什么是弥补亏损?

二、练习题

(一) 单项选择题

1. 下列各项,能够引起企业所有者权益减少的是( )。
   A. 股东大会宣告派发现金股利　　　B. 以资本公积转增资本
   C. 提取法定盈余公积　　　　　　　D. 提取任意盈余公积

2. 股份有限公司采用收购本公司股票方式减资的,下列说法中正确的是( )。
   A. 应按股票面值和注销股数计算的股票面值总额减少股本
   B. 应按股票面值和注销股数计算的股票面值总额减少库存股
   C. 应按股票面值和注销股数计算的股票面值总额增加股本
   D. 应按股票面值和注销股数计算的股票面值总额增加库存股

3. 下列各项中,会引起留存收益总额发生增减变动的是( )。
   A. 盈余公积转增资本　　　　　　　B. 盈余公积补亏
   C. 资本公积转增资本　　　　　　　D. 用税后利润弥补亏损

4.企业增资扩股时,投资者实际缴纳的出资额大于其按约定比例计算的其在注册资本中所占的份额部分,应作为( )。

　　A.资本溢价　　　　　　　　　B.实收资本
　　C.盈余公积　　　　　　　　　D.营业外收入

5.对有限责任公司而言,如有新投资者介入,新介入的投资者缴纳的出资额大于其按约定比例计算的其在注册资本中所占的份额部分,应记入( )科目。

　　A.实收资本　　　　　　　　　B.营业外收入
　　C.资本公积　　　　　　　　　D.盈余公积

6.某股份制公司委托某证券公司代理发行普通股10万股,每股面值1元,每股按1.2元的价格出售。按协议,证券公司从发行收入中收取3%的手续费,从发行收入中扣除。则该公司计入资本公积的数额为( )元。

　　A.16 400　　　B.100 000　　　C.116 400　　　D.0

(二)多项选择题

1.下列各项中,能同时引起资产和所有者权益发生增减变化的有( )。

　　A.分配股票股利　　　　　　　B.可供出售金融资产期末公允价值上升
　　C.用盈余公积弥补亏损　　　　D.投资者投入资本

2.下列事项中,可能引起资本公积变动的有( )。

　　A.经批准将资本公积转增资本
　　B.宣告现金股利
　　C.投资者投入的资金大于其按约定比例在注册资本中享有的份额
　　D.其他综合收益
　　E.计入当期损益的利得和损失

3.上市公司发生的下列交易或事项中,会引起上市公司股东权益总额发生增减变动的有( )。

　　A.销售商品取得收入　　　　　B.计提管理用固定资产折旧
　　C.用资本公积转增股本　　　　D.用盈余公积弥补以前年度亏损
　　E.派发股票股利

4.下列项目中,可能引起其他综合收益变动的有( )。

　　A.与发行权益性证券直接相关的佣金等交易费用
　　B.企业接受投资者投入的资本
　　C.用资本公积转增资本
　　D.处置采用权益法核算的长期股权投资
　　E.自用房地产转换为采用公允价值计量的投资性房地产,并且公允价值大于原账面价值

5.股份有限公司采用收购本公司股票方式减资的,下列说法中正确的有(AC)。

　　A.按股票面值和注销股数计算的股票面值总额减少股本
　　B.按股票面值和注销股数计算的股票面值总额减少库存股
　　C.按所注销库存股的账面余额减少库存股

D.按股票面值和注销股数计算的股票市价总额减少股本

(三)计算及会计处理题

1.某公司发行股票,每股面值1元,发行3 000万股,发行价格为每股3元。用会计等式描述并编制有关会计分录。

2.某公司根据有关法律规定,提取法定盈余公积100万元,根据股东大会决议,提取任意盈余公积200万元,分派现金股利400万元,数日后将股利全部发放。用会计等式描述有关利润分配和股利发放的业务并用会计分录描述。

3.某公司2015年初股本总额为1000万元,资本公积为100万元。2015年增发股票,每股发行收入4.2元,共增发100万股,每股面值1元。2016年将100万元资本公积转增股本。分别计算2015年末和2016年末该公司的股本总额,用会计等式描述增发股票和转增股本的业务并分别编制会计分录。

4.某公司2016年初股东权益构成如下:

股本　　　　　　　　1 000万(每股面值1元);
资本公积　　　　　　700万;
其他综合收益　　　　0
盈余公积　　　　　　200万;
未分配利润　　　　　900万;

2016年5月通过利润分配方案,每10股派发股票股利1股,派发现金2元。派发股票股利时股票的市场价格为5.5元。2016年公司盈利100万元。计算2016年末各股东权益项目的金额。(股票股利的金额以面值计算)。

5.甲公司属于产品制造企业,为增值税一般纳税人,由A、B、C三位股东于2014年12月31日共同出资设立,注册资本800万元。出资协议规定,A、B、C三位股东出资比例分别为40%、35%和25%。有关资料如下:

(1)2014年12月31日三位股东的出资方式及出资额如下表所示(各位股东的出资已全部到位,并经中国注册会计师验证,有关法律手续已经办妥):

单位:万元

出资者	货币资金	实物资产	无形资产	合计
A	270		50(专利权)	320
B	130	150(设备,含增值税,税率17%)		280
C	170	30(轿车,含增值税,税率17%)		200
合计	570	180	50	800

(2)2015年甲公司实现净利润400万元,决定分配现金股利100万元,计划在2016年2月10日支付。

(3)2016年12月31日,吸收D股东加入本公司,将甲公司注册资本由原800万元增到1000万元。D股东以银行存款100万元、原材料58.5万元(增值税专用发票中注明材料计税价格为50万元,增值税8.5万元)出资,占增资后注册资本10%的股份;其余的100万元增资由A、B、C三位股东按原持股比例以银行存款出资。2016年12月31日,四位股东的出资已全部到位,并取得D股东开出的增值税专用发票,有关的法律手续已经办妥。

要求:

(1)用会计等式描述甲公司2014年12月31日收到投资者投入资本的业务并编制会计分录("实收资本"科目要求写出明细科目)。

(2)用会计等式描述甲公司2015年决定分配现金股利的业务并编制会计分录("应付股利"科目要求写出明细科目)。

(3)计算甲公司2016年12月31日吸收D股东出资时产生的资本公积。

(4)用会计等式描述甲公司2016年12月31日增收到A、B、C股东追加投资和D股东出资的业务并编制会计分录。

(5)计算甲公司2016年12月31日增资扩股后各股东的持股比例。

三、财务报表题

1."你的"公司在最近一个会计年度所有者权益期末余额占资产总额的比例是多少? 查一查同行业其他公司的情况,作个比较。

2."你的"公司股本、资本公积、其他综合收益、盈余公积、未分配利润的余额占所有者权益余额的比例有多大? 未分配利润比例如果比较大,查一查以往利润分配情况。

3."你的"公司在最近一个会计年度发行股票了吗? 发行了多少? 对股本和资本公积的影响怎样?

4."你的"公司在最近一个会计年度盈利了吗? 在最近一个会计年度如何进行利润分配? 对所有者权益各项目造成了怎样的影响? 如果是亏损,该亏损是如何弥补的?

5."你的"公司在最近一个会计年度有其他综合收益吗?

6."你的"公司有库存股吗?

第十二章

收入费用和利润

> 【学习目标】
> 通过学习本章,你应该:
> 1. 了解带来收入的业务类型;
> 2. 掌握销售商品收入的确认条件、计量、记录与报告,特别是委托代理销售、具有融资性质的分期收款销售这两种业务的记录与报告;
> 3. 掌握劳务收入的记录与报告,特别是跨期劳务收入的记录与报告;
> 4. 了解让渡资产使用权收入的确认条件;
> 5. 掌握建造合同的特点,掌握各期建造合同收入的记录与报告。

引子

X 先生和 Y 先生是十多年的好友。他们于三年前合作创办了了一家公司,专门生产宠物饲料和宠物用品。由于两个人的努力,公司进展非常顺利,产品外销业务涨势喜人,总营业额增长迅速。尤其是 2014 年 12 月份,A 国某公司与本公司签订了总金额为 1000 万美元的合同,并预付了 200 万美元的款项。

临近年底,二人决定了解一下当年的利润情况,于是要求公司会计师 Z 先生提供当年的年报。在看完年报后他们发现年报中的利润比他们预计的要少,原来当年的收入中并没有包含 12 月份与 A 公司签订的这批合同的收入,他们怀疑 Z 先生是否遗漏了这笔收入而使当年利润减少。但是对遗漏的金额两人却有不同的看法。X 先生觉得既然已经签订了合同,本公司的产品质量一向很过硬,且以往与 A 公司的合作也非常顺利,这笔 1000 万美元的收入是铁定的。Y 先生觉得 A 公司仅支付了 200 万元美元的预付款,其他 800 万元并没有到账,本年度应该确认的收入是 200 万美元。他们去问 Z 先生,Z 先生说按照会计准则的规定,他不能确认这笔收入,已经收到的 200 万美元只能作为预收账款处理。

Z 先生的做法没有什么不妥,X 先生和 Y 先生之所以疑惑,是因为他们不了解企业会计准则对收入的确认原则[①]。

---

① 《会计学》,北京大学出版社,陆正飞、黄慧馨、李琦编著

第一节 收 入

一、收入的性质

（一）收入的定义

收入是指企业在日常活动中形成的、会导致所有者权益增加的、与所有者投入资本无关的经济利益的总流入。

导致所有者权益增加的因素包括以下四种，其中收入是最重要的一种。

◇股东向企业投资。

◇由市场环境增加的所有者权益，与管理层的决策无关，即产生了其他综合收益。

◇计入当期利润表的利得。

◇收入。

收入是由企业日常活动产生的，计入当期损益的项目。收入体现了企业完成对外销售商品、提供劳务等核心经济活动后从社会得到的补偿。当企业实现收入时，按照马克思在《资本论》中的描述，就完成了"惊险的一跃"——企业的私人劳动得到了社会的认可。如果商品、劳务不能为社会接受，企业为了生产商品、提供劳务而发生的成本就不能得到补偿，经营就难以为继，股东就会遭受损失。所以，与收入相关的信息是股东评价管理层业绩、预测未来获利能力的最重要依据。

于是管理层就有动机利用自己作为企业内部人的优势来虚构收入。早在美国华尔街证券市场成立之初，就有公司把股东投入的资本作为收入[①]。2000年前后，在中国证券市场上因违规而先后被处罚的"黎明股份"、"蓝田股份"、"银广夏"、"郑百文"以及"绿大地"等公司，其作弊行为都是虚构收入。这些公司有的虚构客户、虚构销售合同、虚开销售发票，有的虽然从形式上看，客户、销售合同、销售发票是真实的，但是双方并没有完成真正意义上的交易。即使在市场监管非常严格的美国证券市场，也有公司企图通过虚构收入来达到华尔街证券分析师对本公司盈利水平的预期。所以明确企业在什么条件下才能确认收入，就显得非常重要。

（二）收入的确认标准

企业基本准则规定收入的确认标准包括两条，一条是与收入相关的经济利益能够流入，另一条是与收入相关的金额能够可靠计量。

"与收入相关的经济利益能够流入"，包含两方面含义：一方面，商品、劳务的提供方按照合同约定提供了商品和劳务，完成了自己应尽的义务；另一方面，商品、劳务的接受方按照合同约定支付款项。也就是说，只有双方都能完成合同所规定的义务，对商品、劳务的提供方而言，与收入相关的经济利益才能够流入。

"与收入相关的金额能够可靠计量"，也包含两方面含义：一方面，因提供商品、劳务而从社会得到的补偿即收入能够可靠计量；另一方面，因提供商品、劳务而付出的成本也能够可

---

① 正是历史上类似行为经常发生，才使人们深切意识到制定会计准则的必要性。

靠计量。在强调收入的可计量性时,之所以同时强调付出的成本也必须可以计量,是因为取得的收入和付出的成本之间具有因果关系。成本是原因,收入是结果。收入和成本之间这种相伴相生、彼此不可分离的关系,在会计上称作"配比"关系。确认收入时,只有能同时确认为了取得收入而付出的成本,作为两者之差的利润才能作为评价管理层业绩的依据。

二、收入的分类

（一）按照产生收入的经济活动分类

按照产生收入的经济活动对收入加以分类,可以分为"销售商品收入"、"劳务收入"、"让渡资产使用权收入"以及"建造合同收入"四大类。

销售商品收入,是向客户转让商品所有权所获取的收入。产品制造企业、商品流通企业所获取的收入主要是销售商品收入。

劳务收入,是向客户提供劳务所获取的收入。劳务收入是服务型企业的主要收入类型。服务型企业包括交通运输业、邮电通讯业、餐饮娱乐业、物流、旅游、咨询信息服务业和各类技术服务业等等。

让渡资产使用权收入,是转让资产使用权给客户所获取的收入。它是金融企业、租赁公司主要的收入类型。

建造合同收入,是按照客户要求建造资产并转让资产所有权所获取的收入。它是各类建筑、建造公司主要的收入类型。

前三种收入的确认、计量与报告,由《企业会计准则第14号——收入》(以下简称"收入准则")予以规范。第四种收入的确认、计量与报告,由《企业会计准则第15号——建造合同》(以下简称"建造合同准则")予以规范。

（二）按照收入对企业的重要程度分类

按照对企业经营活动影响的程度分类,收入分为主营业务收入和其他业务收入两大类。

主营业务收入是日常核心业务带来的收入,其他业务收入是日常但非核心业务带来的收入。通常情况下,产品制造企业的主营业务收入是销售商品收入,其他业务收入是提供加工修理修配劳务收入,以及出租闲置设备、出租房地产、转让无形资产使用权等让渡资产使用权收入。商品流通企业的主营业务收入是销售商品收入,其他业务收入是代购代销的劳务收入,以及出租房地产、转让无形资产使用权所等让渡资产使用权收入。服务业的主营业务收入是提供劳务收入,销售商品收入属于其他业务收入。建造承包商的主营业务收入是建造合同收入,其他活动产生的收入是其他业务收入。银行、租赁公司的主营业务收入是让渡资产使用权收入,其他业务收入是劳务收入,等等。

企业的核心业务会因经营环境的变化而变化,主营业务收入和其他业务收入也会相互转化。按照现行准则的规定,在利润表中报告收入时,并不将二者加以区分,而是笼统地报告为"营业收入"。

营业外收入是由企业偶然发生的业务带来的,属于"利得",不是收入。固定资产、无形资产转让收入就属于营业外收入。

三、销售商品收入

(一)销售商品收入的确认条件

销售商品有多个环节,包括向客户移交商品实体、向客户开具并移交法律上代表商品所有权的凭证——发票、为客户提供售后服务、从客户收取款项等等。这个过程对不同类型的企业,有长有短。那么究竟应该在什么时候确认收入呢?收入准则具体规定了销售商品收入的确认条件。这些条件包括以下五个方面。

1.企业已将商品所有权上的主要风险和报酬转移给购货方。

销售商品就是转移商品的所有权。而拥有商品所有权的经济意义是享有商品带来的利益,同时承担相应的风险。比如一座房屋的所有者,享有住在房子里遮蔽风雨的好处或者出租房屋带来的收益,同时也承担着房屋在不可抗力作用下毁损或者租金因市场因素下跌的风险。所以销售商品的经济实质就是转移与商品所有权有关的风险和报酬。而风险和报酬的种类很多,发生的概率大小不同,我们重点关注其中发生概率较大或者影响金额较大的部分。

多数情况下,商品所有权上的风险和报酬随着发票的转移或者商品实体的交付而转移,但是在有些情况下,虽然发票或者商品实体转移了,风险和报酬却并未发生转移。究竟什么时候转移,取决于双方在销售合同上的约定。

以下是几种特殊的销售合同。

(1)合同约定销售方负责商品的安装和检验。如果销售方不完成此项工作,购货方就极有可能退货。此时只有在销售方移交了发票、交付了商品并且安装和检验完成以后,商品所有权上的主要风险和报酬转移才转移给购货方。

(2)合同规定购货方有退货期。销售方将商品转移给购货方时,因为购货方将来有可能退货,所以只有在退货期满之后购货方没有退货,销售方才将商品的风险和报酬转移给购货方。

(3)委托代理销售。

委托代理销售,根据委托方与受托方签订的合同,分为三种情况。

第一种情况:受托方不仅买断了商品的定价权,而且承担着商品滞销的风险。

如果委托方和受托方之间的协议明确规定,受托方在取得商品后,自行确定销售价格,无论是否能够卖出、是否获利,均与委托方无关,那么,委托方和受托方之间的委托销售与委托方直接销售商品给受托方没有区别。委托方向受托方转移商品,开具发票等程序完成后就认为转移了与商品所有者权有关的主要风险和报酬。

第二种情况:受托方仅仅买断了商品的定价权,并不承担商品的风险。

如果委托方和受托方之间的协议明确规定,受托方出售商品给第三方时有定价权,但是未来受托方没有将商品售出时可以将商品退回给委托方,或商品出现亏损时可以要求委托方补偿,那么委托方在向受托方交付商品时并没有转移与商品所有者权有关的主要风险和报酬。

第三种情况:受托方收取手续费。

这种方式是指受托方按照委托方所确定的销售价格向第三方销售商品,并根据已售商品的数量收取手续费。在这种方式下,委托方向受托方转移商品时,并没有转移商品的所有权;受托方只是向委托方提供了销售商品的劳务,而非承担商品所有权上的风险和报酬。

(4)售后回购。

售后回购是指销售商品的同时,销售方同意日后再将同样或类似的商品购回。这种经济活动没有像通常的销售那样,将所售商品所有权上的风险与报酬转移给购货方,而是款项在双方之间以销售和购进的名义发生了两次方向相反的转移。这种活动的本质是销售方以所售货物为质押或抵押向购货方借款。销售方以销售商品的名义从购货方取得借款,再以购回商品的名义将款项还给购货方。

2.企业既没有保留通常与所有权相联系的继续管理权,也没有对已售出的商品实施有效控制。

如果企业由于销售商品而不再管理商品实体,那么商品实体发生损毁的风险就得以转移。这一条其实是对第一条的补充。

比如,采用客户自提货方式销售商品的企业,在客户提货之前仍然保留着与所有权相关的继续管理权,仍然对已经转移所有权(已经开具发票、移交提货单并向对方收取了款项)的商品实施着有效控制。在此期间商品造成的损失应由销售方承担。所以在理论上,在客户提走货物之前,即使已经向对方开出了销售发票并且收到了商品销售款,也不应该确认收入。

但是如果商品保管风险较小,在保管期间商品发生变质、毁损的概率很低,那么保管风险就仅属于与商品所有权有关的次要风险,这种次要风险可以忽略,销售方可以在开具发票、向对方移交提货单时就确认收入。而如果商品保管风险较大,销售方通常会与客户另外签订一份保管合同,在客户存放商品期间收取保管费。这就意味着在开具发票、移交提货单并收取款项时,在双方看来与商品所有权有关的商品实体管理权也转移给客户。

以上两个条件如果同时满足,说明作为销售方的企业完成了合同所约定的义务。

3.相关的经济利益很可能流入企业。

这是对客户是否能履行合同义务的判断。如果客户已经预付了全部款项,那么相关的经济利益就一定能够流入企业。但是多数情况下,销售方采用赊销方式,先转移商品所有权凭证和交付商品,后收款。销售方在履行了自己的义务以后,就要判断客户是否能履行合同义务,这主要依据客户的资信状况以及过去交易时客户的付款情况来判断。

在赊销方式下,如果对客户履行合同义务的判断过于乐观,收入的确认就蕴含着较大的风险。这一风险通过应收账款未来的回款情况体现出来。所以从会计层面看,坏账产生的根源是收入确认过于乐观。当然,从管理层面看,坏账来源于对资信状况不够好的企业进行了赊销。

上述三个条件如果同时满足,说明合同双方都能够履行合同义务,也就满足了收入一般确认条件的第一条"与收入相关的经济利益能够留入"。

4.收入的金额能够可靠地计量。

通常情况下,收入的金额由合同所规定的销售量和销售单价确定。在合同执行过程中,如果双方对价格和数量都没有异议,就认为收入的金额能够可靠计量。

5.相关的已发生或将发生的成本能够可靠地计量。

根据配比原则,确认收入的时候,必须将与收入存在因果关系的成本结转为当期费用。所以这些成本的可计量性是收入确认的条件之一。

销售商品的成本包括销售前就已经发生的商品生产成本以及销售后才要发生的安装、检测、维修成本等。只有已经发生的成本能够确定并且未来将要发生的成本能够可靠估计,与收入相配比的成本才能够可靠计量。

如果第4、5两个条件同时满足,也就满足了收入一般确认条件的第二条"与收入相关的金额能够可靠计量"。

销售商品收入的以上5个确认条件,是对收入一般确认条件的细化。

(二)销售商品收入的计量

销售商品收入的金额通常由合同所约定的销售单价和销售量确定。

1.商业折扣、现金折扣对收入金额的影响

商业折扣是企业为了扩大销售量而给予对方的价格折扣。双方在谈判中把商业折扣确定下来以后,因为在合同上确定销售单价的时候已经扣除了商业折扣,所以只要根据合同约定的单价计算收入即可。比如销售方报价100元,双方谈判确定八折折扣,那么合同单价就是80元。

现金折扣是在赊销方式下为了鼓励客户尽快付款而给予对方的优惠。客户是否能够享受现金折扣,取决于其是否能在折扣期内付款。由于销售时并不明确对方是否能够享受现金折扣,所以收入的计量就有"总额法"和"净额法"两种处理方法。我国会计实务采用"总额法",以不扣除现金折扣的金额计量收入。

以上关于商业折扣和现金折扣的内容,在本书第三章的"应收账款的计量"部分和第十章的"应付账款的计量"部分均有阐述。

2.提供过长信用期对收入的影响

销售方如果延期收款的时间大大超过了同行业提供商业信用的期限,根据经济实质重于法律形式的要求,视同销售方在向客户销售商品的同时,将销货款借给了客户。双方除了商品交易以外,还有资金使用权的转移。

见图12-1。

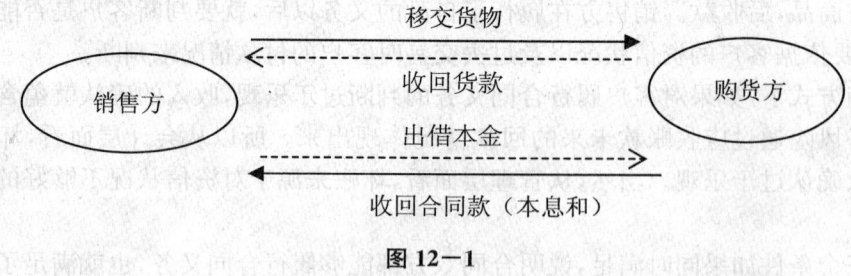

图12-1

表面看,销售方将货物转移给购货方,然后按照合同约定收回了合同款,如示意图中两条箭头方向相反的实线所示。而实质是,销售方与购货方之间发生了两笔交易。一笔交易是销售方销售商品给购货方,收回了货款,如示意图中上半部分一实一虚两条箭头方向相反的线条所示。另一笔交易是,销售方将收回的货款作为本金借给了购货方,然后连本带息从购货方收回了款项,如示意图下半部分一虚一实两条箭头方向相反的线条所示。

对这类销售活动,会计处理的核心是销售收入的计量,也就是将作为本金的销售收入额从作为本息和的合同款中分离出来。将本息和分割为本金和利息的技术问题是:在终值确定、计息期确定的前提下,确定现值和折现率。而现值或折现率必须先确定二者之一,才能确定另外一个。于是就有两种分割方法。

方法一:如果销售方通常在正常信用期内销售商品,那么正常信用期的销售价格既是销售收入额,同时也是现值。如此,以合同款为终值,再根据计息期,就能确定还款期限内的折现率。然后再以现值和折现率计算还款期限内各年的利息。这些利息是销售方的财务收益。

方法二:如果销售方通常超过正常信用期销售商品,但是可以分析确定折现率,那么根据终值、计息期和折现率,就可以确定现值。该现值就是销售商品收入额。根据现值和折现率进一步计算各年的利息收益。

【例12-1】 甲企业2017年初采用分期收款方式销售商品给乙企业,合同总金额为2000万元,分四年于每年年底收款,每年收款500万元。

如果甲企业多数情况下在正常信用期内销售,那么采用第一种方式计算收入。假设在正常信用期内收款,平均销售价格为1700万元。

本例中,可视作甲企业在2017年初以1700万元价格销售商品,以销售额为本金出借给乙企业,然后于后续四年每年年底收回500万元,本息和共计2000万元。这个例子的数学模型是:连续四年、每年收到500万元的普通年金的现值为1700万元。我们采用插值法计算出折现率为6.85%。

采用表12-1计算每年的利息收入。

表12-1

单位:万元

时间	收款额 (A_n)	利息收入 ($B_n = D_{n-1} * 6.85\%$)	收到的本金 ($C_n = A_n - B_n$)	本金余额 ($D_n = D_{n-1} - C_n$)
2017年初				$D_0 = 1700$
2017年末	500	116.45	383.55	1 316.45
2018年末	500	90.18	409.82	906.63
2019年末	500	62.10	437.90	468.73
2020年末	500	31.27*	468.73	0.00
合计	2 000	300.00	1 700.00	

*:包含尾差

如果甲企业一般情况下采用超过正常信用期的方式销售,假设甲企业的平均收益率为6%,那么采用第二种方式计算收入,以6%作为折现率。连续四年、每年收到500万元的普通年金的现值就是甲企业的销售价格。

500万×PVIFA(6%,4)=500万×3.4651=17 325 500(元)

采用表12-2计算每年的利息收入。

表 12—2

单位:万元

时间	收款额 (A_n)	利息收入 ($B_n = D_{n-1} * 6\%$)	收到的本金 ($C_n = A_n - B_n$)	本金余额 ($D_n = D_{n-1} - C_n$)
2017年初				$D_0 = 1\ 732.55$
2017年	500.00	103.95	396.05	1 336.50
2018年	500.00	80.19	419.81	916.69
2019年	500.00	55.00	445.00	471.69
2020年	500.00	28.31*	471.69	0.00
合计	2 000.00	267.45	1 732.55	

*:包含尾差。

(三)销售商品收入的会计处理

1.财务报表项目和会计科目设置

销售商品收入,在利润表的"营业收入"项目报告。为了记录营业收入的取得,设置"主营业务收入"科目和"其他业务收入"科目。如果销售商品是核心业务,取得的收入记入"主营业务收入"科目,否则记入"其他业务收入"科目。

为了取得销售收入而发生的销售成本,在利润表的"营业成本"项目报告。为了记录营业收入的发生,设置"主营业务成本"科目和"其他业务成本"科目。如果销售商品是核心业务,发生的成本记入"主营业务成本"科目,否则记入"其他业务成本"科目。

2.会计处理

(1)一般销售业务会计处理

当销售商品收入的确认条件满足的时候,进行如下会计处理:

①借:银行存款(或"应收账款"、"预收账款")

　　贷:主营业务收入(或"其他业务收入")

②借:主营业务成本(或"其他业务成本")

　　贷:库存商品

无论销售商品收入的确认条件是否满足,销售方开具发票时要进行以下会计处理:

③借:银行存款(或"应收账款"、"预收账款")

　　贷:应交税费——应交增值税(销项税额)

因为多数情况下转移商品所有权凭证时,销售商品收入的确认条件也同时满足,所以①和③笔分录常常合为一笔。

(2)委托代理销售

委托代理销售的销售合同,视委托方和受托方双方的权利和义务,分为三种情况。一种是受托方不仅有商品的定价权,而且承担与商品所有权有关的主要风险和报酬。在这种情形下,委托方与受托方之间的关系就是真正的销售方和购进方之间的关系。第二种情况,受托方有商品定价权,但是不承担与商品所有权有关的风险,当商品不能售出时还能返还给委托方。在这种情况下,直到受托方将商品销售给第三方并且开具代销清单时,才意味着与商品所有权有关的风险转移出去了,如果与销售商品收入确认的其他条件也同时满足,委托方就能确认收入了。第三种情况,受托方既没有定价权,也不承担与商品的所有权有关的风险和报酬,而是通过向委托方收取手续费来获利。此时,委托方确认收入的条件与第二种情况相同。

下面以受托方收取手续费为例,说明委托代理销售的会计处理。

【例 12-2】 甲公司于 2016 年 11 月委托乙公司销售商品 1000 件,合同约定乙公司应按每件 117 元对外销售,甲公司按售价的 5% 向乙公司支付手续费。2016 年 12 月初,甲公司将商品发给乙公司。截止到 2016 年 12 月,乙公司对外实际销售 600 件,开出的增值税专用发票上注明交易总额为 70 200 元,其中金额为 60 000 元,税额为 10 200 元,款项已经收到。12 月底,甲公司收到乙公司开具的代销清单,并向乙公司开具一张相同金额的增值税专用发票。2017 年 1 月,乙公司将款项支付给甲公司。假设甲公司每件商品的成本为 80 元。

采用收取手续费的代销方式,由于作为销售方的委托方与客户之间增加了受托方这一环节,所以业务处理比较复杂。处理过程可以分解为以下步骤,委托方与受托方用会计等式描述的结果分别见表 12-3 和表 12-4。

表 12-3

单位:元

资产负债表要素	资产 =				负 债 +	所有者权益
资产负债表项目	货币资金	应收账款	存货		应交税费	未分配利润
资产负债表科目	银行存款	应收账款	库存商品	委托代销商品	应交税费	利润分配
资产负债表明细科目		乙			应交增值税	
发出委托代销商品			-80 000	+80 000		
收到代销清单,确认收入,结转成本,确认销售费用		+60 000				+60 000(营业收入)
				-48 000		-48 000(营业成本)
		-3 510				-3 510(销售费用)
开出增值税专用发票		+10 200			+10 200	
收到款项	+66 690	-66 690				

第一步:委托方向受托方发出商品。

甲发出商品给乙,只转移商品实物,不转移商品的所有权,不向受托方开具发票。甲的存货从库存商品变成委托代销商品,见表 12-3"发出委托代销商品"行。甲编制会计处理如下:

借:委托代销商品　　80 000
　　贷:库存商品　　　　80 000

第二步:受托方从委托方接受商品。

表 12－4

单位:元

资产负债表要素	资产＝			负 债＋			所有者权益
资产负债表项目	货币资金	应收账款	—	—	应付账款	应交税费	未分配利润
资产负债表科目	银行存款	应收账款	受托代销商品	受托代销商品款	应付账款	应交税费	利润分配
资产负债表明细科目		客户			甲	应交增值税	
接受代销商品			+117 000	+117 000			
销售商品给第三方		+70 200			+60 000	+10 200	
			−70 200	−70 200			
收到增值税专用发票,确认进项税额					+10 200	−10 200	
确认手续费收入					−3 510		+3 510(营业收入)
支付款项	−66 690				−66 690		

由于不承担与商品所有权有关的风险和报酬,理论上乙取得甲的商品时不确认资产,也不形成负债,只在备查账中进行记录。但是,实务中为了加强管理,乙往往设置一对旨在满足内部管理需要的科目——"受托代销商品"和"受托代销商品款"。前者暂且视同资产科目,后者暂且视同负债科目。由于与受托代销商品有关的风险和报酬并没有转移给受托方,"受托代销商品"科目反映的内容并非代表资产,而"受托代销商品款"科目反映的内容也并非代表负债,所以在编制资产负债表时,这两个科目的余额同时"隐身",不予以列报。见表12－4"接受代销商品",注意表中仅列出这两个科目名称,它们并没有对应的报表项目名称。

乙编制会计分录如下:

借:受托代销商品　　　117 000
　　贷:受托代销商品款　　117 000

第三步:受托方向客户销售商品,同时开具增值税专用发票,并且向委托方开具代销清单。

乙自身并非商品的所有者,只是代甲销售,所以不能确认销售商品收入,但是要根据所开具的发票确认增值税销项税额。见表12－4"销售商品给第三方"行。

乙编制会计分录如下:

借:应收账款——＊＊客户(或"银行存款")　　60 000
　　贷:应付账款——甲　　　　　　　　　　60 000
借:应收账款(或"银行存款")　　　　　　10 200
　　贷:应交税费——应交增值税(销项税额)　10 200

同时在"受托代销商品"和"受托代销商品款"科目冲销已经出售的部分。

借:受托代销商品款　　70 200
　　贷:受托代销商品　　　70 200

第四步:委托方收到代销清单,向受托方开具增值税专用发票。

甲收到的代销清单说明与商品所有权有关的风险和报酬已经转移给客户,如果同时满足了销售收入确认的其他条件,就要确认销售收入,同时结转销售成本,并且确认因支付手续费给乙而形成的销售费用。见表12-3"收到代销清单,确认收入,结转成本,确认销售费用"行。

甲编制会计分录如下:

借:应收账款——乙　　　　60 000
　　贷:主营业务收入　　　　60 000
借:主营业务成本　　48 000
　　贷:委托代销商品　　48 000
借:销售费用　　　　3 510
　　贷:应收账款——乙　　3 510

另外甲还要向乙开具增值税专用发票,见表12-3"开出增值税专用发票"行。

借:应收账款——乙　　　　　　　　10 200
　　贷:应交税费——应交增值税(销项税额)　　10 200

第五步:受托方收到增值税专用发票。

乙收到甲开具的增值税专用发票后,籍此确认增值税进项税额,抵扣其此前确认的销项税额,见表12-4"收到增值税专用发票"行。

会计分录如下:

借:应交税费——应交增值税(进项税额)　　10 200
　　贷:应付账款——甲　　　　　　　　　　10 200

收到甲开具的发票还说明甲认可了乙的销售行为,乙能够确认手续费收入,见表12-4"确认手续费收入"行。

借:应付账款——甲　　　3 510
　　贷:主营业务收入　　　3 510

第六步:受托方将款项支付给委托方。

见表12-4"支付款项"行。

乙编制会计处理如下。

借:应付账款——甲　　　66 690
　　贷:银行存款　　　　　66 690

第七步:委托方收到款项。

见表12-3"收到款项"行。

甲编制会计处理如下:

借:银行存款　　　　　66 690
　　贷:应收账款——乙　　66 690

资产负债表日,受托方在"受托代销商品"和"受托代销商品款"两个科目还各有余额46 800元。在资产负债表上,这两个科目的余额都不予报告。

(3)售后回购

售后回购是指销售商品的同时,销售方同意日后再将同样或类似的商品购回的一种经济活动。这种经济活动没有像通常的销售那样将所售商品所有权上的风险与报酬转移给购进方,只是款项在销售方和购进方之间发生了两次方向相反的转移。销售方在销售商品时从购进方收款是一种借款行为,不能确认收入和结转相关成本;销售方从购进方回购商品支付款项是还款行为,不能确认为购进。

【例 12-3】 甲公司与乙公司签订合同,约定将 A 材料以 100 万元出售给乙公司,5 个月以后再以 105 万元购回。

本例中甲公司 A 材料的所有权在执行销售合同时转移给对方,在执行购进合同时又转移回来,双方之所以进行这种交易,实质目的是甲公司以 A 材料做抵押向乙公司融资。融入的本金为 100 万元,贷款时间为 5 个月,本息和合计为 105 万元。用会计等式描述见表 12-5。

表 12-5

单位:万元

资产负债表要素	资产 =		负 债 +	所有者权益
资产负债表项目	货币资金	存货	其他应付款	未分配利润
资产负债表科目	银行存款	原材料		利润分配
之前重要项目的余额	***	100	***	***
销售	+100		+100	
逐月确认财务费用,共 5 个月			+5	-5(财务费用)
回购	-105		-105	

取得出售款时,见表 12-5"销售"行。"存货"项目不受影响,"货币资金"项目增加,"其他应付款"项目增加。所有者权益变动表和利润表不受影响。

会计分录如下:

借:银行存款　　1 000 000
　　贷:其他应付款　　1 000 000

在 5 个月内每月确认 1 万元利息费用,见表 12-5"逐月确认财务费用"行。

借:财务费用　　10 000
　　贷:其他应付款　　10 000

支付回购款时,"货币资金"项目减少,"其他应付款"项目减少,所有者权益变动表和利润表不受影响。

编制会计分录如下:

借:其他应付款　　1 050 000
　　贷:银行存款　　1 050 000

尽管合同的标的是存货,但是存货本身并不受影响。

(4)具有融资性质的分期收款销售商品

【例 12-4】 承例 12-1。假设甲公司采用第一种分割合同金额的方式,先确定商品的售价为1700万元,然后再确定利息收益率为6.85%。

甲公司应收款项属于长期应收款,通过资产负债表的"长期应收款"项目来列报,同时设置"长期应收款"科目来记录增减变动情况。这是一个资产类科目,增加长期应收款时,记入借方,减少长期应收款时,记在贷方,期末余额为应收未收的长期应收款。

"长期应收款"科目记录的金额应该为债权的本金额,即销售收入额,此例中为1700万元,但是由于客户对此项长期应付款的本金额的确定方式可能不同,比如客户的平均借款利率为6%,以此作为折现率折算出的本金就是1732.55万元,于是双方分别记录在"长期应收款"和"长期应付款"的金额就对不上。如果双方都以合同总额2000万元作为债权债务的初始金额,以后每年客户还款后降低500万元,各自冲减账面金额500万元,就不会存在双方由于折算现值的方式不同而对不上账的问题。

但是对销售方而言,显然"长期应收款"以合同金额来记录的话,把未来才会产生的融资收益也当作目前的本金记录下来了,为此设置备抵科目"未实现融资收益",对多记的部分予以冲减。

在资产负债表上,"长期应收款"项目以"长期应收款"科目的借方余额冲减"未实现融资收益"科目的贷方余额列报。

例12-4的业务用会计等式描述在表12-6中。

表12-6

单位:万元

资产负债表要素	资产=			负债	+所有者权益	
资产负债表项目	货币资金	长期应收款			未分配利润	
资产负债表科目	银行存款	长期应收款	未实现融资收益		营业收入	财务费用
2017年初确认收入		+2000	-300		+1700	
2017年底收回款项	+500	-500	+116.45			+116.45
2018年底收回款项	+500	-500	+90.18			+90.18
2019年底收回款项	+500	-500	+62.10			+62.10
2020年底收回款项	+500	-500	+31.27			+31.27
最终结果	+2000	0	0		+1700	+300

(1)2017年初确认销售收入时,"长期应收款"项目增加1700万元,同时"未分配利润"项目增加1700万元;所有者权益变动表上,"未分配利润"项目增加1700万元;利润表上有"营业收入"1700万元。见表12-6"2017年初确认收入"行。

在编制会计分录时,"长期应收款"项目增加1700万元,通过借记"长期应收款"科目2000万元、贷记"未实现融资收益"300万元来实现。

编制会计分录如下:
借:长期应收款　　　　　20 000 000
　　贷:主营业务收入　　　17 000 000
　　　　未实现融资收益　　 3 000 000

(2) 从 2017 年底开始,每年收回 500 万元合同款,其中一部分是当年产生的利息收益,另一部分是本金。

2017 年底"货币资金"项目增加 500 万元,"未分配利润"项目增加 116.45 万元,"长期应收款"项目减少 383.55 万元;利润表中有"财务费用"－116.45 万元;当期现金流量表报告现金流入 500 万元。见表 12－6 的"2017 年底收回款项"行。

编制会计分录时,"长期应收款"项目减少 383.55 万元,通过贷记"长期应收款"科目 500 万元,借记"未实现融资收益" 116.45 万元来实现。

```
借:银行存款                5 000 000
   未实现融资收益           1 164 500
   贷:长期应收款                      5 000 000
      财务费用                        1 164 500
```

(3) 2018 年底之后,每年的情况见表 12－6。

从最终结果看,连续四年共收回货币资金 2000 万元,其中 1700 万元是销售收入,300 万元是利息收益。

四、劳务收入①

(一)劳务的分类

劳务按照是否提供给特定客户,分为"向不特定客户提供的劳务"和"向特定客户提供的劳务"。

1. 向不特定客户提供的劳务

如果企业提供的劳务是面向所有客户的,不因客户的差别而有差别,那么这样的劳务就属于向不特定客户提供的劳务。大多数服务型企业提供的劳务都属于这种类型,比如快递公司、电影院、体育场馆等。提供这种服务的企业,不必确定单个客户带来的收入和企业为此发生的成本,而只要按照会计期间确定每一期间所取得的收入以及所发生的成本即可。

2. 向特定客户提供的劳务

有些企业要根据每个客户的特定需求提供劳务。比如软件开发公司要按照客户的特殊需求设计软件,装修公司要按照客户的个性化需要进行设计和装修。在这种情况下,企业要与每位客户签订合同。合同不同,带来的收入和发生的成本也不同。企业为了加强内部管理,在按照期间确认劳务收入和劳务成本的同时,还要分别确定每份合同的收入和成本。本章所阐述的劳务收入,就是这种根据劳务合同、面向特定客户提供劳务所取得的收入。

企业为执行合同所提供的劳务是专属的,客户一旦不接受企业提供的劳务,不履行合同的付款义务,企业就无法转移劳务给其他客户,从而已经发生的劳务成本就无法得到补偿。所以通常在合同执行之初,企业要先向客户预收部分劳务款。于是,从开始执行合同起,企业就逐步把与合同有关的风险转移给了客户。

在合同执行过程中,如果在某个时点,能够预计客户可以支付余款,并且能够估计未来

---

① 按照规定,提供劳务收入要缴纳增值税。本书为了把劳务收入的原理描述清楚,暂且没有考虑增值税。有关劳务收入的增值税问题,请参阅有关税法书籍。

将要发生的合同成本,那么就能估计合同所产生的毛利;如果同时还能够估计当下已经完成的合同进度,那么在理论上,从该时点开始以后的任意时点都可以确认收入,并且与收入相配比的劳务成本都能结转为当期费用。于是合同上的总收入和总成本就得以分次、逐步确认。这种在合同执行完毕之前就确认收入的做法,优点是会计信息的及时性强,不足之处是相关金额为估计数,可靠性弱。

向特定客户提供的劳务,有的合同在一个会计期间内完成,有的合同跨期完成。在进行劳务收入的确认、计量时,为了兼顾会计信息的及时性与可靠性,上述两种情形下劳务收入的确认时点不同。

(二)在一个会计期间完成的劳务合同收入的确认

如果一份合同在一个会计期间(年度、半年度或者季度)内完成,那么直到合同执行完毕、已经收回全部合同款或者预计收回全部合同款没有问题时,一次确认合同收入和合同成本。这种做法既不影响会计信息的及时性,也能确保金额的可靠性。这种确认收入的方法称作"完成合同法"。

【例12-5】 某企业甲与客户乙签订安装劳务合同,合同金额为20万元,安装期为4月1日至5月31日。按照合同约定,乙企业应在4月1日预付10万元,合同完成后支付余款。4月1日甲企业收到对方预付的劳务款10万元,在合同执行过程中,甲企业先后发生支出共15万元。5月30日甲企业完成全部劳务,收到对方支付的余款10万元。

甲企业发生的劳务支出,在劳务收入确认前与存货的性质是一样的。

本例中的业务用会计等式描述见表12-7。

表12-7

单位:万元

资产负债表要素	资产＝		负债	＋所有者权益
资产负债表项目	货币资金	存货	预收款项	未分配利润
资产负债表科目	银行存款	劳务成本	预收账款	利润分配
明细科目		＊＊项目	客户乙	
预收劳务款	＋10		＋10	
支付劳务成本	－15	＋15		
实现劳务收入结转成本	＋10		－10	＋20(营业收入)
		－15		－15(营业成本)

预收劳务款时,"货币资金"项目增加10万元,"预收款项"项目增加10万元。

支付劳务成本时,"货币资金"项目减少15万元,"存货"项目增加15万元。

实现劳务收入结转劳务成本时,"货币资金"项目增加10万元,"预收款项"项目减少10万元,"未分配利润"项目增加20万元,结转劳务成本时,"存货"项目减少,"未分配利润"项目减少。所有者权益变动表中"未分配利润"项目净增加5万元,利润表中有营业收入20万元,营业成本15万元。

甲企业设置存货类的"劳务成本"科目。该科目无论性质还是使用方法,都与"生产成本"相同。"劳务成本"科目按照合同设置明细科目。

(1) 4月1日预收劳务款时

借:银行存款　　　　　　　　　100 000
　　贷:预收账款——客户乙　　　　　　　100 000

(2) 执行合同期间发生劳务支出时:

借:劳务成本——＊＊项目　　　　150 000
　　贷:银行存款(应付职工薪酬、原材料等)　150 000

(3) 合同完成收到余款时,确认主营业务收入,同时将劳务成本结转为当期费用:

借:银行存款　　　　　　　　　100 000
　　预收账款——客户乙　　　　100 000
　　贷:主营业务收入　　　　　　　　　200 000
借:主营业务成本　　　150 000
　　贷:劳务成本　　　　　　　150 000

(三) 跨期完成的劳务合同收入的确认

如果一项合同跨越会计期间完成,在资产负债表日,尽管合同尚未执行完毕,但是根据会计信息及时性要求,也要对当期已经完成的部分进行确认、计量和报告。然而此时收入和结转成本的金额只能估计。在这种不确定情形下,会计准则以谨慎报告为原则,要求企业根据在资产负债表日对合同完成情况的估计可靠性程度,采用不同的计量方法。

1. 资产负债表日合同的结果能够可靠估计

收入会计准则规定,合同的结果能够可靠估计要同时满足以下四个条件:

(1) 与收入相关的经济利益很可能流入企业。

这是指企业估计客户很可能按照劳务合同约定支付劳务款。企业在估计相关的经济利益是否能够流入时,要结合双方就结算方式和期限达成的合同条款以及对方过去与企业进行交易时的付款情况等因素,综合判断。

(2) 收入的金额能够可靠地计量。

这是指企业能够可靠计量合同收入的总额。合同收入总额是劳务合同所确定的合同价款额。在合同执行过程中,合同约定提供的劳务可能会发生变化,从而合同价款额会发生变化。企业应在资产负债表日,根据变化后的合同价款额估计劳务收入金额。

(3) 交易中已发生和将发生的成本能够可靠地计量。

这是指资产负债表日,已经发生的劳务成本能够可靠确定,同时未来将要发生的劳务成本能够合理地估计。

如果以上三个条件都能满足,说明在资产负债表日企业能够合理估计合同将要实现的毛利总额。

(4) 交易的完工进度能够可靠地确定。

这是指在资产负债表日,企业能够合理地估计已经完成的劳务占应完成劳务总量的比例。

如果在满足前三个条件的基础上,再同时满足这一条件,说明在资产负债表日,企业能够合理估计已经完成的合同毛利,从而合同上已经带来的收入和已经发生的与收入相配比的劳务成本能够得以确认。

收入准则规定了企业确定完工进度的三种可供选择的方法。

(1)已经完成工作的测量。这种方法以合同规定的所有必须完成的直接的和配套的工作为标准,用已经完成的工作量占估计总工作量的比例确定合同的进度。已经完成的工作量和应完成的工作总量均由提供相关劳务的专业人员测量。

(2)已经提供的劳务占应提供劳务总量的比例。这种方法以劳务量为标准确定完工程度,用已经完成的劳务量占劳务总量的比例确定合同的进度。

(3)已经发生的成本占估计总成本的比例。这种方法以合同成本为标准确定完工程度,用已经发生的成本占合同估计总成本的比例反映合同进度。有些劳务要提前备料,发生了劳务成本但是劳务并没有向前进展,在这种情况下发生的劳务成本,不能计入"已经发生的劳务成本"中。

当以上四个条件同时满足时,确认劳务收入的方法称为"完工百分比法"。

在完工百分比法下,

当期应确认的劳务收入金额=估计的合同总收入×完工百分比-以前期间已经确认的劳务收入额

当期结转的劳务成本金额=估计的合同总成本×完工百分比-以前期间已经结转的劳务成本额

【例12-6】 甲公司于2016年12月1日接受一项设备安装任务,安装期为4个月,合同总收入660 000元,至年底已预收安装费350 000元,已经发生劳务成本315 000元,其中140 000元为材料消耗,其余为安装人员薪酬,估计次年还会发生劳务成本135 000元。第二年,甲公司实际发生劳务成本130 000元(假定都是人工成本),完工时收回余款310 000元。假定资产负债表日,甲公司按实际发生的成本占估计总成本的比例确定劳务的完工进度。

表12-8

单位:万元

资产负债表要素	资产＝			负债		＋所有者权益	
资产负债表项目	货币资金	存货		预收款项	应付职工薪酬	未分配利润	
资产负债表科目	银行存款	劳务成本	原材料	预收账款	应付职工薪酬	营业收入	营业成本
资产负债表明细科目		＊＊项目		＊＊客户			
发生劳务成本		+31.5	-14		+17.5		
预收劳务款	+35			+35			
2016年底实现劳务收入				-46.2		46.2	
结转成本		-31.5					-31.5
2017年发生劳务成本		+13			+13		
2017年合同完工确认劳务收入,结转成本	+31	-13		-11.2		+19.8	-13

(1)2016年甲公司发生劳务成本时,见表12-8"发生劳务成本"行。

借：劳务成本——＊＊项目　　315 000
　　贷：原材料　　　　　　　　　　140 000
　　　　应付职工薪酬　　　　　　　175 000

(2)甲公司预收劳务款时，见表12-8"预收劳务款"行。

借：银行存款　　　　　　　　　350 000
　　贷：预收账款——＊＊客户　　　350 000

(3)2016年12月31日，合同总收入估计为66万元，合同总成本估计为45万元，估计合同毛利21万元。按照已经发生的成本占估计合同总成本的比例确定完工进度为：

31.5万/(31.5万+13.5万)=70%

2016年应确认的收入金额=66万×70%=46.2万

当期应结转的劳务成本金额=45万×70%=31.5万

当期确认收入时，资产负债表的"预收款项"项目减少46.2万元(期末余额-11.2万元，表示有应收账款11.2万元，列报在"应收账款"项目下)，"未分配利润"项目增加46.2万元，结转成本时，资产负债表的"存货"项目减少31.5万元，"未分配利润"项目减少31.5万元；所有者权益变动表中，"未分配利润"项目增加14.7万元；利润表中"营业收入"项目有46.2万元，"营业成本"项目有31.5万元。现金流量表不受影响。见表12-8"2016年底实现劳务收入，结转成本"行。

编制会计分录如下：

借：预收账款——＊＊客户　　　462 000
　　贷：主营业务收入　　　　　　　462 000

(此时"预收账款——＊＊客户"科目余额为借方11.2万元，表示应向该客户收取款项，但是仍然在"预收账款"科目中记录，不需转入"应收账款"科目。)

借：主营业务成本　　　　　　　315 000
　　贷：劳务成本——＊＊项目　　　315 000

(4)2017年，甲公司继续发生劳务成本时，见表12-8"2017年发生劳务成本"行。

借：劳务成本——＊＊项目　　130 000
　　贷：应付职工薪酬　　　　　　　130 000

(5)2017年甲公司完成合同时，收回余款31万元，确认该合同剩余的劳务收入198 000元，同时结转劳务成本130 000元。见表12-8"2017年合同完工确认劳务收入，结转成本"行。

借：银行存款　　　　　　　　　310 000
　　贷：预收账款——＊＊客户　　　112 000
　　　　主营业务收入　　　　　　　198 000

借：主营业务成本　　　　　　　130 000
　　贷：劳务成本——＊＊项目　　　130 000

【例12-7】　甲公司于2016年11月1日与乙公司签订合同，为乙公司订制一项软件，工期大约5个月，合同总收入600万元。至2016年12月31日，甲公司已发生成本350万元(假定材料成本为150万元，人工成本为200万元)，预收劳务款400万元。甲公司预计次年开发该软件还将发生成本 150 万元,预计剩余劳务款能够收回。2016 年 12 月 31 日,经专业人员测量该软件的完工进度为 55%。次年,甲公司继续发生劳务成本 153 万元,超出原先预计的 150 万元。收回合同剩余款 200 万元。

用会计等式描述的结果见表 12-9。

表 12-9

单位:万元

资产负债表要素	资产=			负债		+所有者权益	
资产负债表项目	货币资金	存货		预收款项	应付职工薪酬	未分配利润	
资产负债表科目	银行存款	劳务成本	原材料	预收账款	应付职工薪酬	营业收入	营业成本
资产负债表明细科目		**项目		乙公司			
预收劳务款	+400			+400			
发生劳务成本		+350	-150		+200		
2016 年底实现劳务收入,结转成本				+330		+330	
		-275					-275
发生劳务成本		+153			+153		
2017 年底实现劳务收入,结转成本	+200			-70		+270	
		-228					-228

(1)2016 年 11 月甲企业预收劳务款,见表 12-9"预收劳务款"行。

借:银行存款　　　　　　　　　　4 000 000
　　贷:预收账款——乙公司　　　　4 000 000

(2)甲企业为执行合同发生劳务成本时,见表 12-9"发生劳务成本"行。

借:劳务成本——**项目　　　　　3 500 000
　　贷:应付职工薪酬　　　　　　　2 000 000
　　　　原材料　　　　　　　　　　1 500 000

(3)2016 年 12 月 31 日,该合同属于结果能够可靠估计的劳务合同,采用完工百分比法确认收入。预计合同总收入 600 万元,合同总成本 500 万元,合同毛利 100 万元,截止到资产负债表日,完工进度 55%。

当期确认合同收入额=600×55%=330(万)

当期结转合同成本额=500×55%=275(万)

见表 12-9"2016 年底实现劳务收入,结转成本"行。

编制会计分录如下:

借:预收账款——乙公司　　3 300 000
　　贷:主营业务收入　　　　3 300 000
借:主营业务成本　　　　　　2 750 000
　　贷:劳务成本——**项目　2 750 000

甲公司确认合同毛利 55 万元,截止到 2016 年 12 月 31 日,"预收款项"项目余额为 70 万元,作为存货的劳务成本有余额 75 万元。

(4) 2017年甲公司继续发生合同成本。

借：劳务成本——＊＊项目　　　1 530 000
　　贷：应付职工薪酬　　　　　　　1 530 000

(5) 2017年合同完工时，甲公司确认剩余的收入，结转剩余的劳务成本，见表12-9"2017年实现劳务收入，结转成本"行。

借：银行存款　　　　　　　　　2 000 000
　　预收账款——乙公司　　　　　700 000
　　贷：主营业务收入　　　　　　2 700 000
借：主营业务成本　　　　　　　2 280 000
　　贷：劳务成本——＊＊项目　　2 280 000

2017年确认的合同毛利为42万元，前后两年在该项合同上共实现毛利总额为97万元，与2016年资产负债表日估计的毛利100万元不一致。因为会计估计出现偏差是正常现象，所以在2017年度报表中，上年度的利润表报告的收入和费用项目金额不必进行调整。

2. 资产负债表日合同的结果不能够可靠估计

合同的结果不能够可靠估计，是指上述四个条件中有一个或多个条件不满足，也就是说，要不合同将要实现的毛利总额无法可靠估计，要不截止到资产负债表日完工进度无法可靠估计，总之，在资产负债表日已经完成的劳务所实现的毛利额不能可靠估计。为此，收入准则要求采用谨慎态度，最多确认毛利额为零。即，已经发生的劳务成本全部结转为当期费用，劳务收入的金额以能够补偿当期成本的金额为限。

【例12-8】　2016年初，甲公司为乙公司提供培训服务，培训期五个月，合同金额为40万元，甲公司在1月初预收28万。至2016年3月底编制季度报表时，甲公司发生培训支出25万，预计还要发生5万。由于乙公司财务状况不好，是否能收回剩余合同款很难确定。

此例以2016年3月31日作为资产负债表日。当日，甲企业对乙公司劳务合同的结果无法可靠估计，甲企业为了保证会计信息的谨慎性，将当期已经发生的培训支出25万元全部结转为当期费用，因为已经预收了28万元劳务款，所以25万元劳务成本全部能够得到补偿，确认劳务收入的金额为25万元，当期实现的毛利为零。

用会计等式描述见表12-10。

表12-10

单位：万元

资产负债表要素	资产		负债	所有者权益	
资产负债表项目	货币资金	存货	预收款项	未分配利润	
资产负债表科目	银行存款	劳务成本	预收账款	营业收入	营业成本
资产负债表明细科目		＊＊项目	客户乙		
1月份预收劳务款	+28		+28		
发生劳务成本	-25	+25			
3月底底结转成本，确认劳务收入		-25			-25
			-25	-25	+25

甲企业编制的会计分录如下：

(1)1月份预收培训费时：

借：银行存款　　　　　　　　280 000
　　贷：预收账款——乙公司　　　280 000

(2)1—3月份发生培训支出时(假设均以银行存款支付)：

借：劳务成本——＊＊项目　　250 000
　　贷：银行存款　　　　　　　　250 000

(3)3月底确认收入时，发现合同的结果不能可靠估计，于是确认的劳务收入等于劳务成本，没有毛利。

借：主营业务成本　　　　　　250 000
　　贷：劳务成本——＊＊项目　　250 000
借：预收账款——乙公司　　　250 000
　　贷：主营业务收入　　　　　　250 000

五、让渡资产使用权收入

让渡资产使用权收入，对一般工商企业而言，主要指转让无形资产的使用权(包括商标权、专利权、专营权、软件、版权)和投资性房地产的使用权而形成的使用费收入。

让渡资产使用权收入的确认要同时满足两个条件，一是相关的经济利益能够流入，二是与收入相关的金额能够可靠计量。在判断相关的经济利益是否能够流入时，首先要判断资产的让渡方是否履行了合同规定的义务，比如合同规定资产的让渡方在转让资产使用权的同时还要向资产的受让方提供后续服务，那么资产的让渡方在后续服务提供以前，即使已经转移了资产，也不能确认收入；其次要判断资产受让方支付使用费的可能性。

六、建造合同收入[①]

(一)建造合同收入的性质

建造合同是指为建造一项或数项在设计、技术、功能、最终用途等方面密切相关的资产而订立的合同[②]。合同的甲方称为"建设单位"，乙方称为"建造承包商"。建设单位是建造承包商的客户，建造承包商是建设单位的供应商。如果站在建设单位的立场对一个建造合同的执行情况进行会计核算，就是第五章《固定资产》中所讲的出包工程的确认、计量、记录与报告。在本章，我们站在建造承包商的立场，阐述建造承包商如何根据建造合同的完成情况进行收入的确认、计量、记录与报告。

按照建造承包商与建设单位确定工程价款的方式不同，建造合同分为固定造价合同和成本加成合同。

固定造价合同，是指按照固定的合同价或固定单价确定工程价款的建造合同。例如：建

[①] 按照规定，建造合同收入要缴纳增值税，本书为了把建造合同收入的框架更清晰地体现出来，暂且没有考虑增值税。有关建造合同收入的增值税问题，请参见有关税法书籍。

[②] 《企业会计准则第15号——建造合同》第二条。

造一座厂房,合同规定总造价为1 000万元;建造一条隧道,合同规定每米单价为2万元。

成本加成合同,是指以合同约定或其他方式议定的成本为基础,加上该成本的一定比例或定额费用确定工程价款的建造合同。例如:建造一大型设施,合同总价款以建造的实际成本为基础,加收5%计取;建造一段公路,合同总价款以建造该公路的实际成本为基础,每公里加收200万元。

从形式上看,建造承包商与建设单位签订的建造合同与一般产品制造商与客户签订的销售商品合同一样,标的物都是资产,但是在资产风险与报酬的转移方面,两者却有本质区别,从而建造合同收入与销售商品收入有着本质不同。

一般产品制造商在市场调研基础上,针对一定目标群体进行产品设计与制造;产品制造完成后再从目标群体中寻找客户、签订合同,最后执行合同。产品制造商所承担的、从市场调研开始直到产品达到客户满意状态这一全过程的风险,只有在找到了客户、与客户签订了销售合同,并且执行了该合同以后,才能全部转移给客户。因为与商品所有权有关的主要风险和报酬是在执行合同过程中的某一个时点转移的,所以销售商品收入是一次确认的。

而建造承包商所建造的资产,不仅具有体型巨大、建造周期长、建造成本高的特点,而且最重要的,它是为满足合同建设单位特定需要而建造的。因为该资产从一开始就是按照建设单位要求建造的,而非根据市场判断自行设计开发的,所以建造承包商是"先找客户后建造",而非一般产品制造商那样"先生产后找客户",所以建造承包商签订的合同称为"建造"合同,而非"销售商品"合同。

建造承包商通常在开始执行合同的时候,就从建设单位那里取得了部分建设资金,以后随着工程进度继续收取工程进度款。建造承包商建造资产的成本在建造过程中就逐步从建设单位那里得到了补偿,与资产所有权有关的风险在建造过程中就逐步转移给了建设单位。于是在理论上,建造合同收入应该在建造过程中逐步确认,而不是像销售商品合同那样一次确认。

房地产开发商开发、销售楼盘,与客户签订的合同属于商品销售合同,所取得的收入属于销售商品收入。而建筑公司为某单位盖办公大楼,电建公司为某发电厂建造厂房、安装发电设备,轮船制造商为某水运公司制造轮船,铁路建设公司建造某一段高速铁路等,都是先有建设单位,然后根据建设单位需要进行建造,它们与建设单位签订的合同都属于建造合同,所取得的收入都属于建造合同收入。

(二)确定适当的成本归集对象——合同分立与合同合并

企业通常应当按照单项建造合同进行会计处理。每一个合同属于一个会计核算对象,单独核算其收入和成本。但是,在某些情况下,为了反映一项或一组合同的实质,需要将单项合同进行分立或将数项合同进行合并。建造合同准则分别规定了合同分立和合同合并的条件。

1.合同分立

有的建造合同虽然形式上只签订了一项合同,但其中各项资产在商务谈判、设计施工、价款结算等方面都是可以相互分离的,实质上是多项合同,在会计上应当作为不同的核算对象,分立为多个合同。

建造合同准则规定,一项包括建造数项资产的建造合同,同时满足下列三项条件的,每项资产应当分立为单项合同：

◇每项资产均有独立的建造计划；

◇与客户就每项资产单独进行谈判，双方能够接受或拒绝与每项资产有关的合同条款；

◇每项资产的收入和成本可以单独辨认。

2.合同合并

有的建造合同虽然形式上签订了多项合同，但各项资产在设计、技术、功能、最终用途上是密不可分的，实质上是一项合同，在会计上应当作为一个核算对象，作为一个合同处理。

建造合同准则规定，一组合同无论对应单个客户还是多个客户，同时满足下列三项条件的，应当合并为单项合同：

◇该组合同按一揽子交易签订；

◇该组合同密切相关，每项合同实际上已构成一项综合利润率工程的组成部分；

◇该组合同同时或依次履行。

(三)建造合同收入与建造合同成本

1.建造合同收入的组成

建造合同收入包括两部分，一部分是合同约定的收入，是建造承包商与建设单位在合同中商定的合同总金额。另一部分是因合同变更、索赔、奖励等形成的收入。

合同变更是指客户为改变合同规定的作业内容而提出的调整。合同变更条款同时满足以下两个条件时，才能构成合同收入，第一，建设单位能够认可因变更而增加的合同总造价；第二，该收入的金额能够可靠计量。比如，在某项建造合同执行的第二年，建设单位要求将原设计中的普通地砖变更为木地板，并同意增加合同造价30万元，这30万元属于合同收入的组成部分。

索赔款是指客户或者第三方原因造成的、向客户或者第三方收取的款项。索赔款同时满足下列两个条件的，才能构成合同收入，第一，根据谈判情况，预计对方能够同意支付该项索赔款；第二，该所赔款的金额能够可靠计量。

奖励款是指工程达到或超过规定标准，客户同意支付的额外款项。奖励款同时满足下列条件的，才能构成合同收入，第一，根据合同目前完成情况，足以判断工程进度和工程质量足以达到或超过规定的标准；第二，奖励金额能够可靠计量。

2.建造合同成本的组成

建造合同成本是指从开始签订合同到合同执行完毕发生的各项费用，包括为了完成某项合同发生的直接费用，以及按照一定的分配方法，将完成多项合同发生的共同性费用分配到该项合同而产生的间接费用。

(1)直接费用

直接费用包括耗用的材料费用、人工费用、机械费用和其他直接费用。

材料费用包括生产过程中耗用的构成工程实体或有助于构成工程实体的原材料、辅助材料、构配件、零件、半成品等的成本和周转材料的摊销费用。周转材料是指企业在施工中能够多次使用并可以基本保持原来的实物形态而逐渐转移其价值的材料，如施工中使用的模板、挡板和脚手架等。

人工费用包括工程建造人员的工资、奖金、津贴、补贴、"五险一金"、工会经费、职工教育经费等等职工薪酬。

耗用的机械使用费包括施工过程中使用自有施工机械发生的折旧费以及租用外单位机械发生的租赁费,以及施工机械的安装、拆卸和进出场费。

其他直接费用是指在施工过程中发生的除上述三项直接费用以外的其他可以直接计入合同成本的费用,包括设计和技术援助费,施工现场材料的二次搬运费,生产工具使用费、检验试验费、工程定位复测费、工程点交费用、场地清理费等。

(2)间接费用

间接费用包括临时设施摊销费和企业下属的施工、生产单位(与产品制造企业的生产车间性质相似)组织和管理施工生产活动所发生的费用,如管理人员的职工薪酬、劳动保护费、固定资产折旧费、物料消耗非、取暖费、水电费、办公费、差旅费、保险费、工程保修费、排污费等。

(3)因订立合同而发生费用

建造承包商为订立合同而发生的差旅费、投标费等,能够单独区分和可靠计量且合同很可能订立的,应单独归集,待合同签订后作为直接费用计入合同成本,如果不满足上述条件,计入管理费用。

(四)建造合同收入的确认与计量

既然建造合同上资产的风险是在建设过程中逐步转移的,那么建造合同收入的确认方法就接近于劳务收入的确认方法。

1.在一个会计年度内完成的建造合同

与劳务收入的确认方法相同,如果建造合同是在一个会计年度内完成的,那么采用"完成合同法",即在合同执行完毕时确认收入、结转成本。

2.跨年度完成的建造合同

跨年度完成的建造合同,视截止当期资产负债表日止,合同的执行结果是否能够可靠估计,分为能够可靠估计合同结果的建造合同和不能够可靠估计合同结果的建造合同两种情形。

(1)截止当期资产负债表日止能够可靠估计合同结果的建造合同

"合同结果能够可靠估计"的本质是,能够可靠估计从开始执行合同始至当期资产负债表日止,执行合同所带来的毛利。对于固定造价合同,就要看合同上预计实现的总收入、预计发生的总成本、以及截止当期资产负债表日止合同的完工进度是否能够可靠估计。对于成本加成合同,因为合同毛利与合同成本的关系在合同上已经明确了,比如合同上规定在成本基础上加成10%作为收入,所以只要能确定合同成本就可以确定毛利,收入也就随之确定。当然,无论固定造价合同还是成本加成合同,都要确保与合同收入相关的经济利益能够流入企业。

建造合同准则分别规定了上述两种合同结果能够可靠估计的认定标准。

第一种:固定造价合同

固定造价合同必须同时具备以下四个条件,合同的结果才能可靠估计。

◇合同总收入能够可靠地计量;

◇与合同相关的经济利益很可能流入企业;

◇实际发生的合同成本能够清楚地区分和可靠地计量;

◇合同完工进度和为完成合同尚需发生的成本能够可靠地确定。

其中"合同完工进度"的确定有以下三种方法:

①根据累计实际发生的合同成本占合同预计总成本的比例确定。该方法用财务数据进行估计。越是建造工程复杂的合同,用这个方法确定完工比例就越简便。该方法也是实务中确定合同完工进度常用的方法。

由于建造过程中有些物质资源提前投入,但是相应的人工劳动并未实施,所以就会出现已经发生工程成本但是因为没有完成相应劳动从而工程没有向前推进的情况。于是,在用该方法确定完工进度时,"累计实际发生的合同成本"中就不能包括施工中尚未安装、使用或耗用的材料成本等与合同未来活动相关的成本。

②根据已经完成的工作量占合同预计总工作量的比例确定。该方法适用于道路工程、土石方挖掘、砌筑工程等工作相对简单、容易直观确定工作量的建造合同。

③根据实际测定的完工进度确定。该方法是在无法根据上述两种方法确定合同完工进度时所采用的一种特殊的技术测量方法。这种技术测量并不是由建造承包商自行随意测定,而是由专业人员现场测定。

当固定造价合同的结果能够可靠估计时,采用"完工百分比法"。

当期的合同收入＝合同总收入×截止到当期期末的完工进度－以前会计期间累计已确认的收入

当期的合同费用＝合同预计总成本×截止到当期期末的完工进度－以前会计期间累计已确认的费用

当期的合同毛利＝当期确认的合同收入－当期确认的合同费用

【例12－9】 某建筑承包商签订了一项总金额为500万元的固定造价合同,合同完工进度按照累计实际发生的合同成本占合同预计总成本的比例确定。工程已于2015年2月开工,预计2017年9月完工。最初预计工程总成本为380万元,在后续期间内,由于材料价格上涨等因素不断调整预计总成本。详细资料如表12－11所示。

表12－11

单位:万元

项　目	2015年年底	2016年年底	2017年
当期发生合同成本	170	125	130
累计实际发生成本 (累计与未来活动相关的成本)	170 (10)	295 (15)	425
预计完成合同尚需发生成本	230	125	—

根据表12－11给的资料,2015年底,合同估计的总收入为500万元,合同估计的总成本为400万元(170＋230),期末已经发生的170万工程成本中有10万元属于已经发生但是尚未耗用的材料成本,已完成的工程实际发生成本160万元,占估计合同总成本的比例为40%(160万/400万)。

2015年的合同收入＝500万×40％＝200(万元)
2015年的合同费用＝400万×40％＝160(万元)
2015的合同毛利＝200万－160万＝40(万元)

根据表12－11给的资料，2016年底，合同估计总收入为500万元，合同估计总成本为420万元(295＋125)，期末累计已经发生的295万工程成本中有15万元属于已经发生但是尚未耗用的材料成本，累计已完成的工程实际发生的成本为280万元，占估计合同总成本的比例为66.66％(280万/420万)。

2016年的合同收入＝500万×66.66％－200万＝133.3(万元)
2016年的合同费用＝420万×66.66％－160万＝120(万元)
2016的合同毛利＝133.3－120＝13.3(万元)

2017年底，合同完工。确认合同剩余收入，结转剩余成本。
2017年的合同收入＝500－(200＋133.3)＝166.7(万元)
2017年的合同费用＝425－(160＋120)＝145万(万元)
2017的合同毛利＝166.7－145＝21.7(万元)

第二种：成本加成合同

成本加成合同的结果能够可靠估计的认定标准为同时具备以下两个条件：

◇与合同相关的经济利益很可能流入企业；
◇实际发生的合同成本能够清楚地区分和可靠地计量。

第一条意味着不仅能补偿合同成本并且能带来毛利的收入很可能流入企业。第二条意味着能清楚地区分哪些合同成本代表了工程进度，哪些合同成本是与合同未来活动相关的。仅以那些代表了工程进度的合同成本作为计算合同费用与合同收入的基础。

当期的合同费用＝截止当期资产负债表日止累计发生的代表工程进度的合同成本－以前会计期间累计已确认的费用

当期的合同毛利＝当期的合同费用×毛利率

当期的合同收入＝当期的合同费用＋合同毛利

【例12－10】 某建筑承包商签订了一项成本加成合同，客户最终支付的合同总金额是合同最终完工所发生的实际成本的110％。工程于2014年8月开工，2016年4月完工。建造该工程的其他有关资料如表12－12所示。

表12－12

单位：万元

项　目	2014年	2015年	2016年
当期实际发生的成本	110	150	20
累计发生的合同成本 (其中：累计与合同未来活动相关的金额)	110 (10)	260 (40)	280

2014年底，从执行合同开始累计发生的合同成本为110万，其中10万元与合同未来活动有关。

2014年度确认的合同费用＝110－10＝100(万元)

2014年度确认的合同收入＝100×110％＝110（万）

2015年底，从执行合同开始累计发生的合同成本为260万，其中40万元与合同未来活动有关，截止到2015年底累计应确认合同费用220万（260－40）。

2015年度确认的合同费用＝

截止到2015年累计确认的合同费用－以前期间累计确认的合同费用

＝220－100＝120（万）

2015年度确认的合同收入＝120×110％＝132（万）

2016年合同完工时，从执行合同开始累计发生的合同成本为280万，累计确认的合同费用为280万元，

2016年度确认的合同费用＝280－100－120＝60（万）

2016年度确认的合同收入＝60×110％＝66（万）

（2）截止当期资产负债表日止不能够可靠估计合同结果的建造合同

根据建造合同准则的规定，对于截止当期资产负债表日止不能够可靠估计合同结果的建造合同，基于谨慎性，无论是固定造价合同还是成本加成合同，当期发生的建造成本全部结转为当期费用，当期能够补偿多少建造成本，就确认多少收入。所以当期确认的合同毛利在最乐观的情形下也只能为零。

（五）建造合同收入的会计处理

1. 财务报表项目和会计科目设置

建造承包商在报告建造合同收入时，设置的财务报表项目与一般企业相同，包括利润表的"营业收入"、"营业成本"项目，资产负债表的"应收账款"、"存货"项目等。

但是在会计科目设置上，建造承包商却有其独特之处。为了便于读者理解这部分内容，我们先从总体上考虑一个问题：为什么要设置会计科目？

设置会计科目，通常是为了编制财务报表。把企业在会计期间内发生的经济活动的结果，用货币度量后，先一笔一笔地在会计科目内记录下来。在资产负债表日，再把会计科目记录的结果在财务报表内反映出来。比如为了在资产负债表日报告"货币资金"项目，设置了"库存现金"、"银行存款"、"其他货币资金"科目。在会计期间内，先在这些会计科目里，记录下那些影响"货币资金"项目的金额。在资产负债表日，再把这些科目的余额之和报告在"货币资金"项目下。又比如，为了在利润表中报告"营业收入"项目，设置了"主营业收入"和"其他业务收入"科目。在会计期间内，先在这两个会计科目里，分别记录日常核心业务和日常非核心业务带来的收入。在资产负债表日，再将这两个科目的发生额之和报告在"营业收入"项目下。上述这些科目又可以再细分为资产负债表科目和利润表科目两类。

在特殊情况下，设置会计科目是为了满足企业内部管理的需要。比如在"收取手续费的委托代理销售"部分我们讲到，受托方设置"受托代销商品"与"受托代销商品款"这一对科目，来记录其并不拥有所有权的受托代销商品的金额。"受托代销商品"科目并不体现企业的存货，"受托代销商品款"科目并不体现企业的负债。但是通过设置这两个科目，受托企业就像管控自有商品一样管控受托代销商品。又比如在"具有融资性质的分期收款销售商品"部分我们讲到，销售方以合同总金额记录"长期应收款"科目，再以"未实现融资收益"科目冲抵"长期应收款"科目中未来才能实现的融资收益，这样通过"长期应收款"科目记录的合同

金额,来方便与客户对账。上述这些设置科目的方法,都是为企业内部管理提供数据,与财务报表列报无关。从逻辑上讲,可以不设置"受托代销商品"与"受托代销商品款"这一对科目,而把受托代销商品的金额记录在备查簿里;也可以不设置"未实现融资收益"科目,而以"长期应收款"科目记录债权的本金,合同总金额记录在备查账里。由于分类账的会计处理程序更加严密,提供的数据更加可靠,在实际工作中,企业内部管理需要的上述这些重要数据,就被纳入分类账的会计处理体系中了。但是因为这些科目所记录的金额并不符合企业会计准则规定的确认和计量标准,所以在财务报表中,相关金额应该"隐身",似乎都不曾被记录过一样。

建造承包商完成一个建造合同所需要的时间比较长,有的甚至长达十几年,与建设单位的结算也是按照工程进度分次进行的,所以无论成本支出还是与建设单位结算,往往都要跨越若干会计年度。在这么多年里,建造承包商需要持续获得与该合同有关的信息,包括,第一,合同累计发生的实际成本,第二,与建设单位累计结算的款项。这些信息,不仅能满足企业内部管理的需要,同时也是我国建造合同准则规定必须予以表外披露的。

如果建造承包商按照一般会计处理程序,在期末确认收入时,将合同成本相应地结转为与收入相配比的费用,那么记载合同成本数据的科目里,期末就没有余额或者只有结转后的剩余额,进而在后续会计期间内,在该科目里只能看到上期结转过来的余额,而累计发生的合同成本数据就看不到了。所以,建造承包商在进行账面记录时,必须采用一定的方法,在不影响结转当期费用的前提下,将合同累计发生的成本数据持续地保留下来。

另一方面,如果建造承包商按照一般的会计处理程序,收回结算款时冲减"应收账款"科目,那么会计期末,"应收账款"科目的余额就是已结算未收回的款项,将该余额结转至下期,以后会计期间就看不到与建设单位累计结算款项的信息了。所以,建造承包商在进行会计核算时,必须采用一定的方法,将与建设单位累计结算的数据持续地保留下来。

目前在会计实务中,建造承包商主要设置了下列特殊的会计科目,来满足上述需要。

(1)"工程施工"科目。

该科目下设两个二级科目:"合同成本"与"合同毛利"。

"合同成本"二级科目是一个成本计算科目,仅借方登记当期发生的合同成本,不作贷方记录,期末有借方余额,反映正在执行的建造合同所累计发生的成本。

"合同毛利"二级科目借方登记当期获取的毛利,贷方登记当期承担的亏损,期末余额在借方或者贷方,反映正在执行的建造合同所累计实现的毛利或承担的亏损。

(2)"工程结算"科目。

该科目仅贷方登记当期根据合同的进展情况向建设单位办理结算的金额,不做借方记录,期末该科目只有贷方余额,反映企业正在执行的建造合同与建设单位累计办理结算的金额。

(3)"应收账款"科目。

该科目借方登记企业当期向建设单位办理结算应收回的款项(该金额同时登记在"工程结算"科目的贷方),贷方登记当期已收回的款项,期末余额在借方,表示已办理结算尚未收回的款项。

2. 会计处理

【例 12—11】 承例 12—9。详细资料见表 12—13。

表 12-13

单位:万元

项 目	2015年	2016年	2017年
当期发生合同成本	170	125	130
累计实际发生成本	170	295	425
（其中:与合同未来活动相关的成本）	(10)	(15)	
预计完成合同尚需发生成本	230	125	—
累计结算合同价款	220	300	500
当年实际收到价款	180	110	210

该建筑承包商对本项建造合同,用会计等式描述的结果见表 12-14。

表 12-14

单位:万元

资产负债表要素	资产 =					负债	+所有者权益
资产负债表项目	货币资金	应收账款		存货			未分配利润
资产负债表科目	银行存款	应收账款		原材料	工程施工		工程结算	利润分配
资产负债表明细科目		借方	贷方		合同成本	合同毛利		
2015年度发生工程成本				−170	+170			
2015年度与建设单位结算		+220					+220	
2015年度收到结算款	+180	−180						
2015年底确认合同收入结转合同成本					+160 −160	+40		+200（营业收入） −160（营业成本）
2015年末余额	180	220		−170	160+10	40	220	40
2016年度发生工程成本				−125	+125			
2016年度与建设单位结算		+80					+80	
2016年度收到结算款	+110	−110						
2016年底确认合同收入结转合同成本					+120 −120	+13.3		+133.3（营业收入） −120（营业成本）
2016年末余额	290	300	−290	−295	280+15	53.3	300	53.3
2017年度发生工程成本				−130	+130			
2017年度与建设单位结算		+200					+200	
2017年度收到结算款	+210	−210						
2017年都完成合同,确认收入,结转成本					+145 −145	+21.7		+166.7（营业收入） −145（营业成本）
合同结束后余额	500	500	−500	−425	425	75	500	75

建造承包商的会计科目设置复杂，以下我们从会计科目层面进行分析。

(1) 2015 年实际发生合同成本时，会计处理见表 12－14 中"2015 年度发生工程成本"行。

会计处理如下：

借：工程施工——合同成本　　　　1 700 000
　　贷：原材料(或应付职工薪酬等)　　　　1 700 000

此处，"工程施工——合同成本"就像"劳务成本"科目记录的金额，性质是存货。

(2) 向建设单位开具发票、结算合同价款时，会计处理见表 12－14 中"2015 年度与建设单位结算"行。

借：应收账款　　　2 200 000
　　贷：工程结算　　　2 200 000

此处"应收账款"借方登记的这项债权与通常我们在该科目借方登记的债权意义显著不同。通常我们在该科目借方登记的债权，其确认与计量直接取决于收入的确认和计量，代表企业未来将要从客户取得的"经济意义上的现金流入"。此处我们在该科目借方登记的债权，与企业和建设单位之间法律意义上的债权债务关系有关，即与建设单位开具与移交发票有关，而与收入无关，属于未来"法律意义上的现金流入"。此处在"工程结算"贷方登记的金额也不是经济意义上的债务，不需要企业通过未来流出经济利益予以偿还。故这笔分录的结果在财务报表内列报无意义。

(3) 实际收到合同价款时，会计处理见表 12－14 中"2015 年度收到结算款"行。

借：银行存款　　　1 800 000
　　贷：应收账款　　　1 800 000

(4) 2015 年底，该合同的结果能够可靠估计，会计处理见表 12－14 中"2015 年度确认合同收入结转合同成本"行。

将主营业务收入登记入账时，

借：工程施工——合同成本　　　　1 600 000
　　工程施工——合同毛利　　　　400 000
　　贷：主营业务收入　　　　2 000 000

此处，"合同成本"与"合同毛利"两个明细科目借方登记的合计数，其性质就是建造承包商经济意义上的应收账款。

结转主营业务成本时，

借：主营业务成本　　　　1 600 000
　　贷：工程施工——合同成本　　　1 600 000

上数两笔分录合成一笔就是，

借：主营业务成本　　　　1 600 000
　　工程施工——合同毛利　　　　400 000
　　贷：主营业务收入　　　　2 000 000

截止到 2015 年末的结果，见表 12－14"2015 年末余额"行。2015 年末，"工程施工——合同成本"科目的余额是 160＋10(万)元。它表示，截止到当期期末，累计发生合同成本 170

万元,其中 10 万元与合同未来活动有关。"工程施工——合同毛利"科目的余额是 40 万元。它表示截止到当期期末,合同累计实现毛利 40 万元。"工程施工"一级科目余额是 210 万元,它表示截止到当期期末,合同累计实现的经济利益即应该向客户收取的款项是 160＋40(万元),已经发生但是与合同未来活动相关的合同成本即存货为 10 万元。"工程结算"科目的余额是 220 万元,它表示,截止到当期期末,累计完成工程结算 220 万元。

(5) 2016 年实际发生合同成本时,会计处理见表 12－14 中"2016 年度发生工程成本"行。

借:工程施工——合同成本　　　　　　　　1 250 000
　　贷:原材料、应付职工薪酬、机械作业等　　　　1 250 000

(6)向客户开具发票、结算合同价款时,会计处理见表 12－14 中"2016 年度收到结算款"行。

借:应收账款　　　　800 000
　　贷:工程结算　　　　800 000

(7)实际收到合同价款时,会计处理见表 12－14 中"2016 年度收到结算款"行。

借:银行存款　　　　1 100 000
　　贷:应收账款　　　　1 100 000

(8)2016 年底结转主营业务成本时,会计处理见表 12－14 中"2016 年度确认合同收入结转合同成本"行。

借:主营业务成本　　　　　　　　1 200 000
　　贷:工程施工——合同成本　　　　1 200 000

将主营业务收入登记入账时,

借:工程施工——合同成本　　　　1 200 000
　　工程施工——合同毛利　　　　133 000
　　贷:主营业务收入　　　　1 333 000

两笔分录合成一笔就是,

借:主营业务成本　　　　　　　　1 200 000
　　工程施工——合同毛利　　　　133 000
　　贷:主营业务收入　　　　1 333 000

截止到 2016 年末的结果,见表 12－14"2016 年末余额"行。2016 年末,"工程施工——合同成本"的余额是 280＋15(万元),它表示,截止到当期期末,累计发生合同成本 295 万元,其中 15 万元与合同未来活动有关。"工程施工——合同毛利"的余额是 53.3 万元,它表示,截止到当期期末,合同累计实现毛利 53.3 万元。"工程施工"一级科目余额是 348.3 万元,它表示,截止到当期期末,合同累计实现的经济利益即应该向客户收取的款项是 280＋53.3(万元),已经发生但是与合同未来活动相关的合同成本即存货为 15 万元。"工程结算"科目的余额是 300 万元,它表示,截止到当期期末,累计完成工程结算 300 万元。

(9)2017 年实际发生合同成本时,会计处理见表 12－14 中"2017 年度发生工程成本"行。

借:工程施工——合同成本　　　　　　　　1 300 000

贷：原材料、应付职工薪酬、机械作业等　　　1 300 000

(10) 向建设单位开具发票、结算合同价款时，会计处理见表12-14中"2017年度收到结算款"行。

　　借：应收账款　　　　　　2 000 000
　　　贷：工程结算　　　　　　2 000 000

(11) 实际收到合同价款时，会计处理见表12-14中"2017年度收到结算款"行。

　　借：银行存款　　　　　　2 100 000
　　　贷：应收账款　　　　　　2 100 000

(12) 2017年底结转主营业务成本时，会计处理见表12-14中"2017年度确认合同收入结转合同成本"行。

　　借：主营业务成本　　　　　1 450 000
　　　贷：工程施工——合同成本　1 450 000

将主营业务收入登记入账时，

　　借：工程施工——合同成本　1 450 000
　　　工程施工——合同毛利　　217 000
　　　贷：主营业务收入　　　　1 667 000

上数两笔分录合成一笔就是，

　　借：主营业务成本　　　　　1 450 000
　　　工程施工——合同毛利　　217 000
　　　贷：主营业务收入　　　　1 667 000

截止到2017年末的结果，见表12-14中"2017年末余额"行。2017年末，"工程施工——合同成本"的余额是425万元，它表示截止到当期期末，累计发生合同成本425万元。"工程施工——合同毛利"的余额是75万元，它表示截止到当期期末，合同累计实现毛利75万元。"工程施工"一级科目余额是500万元，它表示截止到当期期末，合同累计实现的经济利益即应该向客户收取的款项是500万元。"工程结算"科目的余额是500万元，它表示截止到当期期末，累计完成工程结算500万元。

2017年末，在完成对外报告后，将"工程施工"与"工程结算"两个科目的余额对冲。对于该笔合同，两科目的使命宣告结束。

　　借：工程结算　　　　　　　5 000 000
　　　贷：工程施工——合同成本　4 250 000
　　　　　工程施工——合同毛利　　750 000

建造承包商按照上述方式进行会计处理，就一个正在执行的建造合同项目，可以从"工程施工——合同成本"科目的余额持续得到累计发生的成本信息，从"工程施工——合同毛利"科目的余额持续得到累计获取的毛利或者累计承担的亏损信息，从"工程结算"科目持续得到累计与建设单位结算的信息，于是内部管理和表外披露需要的信息就全部满足了。

(六) 建造合同收入的报告

由于建造合同的科目设置很特殊，根据科目金额列报财务报表数据时，必须进行调整和抵销，以消除那些不满足表内列报标准、但是为了满足内部管理和表外披露需要而在会计科目里予以记录的金额的影响。

在前述会计处理部分我们已经分析到,在办理结算时,在"应收账款"科目的借方和"工程结算"科目的贷方登记的金额不能入表,另外,"工程施工"一级科目的借方发生额(扣除与合同未来相关的部分)实际上就是经济意义上的"应收账款"科目的借方发生额。而"工程施工"一级科目的借方发生额中与合同未来相关的部分就是存货。于是每个资产负债表日的处理方法如下:

第一,"应收账款"科目的累计借方发生额与"工程结算"科目的累计贷方发生额均不对外报告,好似这两个金额"抵销"了,但并不在科目里做真正的抵销处理。见表12—14中"应收账款"科目的借方以及"工程结算"科目(只有贷方),在资产负债表中,这两列始终相同的金额同时"隐身",不予以报告。

第二,计算"工程施工"科目累计借方发生额(扣除在该资产负债表日与合同未来相关的部分)与"应收账款"科目累计贷方发生额的差额,如果前者大(好似余额在借方),在资产负债表的"应收账款"项目下报告;如果后者大(好似余额在贷方),在资产负债表的"预收款项"项目下报告。

第三,"工程施工"科目中在每个资产负债表日与合同未来相关的部分,列报在"存货"项目下。

由于"应收账款"科目的借方发生额和贷方发生额分别列报,且列报方式不同,该科目的期末余额实际并没有什么列报意义,所以在每年结账时,该科目的期末累计借方发生额和累计贷方发生额以及期末余额都要结转至下期,这与通常会计科目只结转余额不同。

例12—11在财务报表中报告的结果见表12—15。

表12—15

单位:万元

项目 年度	资产负债表项目			利润表项目		附注披露		
	应收账款	存货	预收款项	营业收入	营业成本	合同累计发生的成本	合同累计实现的毛利(亏损)	合同累计结算的金额
2015年度报告	20	10	0	200	160	170	40	220
2016年度报告	43.3	15	0	133.3	120	295	53.3	300
2017年度报告	0	0	0	166.7	145	425	75	500

1. 2015年末的报告。

"应收账款"科目借方累计发生额200万元与"工程结算"科目贷方累计发生额(即余额)200万元同时"隐身",不在报表中报告,但是科目里的记录仍然保留至下期。

"工程施工"科目累计借方发生额(扣除在该资产负债表日与合同未来相关的部分)为200万元,这就是当期实现收入应收取的款项,相当于通常意义上"应收账款"科目累计借方发生额。"应收账款"科目累计贷方发生额为180万元,这就是当期期末累计从建设单位收到的现金。"工程施工"科目的累计借方发生额多于"应收账款"科目的累计贷方发生额20万元,这就是期末"应收账款"项目报告的金额。

"工程施工"科目中在该资产负债表日已经发生而与合同未来相关的成本为10万元,列报在"存货"项目下。

利润表中"营业收入"项目有200万元,"营业成本"项目有160万元。

2. 2016年末的报告。

"应收账款"科目借方累计发生额300万元与"工程结算"科目贷方累计发生额(即余额)300万元同时"隐身",不在报表中报告,但是科目里的记录仍然保留至下期。

"工程施工"科目累计借方发生额(扣除在该资产负债表日与合同未来相关的部分)为333.3万元,这就是截止到当期期末累计实现收入应收取的款项,也是通常意义上"应收账款"科目的累计借方发生额。"应收账款"科目累计贷方发生额为290万元,这就是截止到当期期末从建设单位累计收到的现金。"工程施工"科目的累计借方发生额多于"应收账款"科目的累计贷方发生额43.3万元,这就是期末"应收账款"项目报告的金额。

"工程施工"科目中在该资产负债表日已经发生而与合同未来相关的成本为15万元,列报在"存货"项目下。

利润表中"营业收入"项目有133.3万元,"营业成本"项目有120万元。

3. 2017年末的报告。

"应收账款"科目借方累计发生额500万元与"工程结算"科目贷方累计发生额(即余额)500万元同时"隐身",不在报表中报告。

"工程施工"科目累计借方发生额(扣除在该资产负债表日与合同未来相关的部分)为500万元,也是通常意义上"应收账款"科目的累计借方发生额。"应收账款"科目累计贷方发生额为500万元。"工程施工"科目的累计借方发生额等于"应收账款"科目的累计贷方发生额,期末"应收账款"项目报告数是零。

"工程施工"科目里没有已经发生而与合同未来活动相关的成本,"存货"项目列报金额为零。

利润表中"营业收入"项目有166.7万元,"营业成本"项目有145万元。

第二节 费 用

一、费用的性质

费用有狭义和广义之分。广义的费用泛指企业各种日常活动发生的所有耗费,如材料费用,人工费用等等。狭义的费用仅指利润表中由本期营业收入予以抵扣的那部分费用。本章所讲的费用就是狭义的费用。基本会计准则对费用的定义是:费用是企业在日常活动中发生的、会导致所有者权益减少的、与向所有者分配利润无关的经济利益的总流出。

引起所有者权益减少的因素有以下四种,其中费用是最重要的一种。

1. 企业与所有者之间的资本交易,包括所有者撤资和向所有者派发红利。

2. 由于市场因素所产生的其他综合收益,包括以公允价值计量的可供出售金融资产公允价值的下跌等;

3. 直接计入利润表的损失。

4. 费用

费用是由企业日常经营管理活动产生的,它是企业获取收入所必然支付的代价,是与收入对应的概念。费用计入利润表,费用的发生减少了当期利润,同时减少了资产负债表的"未分配利润"项目的金额。

二、费用的分类

费用包括营业成本、营业税金及附加、期间费用和所得税费用。

1. 营业成本是为了获取当期收入所直接付出的代价,例如为了获得当期销售商品收入所发生的商品销售成本,为了获得当期劳务收入所发生的劳务成本和为了获得当期建造合同收入所发生的建造合同成本①。

2. 营业税金及附加,是指企业在当期销售商品、提供劳务的过程中所承担的消费税以及当期承担的以增值税和消费税为计税基础而缴纳的城市维护建设税和教育费附加。企业在处置固定资产、无形资产过程中所承担的营业税和附加,属于固定资产、无形资产的处置成本,在计算处置损益时直接予以扣除,不计在该项目。

3. 期间费用,是指企业当期发生的、不能带来未来收益的支出。该费用要么虽与当期收入有关,但是由于不存在直接因果关系而不能计入营业成本;要么与当期收入无关但却是企业日常经营管理活动所必需发生的,因而不能计入营业外支出。

期间费用包括管理费用、销售费用和财务费用。

(1) 管理费用

会计实务中,通常把下列费用计入管理费用:

◇ 企业在筹建期间内发生的开办费;

◇ 行政管理部门发生的办公费、职工薪酬、物料消耗、低值易耗品摊销、固定资产折旧费、维修费、差旅费等;

◇ 董事会费(包括董事会成员津贴、会议费和差旅费等);

◇ 聘请中介机构费、咨询费、诉讼费、业务招待费、排污费;

◇ 房产税、车船税、土地使用税、印花税;

◇ 技术转让费;

◇ 矿产资源补偿费;

◇ 处于研究阶段的支出、不符合资本化条件的开发支出等。

(2) 销售费用

销售费用是指企业在销售商品和材料、提供劳务的过程中发生的各种费用,包括:

◇ 企业在销售商品过程中发生的包装费、运输费、装卸费、保险费;

◇ 商品售后维修费;

◇ 展览费和广告费;

◇ 专设销售机构的职工薪酬、固定资产折旧费、维修费、业务费等。

(3) 财务费用

财务费用是指企业向债权人筹集资本而发生的筹资费用,包括利息支出、手续费等,另

---

① 那些已经发生但是会带来未来收入的成本属于存货。

外还包括客户在折扣期内付款而享有的现金折扣。

4.所得税费用

所得税费用是就企业经营所得承担纳税义务而形成的费用。

当期所得税费用包括"当期应交所得税费用"和"当期递延所得税费用"两部分。

(1)当期应交所得税费用

第十章的第三节《面向税务部门的负债》,阐述了应交所得税负债的会计问题。当企业在某个期间确认当期应交所得税负债时,同时对利润表造成的影响就是当期应交所得税费用。当期应交所得税费用和当期应交所得税负债是同一问题的两个方面,它们的确认和计量相生相伴。

(2)当期递延所得税费用

当期递延所得税费用是在当期应交所得税费用的基础上,根据资产负债表观确认形成的当期所得税费用。它与递延所得税负债、递延所得税资产的确认与终止确认密切相关。本教材对这一内容不作阐述。

三、费用的确认

费用应按照权责发生制下的配比原则以及谨慎原则确认,还有少数项目是根据资产负债表观确认的。

权责发生制要求,凡应属于本期发生的费用,不论其款项是否支付,均确认为本期费用;反之,不属于本期发生的费用,即使其款项已在本期支付,也不确认为本期费用。权责发生制说明当期费用的确认与当期现金流出无关,而决定"应属于本期发生的费用"和"不属于本期发生的费用"的是配比原则。配比原则要求当期所确认的费用与当期所确认的收入存在因果关系,即当期所确认的费用应是当期获取收入所必然发生的耗费。正是因为配比原则,无论是销售商品收入,还是劳务收入以及建造合同收入,都把收入确认与费用确认作为一个整体对待,把与收入相关的费用(由库存商品成本、劳务成本、建造合同成本结转而成的营业成本)的可计量性作为收入确认条件之一。比如销售商品收入的确认条件的最后一条:"已经发生的成本以及未来将要发生的成本能够可靠计量",劳务收入和建造合同收入,判断合同的结果是否能够可靠估计,都有"已经发生的成本和未来将要发生的成本能够可靠计量"这个条件。

1.营业成本的确认

营业成本严格按照配比原则确认。

2.营业税金及附加的确认

营业税金及附加,是企业获取收入所必须付出的代价,其确认理论上应该与收入严格配比,即收入在哪个期间确认,相应产生的营业税金及附加就在哪个期间确认。

3.期间费用的确认

企业当期发生的日常性支出如果不会带来未来收益,则无论是否会带来当期收益,按照"不多确认资产、不少确认费用"的谨慎原则,确认为当期的期间费用。如果该费用与销售活动有关,就确认为销售费用;与举债有关,就确认为财务费用,与以上两种活动都没有关系,就确认为管理费用。

4.所得税费用的确认

当期所得税费用包括"当期应交所得税费用"和"当期递延所得税费用"两部分。

当期应交所得税费用的确认与"应交税费——应交所得税"负债的确认一致。当形成"应交税费——应交所得税"负债时，确认当期应交所得税费用。在我国纳税实务中，所得税"按季(月)都预缴，年终汇算清缴"，所以所得税费用按季(月)都确认，金额为上年平均每月(季)度应缴数。

本书不阐述"当期递延所得税费用"的确认和计量问题。

四、费用的报告

除了"营业成本"项目以"主营业务成本"科目和"其它业务成本"科目的当期发生额的合计数报告以外，利润表其它费用类项目均按照费用类一级科目的借方发生额（如果有贷方发生额，予以扣除）列报在同一名称的报表项目下。

第三节 利 润

利润，即净利润，是一个会计期间内收入和利得与费用和损失相抵后的结果。如果撇去利得和损失这些非经常性因素，可以把"收入"看作企业经营管理活动为企业全部利益相关者制造的蛋糕，把"费用"看作股东以外其他利益相关者从这个蛋糕分享的部分，而这个蛋糕剩余的部分——净利润则留给了股东。所以净利润的经济意义是一个会计期间内企业经营管理活动为股东创造的价值。

一、三个特别项目

计算利润时，有三个因素本章第一节和第二节均没有阐述，因为它们既不是严格的收入，也不是严格的费用。这三个因素分别是资产减值损失、投资收益和公允价值变动损益。

（一）资产减值损失

资产减值损失是企业持有资产的过程中，当期末发现资产预期收益小于此时资产的账面价值时，根据谨慎原则确认的一种损失。这种损失不同于营业外支出：一方面，损失并未真实发生，只是人们以测算的未来收益为依据发现的潜在损失；另一方面，损失的金额是估计的，将来实际发生的损失金额与现在的估计数很可能不同。资产减值损失的确认，我们分别在第三章、第四章和第五章阐述过。

（二）投资收益

投资收益是企业对外投资过程中产生的收益或损失，包括对外进行股权投资和债权投资过程中收到现金股利或利息而形成的收益（不包括从联营企业和合营企业收到的现金股利）以及处置对外投资相关资产，如交易性金融资产、可供出售金融资产、持有至到期投资和长期股权投资而形成的处置所得与资产账面价值的差额。

对合营企业联营企业的长期股权投资，被投资企业产生的净利润属于投资企业的份额，也是投资收益。这种投资收益一方面与其他形式产生的投资收益一起列报在"投资收益"项目下，另一方面单独在"其中：对联营企业和合营企业的投资收益"下列报。

投资收益的确认我们已经在第八章和第九章详细阐述过。

(三)公允价值变动损益

公允价值变动损益是企业持有交易性金融资产、以公允价值模式计量的投资性房地产，期末资产的公允价值相比之前的账面价值发生变化而产生的收益或损失。其确认不同于典型的收入或费用的确认。我们分别在第七章、第八章阐述过这个问题。

二、利润的报告

净利润是收入和利得与费用和损失相抵后的结果。为了通过利润表提供更丰富、相关性更强的信息，在利润表中分营业利润、利润总额和净利润三个层次报告。

营业利润＝营业收入－营业总成本

＋投资收益(－投资损失)＋公允价值变动收益(－公允价值变动损失)

营业总成本＝营业成本＋营业税金及附加＋销售费用

＋管理费用＋财务费用＋资产减值损失

利润总额＝营业利润＋营业外收入－营业外支出

净利润＝利润总额－所得税费用

上市公司为了方便股票市场的投资者进行投资决策，还要报告每股收益。每股收益，简单地说，就是当期每股股票所平均获得的净利润。每股收益的精确计算在《企业会计准则第34号——每股收益》中有详细规定，本书不赘述。

本章小结

本章介绍了利润表的三个要素：收入、费用和利润。

收入是本章的重点。本章第一节详细介绍了收入的类型，并重点讲述了销售商品收入、劳务收入和建造合同收入。销售商品收入的显著特点是，如果满足了收入的确认条件，就一次确认销售商品收入。不同销售商品收入确认的主要差别在于合同规定的与资产所有权有关的风险和报酬转移的条件不同。劳务收入分为跨越会计期间的劳务收入和不跨越会计期间的劳务收入。不跨越会计期间的劳务收入，与销售商品收入相似，在合同执行到一定程度满足了收入确认条件时，一次确认收入。跨越会计期间的劳务收入，因为在前后相连的不同会计期间内确认收入，所以在每个会计期末，通过估计来确认劳务收入。建造合同收入，虽然向客户转移的是有形资产，在形式上与销售商品收入很相似，但是由于与资产相关的主要风险和报酬在逐步转移，所以收入确认的方式与跨越会计期间的劳务收入很相近。建造合同收入由于要满足企业内部管理的需要，在会计科目设置上有其特点。

第二节介绍了费用的性质、分类，总结了不同类别费用的确认条件。

第三节总结了利润表中除了本章第一节和第二节阐述的利润表项目以外其他的项目，并介绍了营业利润、利润总额和净利润等三个利润层次。

一、复习思考题

1.什么是收入？收入确认的一般原则是什么？据不完全统计，在资本市场上，大部分财务舞弊的公司都在收入上做手脚。谈谈你对这一现象的看法。

2.按照经济活动的性质,收入分为哪几种类型?

3.按照我国会计准则的规定,确认销售商品收入必须满足哪些条件?

4.如果向特定客户提供劳务,并且该劳务要到以后会计期间才能完成,那么期末该如何确认劳务收入?

5.什么是建造合同?与销售商品收入相比,建造合同收入有什么特点?

6.建造合同什么时候分立?什么时候合并?

7.什么是固定造价合同?什么是成本加成合同?

8.期末未完成的建造合同,该如何确认收入?

9.为了记录建造合同收入,设置了哪些特殊会计科目?这些科目如何使用?

10.什么是费用?有人常常把收入和资产相混淆,费用和负债相混淆,你能分得清楚吗?

11.利润表中的费用项目包括哪些?

12.什么是利润?为什么在利润表中,利润要分为营业利润、利润总额和净利润三个层次报告?

二、练习题

(一)单项选择题

1.企业在资产负债表日,对某项劳务如不能可靠地估计所提供劳务的交易结果,则对该项劳务正确的会计处理是( )。

A.不确认利润但可能确认损失　　B.既不确认利润也不确认损失
C.确认利润但不确认损失　　D.可能确认利润也可能确认损失

2.某工业企业销售产品A,标价每件220元,若客户购买100件(含100件)以上,每件可得到20元的商业折扣。某客户2016年12月10日购买该企业产品100件。按规定还可以享受现金折扣,条件为2/10,1/20,n/30,以交易额为计算基础。该产品适用的增值税税率为17%。该企业于12月26日收到该笔款项时,应给予客户的现金折扣为( )元。假定计算现金折扣时不考虑增值税。

A.0　　B.200　　C.234　　D.220

3.下列项目中,按照现行会计制度的规定,销售企业作为财务费用处理的是( )。

A.购货方获得的现金折扣　　B.购货方获得的商业折扣
C.购货方获得的销售折让　　D.购货方放弃的现金折扣

4.下列项目中,属于工业企业其他业务收入的是( )。

A.罚款收入　　B.出售固定资产收入
C.材料销售收入　　D.出售无形资产收入

5.某企业于2016年9月接受一项产品安装任务,安装期6个月,合同总收入10万元,年度预收款项4万元,余款在安装完成时收回,当年实际发生成本3万元,预计还将发生成本2万元。则该企业2016年度确认的收入为( )万元。

A.4　　B.6　　C.10　　D.0

6.某企业于2015年11月接受一项产品安装任务,采用完工百分比法确认劳务收入,预计安装期16个月,合同总收入200万元,至2016年年底之前已预收款项160万元,余款在安装完成时收回。2015年已确认收入10万元。至2016年12月31日实际发生成本152万元,预计还将发生成本8万元。则该企业2016年度确认的收入为( )万元。

  A.160 B.180 C.200 D.182

7.某企业2016年3月份发生的费用有:计提车间用固定资产折旧10万元,发生车间管理人员工资40万元,支付广告费用30万元,预提短期借款利息20万元,支付行政管理人员劳动保险费10万元。则该企业当期的期间费用总额为( )万元。

  A.50 B.60 C.100 D.110

8.下列各项中,经批准计入营业外支出的是( )。

  A.计算差错造成的存货盘亏 B.管理不善造成的存货盘亏
  C.管理不善造成的固定资产盘亏 D.出售原材料结转的成本

9.下列各项中,应列为管理费用处理的是( )。

  A.自然灾害造成的流动资产净损失 B.筹建期间内发生的开办费
  C.固定资产盘盈净收益 D.广告费

(二)多项选择题

1.按我国企业会计准则规定,下列项目中不应确认为收入的有( )。

  A.销售商品收取的增值税
  B.出售飞机票时代收的保险费
  C.旅行社代客户购买景点门票收取的款项
  D.销售商品代垫的运杂费
  E.销售商品的价款

2.下列各项收入中,属于工业企业的其他业务收入的有( )。

  A.提供运输劳务所取得的收入 B.提供加工装配劳务所取得的收入
  C.出租无形资产所取得的收入 D.销售材料产生的收入
  E.出售无形资产取得的收入

3.收入的特征表现为( )。

  A.收入从日常活动中产生,而不是从偶发的交易或事项中产生
  B.收入可能表现为资产的增加
  C.收入可能表现所有者权益的增加
  D.收入包括代收的增值税
  E.收入可能表现为负债的减少

4.关于收入,下列说法中正确的有( )。

  A.工业企业转让无形资产使用权产生的经济利益的总流入属于收入
  B.收入,是指企业在日常活动中形成的、会导致所有者权益增加的、与所有者投入资本无关的经济利益的总流入
  C.工业企业处置固定资产产生经济利益的总流入属于收入
  D.咨询公司提供咨询服务产生的经济利益的总流入构成收入

5.关于提供劳务收入的确认计量,下列说法中正确的有( )。

A.企业在资产负债表日提供劳务交易的结果能够可靠估计的,应当采用完工百分比法确认提供劳务收入

B.企业应当按照从接受劳务方已收或应收的合同或协议价款确定提供劳务收入总额,但已收或应收的合同或协议价款不公允的除外

C.企业应当在资产负债表日按照提供劳务收入总额乘以完工进度扣除以前会计期间累计已确认提供劳务收入后的金额,确认当期提供劳务收入

D.企业与其他企业签订的合同或协议包括销售商品和提供劳务时,销售商品部分和提供劳务部分能够区分且能够单独计量的,应当将销售商品的部分作为销售商品处理

(三)计算及会计处理题

1.甲股份有限公司(以下简称甲公司)为增值税一般纳税企业,适用的增值税税率为17%。商品销售价格除特别注明外均不含增值税额,所有劳务均属于工业性劳务。销售实现时结转销售成本。甲公司销售商品和提供劳务均为主营业务。2016年12月,甲公司销售商品和提供劳务的资料如下:

(1)12月1日,对A公司销售商品一批,增值税专用发票上注明交易总额为234万元,其中金额为200万元,增值税额为34万元。提货单和增值税专用发票已交A公司,A公司已承诺付款。为及时收回货款,给予A公司的现金折扣条件如下:2/10,1/20,n/30(计算现金折扣以交易总额为基础)。该批商品的实际成本为160万元。12月19日,收到A公司支付的、扣除所享受现金折扣金额后的款项,并存入银行。

(2)12月2日,收到B公司来函,要求对当年11月10日所购商品在价格上给予10%的折让(甲公司在该批商品售出时确认销售收入500万元,未收款)。经查核,该批商品外观存在质量问题。甲公司同意了B公司提出的折让要求。当日,收到B公司交来的税务机关开具的索取折让证明单,并开具红字增值税专用发票。

(3)12月31日,收到A公司退回的当月1日所购商品的20%。经查核,该批商品存在质量问题,甲公司同意了A公司的退货要求。当日,收到A公司交来的税务机关开具的进货退出证明单,并开具红字增值税专用发票和支付退货款项。

要求:计算相应金额用会计等式描述并编制会计分录。

2.某企业2015年12月18日销售A商品一批,售价为58500元(含增值税),该商品适用增值税税率为17%,成本26000元。合同规定现金折扣条件为2/10,1/20,n/30,以交易总额为基础。买方于12月27日付款。假设计算现金折扣时不考虑增值税。

要求:

(1)用会计等式描述销售过程和收款过程并编制会计分录;

(2)如果该批产品于2016年5月10日被退回,用会计等式描述并编制会计分录。

3.某建筑公司与客户签订了一项总金额为1900万元的建造合同,工程已于2014年7月开工,预计2016年6月完工。2014年末客户提出变动部分设计,经双方协商,客户同意追加投资100万元。该建造合同的其他有关资料如下:

单位:万元

项目	2014年	2015年	2016年
实际发生的成本	300	900	400
累计发生的成本	300	1200	1600
预计合同上将要发生的成本	1200	1600	0
预计合同总收入	1900	2000	
已结算工程价款	240	1000	760
实际收到价款	200	800	1000

假定:该公司采用累计实际发生的合同成本占合同预计总成本的比例确定该项合同的完工进度。

要求:

(1)计算2014年、2015年末的合同完工进度。

(2)计算2014年、2015年和2016年确认的合同收入和毛利,用会计等式描述上述业务并编制会计分录。

4.甲企业自2014年4月1日起为乙企业开发一项系统软件。合同约定工期为两年,合同总收入为10万元,2014年4月1日乙企业支付项目价款5万元,余款于软件开发完成时收取。4月1日,甲企业收到乙企业支付的该项目价款5万元,并存入银行。该项目预计总成本为4万元。其他相关资料如下:

时间	收款金额	累计实际发生成本)	开发程度
2014年4月1日	50 000		
2014年12月31日		1.6	40%
2015年12月31日		3.4	85%
2016年4月1日		4.1	100%

该项目于2016年4月1日完成并交付给乙企业,但余款尚未收到。甲企业按开发程度确定该项目的完工程度。假定为该项目发生的实际成本均用银行存款支付。

要求:用会计等式描述甲企业2014~2016年与开发此项目有关的业务并编制会计分录。

5.甲公司2012年1月1日售出大型设备一套,协议约定采用分期收款方式,从销售当年末分5年分期收款,每年1000万元,合计5000万元,成本为3000万元。不考虑增值税。假定购货方在销售成立日应收金额的公允价值为4000万元,实际利率为7.93%。

要求:(1)编制每年利息收益计算表要求:

(2)用会计等式描述上述业务并编制相应会计分录。

6.甲公司于2015年7月1日与建设方乙公司签订一个固定造价的建造合同,承建一栋办公楼,合同总收入500万元,工期1年半,预计在2016年末完工。甲公司按照已经发生的成本占总成本的比例确定完工进度

(1)2015年发生工程施工成本120万元,全部用银行存款支付,

(2)2015年末,按照工程进度进行工程结算,结算合同价款130万元,实际收到115万元,

(3)2015年末,预计合同总成本400万元,按照完工百分比法确认收入,

(4)2015年发生工程施工成本280万元,全部用银行存款支付,

(5)2016年末,工程全部完工,按照工程进度结算,结算合同价款370万元,实际收到380万元,

(6)2016年末,按照完工百分比法确认收入,

(7)工程完工,结转工程施工与工程结算余额。

上述业务用会计等式描述并编制相应会计分录。

三、财务报表题

1."你的"公司在最近一个会计年度内实现了多少营业收入?相比上年,情况怎样?位列前五位的客户是哪些公司?

2."你的"公司典型的营业收入属于哪种类型?

3."你的"公司在最近一个会计年度内发生了多少营业成本?毛利率是多少?相比上年,毛利率提高还是降低了?

4."你的"公司销售费用是多少?做出同比利润表,看看销售费用占营业收入比例相比上年提升还是下降了?

5."你的"公司营业税金及附加是多少?做出同比利润表,看看营业税金及附加占营业收入比例相比上年提升还是下降了?

6."你的"公司管理费用是多少?做出同比利润表,看看管理费用占营业收入比例相比上年提升还是下降了?

7."你的"公司财务费用是多少?做出同比利润表,看看财务管理费用占营业收入比例相比上年提升还是下降了?与短期借款、长期借款以及应付债券联系起来,分析财务费用变化的原因。

8."你的"公司所得税费用是多少?所得税费用与利润总额的数量关系与该公司所得税的应税比率一致吗?

9."你的"公司净利润是多少?相比上年情况怎样?

第十三章

财务报告

> 【学习目标】
> 通过学习本章,你应该:
> 1.从确认、计量和报告的角度重新审视资产负债表;
> 2.掌握所有者权益变动表的内容与编制;
> 3.从确认、计量和报告的角度重新审视利润表;
> 4.认识现金流量表的作用,理解三种类型现金流量的含义,理解现金流量表各项目的含义,掌握现金流量表的编制,了解间接法报告经营活动现金净流量;
> 5.了解财务报表附注的意义,能从财务报表附注中获取信息。

引子

史玉柱是商界名副其实的传奇人物。

1989年8月2日,他利用报纸《计算机世界》先打广告后收钱的时间差,用手头全部的4000元为他耗费9个月心血开发出来的桌面排版印刷系统做了8400元的广告:"M—6401,历史性的突破"。13天后,史玉柱就收到了15820元的订金;一个月后,4000元广告已换来10万元现金;4个月后,新的广告投入又为他换回100万现金。这一年,史玉柱创办了自己的公司——"巨人"。

只用了短短四年时间,"巨人"公司就成长为"巨人"集团公司,下属全资子公司达38个,其规模仅次于四通公司,是全国第二大民办高科技企业,拥有M—6405汉卡、中文笔记本电脑、手写电脑等5个拳头产品。

1994年初,巨人大厦动土。这座最初计划建18层的大厦,在众人热捧和领导鼓励中被不断加高,从18层到38层、54层、64层,最后升为70层,号称当时中国第一高楼,投资也从2亿增加到12亿。史玉柱基本上以集资和卖楼花的方式筹款,集资超过1亿元。

同样在1994年,史玉柱发现,计算机发展日新月异,汉卡早已失去了存在的必要,如果继续从事软件,扛不过猖獗的盗版,于是把一部分注意力转向了保健品,脑黄金项目开始起步。

1995年,巨人把12种保健品、10种药品、十几款软件一起推向市场,仅投放广告就达1个亿。史玉柱被《福布斯》列为大陆富豪第8位。

1996年巨人大厦资金告急,史玉柱决定将保健品方面的全部资金调往巨人大厦。保健品业务因资金"抽血"过量,再加上管理不善,迅速盛极而衰。脑黄金的销售额达到过5.6亿元,但坏账有3亿多。

1997年初巨人大厦未按期完工,各方债主纷纷上门,"巨人"集团的现金流就此彻底断裂,媒体地毯式报道其财务危机。不久,只完成了相当于三层楼高的巨人大厦停工。随着"巨人"倒下,负债2.5亿的史玉柱黯然离开广东。

更让人想不到的是,十年以后,史玉柱重新成为最成功的企业家,进入亿万富翁的行列。回首当年的大败局,他对失败的现金流管理痛彻心肺:做长期投资不去向银行贷款,拿营运资金往里填,一个巨人大厦就抽干了整个巨人集团的血!

本书第三章到第十一章,侧重阐述了交易或事项发生以后,资产负债表项目所受到的影响,具体解释了这些项目在什么时候确认、如何计量、如何在分类账中记录、如何在资产负债表、所有者权益变动表和利润表中列报。

本书第十二章侧重阐述了那些影响利润表的交易和事项。详细解释了利润表项目——重点是收入项目——在什么时候确认、如何计量、如何在分类账中记录、如何在利润表中列报。

本章从整体上继续审视资产负债表和利润表,并分别介绍所有者权益变动表和现金流量表的结构、编制方法和对外部使用者的意义。本章的节次安排不同于实务中四张报表通常的排列顺序,而是基于四张报表之间的逻辑关系,按照资产负债表、所有者权益变动表、利润表和现金流量表的顺序排列,以加强读者对报表体系内在联系的认识。

第一节 资产负债表

资产负债表是反映企业在某个特定时点资产、负债和所有者权益等财务状况的报表。它像一张照片,捕捉到了资产负债表日那些满足了资产确认条件的经济资源、满足了负债确认条件的义务和责任以及企业的股东所享有的净权益。下面我们从确认、计量与报告角度,再次审视资产负债表。

按照《企业会计准则第30号——财务报表列报》的要求,资产负债表要按照比较式列报,既要报告当期期末数,还要报告当期期初数。当期期末数来自于各资产负债表科目的期末余额,当期期初数来自于上期报表的期末数。

一、资产的确认、计量与报告

(一)资产的确认

资产的确认条件是:第一,与该资源有关的经济利益很可能流入企业;第二,该资源的成本或者价值能够可靠地计量。

资产的确认条件决定了企业某些重要的经济资源,由于成本或者价值不能可靠计量,不能在财务报表中报告为资产。联想电脑的掌门人柳传志对联想电脑的发展做出了巨大贡献,对联想电脑的价值有着重要影响,但是他不会出现在联想电脑的资产负债表上。同样,乔·布斯、比尔·盖茨、杰克·韦尔奇也不会出现在他们所担纲的苹果电脑、微软和通用电气的资产负债表上,尽管他们对各自公司的贡献无人可及。波音公司的销售合约往往签到了十几年以后。这些合约因尚未履行,带来的经济利益不能可靠计量,也不能出现在资产负债表上。除此以外,网站的点击量、营销网络、企业文化等重要的经济资源,都不能确认为资产,不能在财务报表中报告。

(二)资产的计量

资产的计量有五种属性,分别是历史成本、重置成本、可变现净值、现值和公允价值。几乎所有的资产在取得时都采用历史成本计量属性,以保证会计信息的可靠性。而到了资产负债表日,在资产负债表中报告的资产也大多沿用历史成本,但是有少数例外。

1.资产负债表日一些资产采用公允价值计量

资产负债表日,采用公允价值计量的资产包括交易性金融资产,以及符合会计准则规定的条件、采用公允价值计量的可供出售金融资产和投资性房地产。

以公允价值计量资产,能在一定程度上反映资产预期未来带来的经济利益,提高会计信息的相关性。

2.一些资产以可变现净值或现值计量

在资产负债表日,有的资产如果经过减值测试后发现预计未来带来的经济利益低于目前资产的账面价值,那么就要实施资产减值程序,将该资产的账面价值调低到与预计未来经济利益相等的金额。例如,当存货发生减值时,就以可变现净值计量,当固定资产等长期资产发生减值时,就以可变现净值和现值中较高者计量,等等。

实施资产减值程序的效果是资产带来的损失被提前确认了,于是资产未来使用时带来的经济利益就往往大于或等于调整后资产的账面价值,即使发生损失,损失的金额也不那么大。这样做是为了保证会计信息的谨慎性,及时向股东和债权人揭示风险。

无论采用公允价值计量,还是采用可变现净值或现值计量,都不如采用历史成本可靠。

(三)资产的报告

资产分流动资产和非流动资产两大类,按照由强到弱的顺序列报在报表上,并且重要资产的期初、期末余额和本期增减变动额在财务报表附注中详细披露。

二、负债的确认、计量与报告

(一)负债的确认

负债的确认条件是:第一,与该义务有关的经济利益很可能流出企业;第二,未来流出的经济利益的金额能够可靠地计量。

负债的确认条件决定了企业的某些义务和责任由于不满足负债的确认条件,而没有在资产负债表中列报出来。比如一个严重污染环境的企业将来可能会承担巨额赔偿损失,但是由于这笔赔偿目前无法可靠计量,没有满足负债的第二个确认条件,就不能作为负债出现在资产负债表上。类似的情况还有企业承担的担保义务、未决诉讼,等等。

(二)负债的计量

理论上,除了可变现净值以外,负债与资产一样,有其余相同的四种计量属性,只不过负债的计量属性没有资产的容易理解。

企业基本准则规定,在历史成本计量下,负债按照其因承担现时义务而实际收到的款项或者资产的金额,或者承担现时义务的合同金额,或者按照日常活动中为偿还负债预期需要支付的现金或者现金等价物的金额计量;在重置成本计量下,负债按照现在偿付该项债务所需支付的现金或者现金等价物的金额计量;在现值计量下,负债按照预计期限内需要偿还的未来净现金流出量的折现金额计量;在公允价值计量下,负债按照在公平交易中,熟悉情况的交易双方自愿进行债务清偿的金额计量。

负债一般采用历史成本计量。

(三)负债的报告

负债以流动性为标准分为流动负债和长期负债大类,按照流动性由强到弱的顺序列报。重要负债的期初、期末余额和本期增减变动额,在财务报表附注中详细披露。

三、所有者权益的确认、计量与报告

所有者权益是企业的资产在满足了债权人权益之后的剩余权益,所以在资产负债表上,所有者权益的确认与计量取决于资产和负债的确认与计量。而所有者权益的报告,则是按照《公司法》要求对所有者权益分类后按项目报告的。

由于隐形资产和隐性负债的存在,由于历史成本的大量采用,所有者权益的内在价值与资产负债表中所有者权益的报告金额差别很大。股东利用资产负债表评估所有者权益的内在价值时,首先要通过财务报表附注以及其他渠道调查企业的隐形资产和隐性负债的性质,估算其金额,还要评估那些因采用历史成本而可能被低估的资产,比如一栋楼盘因附近修了地铁而升值,可是该楼盘仍然采用当初的建造成本报告,等等。

如果公司的股票上市,并且交投活跃,理论上认为,公司股票的市场价值体现了所有者权益的价值,因为交投活跃的股票充分反映了众多投资者对公司未来价值的预期。但事实上由于证券市场信息不完全对称,股票的价格很可能被低估或高估。投资者如果分析利用包括资产负债表在内的财务报表数据,并通过其他渠道充分了解公司情况,在此基础上测算股票的内在价值,就能发现被市场高估或低估的股票,从而找到投资机会[①]。

第二节 所有者权益变动表

所有者权益变动表,是反映一个期间内所有者权益增减变动情况的报表。该报表不仅描述了所有者权益的五个项目"实收资本(股本)"、"资本公积"、"其他综合收益"、"盈余公积"和"未分配利润"的增减变化,而且说明了造成这些变化的原因。

所有者权益变动表,是连接资产负债表和利润表的桥梁。

按照《企业会计准则第30号——财务报表列报》的要求,所有者权益变动表要按照比较式列报,既要报告当期数,还要报告上期数。本年报表中的"上期数"来自于上期报表的"当期数"。

---

① 《财务报表分析与证券投资》,姜国华著,北京大学出版社

一、所有者权益变动表的结构

所有者权益变动表是一个二维结构的报表,见表1-8。

(一)纵向结构

表中纵向看,主要有五栏,包括"实收资本(股本)"、"资本公积"、"其他综合收益"、"盈余公积"和"未分配利润"。表1-8中,该股份有限公司由于属于安全生产责任重大的公司,还有"专项储备"。

(二)横向结构

表中横向看,包括各项所有者权益期初数、本期变化数和期末数三个部分。

所有者权益的本年年初数和本年年末数,应该分别与资产负债表所有者权益部分的年初数、年末数一致。如表1-8所有者权益变动表中,在"本期数",2015年度"股本"、"资本公积"、"其他综合收益"、"专项储备"、"盈余公积"和"未分配利润"六个项目的"本年年初余额",分别与表1-5资产负债表中所有者权益六个项目的"年初数"一致,分别是13 310 038千元、9 937 191千元、17 507千元、283 854千元、17 006 037千元和3 568 373千元。而表1-8所有者权益变动表中,2015年度"股本"、"资本公积"、"其他综合收益"、"专项储备"、"盈余公积"和"未分配利润"六个项目的"本年年末余额",分别与表1-5资产负债表中,所有者权益的六个项目的"年末数"一致,分别是13 310 038千元、9 926 181千元、37 267千元、343 382千元、18 321 534千元和5 038 986千元。

所有者权益的本期变化数,主要有五个行次,反映造成所有者权益项目发生变化的原因。这部分内容是所有者权益变动表的主体。

1."综合收益总额"行

这一行次反映当期综合收益对所有者权益的影响,包括净利润和其他综合收益两部分。其中净利润产生的影响报告在"未分配利润"栏,如表1-8的4 571 456千元;其他综合收益产生的影响报告在"其他综合收益"栏,如表1-8的19 760千元。

"综合收益总额"行的合计数,见表1-8,为4 591 216千元。

2."股东投入资本或减少资本"行

这一行次反映当期股东投入资本或撤资,受影响的项目有"实收资本(股本)",通常还包括"资本公积"。如果股东投资,"实收资本(股本)"增加,如果有附加缴入资本,"资本公积"增加。如果股东撤资(这种情况很少见),"实收资本(股本)"减少。如果股东撤资是通过企业在证券市场上回购本公司股票并注销来完成的,那么由于回购价格通常高于股票的面值,"资本公积"也要减少。

3."利润分配"行

这一行次反映企业当期利润分配事项对所有者权益的影响。企业的利润分配包括提取法定(或任意)盈余公积,分配现金股利、派发股票股利。无论哪一种利润分配,都会减少"未分配利润"项目。如果提取盈余公积,"盈余公积"项目会等额增加;如果分配现金股利,负债类的"应付股利"项目会同时增加;如果派发股票股利,"股本"会同时增加。

见表1-8,该股份有限公司当期提取了盈余公积1 315 497千元,向股东分配了股利1 730 305千元。

4."所有者权益内部结转"行

所有者权益内部结转的事项,不会改变所有者权益的总额,但是会改变所有者权益的结构,使得两个所有者权益项目发生此消彼长的变化。

这类事项包括:

(1)资本公积转增实收资本(或股本)。这类事项使得"资本公积"项目减少,"实收资本(或股本)"项目增加。

(2)盈余公积转增实收资本(或股本)。这类事项使得"盈余公积"项目减少,"实收资本(或股本)"项目增加。

(3)盈余公积弥补亏损。这类事项使得"盈余公积"项目减少,"未分配利润"项目增加。

见表1-8,当期该股份有限公司没有发生所有者权益内部结转事项。

所有者权益变动表要报告当年度和上年度两个会计期间的数据,以进行比较。

二、所有者权益变动表的编制

所有者权益变动表是动态报表,理论上看,表中列报的金额均来自于各所有者权益科目当期的发生额。

引起所有者权益变动表的"实收资本(或股本)"、"资本公积"、"其他综合收益"、"盈余公积"四个项目变化的交易或事项不多。这四个项目所对应的四个会计科目,所记录的交易或事项的笔数少,性质单一,所以,当这四个项目发生变化时,报表中列报的金额直接来自于这四个科目的本期借方或贷方发生额。

引起"未分配利润"项目变化的除了经营活动产生的净利润以外,还包括利润分配、亏损弥补等。"未分配利润"项目对应的会计科目是"利润分配"。为了方便编制所有者权益变动表,在"利润分配"科目下设置了若干明细科目,包括"提取法定盈余公积"、"提取任意盈余公积"、"应付现金股利或利润"、"转作股本的股利"、"盈余公积补亏"和"未分配利润"等,分别记录各类利润分配事项。所有者权益变动表里的金额,就是相应明细科目的借方或者贷方发生额。

所有者权益变动表的"上期数"数据,根据上年度报表的"本期数"数据填列。

所有者权益变动表将资产负债表和利润表,这两张最常用报表的内在钩稽关系,清晰地勾勒出来了。

第三节 利润表

净利润是一个会计期间内企业经营管理活动为股东创造的财富。所有者权益变动表仅仅报告了净利润的金额,而究竟哪些因素影响了净利润,由利润表来报告。所以利润表中的净利润与所有者权益变动表中的净利润要保持一致。见表1-9,当期该公司实现的净利润为4 571 456千元,与表1-8中"综合收益总额"行的"未分配利润"栏的报告金额一致。

按照《企业会计准则第30号——财务报表列报》的要求,利润表要按照比较式列报,既要报告当期数,还要报告上期数。本年报表中的"上期数"来自于上期报表的"当期数"。

第十二章重点阐述了交易和事项发生以后,如何在利润表中反映出来。本节再次从利润表要素的确认、计量和报告角度审视利润表。

一、利润的确认

确认利润的主要原则是权责发生制。

利润的重要构成因素是收入和费用,利润的确认主要受收入和费用确认的影响。而收入和费用的确认要遵循权责发生制原则。权责发生制又称应计制,是指在确认收入和费用时,以"本期应该取得经济利益"作为收入确认的标准,以"本期应该付出经济利益"作为费用的确认标准,而与本期是否实际取得经济利益和实际付出经济利益无关。权责发生制体现了收入确认的"实现"原则和费用确认的"配比"原则。

收入确认的"实现"原则是指,如果企业作为销售方已经于本期完成了合同规定的提供商品或劳务的义务,同时购进方也已经完成了合同规定的付款义务,或者虽然购进方尚未完成付款义务,但是销售方合理判定购进方将来很可能完成付款义务,那么就意味着收入"实现"了,尽管此时并未实际收到现金。总之,收入的实现原则以"本期应该取得经济利益"作为收入确认的标准。这一标准与企业基本会计准则规定的收入确认的两个基本条件中的第一个——"未来经济利益能够流入"相一致。如果基本会计准则规定的另一个基本条件——可计量性能同时满足,即与收入相关流入的经济利益和与成本相关流出的经济利益都能够可靠计量,就满足了收入确认的所有条件。第12章所阐述的四种类型的收入,包括销售商品收入、劳务收入、让渡资产使用权收入和建造合同收入,其确认条件都是在上述两个条件的基础上,根据提供商品或劳务的具体方式所做的具体规定。收入的确认原则能及时认可管理层的努力。

收入不是天上掉下来的馅饼,取得收入必然要发生相应的耗费,这些耗费就是费用。费用是原因,收入是结果。费用的确认要遵循配比原则。配比原则是指,费用是为了取得当期收入而在当期应该付出的经济利益,而不论当期是否实际付出经济利益。遵循配比原则确认的费用,包括营业成本、营业税金及附加、销售费用、财务费用、管理费用中的折旧费和摊销费等。遵循配比原则,收入与费用的差额——利润,才科学地体现了经营活动的结果。

以权责发生制为原则确认收入和费用,其好处是能够科学地反映管理层的经营业绩,其不利之处是由于收入和费用的确认需要大量的会计估计和判断,容易被管理层所操控。另外,由于收入和费用并不同步产生现金流入和流出,利润表只反映了企业在管理层的努力下,当期为股东增加的财富,它并不能体现企业的支付能力。

二、利润的计量

利润的计量主要取决于收入和费用的计量。收入按照对外销售商品、提供劳务,从客户那里取得的经济利益来计量,这种计量方式接近于公允价值。而费用通常按照所付出经济资源的历史成本计量,比如营业成本、固定资产折旧费、无形资产摊销费等等。收入和费用所采用的计量属性不同,导致收入和费用的差额一方面来自于企业经营管理活动,另一方面来自于物价变动。如果企业所处的经济环境物价变动比较剧烈,或者金额较大的费用受到多年前取得的资产的历史成本的影响,那么物价变动对利润的影响就比较显著。

三、利润的报告

(一)收入的报告

在利润表中,收入在"营业收入"项目下报告。营业收入包括主营业收入和其他业务收入两部分。"营业收入"项目中报告的金额为当期"主营业务收入"和"其他业务收入"两个科目贷方发生额之和。

(二)费用的报告

费用的报告有两种方式,一种以功能报告,另一种以性质报告。以功能报告费用,就是按照费用所服务的领域分类报告,包括为了取得营业收入而发生的营业成本、营业税金及附加,为了销售商品而发生的销售费用,为了进行管理活动而发生的管理费用,以及为了筹资而发生的财务费用,等等。以性质报告费用,就是按照耗费资源的性质分类报告,包括人工费用、折旧费用、摊销费用、维修费用、租金费用、分销费用等。

《企业会计准则第30号——财务报表列报》规定,费用按照功能分类,对应的项目为"营业成本"、"营业税金及附加"、"管理费用"、"销售费用"和"财务费用"。外部信息使用者如果需要人工费、折旧费、摊销费等反映费用性质的信息,可以在财务报表附注中披露的应付职工薪酬、固定资产、无形资产等得到这些信息。

(三)利润的分层报告

为了提供更加丰富的信息,在利润表中,利润是分层报告的,包括营业利润、利润总额和净利润三个层次。

四、其他综合收益与综合收益总额的报告

按照现行会计规范,利润表除了报告企业实现的净利润之外,还要报告股东因素之外其它因素产生的所有者权益变化,这就是其他综合收益。其他综合收益与管理层进行管理的有效性无关,与企业所处的宏观环境有关,比如资本市场、房地产市场的价格,利率、人的平均寿命,等等。

利润表中"其他综合收益"项目的金额与所有者权益变动表中"综合收益总额"行"其他综合收益"栏的金额完全一致,都表示当期形成的其他综合收益。如表1—9的利润表中"其他综合收益",与表1—8的所有者权益变动表中"综合收益总额"行的"其他综合收益"栏的金额一致,都为19 760千元。所有者权益变动表仅报告了其他综合收益的金额,而哪些原因引起了其他综合收益,则由利润表来详细报告。

在利润表中,其他综合收益分为两类。

一类是以后能重分类进损益的其他综合收益,多数其他综合收益都属于这一类。比如可供出售金融资产公允价值的变动;当持有至到期投资转换为可供出售金融资产时,由计量属性改变引起的资产金额的改变;当非投资性房地产转换为以公允价值计量的投资性房地产时,公允价值高于非投资性房地产原账面价值的差额;采用权益法核算长期股权投资,被投资企业发生了上述产生其他综合收益的事项,投资企业因此而产生了其他综合收益;等等。当相关的资产被处置时,比如可供出售金融资产被处置,投资性房地产被处置,长期股权投资被处置,这时原先持有该资产时由于非管理因素产生的其他综合收益就变现了,就成

为利润表中报告的损益项目。

另一类是以后不能重分类进损益的其他综合收益，目前，仅包括设定受益养老金计划下，由保险精算师对设定受益计划负债进行重新估计时所产生的其他综合收益。

净利润与其他综合收益加总，就是综合收益总额。

综合收益总额＝净利润＋其他综合收益

综合收益总额反映了股东因素之外的其它因素引起所有者权益变化的金额。利润表中的综合收益总额应该与所有者权益变动表中"综合收益总额"行的"所有者权益合计"栏的金额一致，在表1-8和表1-9中，此数为 4 591 216 千元。

表1-9称作"综合收益表"，可能更为恰当。

第四节 现金流量表

现金流量表是反映企业一定会计期间内现金及现金等价物流入、流出情况的报表。

按照《企业会计准则第30号——财务报表列报》的要求，现金流量表要按照比较式列报，既要报告当期数，还要报告上期数。本年报表中的"上期数"来自于上期报表的"当期数"。

一、现金流量表的意义

现金流量表相比资产负债表和利润表，属于小字辈，在我国只有不到二十年的历史。

利润表已经报告了企业的经营业绩，之所以还要编制现金流量表，是因为利润表中收入和费用的确认，遵循权责发生制原则，以管理层付出的努力而非现金流入或流出为标准。利润表报告了一个极佳的利润，并不一定意味着该企业有充足的现金支付能力。假如销货款的回笼并没有像企业在确认收入时那般乐观，或者企业为了保证生产供应而大量预付购货款，或者为了扩大生产经营规模进行投资，都使得企业在利润可观的情况下，现金不充足，支付能力不够。

为此，从1998年开始，我国企业会计准则要求编制现金流量表。

二、现金流量表与资产负债表之间的钩稽关系

因为现金流量表用于反映企业的支付能力，所以现金流量表中的"现金"具有特定含义，包括现金和现金等价物。《企业会计准则第31号——现金流量表》规定，"现金，是指企业库存现金以及可以随时用于支付的存款。现金等价物，是指企业持有的期限短、流动性强、易于转换为已知金额现金、价值变动风险很小的投资。"现金等价物通常指在证券市场上购入的三个月内到期的国债。

在多数情况下，企业没有现金等价物，现金流量表中的"现金"与资产负债表中的"货币资金"是等同的，现金流量表反映了两个资产负债表日货币资金的增减变动情况。这时，现金流量表也可以称作"货币资金变动表"。

三、现金流量的分类

现金流量表中的现金流量主要包括三类，分别是筹资活动产生的现金流量、投资活动产

生的现金流量和经营活动产生的现金流量。如果企业有外币现金,还包括汇率变动对现金和现金等价物的影响。

(一)筹资活动产生的现金流量

筹资活动,是指导致企业资本及债务规模和构成发生变化的活动。发生这类活动时,企业在与股东以及提供带息债务资本的债权人即银行、社会公众打交道。当企业向这些利益相关者筹集资本时,产生现金流入。在后续期间,当向股东支付股利或者向银行、社会公众支付利息、偿还本金时,产生现金流出。一个会计期间内,筹资活动的现金流入与现金流出的差额,就是筹资活动产生的现金净流量。

由于企业是在货币市场和资本市场上筹资资本,企业筹资活动产生的现金流受到货币市场、资本市场变化的影响。如果政府实行紧缩的货币政策,货币市场利率就会上升,企业在筹集本金不变的情况下,支付的利息就会增加。企业如果从正处于牛市的资本市场筹集资本,相比熊市,不仅筹资资本更加顺利,而且每发行一股股票所筹集的资金可能会更多。

筹资活动产生的现金流入,特别是向股东筹集资本产生的现金流入,是企业现金流动的起点,也是企业一切经济活动的开端。

(二)投资活动产生的现金流量

投资活动,是指企业长期资产的购建和不包括在现金等价物范围的投资及其处置活动。投资活动包括了对内投资和对外投资两类活动。

1. 对内投资活动

对内投资活动是指固定资产、无形资产、投资性房地产等长期资产的购建和处置活动。购建这些长期资产时,产生现金流出;若干年后处置这些资产时,产生现金流入。对一项资产而言,购置发生的现金流出,通常远远大于处置产生的现金流入。也就是说,对内投资活动是"花钱的"。在一个会计期间内,对内投资活动产生的现金流入与现金流出的差额,称作"对内投资活动产生的现金净流量"①。

对内投资活动现金流量的运动规律与企业所处的生命周期有关。在企业发展初期和扩张过程中,由于购建长期资产而产生大量现金流出。虽然在这个阶段,每个会计期间同时有少数长期资产因处置而产生现金流入,但总体上,现金流出远远大于现金流入,所以当期对内投资活动现金净流量是负数。在企业进入萎缩衰退期后,不再购建长期资产,而当期处置这些资产又会产生现金流入,所以当期投资活动现金净流量是个正数。

对内投资活动是现金的主要去向,资本密集型企业尤其如此。

2. 对外投资活动

对外投资活动,是指购置和处置交易性金融资产、可供出售金融资产、持有至到期投资和长期股权投资。购置这些资产时产生现金流出;处置这些资产时产生现金流入。对外投资形成的资产性质复杂,既包括从资本市场获取经济利益的资产,又包括从被投资企业获取经济利益的资产,所以这类活动的现金流转规律与企业所处的生命周期没有明显关系。从当期的现金流量也不容易预测未来的现金流量。

---

① 在现金流量表中不单独报告"对内投资活动产生的现金净流量",只报告"投资活动产生的现金净流量"。"对内投资活动产生的现金净流量",读者可以通过相关报表项目自行计算取得。

多数企业除了长期股权投资的购置和处置以外,没有对外投资活动。

(三)经营活动产生的现金流量

经营活动是指筹资活动、投资活动以外的活动。

企业发生经营活动时,主要是与客户、供应商、员工以及政府打交道。当企业向客户收取货款时,产生经营活动现金流入;当企业向供应商支付货款、支付给员工或为员工支付薪酬以及向政府缴税时,产生经营活动现金流出。经营活动现金流入减去现金流出,称作"经营活动产生的现金净流量"。

"经营活动产生的现金净流量"是现金流量表最重要的指标。这不仅仅因为经营活动发生频度远远大于投资活动和筹资活动,更重要的是,销售商品产生的现金流入是整个企业现金流转的终点。销售商品产生的现金流入扣除工资、购货款、税费等日常现金支出后的剩余,要用于补偿对内投资活动产生的现金流出,还要用于支付筹集资本所额外付出的代价,包括利息和现金股利。虽然企业可以通过再筹资来满足长期资产购建、利息和现金股利支付所需要的现金,但再筹资本身又需要企业未来支付现金。所以经营活动产生的现金净流量是企业一切现金支付最终的来源,它反映了企业的造血能力。

现金流量表按照不同流转规律将现金流分为筹资活动、投资活动和经营活动三类,能够增加报表信息的预测性,提高报表的使用价值。

读者从下面的例子去体会现金流量表和利润表在反映经济活动时各自具备的特点,体会在企业不同发展阶段,筹资活动、投资活动和经营活动所产生的现金净流量的特点,同时进一步思考为什么"经营活动现金净流量"是现金流量表最重要的指标。

【例13—1】 某人使用自有资金10.5万,借款10万,购买一辆价值18.5万元的出租车来运营。借款分五年付清,每年利率10%,每年偿还本金2万。出租车预计使用5年,预计净残值0.5万元,采用直线法计提折旧。每年运营的收入全部收现,金额为18万元,司机的工资、汽油费、保养费以及各种税费等每年12万元。五年后出租车报废,处置净所得为0.5万元。

表13—1 五年利润表简表

项目	第一年	第二年	第三年	第四年	第五年	合计
收入	18.0	18.0	18.0	18.0	18.0	90.0
费用	16.6	16.4	16.2	16.0	15.8	81.0
(1)营业费用	12.0	12.0	12.0	12.0	12.0	60.0
(2)财务费用	1.0	0.8	0.6	0.4	0.2	3.0
(3)折旧费用	3.6	3.6	3.6	3.6	3.6	18.0
利润	1.4	1.6	1.8	2.0	2.2	9.0

表13—1的利润表,遵循权责发生制原则,对股东每年的获利情况进行了反映。利润表显示股东五年赚取利润累计9(1.4+1.6+1.8+2.0+2.2)万元。

表13-2　五年现金流量表简表

项　目	第一年	第二年	第三年	第四年	第五年	合计
一、经营活动产生的现金流量						
经营活动现金流入	18.0	18.0	18.0	18.0	18.0	90.0
经营活动现金流出	12.0	12.0	12.0	12.0	12.0	60.0
经营活动现金净流量	6.0	6.0	6.0	6.0	6.0	30.0
二、投资活动产生的现金流量						
投资活动现金流入	0.0	0.0	0.0	0.0	0.5	0.5
投资活动现金流出	18.5	0.0	0.0	0.0	0.0	18.5
投资活动现金净流量	−18.5	0.0	0.0	0.0	0.5	−18
三、筹资活动产生的现金流量						
筹资活动现金流入	20.5	0.0	0.0	0.0	0.0	20.5
筹资活动现金流出	3.0	2.8	2.6	2.4	2.2	13
筹资活动现金净流量	17.5	−2.8	−2.6	−2.4	−2.2	7.5
四、现金净增加额	5.0	3.2	3.4	3.6	4.3	19.5

表13-2的现金流量表反映了企业每年现金的增减变化情况和变化原因,与利润表每年反映的交易和事项内容相同,但是角度不同。

本例反映了企业从开始经营到终止经营的全过程,而终止经营时,不仅所有非现金资产变现,而且所有债务得以偿还,所以现金在五年内的累积变化情况就是所有者权益在五年内的累积变化情况。五年内现金累计增加19.5万元,扣除股东自己投资的10.5万元,净赚9万,与利润表中显示的五年累计获利情况一致。这说明,尽管利润表和现金流量表每年反映的交易和事项的角度不同,但是在企业整个生命周期内,两张报表所累积反映的股东利益的变化是一致的。

表13-2的现金流量表显示,在企业经营的第一年,筹资活动产生大量现金流入,现金净流量为17.5万元,同期投资活动产生大量现金流出,净流量为−18.5万元。随后筹资活动持续产生现金流出,而投资活动不再发生现金流,仅在最后一年处置资产现金流入0.5万元。五年中,经营活动由于企业规模稳定而产生稳定的现金净流量。

此例中,经营活动产生的现金净流量为每年6万元,总计30万元,在弥补了投资活动产生的现金净流出量18万元,支付了筹资活动产生的利息总计3万元后,给股东净剩余9万元。如果经营活动产生的现金净流量不足够多,无法将投资活动产生的现金流出收回来,那么在长期资产报废后重置资产就有困难,就无法维持原有的经营规模;如果经营活动产生的现金净流量不足够多,不够支付利息和本金,就可能被债权人申请破产;如果情况更糟糕,经营活动现金净流量是负数,即经营活动产生的现金流入不足以维持日常开支:发不出工资、付不了货款、交不了税,那么企业很快就会陷入困境。如果在出现以上这些不利局面之前企业就有大量的现金结余,或者出现这些不利局面之后由于与银行关系良好,能够再筹资,那么这些现金使企业得以喘息,但是如果经营活动现金净流量没有根本改观,总有一天,当现金耗尽时,企业会再次陷入困境。所以企业要健康发展,从经营活动获取足够的现金净流量是根本。

(四)三类活动现金净流量情况示意图

表13-3,描述了三类活动产生的现金净流量的正负情形。

从第(1)到第(4)四种情形,经营活动现金净流量是正数,企业处于正常运营状态。而其中第(3)和第(4)种情形,投资活动现金净流量都是负数,更为常见。从第(5)到第(8)四种情形,经营活动现金净流量是负数,企业运营情况不乐观。如果这种状况持续下去,企业最终会陷入经营困境。

表13-3　三类活动现金流量情况示意图

	(1)	(2)	(3)	(4)	(5)	(6)	(7)	(8)
经营活动产生的现金净流量	正数	正数	正数	正数	负数	负数	负数	负数
投资活动产生的现金净流量	正数	正数	负数	负数	正数	正数	负数	负数
筹资活动产生的现金净流量	正数	负数	正数	负数	正数	负数	正数	负数

四、经营活动现金净流量的报告方式

经营活动现金净流量作为现金流量表最重要的指标,有两种报告方式。

1. 直接法

"直接法"直接报告当期经营活动产生的现金流入、流出和净流量情况。如例13-1中,经营活动每年产生现金流入18万元,现金流出12万元,现金净流量6万元。其好处是简洁、明了,而且便于预测未来经营活动现金流入、流出情况。

2. 间接法

间接法以当期利润表的净利润为起点,经过一定的调整,计算得到当期经营活动产生的现金净流量。

间接法的目的并不在于报告经营活动现金净流量的金额,而在于解释财务报表体系中反映当期经营情况的两个最重要的指标——"净利润"和"经营活动现金净流量",二者之间差异究竟何在。这种方法的作用在于,当企业盈利情况不错而经营活动现金流情况不好时,便于找到改善经营活动现金净流量的途径;或者当企业经营活动现金净流量情况不错,而净利润情况不乐观时,找到提高净利润的途径。

以当期净利润为起点,调整到当期经营活动的现金净流量,调整的思路如下。

第一步:从净利润调整到当期经营活动净利润。

净利润是由当期经营活动、投资活动和筹资活动产生的损益以及资产减值损失共同构成的。投资活动产生的损益有:固定资产、无形资产处置损益,各类对外投资产生的损益,比如投资收益、公允价值变动损益等。筹资活动产生的损益仅有财务费用。从净利润中剔除当期投资活动、筹资活动产生的损益以及资产减值损失的影响后,剩下的就是当期经营活动的净利润。

第二步:将当期经营活动净利润调整为当期经营活动收现收入与付现费用的差额。

当期经营活动的净利润是以权责发生制为基础确认的。在经营活动净利润基础上,继续剔除那些非收现收入和非付现费用的影响后,就是当期收现收入与付现费用的差额。非收现收入是指当期销售当期没有收到现金的收入,这些收入金额记在"应收账款"、"应收票据"、"预收账款"科目的借方。当期非付现费用包括销货成本、人工成本、折旧费、摊销费、税费等,这些金额记在"存货"、"应付职工薪酬"、"累计折旧"、"累计摊销"、"应交税费"科目的贷方。

第三步:在第二步基础上,把那些不带来当期收入的经营活动现金流入和不产生当期费用的经营活动现金流出囊括进来,就得到当期经营活动现金净流量。

不带来当期收入的经营活动现金流入有当期预收的销货款和当期收回的应收款,这些金额记在"应收账款"、"应收票据"、"预收账款"科目的贷方。不产生当期费用的经营活动现金流出包括(1)当期支付的购货款,该金额记在"应付账款"、"预付账款"科目的借方;(2)当期支付的职工薪酬,该金额记在"应付职工薪酬"科目的借方;(3)当期支付的税费,该金额记在"应交税费"科目的借方。

如例 13—1 中,第一年净利润 1.4 万元,加上筹资活动带来的费用,即利息费用 1 万元,再加上折旧费这一非付现费用 3.6 万元,就是经营活动现金净流量 6 万元。请读者通过间接法计算后续四年各年经营活动的现金净流量。

《企业会计准则第 31 号——现金流量表》把上述需要调整的项目进行了整理,使得调整数据可以直接从相关报表项目或者会计科目得到。表 13—4 是间接法的表格样式。

采用直接法和间接法两种方法报告经营活动现金净流量,金额应该相同。

《企业会计准则第 31 号——现金流量表》规定,现金流量表的主表以直接法报告,如表 1—10;在财务报表附注中以间接法再次报告经营活动现金净流量,如表 13—4。

表 13—4　以间接法报告经营活动现金净流量

将净利润调节为经营活动现金流量:	本期金额	上期金额
净利润		
加:资产减值准备		
固定资产折旧、油气资产折耗、生产性生物资产折旧		
无形资产摊销		
递延收益摊销		
长期待摊费用摊销		
处置固定资产、无形资产和其他长期资产的损失(收益以"一"号填列)		
固定资产报废损失(收益以"一"号填列)		
公允价值变动损失(收益以"一"号填列)		
财务费用(收益以"一"号填列)		
投资损失(收益以"一"号填列)		
递延所得税资产减少(增加以"一"号填列)		
递延所得税负债增加(减少以"一"号填列)		
存货的减少(增加以"一"号填列)		
经营性应收项目的减少(增加以"一"号填列)		
经营性应付项目的增加(减少以"一"号填列)		
经营活动产生的现金流量净额		

五、现金流量表主表各项目的含义

在现金流量表主表中,三类活动产生的现金流量均以直接法报告。

(一)经营活动产生的现金流量

1.经营活动产生的现金流入

(1)销售商品、提供劳务收到的现金

本项目反映企业当期销售商品、提供劳务从客户那里实际收到的现金,包括收到的销货款或劳务款以及增值税销项税额。其中既包括当期销售商品、提供劳务当期收到的现金,也包括上期销售商品、提供劳务当期收到的现金,还包括当期收到以后期间才向客户销售商品、提供劳务的现金。

表3−2、3−7、3−8、3−13、10−15、10−16和表12−3里收到的现金都是销售商品、提供劳务收到的现金。

(2)收到的税费返还

本项目反映企业当期从税务部门收到的各项税费先征后返的现金,如增值税、消费税、关税等的返还。

(3)收到的其他与经营活动有关的现金

本项目是杂项,反映除上述项目外,企业当期收到的其他与经营活动有关的现金,如罚款收到的现金,经营性对外租出固定资产收到的租金,出租投资性房地产收到的租金,流动资产损失中由个人赔偿的现金,除税费返还外的其他政府补助收入等。如果这些项目单项金额较大,应单独列项反映。

2.经营活动产生的现金流出

(1)购买商品、接受劳务支付的现金

反映当期购买材料、商品、接受劳务支付给供应商的货款以及与货款一并支付的增值税进项税额。既包括本期购买商品、接受劳务本期支付的现金,也包括前期购买商品接受劳务本期支付的现金,还包括本期预付的下个会计期间的商品款或劳务款。

表3−19、4−10、4−11、10−1、10−2和表10−3里支付的现金,都是购买商品接受劳务支付的现金。

(2)支付给职工以及为职工支付的现金

反映当期企业支付给职工的工资、奖金、津贴、补贴以及为职工支付的各种保险、住房公积金、工会经费、职工教育经费、辞退福利等。

注意:支付给在建工程人员、研发人员的工资奖金津贴补贴以及为这些人员所支付的各种保险、住房公积金、工会经费、职工教育经费、辞退福利等属于投资活动产生的现金流出,不在本项目报告。

表10−5里支付的除在建工程人员和研发人员以外人员的工资,属于支付给职工以及为职工支付的现金。

(3)支付的各项税费

反映企业当期支付给税务部门的各项税费,包括企业所得税、增值税、消费税、教育费附加等。

表10—6、10—8里支付的现金属于支付的各项税费。

(4)支付的其他经营活动有关的现金

反映除上述各项外,企业支付的其他与经营活动有关的现金。包括支付的罚款、各种租金等。如果其中某一项目金额较大,要单独设项目列报。

表3—1、3—5和表3—20里支付的现金属于这一类。

(二)投资活动产生的现金流量

1.投资活动产生的现金流入

(1)收回投资收到的现金

反映企业当期出售、转让或到期收回除现金等价物以外的交易性金融资产、可供出售金融资产、持有至到期投资、长期股权投资等收到的现金。

表8—2"处置资产"行所表示的329 000元现金流入就是收回投资收到的现金。

(2)取得投资收益收到的现金

反映企业当期因持有权益性投资而取得的现金股利或利润,以及因持有债权性投资而取得的利息。

表8—2第二个"收到的现金股利"行,收到的现金600元就是取得投资收益收到的现金。

(3)处置固定资产、无形资产和其他长期资产收回的现金净额

反映企业出售固定资产、无形资产、投资性房地产和其他长期资产所取得的现金,减去为处置这些资产而支付的有关费用后的净额。如果处置上述长期资产所收回的现金净额为负数,在"支付的其他与投资活动有关的现金流出"项目中反映。

表5—15、6—8、7—6、7—12和表7—13里收到的现金属于处置固定资产、无形资产和其他长期资产收回的现金净额。其中表5—15里收到的现金净额是0.26(0.66—0.4)万元。

(4)处置其他营业单位收到的现金净额

反映企业处置其他营业单位收到的现金减去相关处置费用后的净额。

(5)收到的其他与投资活动有关的现金

反映除上述项目外,其他与投资活动有关的现金流入。如果其中某单个项目金额较大,应单独列项反映。

表8—2里第一个"收到现金股利"行表示的收到的现金1000元,就是收到的其他与投资活动有关的现金。

2.投资活动产生的现金流出

(1)购建固定资产、无形资产和其他长期资产支付的现金

反映企业购买、建造固定资产、无形资产、投资性房地产以及其他长期资产所支付的现金,包括购买机器设备所支付的现金、建造工程支付的现金、支付在建工程人员、研发人员的薪酬等。

表3—4、5—6、5—7、5—8、5—13、6—1、6—4、7—1和表7—4里支付的现金属于购建固定资产、无形资产和其他长期资产支付的现金。

另外,表10—5里支付给在建工程人员和研发人员的工资也属于这一类。

(2)投资所支付的现金

反映对外投资所支付的现金,包括取得现金等价物以外的交易性金融资产、可供出售金融资产、持有至到期投资、长期股权投资所支付的买价以及佣金、手续费等。

表8-2里"购入交易性金融资产"行所表示的现金流出中为了取得交易性金融资产而支付的320 500元,就属于投资所支付的现金。

(3)取得其他营业单位支付的现金净额

反映企业取得其他营业单位所支付的对价中以现金支付的部分。

(4)支付的其他与投资活动有关的现金

反映除上述项目外,支付的其他与投资活动有关的现金,如取得对外投资时在成本中包含的已经宣告而尚未发放的股利、已到付息日尚未领取的利息。某单个项目金额较大,应单独列项反映。

表8-2里"购入交易性金融资产"行表示的为现金股利和相关税费发生的现金流出2000元,就属于支付的其他与投资活动有关的现金。

(三)筹资活动产生的现金流量

1.筹资活动产生的现金流入

(1)吸收投资收到的现金

反映企业当期向股东发行股票筹集资金实际收到的款项净额。企业所支付的审计、咨询等费用,在"支付的其他与筹资活动有关的现金"项目反映。

表11-1、11-3里收到的现金属于吸收投资收到的现金。

(2)借款收到的现金

反映企业当期向银行或社会公众举借各种短期、长期借款而收到的款项净额。

表10-10"取得借款"行表示的现金流入998 000元,就属于借款收到的现金。

(3)收到的其他与筹资活动有关的现金

2.筹资活动产生的现金流出

(1)偿还债务所支付的现金

本项目反映企业当期偿还的债务本金。债务包括长短期借款和应付债券。

表10-10"到期支付名义利息"行表示的现金流出1 000 000元,就是偿还债务所支付的现金。

(2)分配股利、利润或偿付利息支付的现金

本项目反映企业当期支付的现金股利、支付给其他投资单位的利润或用现金支付的借款利息、债券利息。

表10-17里支付的现金属于分配利润支付的现金。

表10-10里"第一次支付名义利息"行和"第二次支付名义利息"行,共有现金支出30 000元,属于偿付利息支付的现金。

(3)支付的其他与筹资活动有关的现金

本项目反映除上述项目外,其他与筹资活动有关的现金,包括为了发行股票、债券由企业支付的审计、咨询费用;融资租赁固定资产各期支付的租金;具有融资性质的分期付款方式购建固定资产各期支付的现金等。

六、现金流量表主表的编制方法

现金流量表主表的编制方法有期末直接汇总法和期末倒挤法两种方法。

(一)期末直接汇总法

在这种方法下,平时发生与现金和现金等价物增减变动有关的交易时,除了由出纳登记现金日记账、银行存款日记账、其他货币资金日记账以及由会计人员登记相关分类账以外,还要设置现金台账,按照现金流量表项目予以记录。

表13-5是现金台账的样式,看上去就像横向报告的现金流量表。

表13-5 现金台账样式

日期	摘要	经营活动现金流量										投资活动现金流量	筹资活动现金流量
		销售商品、提供商劳务收到的现金	收到的税费返还	收到的其他与经营活动有关的现金	现金流入合计	支付的现金购买商品、接受劳务	支付的各项税费	支付的其他与经营活动有关的现金	现金流出小计	经营活动产生的现金净流量		(略)	(略)
*	*	*											
*	*						*						

期末,把台账所有数据分项目汇总后,就得到现金流量表数据。

根据现金台账期末直接汇总得到现金流量表数据的方法,要求记录台账的会计人员,熟悉每笔现金收付业务的性质,并能准确地将这些业务记录在所对应的报表项目中。以下这些现金收付业务对应的报表项目容易混淆,应特别注意。

(1)对外投资期间取得的现金股利、利息,属于"取得投资收益收到的现金",不属于"收回投资收到的现金"。

(2)支付给在建工程人员、研发人员的工资、奖金、津贴和补贴,以及为这些人员支付的保险费、住房公积金、工会经费、职工教育经费、辞退福利等其他职工薪酬,属于投资活动中"购建固定资产、无形资产和其他长期资产支付的现金",不属于经营活动中"支付给职工以及为职工支付的现金"。

(3)在固定资产、无形资产和其他长期资产购建过程中,支付的符合资本化条件的利息,因为支付利息的活动是筹资活动,属于"分配股利、利润或偿付利息支付的现金",不属于投资活动的"购建固定资产、无形资产和其他长期资产支付的利息",尽管这些利息增加了长期资产的购建成本。

(4)分期付款具有融资性质购入固定资产,各期支付的款项,属于筹资活动中"支付的其他与筹资活动有关的现金",不属于投资活动中"购建固定资产、无形资产和其他长期资产支付的现金"

(二)期末倒挤法

由于会计人员采用复式记账方法记录经济活动,一笔金额会同时记录在四张报表中具有对应关系的两个或两个以上的项目里。于是,在现金流量表的有关项目体现货币资金增减变化的同时,其他有对应关系的资产负债表项目或利润表项目也等额地发生变化。比如现金流量表中"销售商品、提供劳务收到的现金"项目的金额,就同时反映在利润表的"营业收入"项目以及资产负债表的"应收账款"、"应收票据"、"预收款项"项目里。

期末,根据利润表和资产负债表的期初期末变动额倒计算出现金流量表各项目的金额,这种方法就是期末倒挤法。

下面先从会计科目层次,分析与货币资金科目增减变化所对应的利润表科目和资产负债表科目,然后再从财务报表项目层次,分析现金流量表项目与利润表项目和资产利润表项目之间的关系。

当期销售商品、提供劳务收到的现金,前文已经述及,既包括当期销售当期收到的现金,也包括前期销售当期收到的现金,还包括以后销售当期预收的现金,另外包括与销货款同时收到的销项税额。其金额一方面记录在"库存现金"、"银行存款"、"其他货币资金"等货币资金科目的借方,另一方面记录在"营业收入"、"应收账款"、"应收票据"、"预收账款"、"应交税费——应交增值税(销项税额)"等科目的贷方。

用公式表示如下:

有关货币资金科目的借方记录的销售商品提供劳务收到的现金
＝"营业收入"科目贷方发生额中的现销金额(代表当期销售商品当期产生的现金流入)
＋"应收账款"、"应收票据"科目的贷方发生额总额(代表以前销售商品当期产生的现金流入)
＋"预收账款"科目贷方发生额总额(代表以后销售商品而当期产生的现金流入)
＋"应交税费——应交增值税(销项税额)"明细科目贷方发生额中因现销产生的销项税额

等式(1)

考虑到,记录在"营业收入"科目贷方的赊销额同时登记在"应收账款"、"应收票据"科目的借方;记录在"营业收入"科目贷方的以前预收款当期销售的金额同时登记在"预收账款"的借方;记录在"应收账款"、"应收票据"科目借方的销项税额,同时记录在"应交税费——应交增值税(销项税额)"科目的贷方,于是,在等式(1)里同时加上和减去这些金额,就变成等式(2):

有关货币资金科目的借方记录的销售商品提供劳务收到的现金
＝"营业收入"科目贷方发生额中的现销部分(因当期销售商品而当期产生的现金流入)
＋"应收账款"、"应收票据"科目的贷方发生额总额(因以前销售商品而当期产生的现金流入)
＋"预收账款"科目贷方发生额总额(因以后销售商品而当期产生的现金流入)
＋"应交税费——应交增值税(销项税额)"明细科目贷方发生额中因现销产生的销项税额
＋["营业收入"科目贷方发生额中的赊销部分(当期产生收入时无现金流入)
－"应收账款"、"应收票据"科目借方发生额中的收入部分(当期产生收入时无现金流入)]
＋["营业收入"科目贷方发生额中前期预收货款当期销售的部分(当期产生收入时无现金流入)
－"预收账款"科目借方发生额中的收入部分(当期产生收入时无现金流入)]
＋["应交税费——应交增值税(销项税额)"明细科目贷方发生额中赊销产生的销项税额
－"应收账款"、"应收票据"科目借方发生额中的销项税额部分]
＋["应交税费——应交增值税(销项税额)"明细科目贷方发生额中预收货款销售产生的销

项税额

－"预收账款"科目借方发生额中的销项税额部分]

等式(2)

将等式(2)整理后得到等式(3)：
有关货币资金科目的借方记录的销售商品提供劳务收到的现金
＝"营业收入"科目贷方发生额总额
－"应收账款"、"应收票据"科目借方发生额总额
＋"应收账款"、"应收票据"科目贷方发生额总额
－"预收账款"科目借方发生额总额
＋"预收账款"科目贷方发生额总额
＋"应交税费——应交增值税(销项税额)"明细科目贷方发生额总额

等式(3)

进一步整理后得到等式(4)：
有关货币资金科目的借方记录的销售商品提供劳务收到的现金
＝"营业收入"科目贷方发生额总额
＋"应收账款"、"应收票据"科目期初余额与期末余额之差
＋"预收账款"科目期末余额与期初余额之差
＋"应交税费——应交增值税(销项税额)"明细科目贷方发生额总额

等式(4)

从财务报表项目层面看，
现金流量表中"销售商品、提供劳务收到的现金"项目的金额
＝ 利润表中"营业收入"项目的金额
＋ 资产负债表中"应收账款"、"应收票据"项目的减少额
(或：－资产负债表中"应收账款"、"应收票据"项目的增加额)
＋资产负债表"预收款项"项目的增加额
(或：－资产负债表中"预收款项"项目的减少额)
＋"应交税费——应交增值税(销项税额)"明细科目贷方发生额。

等式(5)

现金流量表中其他项目也遵循上述思路，从货币资金以外的资产负债表项目和利润表项目倒挤计算求得，必要时从会计科目中寻取数据。

虽然期末倒挤法作为一种编制现金流量表的方法并不常用，但是它所体现出来的现金流量表项目与资产负债表项目、利润表项目之间的对应关系，却在财务报表分析中很有价值。假如当期现金流量表中"销售商品提供劳务收到的现金"与当期利润表中"营业收入"的金额相差很大，利用等式(5)就能找到其中的原因：究竟是当期赊销产生的应收款没有收回，还是当期预收了大量款项。

第五节 财务报表附注

财务报表附注是对在资产负债表、利润表、现金流量表和所有者权益变动表等报表中列

报项目的文字描述或明细资料,以及对未能在这些报表中列报项目的说明等。

一、财务报表附注对财务报表编制基础进行了特别声明

财务报表的编制基础是持续经营。持续经营假设是财务报表的核心假设。只有假设企业是持续经营的,在可以预见的未来不会面临清算,会计分期假设才有意义,币值稳定假设才有必要。持续经营假设不仅为资本的存量,而且为资本的增量提供了计量基础。因为在可以预见的未来,企业将持续经营下去,按照原先的用途使用资产,按照原先的承诺偿还债务,所以资产、负债就要以历史成本计量,以保证会计信息的可靠性。而利润表中的费用,则是以所消耗资产的历史成本计量。一旦持续经营假设不存在,大量资产和负债以历史成本计量就失去了意义,进而以持续经营假设为基础的企业会计准则体系,就不能再作为企业会计处理的准绳。

企业要在财务报表附注中,对企业满足持续经营假设进行声明。

二、财务报表附注披露了企业采用的会计处理方法

企业的会计处理方法包括各项报表要素的确认原则、初始计量方法和后续计量方法等。

对同一交易和事项,采用不同的会计处理方法,报表中的数据就有差别。比如在第四章阐述的存货发出的计价方法,在第五章阐述的与折旧有关的会计估计,在第六章阐述的与摊销有关的会计估计,在第七章阐述的投资性房地产的后续计量方法,在第九章阐述的长期股权投资的后续计量方法,等等,都说明采用不同的会计处理方法,相同的业务会在报表中呈现不同的结果。

企业会计准则要求企业必须详细披露所采用的会计处理方法(更专业的称谓是"会计政策"和"会计估计"),如果对同样的交易和事项变更了会计处理方法,还要解释变更的理由以及对报表数据的影响,必要时还要对报表中的前期数据进行追溯调整。

企业外部人要解读报表数据,必须细致地了解每个报表项目背后企业所使用的会计处理方法。

三、财务报表附注披露了重要项目的具体说明

财务报表对一个项目的报告只有两个要素:项目名称与金额。这个项目所包含明细项目的情况,要靠财务报表附注予以披露。如:表13-6,披露了某公司2015年末应收账款占比最大的前五位客户的应收账款明细情况。

表13-6 欠款最多的五名客户的应收账款

应收账款	年末余额		
	应收账款	账龄	占应收账款总额的比例(%)
北京市电力公司	727,133	1年以内	59.22
国家电网公司华北分部	333,904	1年以内	27.19
北京市热力集团有限责任公	135,853	1年以内	11.06

续表

应收账款	年末余额		
	应收账款	账龄	占应收账款总额的比例(%)
大唐内蒙古鄂尔多斯硅铝科技有限公司	9,980	2—3年	0.81
张家口市下花园区供热公司	8,693	1年以内	0.71
合计	1,215,563		98.99

四、财务报表附注披露了其他重要情况

财务报表附注要披露或有和承诺事项,这些事项有可能成为未来的负债。

财务报表附注要披露在资产负债表日后、对外报送财务报表之前发生的重大事项。这些事项对外部人来说非常重要,但是由于是在资产负债表日后发生,不属于财务报表的报告期间,不能在财务报表中反映。比如企业并购事项、发行股票或债券事项、重大债务重组事项,等等。

财务报表附注要披露企业的关联方关系和关联交易。关联方是与企业因股权或管理权从而与企业有特殊关系的企业和个人。企业与关联方之间的交易很可能因交易价格不公允而导致利益向外输送或向内输送。利益向外输送会侵犯所有者权益,利益向内输送会导致财务报表不能反映管理层的真实业绩。

总之,财务报表附注对外部人详细解读报表数据,具有无可替代的作用。

结束语

以资产负债表、利润表、现金流量表、所有者权益变动表四张主表以及财务报表附注共同构成的财务报告体系,反映了企业的财务状况、经营成果和现金流量信息,对外部人进行投资决策提供了重要依据。但是也应该看到,财务报表具有相当的局限性。

首先,财务报表只对那些能够用货币量化的资源、债务加以反映,还有大量不能用货币量化的资源、债务被排除在财务报表之外,成为会计的"盲区"。

其次,财务报表的编制以持续经营假设为基础。如果企业连续多年亏损,导致这一假设遭到严重损害,那么以这一假设为基础所采用的历史成本计量体系就会轰然坍塌,财务报表将无意义。

再次,财务报表中大量资产、负债采用历史成本计量,如果币值发生较大波动,那么不仅资产负债表中的资产、负债和所有者权益各自将成为不同度量工具度量的混合体,而且利润表中的利润有一部分不是经营管理活动创造的,而是由物价波动带来的。

最后,会计分期使得利润表要素必然采用权责发生制确认,以科学衡量每一会计期间管理层的经营成果。在权责发生制下,没有现金流入流出等客观标准作为收入、费用确认的依据,而要依赖会计估计和判断。这不仅使得一些会计数据成为"精确的估计数",而且为管理层操纵利润带来了空间。

但是无论如何,财务报告体系提供的信息在外部人所能得到的信息当中,由于用货币度量,从而对企业经营管理活动反映的内容最为全面;由于主要采用历史成本计量属性,而且信息是通过相互牵制的内部控制流程生成的,从而最为可靠;由于采用"一分钱两面看"的复式记账法反映经济活动的结果,信息之间因存在严密的逻辑关系而能够相互印证,从而最为系统,财务报告成为企业外部人进行投资决策最为倚重的信息来源。

本章小结

本章与第一章相呼应,重新回到会计信息的载体——财务报表上。

资产负债表和利润表每个项目的含义以及每个项目的数据来源,已经在本书从第三章一直到第十二章里做了详细介绍,本章从确认、计量与列报的高度再次审视了资产负债表和利润表。

本章介绍了所有者权益变动表的结构、每个项目的含义以及编制方法。

现金流量表是本章占据篇幅最多的内容。本章在第四节介绍了现金流量表的含义、现金流量表与资产负债表的钩稽关系,现金流量表中"经营活动产生的现金流量"、"投资活动产生的现金流量"以及"筹资活动产生的现金流量"的含义,揭示了现金流量表中各个项目的含义,重点介绍了现金流量表的编制。本章还介绍了如何采用间接法报告经营活动现金流量。

最后介绍了财务报表附注。

一、复习与思考题

1. 从确认与计量两方面说明资产负债表如何反映企业的财务状况?
2. 所有者权益变动表从哪些方面反映了企业所有者权益的变动?
3. 从确认和计量两方面说明利润表如何反映企业的获利能力。
4. 现金流量分为哪几类?为什么说"经营活动现金净流量"是现金流量表中最重要的项目?
5. 认识现金流量表主表各项目的含义。
6. 如何采用期末直接汇总法编制现金流量表?
7. 如何采用期末倒挤法编制现金流量表?
8. 财务报表使用者能够从财务报表附注中获取哪些重要信息?

二、练习题

(一)单项选择题

1. 某企业"应付账款"科目期末贷方余额 40 000 元,其中:"应付甲公司账款"明细科目贷方余额 35 000 元,"应付乙公司账款"明细科目贷方余额 5000 元。"预付账款"科目期末贷方余额 30 000 元,其中:"预付 A 工厂账款"明细科目贷方余额 50 000 元,"预付 B 工厂账款"明细科目借方余额 20 000 元。该企业期末资产负债表中"应付账款"项目的金额为( )元。

　　A.90 000　　　　B.30 000　　　　C.40 000　　　　D.70 000

2. 某企业"应收账款"总账科目期末借方余额 400 万元,其中:"应收甲公司账款"明细科目借方余额 350 万元,"应收乙公司账款"明细科目借方余额 50 万元。"预收账款"科目期末贷方余额300万元,其中:"预收A工厂账款"明细科目贷方余额500万元,"预收B工厂账款"明细科目借方余额200万元。与应收账款有关的"坏账准备"明细科目贷方余额为10万元,与其他应收款有关的"坏账准备"明细科目贷方余额为5万元。该企业期末资产负债表中"应收账款"项目的金额为( )万元。

  1.400   B.600   C.590   D.585

3.期末结账后,资产负债表的"未分配利润"项目,应根据( )填列。

  A."利润分配"科目余额   B."本年利润"科目余额
  C."其他综合收益"科目余额   D."盈余公积"科目余额

4.某企业2016年12月31日"固定资产"科目余额为2000万元,"累计折旧"科目余额为800万元,"固定资产减值准备"科目余额为100万元,"在建工程"科目余额为200万元。该企业2016年12月31日资产负债表中"固定资产"项目的金额为( )万元。

  1.A.1200   B.90   C.1100   D.2200

5.某企业2016年营业收入为1000万元,营业成本为600万元,销售费用为20万元,管理费用为50万元,财务费用为10万元,投资收益为40万元,资产减值损失为70万元(损失),公允价值变动损益为80万元(收益),营业外收入为25万元,营业外支出为15万元。该企业2016年的营业利润为( )万元。

  A.370   B.330   C.320   D.390

6.引起现金流量净额变动的项目是( )。

  A.将现金存入银行   B.用银行存款购买1个月到期的国债
  C.用固定资产抵偿债务   D.用银行存款清偿20万元的债务

7.支付在建工程人员的工资属于( )活动产生的现金流量。

  A.筹资活动   B.经营活动   C.汇率变动   D.投资活动

8.某企业2016年利润表中"营业收入"项目为1000万元,"应交税费——应交增值税(销项税额)"明细科目贷方发生额为170万元,2016年"应收账款"项目的年初数为150万元,"应收账款"项目的年末数为120万元,不考虑坏账。根据上述资料,该企业2016年"销售商品收到的现金"为( )万元。

  A.1188   B.1178   C.1212   D.1200

(二)多项选择题

1.根据现行会计制度的规定,下列各项中,属于企业经营活动产生的现金流量的有( )。

  A.收到的出口退税款
  B.收到长期股权投资的现金股利
  C.转让无形资产所有权取得的收入
  D.出租无形资产使用权取得的收入
  E.用银行存款购入准备在三个月内到期的国债投资

2.下列交易或事项产生的现金流量中,属于投资活动产生的现金流量的有( )。

  A.为购建固定资产支付的耕地占用税
  B.为购建固定资产支付的已资本化的利息费用

C.因火灾造成固定资产损失而收到的保险赔款
D.最后一次支付分期付款购入固定资产的价款
E.用银行存款偿还短期借款

3.下列各项中,属于现金流量表中投资活动产生的现金流量的有( )。
　A.购建固定资产支付的现金
　B.转让无形资产所有权收到的现金
　C.购买三个月内到期的国债支付的现金
　D.收到分派的现金股利
　E.计提固定资产折旧

4.甲公司当期发生的交易或事项中,会引起现金流量表中筹资活动产生的现金流量发生增减变动的有( )。
　A.支付短期借款利息
　B.向投资者分派现金股利300万元
　C.收到被投资企业分来的现金股利500万元
　D.发行股票时由证券商支付的股票印刷费用
　E.出售固定资产取得价款

5.现金流量表中的"支付给职工以及为职工支付的现金"项目包括( )。
　A.支付的在建工程人员的工资
　B.支付的生产工人的工资
　C.支付的行政管理人员的工资
　D.支付的车间管理人员的工资

6.将净利润调节为经营活动产生的现金流量时,下列各调整项目中,属于调增项目的有( )。
　A.投资收益
　B.长期待摊费用的增加
　C.固定资产报废损失
　D.经营性应收项目增加

(三)财务报表的编制

某企业2016年初成立。发生经济活动如下:

(1) 接受现金投资1000元,存入银行;
(2) 现购固定资产500元;
(3) 现购存货200元;
(4) 赊购存货250元;
(5) 当期支付应付款180元;
(6) 现销商品,收入100元,销售成本80元;
(7) 赊销商品,收入200元,销售成本170元;
(8) 当期收回赊销款150元;
(9) 当期职工工资20元,未付;

(10)当期固定资产计提折旧 20 元。

分别编制资产负债表、所有者权益变动表、利润表以及现金流量表。

三、财务报表题

1. "你的"资产负债表中期初期末各项所有者权益的余额与所有者权益变动表中期初期末各项所有者权益的余额一致吗？

2. "你的"所有者权益变动表中引起"未分配利润变化"项目的各种原因里，净利润产生的变化额是多少？这一金额与利润表中的"净利润"项目一致吗？

3. "你的"所有者权益变动表中"其他综合收益"项目期初期末余额的变动额是多少？这一金额与利润表中的"其他综合收益"项目一致吗？

4. "你的"资产负债表中"货币资金"项目期初期末余额分别与现金流量表中"现金及现金等价物期初余额"项目和"现金及现金等价物期末余额"项目一致吗？

5. "你的"现金流量表主表中"经营活动产生的现金净流量"与报表附注中用间接法报告的"经营活动现金净流量"项目一致吗？

6. "你的"现金流量表主表中，"经营活动现金净流量"、"投资活动现金净流量"和"筹资活动现金净流量"项目分别是正数还是负数？上年情况怎样？如何解读这些数字的正负号？

参考文献

[1] 周其仁.市场里的企业:一个人力资本与非人力资本的特别合约.经济研究:1996年第6期

[2] 陈毓圭.论财务制度、会计准则会计制度和税法诸关系.会计研究:1999年第2期

[3] 谢德仁.剩余索取权与剩余控制权.上海三联书店.2001年7月第1版

[4] 陆正飞,黄慧馨,李琦.会计学(第二版).北京大学出版社.2012年5月

[5] 谢德仁.会计规则制定权合约安排的范式与变迁——兼及会计准则性质的研究.会计研究:1997年第9期

[6] 郭道扬.会计史研究(第三卷).中国财政经济出版社.

[7] 陆正飞.财务报告与分析(第二版).北京大学出版社.2014年9月

[8] 中国注册会计师协会.会计(2016年度注册会计师全国统一考试辅导教材).中国财政经济出版社.2016年3月第1版

[9] 姜国华.财务报表分析与证券投资.北京大学出版社.2008年9月第1版

[10] 张新民.从报表看企业(第二版).中国人民大学出版社.2014年10月第2版

[11] 林恩·M·弗雷泽,艾琳·奥米斯顿,王立彦等译.财务报表解析(第八版).北京大学出版社.2010年1月第1版